Informatik Fachberichte 107

Herausgegeben von W. Brauer
Im Auftrag der Gesellschaft für Informatik (GI)

Mustererkennung 1985

7. DAGM-Symposium
Erlangen, 24.–26. September 1985
Proceedings

Herausgegeben von H. Niemann

Springer-Verlag
Berlin Heidelberg New York Tokyo

Herausgeber

H. Niemann
Lehrstuhl für Informatik 5 (Mustererkennung)
Universität Erlangen-Nürnberg
Martensstraße 3, 8520 Erlangen

CR Subject Classifications (1982): I.2, I.4, I.5

ISBN-13:978-3-540-15696-3   e-ISBN-13:978-3-642-70638-7
DOI: 10.1007/978-3-642-70638-7

CIP-Kurztitelaufnahme der Deutschen Bibliothek. Mustererkennung (1985,
Erlangen): Proceedings / Mustererkennung 1985: Erlangen, 24.-26. September 1985 / hrsg. von H. Niemann. [Veranst. DAGM, Dt. Arbeitsgemeinschaft
für Mustererkennung . . .]. - Berlin; Heidelberg; New York; Tokyo: Springer, 1985.
(Informatik-Fachberichte; 107) (. . . DAGM-Symposium; 7)
ISBN-13:978-3-540-15696-3

NE: Niemann, Heinrich [Hrsg.]; Deutsche Arbeitsgemeinschaft für Mustererkennung: Vorträge des . . . DAGM-Symposiums; 1. GT

2145/3140–543210

<u>VERANSTALTER</u>

DAGM: Deutsche Arbeitsgemeinschaft Mustererkennung
GI : Gesellschaft für Informatik
FAU : Friedrich-Alexander-Universität
      Erlangen-Nürnberg

<u>TAGUNGSLEITUNG</u>

H. Niemann, Universität Erlangen
            Lehrstuhl für Informatik 5
            (Mustererkennung)

<u>ORGANISATIONSKOMITEE</u>

P. Heß
I. Hofmann
D. Jäpel
H. Niemann
P. Regel
G. Sagerer

<u>PROGRAMMAUSSCHUSS</u>

E.	Hundt	München
R.	Karg	Heidelberg
R.	Nawrath	Wetzlar
H.	Niemann	Erlangen
E.	Paulus	Braunschweig
H.	Platzer	München
S.J.	Pöppl	Neuherberg
D.P.	Pretschner	Hannover
J.	Schürmann	Ulm
W.	v. Seelen	Mainz
H.	Weiss	Hamburg
G.	Winkler	Karlsruhe

<u>DAGM</u>: <u>Deutsche</u> <u>Arbeitsgemeinschaft</u> <u>Mustererkennung</u>

Die DAGM wird durch folgende wissenschaftliche
Gesellschaften gebildet:

DGaO: Deutsche Gesellschaft für angewandte Optik

DGMDIS: Deutsche Gesellschaft für medizinische Dokumen-
         tation, Informatik und Statistik

DGNM: Deutsche Gesellschaft für Nuklearmedizin

GI: Gesellschaft für Informatik

IEEE: The Institute of Electrical and Electronic
         Engineers, German Section

NTG: Nachrichtentechnische Gesellschaft

Aufgabe der DAGM ist die Koordinierung der Arbeiten auf
dem Gebiet der Mustererkennung, der gegenseitige Erfah-
rungsaustausch und die gemeinsame Behandlung wissen-
schaftlicher und technischer Fragen aus dem gesamten
Gebiet der Mustererkennung, die die Arbeitsgebiete mehrerer Träger berühren. Diese Aufgabe soll im Geist der
Zusammenarbeit und des gegenseitigen Einvernehmens zwischen den Trägern durchgeführt werden.

Die DAGM ist Mitglied der International Association for
Pattern Recognition

<u>VORWORT</u>

Mustererkennung, aufgefaßt als Automatisierung der Aufnahme, Verarbeitung und Interpretation sensorischer Signale aus der Umwelt, wird ohne Zweifel noch viele Jahre Gegenstand intensiver Forschungsanstrengungen sein, um die anstehenden und neu auftauchenden Probleme zu lösen. Parallel wird inzwischen eine Vielzahl von Anwendungen und Anwendungsmöglichkeiten verfolgt. Es zeigt sich immer wieder, daß die Bearbeitung eines konkreten, nichttrivialen Anwendungsproblems auch zahlreiche grundsätzliche Einsichten eröffnet. Das steht sicher nicht im Widerspruch zu dem bekannten Satz "nichts ist praktischer als eine gute Theorie", denn gut ist eine Theorie mit Bezug zur Realität.

Die jährlichen Symposien der Deutschen Arbeitsgemeinschaft für Mustererkennung haben sich inzwischen zu der wesentlichen Veranstaltung in Deutschland entwickelt, auf der aktuelle Forschungsarbeiten aus Industrie, Forschungsinstituten und Hochschulen vorgestellt und gemeinsam diskutiert werden. Man kann über die Jahre eine deutliche Verlagerung des Themenschwerpunktes zu wissensbasierten Verfahren und konkreten Anwendungen beobachten. Zwar war in diesem Jahr die Zahl der eingereichten Beiträge mit 61 deutlich geringer als in Vorjahren, jedoch war die Qualität der Beiträge - die allerdings aus Abstracts nur sehr schwer beurteilbar ist - so, daß nur wenige uneingeschränkt vom Programmkomitee abgelehnt wurden, die meisten Ablehnungen wurden durch die Beschränkung des Programms erforderlich. Erfreulich ist die Tatsache, daß mehr als ein Drittel der Beiträge aus der Industrie stammen (etwa die Hälfte kommt aus den Hochschulen).

Für die Unterstützung bei der Durchführung der Tagung danke ich den Mitgliedern des Organisations- und des Programmkomitees sowie den Institutionen, die die Tagung durch Spenden gefördert haben.

H. Niemann

INHALT

Eröffnung

Industrielle Anwendungen

Klassifikation und Merkmalsgewinnung

Medizinische Anwendungen

Sprachverarbeitung

Musterverarbeitende Systeme in der Prüf- und Robotertechnik

Schraft, R.D.; Melchior, K.W.; Rueff, M.
Fraunhofer-Institut für Produktionstechnik und Automatisierung (IPA),
Nobelstr. 12, 7000 Stuttgart 80

<u>Inhaltsverzeichnis</u>

I   **Inhaltsübersicht**

Es wird eine Übersicht über den Einsatz von Bildverarbeitungsgeräten
in der Prüf- und Robotertechnik gegeben. Anhand von Beispielen aus
dem Fraunhofer-Institut für Produktionstechnik und Automatisierung
(IPA) wird der Stand der Entwicklung und Technik dargestellt. Insbesondere werden ein Beispiel aus der Fertigungsmeßtechnik und zwei
Beispiele aus der Sichtprüfung bei der Qualitätskontrolle von Teilen
aus der Automobilindustrie diskutiert. Die Entwicklung von Bildver-
arbeitungssoftware für die Belange der Prüf- und Robotertechnik wird
exemplarisch anhand einiger Beispiele erläutert.

II   **Einleitung**

Die Automatisierung der Produktion ist eine wichtige Voraussetzung
für die Konkurrenzfähigkeit von Unternehmen auf dem Weltmarkt.
Während in bestimmten Industriezweigen bei der Fertigung bereits
ein hoher Automatisierungsgrad erreicht ist, trifft dies für die Qualitätsprüfung und hochflexible Teilehandhabung nicht zu.

Mit der Bildverarbeitung steht heute und in Zukunft ein Instrumentarium
zur Verfügung, das bereits in vielen Bereichen Anwendung findet /1/
und das potentiell in der Lage ist, diese Automatisierungslücke zu
schließen. Die positive Entwicklung der Gerätetechnik zur Bildverarbeitung in den letzten zehn Jahren hatte hochleistungsfähige und
rentable Bildverarbeitungssysteme zur Folge. Dies hat dazu geführt,
daß heute in sehr vielen Industriebereichen der Einsatz solcher
Geräte diskutiert wird. Das Fraunhofer-Institut für Produktionstechnik und Automatisierung (IPA) ist täglich mit diesbezüglichen Anfragen, insbesondere auch aus dem mittelständischen Unternehmensbereich,
konfrontiert. Das Hauptgewicht bei den Fragestellungen liegt dabei im
Bereich der Prüftechnik. Bildsensoren zur gezielten Steuerung von

Robotern sind hingegen noch wenig gefragt, da Roboter vornehmlich in
Bereichen zum Einsatz gelangen, bei denen harte industrielle Randbedingungen vorherrschen, für die die meisten opto-elektronischen Sensorsysteme zu empfindlich sind. Auch stehen derzeit auf dem Markt nur
wenige Robotersysteme zur Verfügung, bei denen die Kopplung von Sensorsystem und Roboter gelöst ist.

Als Beispiel für ein kameragesteuertes Robotersystem sei das in
Abbildung 1 dargestellte System der Firma Automatix angeführt. Die
Abbildung 1 zeigt den Roboter AID 600 mit der Robotersteuerung AI 32,
sowie dem Bildverarbeitungssystem AV4, ein vom Prinzip her grauwertverarbeitendes System. Die Erkennungsmethoden, die dem Roboter ein
gezieltes Greifen ermöglichen, werden jedoch an Binärbildern durchgeführt. Der Roboter kann demzufolge nur nicht überlappende und eben
liegende Teile greifen.

Abbildung 1: Bildverarbeitungssystem gekoppelt mit Robotersteue-
             rung und Roboter

Die im Jahre 1983 auf der internationalen Roboterausstellung in Chi-
cago stark nach vorne gebrachte Diskussion des "bin picking" ist wieder etwas in den Hintergrund getreten. Die für einen erfolgsverspre-
chenden Einsatz derzeit wohl allein anzudiskutierenden Verfahren sind
die, die von Professor Kelly, University of Rhode Island, und seinen

Mitarbeitern erarbeitet wurden (s. z.B./2/). Alle anderen Methoden
scheinen noch nicht praktikabel zu sein. Zu dieser Ansicht gelangt
man auch aufgrund des Studiums des Artikels von Horn und Ikeuchi
/3/, der im Scientific American erschien. Ein wirklicher Durchbruch
zeichnet sich auf diesem Gebiet noch nicht ab.

Der industrielle Einsatz der Bildverarbeitung in den nächsten fünf
Jahren wird hauptsächlich im Bereich der Prüftechnik zu finden sein.
Der Einsatzbereich für Bildverarbeitungssysteme in der Prüftechnik
ist weit gestreut. Solche Erkennungsgeräte finden nicht nur in der
metallverarbeitenden Industrie ihre Anwendung, sondern auch in der
Lebensmittel- und Genußmittelindustrie, sowie in der Keramikindustrie,
um nur einige weitere Bereiche zu benennen.

Da wir am IPA an der Umsetzung bildverarbeitender Methoden in die
Prüf- und Robotertechnik (s. z.B. /4/,/5/) arbeiten, sind uns auch
die Probleme bekannt, die den Einsatz dieser neuen Technologie
erschweren. Eingliederung in bestehende Fertigungsanlagen, die Erkennungsverfahren stark beeinträchtigende Umgebungsbedingungen, über-
triebene Anforderungen an die Leistungsfähigkeit der Geräte und vor
allem Akzeptanzschwellen sind hier zu nennen. Die Technologie ist
noch zu jung, zu wenig Beispiele sind in der Industrie realisiert,
als daß Rentabilitätsüberlegungen schon für die meisten Anwendungsfälle fundiert angestellt werden könnten.

Um Erfahrungen zu sammeln, die uns helfen, der genannten Problematik
bei konkreten Realisierungen zu begegnen, arbeiten wir im Vorfeld
sowohl an Pilotprojekten, um prinzipielle Machbarkeiten aufzuzeigen,
als auch an Softwareentwicklungen, die uns ein schnelles Strukturie-
ren und softwareseitiges Realisieren von Lösungen von Prüfaufgaben
gestatten. Dazu haben wir beispielsweise derzeit neun Bildverarbeitungssysteme in der Abteilung Qualitätstechnik. Die Geräte sind
Produkte der Firmen Hamamatsu, Micro Consultants, Bosch sowie der
Firma VTE, Digital Video. Von dieser Firma ist auch unser Entwik-
klungsgerät. Es ist ein temporär konfigurierbares System mit zwei
bildverarbeitenden Systemen, dem Micropicture 220, sowie dem komfor-
tableren Picturecom. Dieses System ist voll farbverarbeitungsfähig.

Der nachfolgende Artikel ist folgendermaßen aufgebaut. In Kapitel III
finden sich drei Beispiele, die zeigen sollen, wie Bildverarbeitungssysteme am IPA eingesetzt werden. Die drei vorgestellten
Systeme waren Exponate auf Messen, zwei auf der Hannover-Messe und
eines auf der INTERKAMA.

Kapitel IV gibt einen Überblick über unsere Arbeiten zur Erstellung
von Software zur Bildverarbeitung und Mustererkennung. Wir werden
kurz unsere Bibliothek vorstellen, ein paar Beispiele zeigen und
schildern, mit welchen Erkennungsmethoden wir uns aktuell beschäftigen. In der Bildverarbeitung und Mustererkennung wird am IPA keine
Grundlagenforschung betrieben. Wir sammeln nur Methoden und Verfahren, die wir für die zukünftige industrielle Anwendung als sinnvoll
erachten.

In Kapitel V werden die Resultate kurz zusammengefaßt und einige
Ausblicke gegeben.

III   **Anwendungsbeispiele für die Bildverarbeitung bei industriellen Prüfproblemen**

In diesem Kapitel berichten wir über den Einsatz bildverarbeitender Systeme bei Fragestellungen im Bereich der Fertigungsmeßtechnik und Sichtprüfung. Es werden drei Lösungen vorgestellt, die am IPA unabhängig von Industrieaufträgen durchgeführt wurden. Eine Übersicht über die Automatisierung von Sichtprüfaufgaben ist beispielsweise in /6/ enthalten, bezüglich einer Zusammenfassung des Einsatzes von opto-elektronischen Systemen beim sogenannten "Robot-Vision" wird auf die Literaturstelle /7/ verwiesen.

Das IPA, sowie das Institut für Industrielle Fertigung und Fabrikbetrieb (IFF) der Universität Stuttgart, das ebenfalls unter der Leitung von Professor Hans-Jürgen Warnecke steht, sind traditionell der Fertigungsmeßtechnik verbunden (s. z.B. /8/). Vor sechs bis sieben Jahren begann man am IPA und am IFF zur Automatisierung von Geometrieprüfaufgaben binärbildverarbeitende Systeme einzusetzen. Die zu bearbeitenden Fragestellungen stellen hohe Anforderungen an die Meßgenauigkeit der opto-elektronischen Sensorsysteme, so daß hier insbesondere hoch präzise Meßkameras zum Einsatz gelangen. Wurden am Anfang einfache Sensorsysteme angewandt, die nur ein zeilenförmiges Verarbeiten der Bildinformationen erlaubten, so haben die am IPA gemachten Erfahrungen mittlerweile zu einem umfangreich einsetzbaren, komfortablen System geführt, bei dem sehr viele Prüfaufgaben in kürzester Zeit mit einem bildverarbeitenden System mit Bildspeicher durchgeführt werden können. Das System wurde auf der Hannover-Messe 1985 vorgestellt und ist in Abbildung 2 dargestellt.

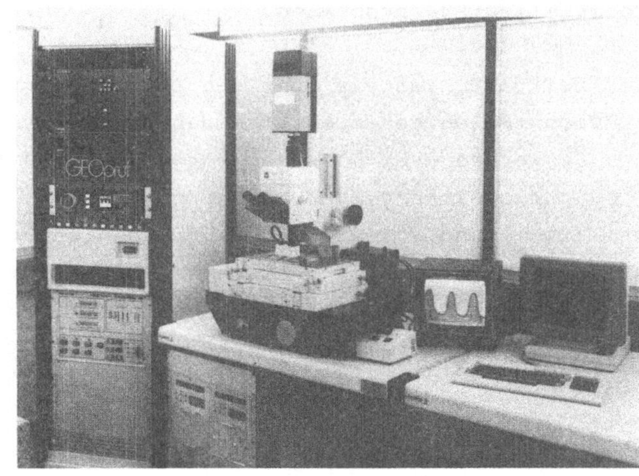

Abbildung 2:   Meßgerät zur Geometrieprüfung mit automatisierter
                Bildverarbeitung

Die einzelnen Komponenten des Gerätes sind: Bildspeicher, Rechner,
Speichereinheiten, Meßkamera, Mikroskop, Verfahreinrichtung, Monitor
und Terminal.

Mit "GEOPRÜF" steht ein Meßgerät zur berührungslosen vollautomati-
schen Geometriemessung zur Verfügung /9/, das ohne großen Aufwand
speziellen Prüfaufgaben angepaßt werden kann. Durch Verwendung von
hierarchisch gegliederten Programmpaketen und standardisierten
Schnittstellen in Soft- und Hardware, ist es möglich, einzelne Komponenten aufgabenbezogen auszuwählen bzw. anzupaßen und schnell und
kostengünstig zu einem Gesamtsystem zu verketten. Mit "GEOPRÜF"
können derzeit schon die wichtigsten Geometrieelemente in Binärbilder vermessen werden. Im Rahmen eines Forschungsprojektes wird dieses
System am IPA laufend ausgebaut.

Auf der Hannover-Messe 1983 demonstrierte das IPA eine vollautoma-
tische Motorblockmontage mit integriertem opto-elektronischem
Prüfsystem (s. Abbildung 3) /5/.

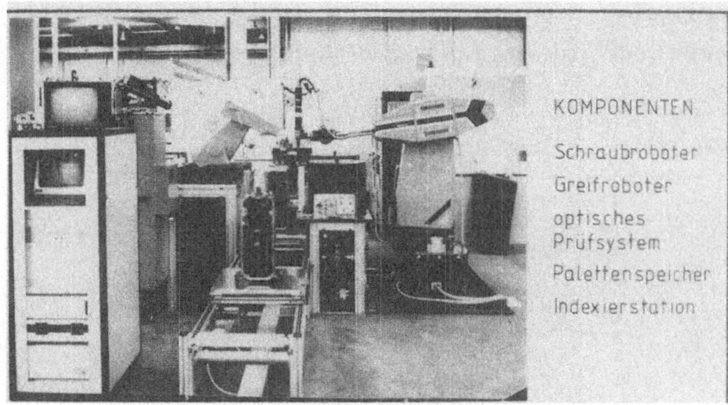

Abbildung 3: Motorblockmontage mit integriertem Prüfsystem

Geprüft wurde auf Lagefehler und Beschädigungen von Wasserpumpendichtungen, die auf Wasserpumpen aufgeklebt waren (s. Abbildung 4).

Abbildung 4: Prüfteil mit Lagefehler und Beschädigung

Die Prüfteile wurden dem Prüfsystem mittels eines Roboters zugeführt.
Dies ist schematisch in Abbildung 5 dargestellt.

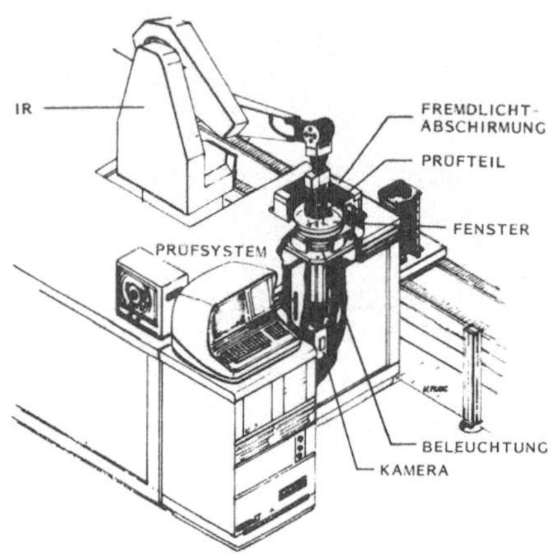

Abbildung 5: Prinzipieller Aufbau des Prüfsystems

Von Seiten der Bildverarbeitung kam dabei ein grauwertverarbeitendes
System der Firma VTE, Braunschweig, zum Einsatz, das über Look-up-
Tables eine beliebig programmierbare Veränderung der von der Kamera
aufgenommenen Intensität erlaubt. Wegen störenden Reflexionen, verur-
sacht durch metallisch glänzende Bereiche der Wasserpumpe, war dies
eine notwendige Voraussetzung zur Bewältigung der Prüfaufgabe. Die
eigentliche Erkennung der Lagefehler und der Beschädigungen wurde in
Binärbildern durchgeführt. Das System war so eingestellt, daß es
Lageabweichungen größer als 0,5 mm, sowie Fehler, die ebenfalls größer
als 0,5 mm waren, erkannte. Die längsten Verarbeitungszeiten traten
bei Gutteilen auf und lagen bei 3,5 Sekunden.

Ein anderes Beispiel aus der Automobilindustrie ist in den nachfolgenden Abbildungen wiedergegeben. Im Rahmen der Qualitätsprüfung von
Karosserieteilen im Automobilbau müssen Umformfehler erkannt werden.
Risse, Überlappungen, Faltungen usw. können im Prinzip in beliebiger
räumlicher Lage auftreten, Erfahrungen bei der Produktion zeigen
aber, das diese Fehler an charakteristischen Stellen auf den Blech-
teilen vorkommen. Am IPA wurde die Aufgabe mit einer robotergeführten
Kamera gelöst /10/ (s. Abbildung 6).

Abbildung 6: Robotergeführte Kamera und Prüfteil

Der Roboter brachte die Kamera an zuvor festgelegte und ihm einpro-
grammierte Prüfpositionen. Zur Fehlererkennung wurde dasselbe Bildverarbeitungssystem wie im zweiten Beispiel eingesetzt.

Abbildung 7 zeigt die Detektion eines Risses. Der Riß wurde mittels
eines Konturfindungsalgorithmus und eines vorgegebenen Distanzmaßes
erkannt. Weiterhin wurden durch Spektralanalysen von Grauwertverläu-
fen entlang mehrerer vorgegebener Linien im Bildfeld zusammenhängende
Metallflächen auf Welligkeiten hin überprüft. Da die bei der Erkennung auftretende Fehlerqoute sehr gering und die Verarbeitungszeiten
ausreichend schnell waren, könnten bildverarbeitende Systeme dieser
Art in nicht allzu ferner Zeit bei der Qualitätsprüfung solcher Produkte eingesetzt werden.

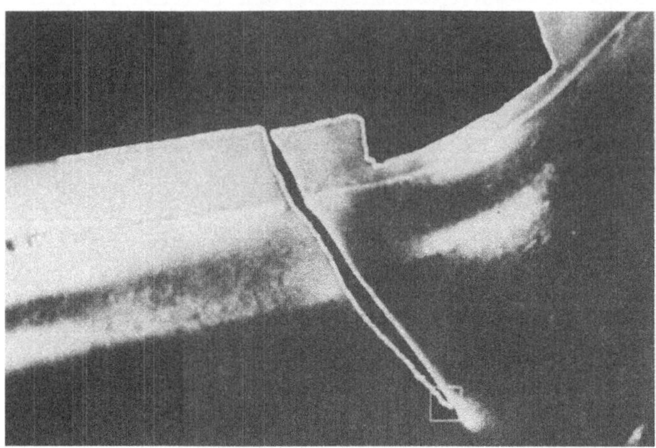

Abbildung 7: Ergebnis der automatischen Konturprüfung (Kennzeichnung
der Kontur mit Rißverlauf und Rißursprung)

IV   Bildverarbeitungssoftware am IPA

Aufgrund der sich stetig verbessernden Gerätetechnik zur Bildverarbeitung, die in der Prüf- und Robotertechnik den Einsatz auch
anspruchsvoller informationsverarbeitender Verfahren gestattet, begann man in den Jahren 1981/82 am IPA Überlegungen bezüglich eines
Softwarepaketes zur Bildverarbeitung und Mustererkennung anzustel-
len. Die in jener Zeit auf dem Markt erhältlichen Softwarepakete waren dem am IPA erarbeiteten Konzept nicht angepaßt, so daß ab Mitte
des Jahres 1982 am IPA mit dem Aufbau eines eigenen Softwarepaketes
zur Bildverarbeitung und Mustererkennung begonnen wurde. Dieses Softwarepaket sollte seine Anwendung insbesondere bei der Automatisierung
von Sichtprüfaufgaben finden. Die ersten Arbeiten wurden in den Jahren 1982-84 von der Gesellschaft für Mathematik und Datenverarbeitung
gefördert /11/. Im Rahmen dieses Forschungsprojektes entstand das
Softwarepaket "BILDLIB". Folgende Aufgaben und Grundüberlegungen
wurden zu Beginn der Arbeiten festgelegt:

- Sammeln und Klassifizieren von bekannten Methoden der
  Mustererkennung und Bildverarbeitung.

- Zukunftsorientierte Auswahl von Methoden:
  Dabei keine zu große Rücksichtnahme auf Speicherkapazitäten
  und Rechenzeiten: Entscheidend ist die Leistungsfähigkeit der
  Algorithmen hinsichtlich der Erkennung.

- Keine Software für Displayoperationen.

- Festlegung der Programmiersprache: gewählt wurde Fortran IV.

- Festlegung der Datentransferstruktur:
  Die Bibliothek besteht aus Subroutinen, bei denen Felder
  halbdynamisch in Parameterlisten übergeben werden.

- Festlegung des Dokumentationsstandards:
  Neben einer eindeutigen Beschreibung der Parameter der
  Routinen werden notwendige andere Subroutinen genannt.
  Ausreichende Literatur über Herkunft und Anwendungsfälle
  der jeweiligen Algorithmen ist enthalten. Die Programme
  sind in deutscher Sprache dokumentiert.

- Aufbau einer Testbibliothek:
  Anhand einfacher Beispiele können die Routinen überprüft und ihre Aussagekraft nachvollzogen werden.

Die Bibliothek ist in zwei Ebenen unterteilt. Auf der
ersten Ebene sind dabei Routinen implementiert, die
soweit wie möglich voneinander unabhängig sind. Aus
diesen Routinen sind die Pakete der zweiten Ebene
aufgebaut. Eine Beschreibung des Inhaltes der einzelnen
Unterbibliotheken ist in /12/ enthalten. Dort ist auch eine
Begründung für unsere Vorgehensweise bei der Auswahl von
Methoden enthalten. Wir haben das dabei zugrundeliegende
Schema "Mathematische Struktur" genannt.

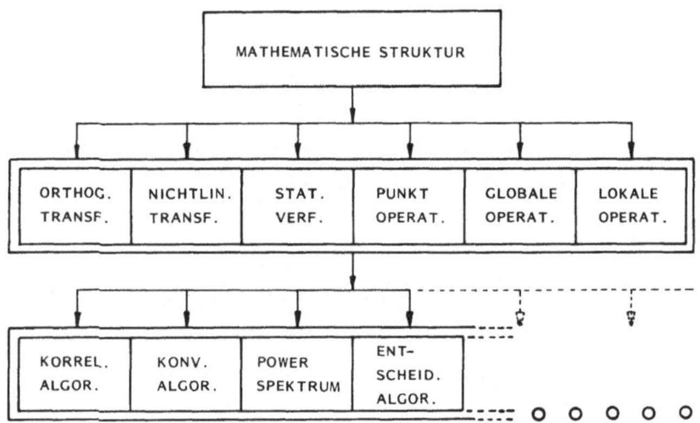

Abbildung 8: Unterbibliotheken von BILDLIB

Die Bibliothek ist modular aufgebaut /12/. BILDLIB enthält mittlerweile etwas mehr als 250 Routinen und ist vergleichbar mit den Softwarepaketen Spider und Gipsy, die u.a. seit 2-3 Jahren am Markt angeboten werden. Spider wurde in Zusammenarbeit zweier japanischer
Institute erstellt /13/ und wird von der Firma Joint System Development Corp. (JSD) vertrieben. Gipsy ist das Softwarepaket von Vicom und
wurde unter der Leitung von William K. Pratt erstellt. Abbildung 9
soll veranschaulichen, daß diese Softwarepakete sich in vielen Bereichen überlappen und dort dieselben Routinen zur Verfügung stellen.

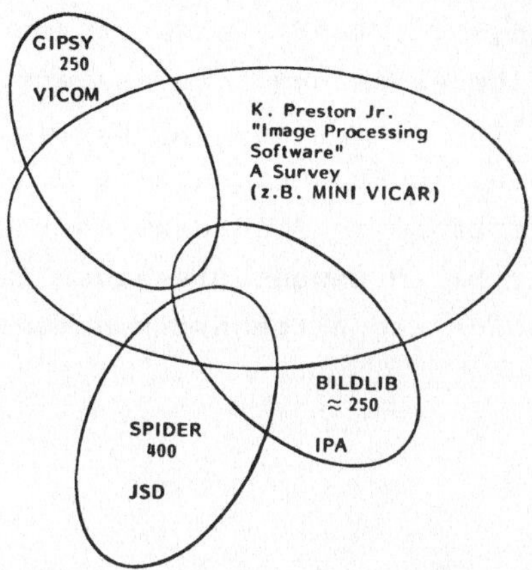

Abbildung 9: BILDLIB im Vergleich zu anderen Softwarepaketen

Die Zahlen in Abbildung 9 geben die Anzahl der in den Paketen enthaltenen Routinen wieder. Dies entspricht dem Stand vom Dezember 1984.

K. Preston Jr. /14/ hat die bis 1981 erstellten Softwarepakete in einer größeren Arbeit gegenübergestellt (s. Abbildung 9). Im folgenden soll kein solcher Vergleich angestellt werden, anhand einiger Beispiele aus "BILDLIB" wird unsere derzeitige Arbeit und Vorgehensweise beim Ausbau der Bibliothek kurz dargestellt.

Da wir uns als Bindeglied zwischen Grundlagenforschung und Anwendung verstehen, wird bei den Beispielen die zugrundeliegende Mathematik nicht diskutiert, sondern auf die jeweilige Literatur verwiesen. Bei unseren konkreten Fragestellungen wesentlich ist die Aussagekraft und Anwendbarkeit der Algorithmen.

Ein Programmpaket, das wohl nur in "BILDLIB" enthalten ist, ist das Paket der nichtlinearen Bildtransformationen. Nichtlineare Bildtransformationen, die sehr zeiteffizient mit Rechnern durchgeführt werden können, sind für uns wegen der mit ihnen möglichen lageinvarianten Mustererkennung von hohem Interesse. Über den Inhalt dieser Unterbibliothek haben wir in /12/ ausführlich berichtet.

Neben lage- und auch rotationsinvarianter Mustererkennung /12/ sind
wir sowohl für die Belange der Prüf-, als auch der Robotertechnik
an skaleninvarianter Mustererkennung interessiert. Wir haben die
Version der Fourier-Mellin-Transformation, die Reitboeck und Altmann
in /15/ vorgestellt haben, in Rechenprogramme umgesetzt /16/. Abbildung 10 zeigt eine dreieckförmige Bildfunktion und ihr Leistungsdichtespektrum. Zum Test wir haben bewußt dieselben Bildfunktionen
benützt, die auch Reitboeck und Altmann zur Demonstration ihrer Überlegungen verwandt haben.

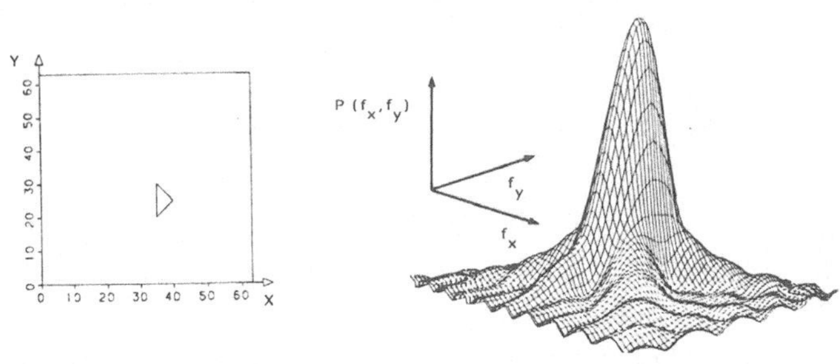

Abbildung 10: Dreieckförmige Bildfunktion und ihr
              Leistungsdichtespektrum
              (fx, fy: Koordinaten des Ortsfrequenzraumes)

Abbildung 11 zeigt zwei ähnliche Dreiecke, mit denen wir den Algorithmus von Reitboeck und Altmann getestet haben.

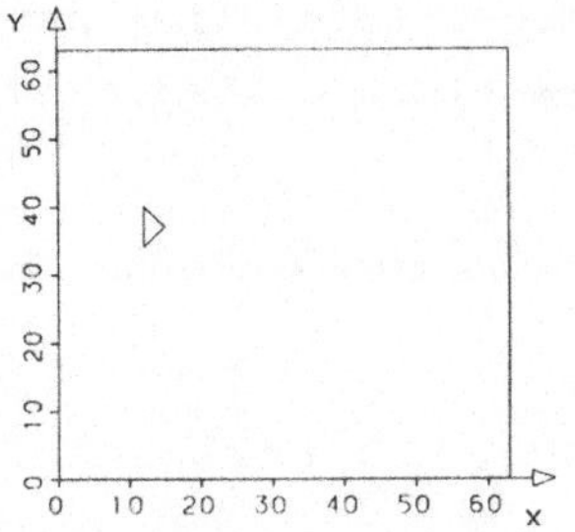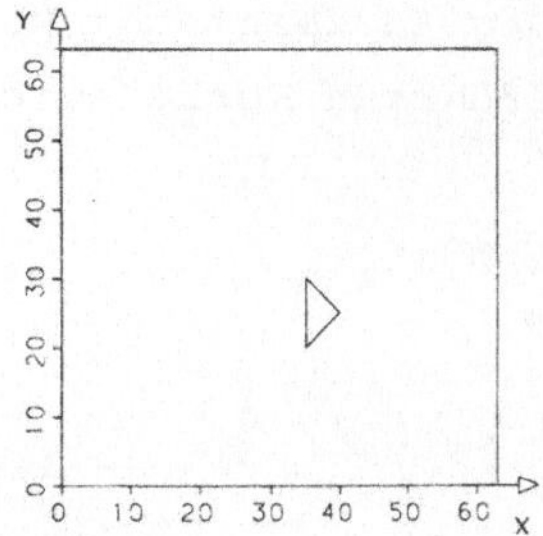

Abbildung 11: Zwei ähnliche Dreiecke als Bildfunktionen

In Abbildung 12 sind Schnitte durch die logarithmisch verzerrten
Powerspektren dieser Dreiecke dargestellt.

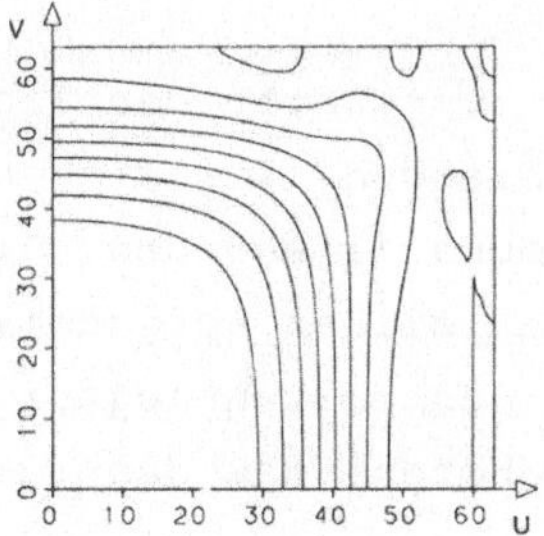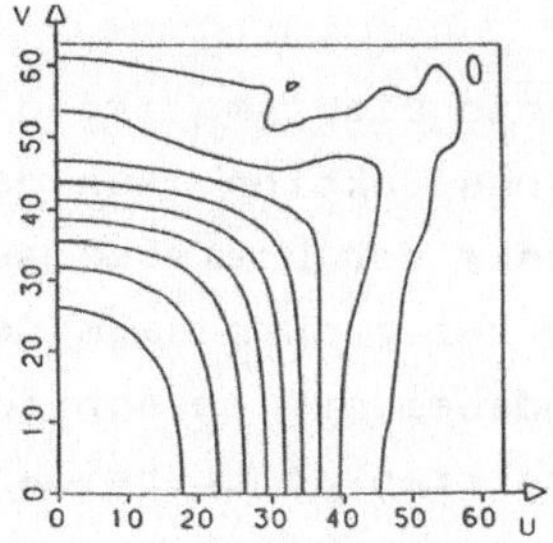

Abbildung 12: Logarithmische Verzerrung des ersten Quadranten von
Schnitten durch die Leistungsdichtespektren zweier
ähnlicher Dreiecke (u,v: Koordinaten des logarithmisch
verzerrten Ortsfrequenzraumes)

Abbildung 13 zeigt das Resultat der letztendlich bei diesem Verfahren
durchgeführten Korrelation in Form eines euklidschen Distanzmaßes.

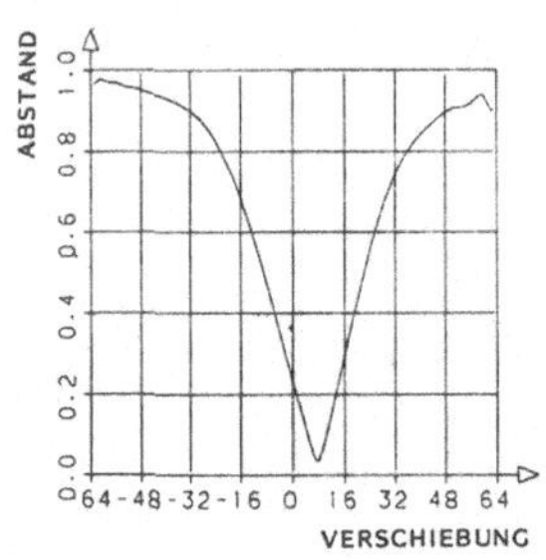
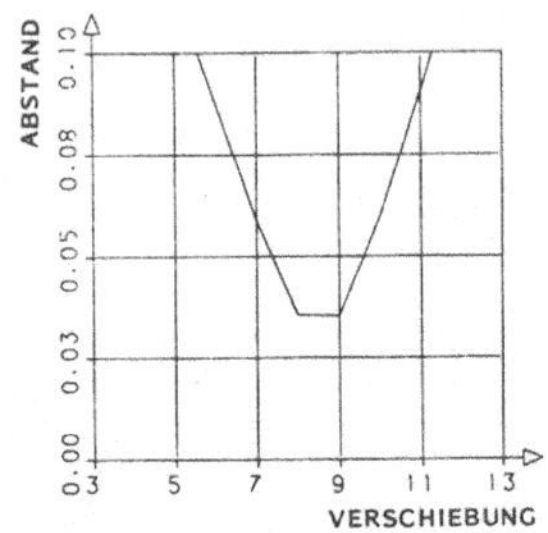

Abbildung 13: Vergleichsfunktion zweier ähnlicher Dreiecke
            (Erklärung siehe Text)

Das rechte Diagramm ist dabei ein Ausschnitt der links dargestellten
Vergleichsfunktion. Aus der Verschiebung läßt sich das Größen-
verhältnis der Dreiecke aus Abbildung 11 angeben. Diese Verschiebung
wird im reziproken Raum der Originalbilder vorgenommen. Im Prinzip
werden dabei die in Abbildung dargestellten logarithmisch verzerrten
Powerspektren so übereinander geschoben, daß das euklidsche Distanzmaß
ein Minimum erreicht.

Wir erachten es für sinnvoll, daß in "BILDLIB" für dieselben Fragestellungen jeweils mehrere konkurrierende Algorithmen enthalten sind,
und so beschäftigen wir uns derzeit mit der Wignerverteilung von
Grauwertbildern /17/,die ebenfalls eine skaleninvariante Mustererkennung gestattet. Diese Arbeiten sind am IPA noch im Gange.

Die richtige Klassifikation ist bei der Automatisierung vieler
Sichtprüfaufgaben eine unumgängliche Aufgabe. Wir haben deshalb in
"BILDLIB" eine mittlerweile umfangreiche Unterbibliothek mit statistischen Verfahren. Aus dieser Unterbibliothek möchten wir als Beispiel "DIRECLADIS" vorstellen.

"DIRECLADIS" ist ein Verfahren, das Watanabe /18/ zur Dimensionsreduktion speziell bei Vielklassenproblemen vorgeschlagen hat. Es führt zu einer optimalen Dekorrelation von Daten im Sinne einer Minimierung der Diskriminatorentropie. In Abbildung 14 ist ein einfaches Beispiel mit zwei Klassen (Kreise und Kreuze) in einem zweidimensionalen Merkmalsraum wiedergegeben, Y,X spannen den originalen Merkmalsraum auf, X`,Y`, ist der mit "DIRECLADIS" erhaltene transformierte Raum.

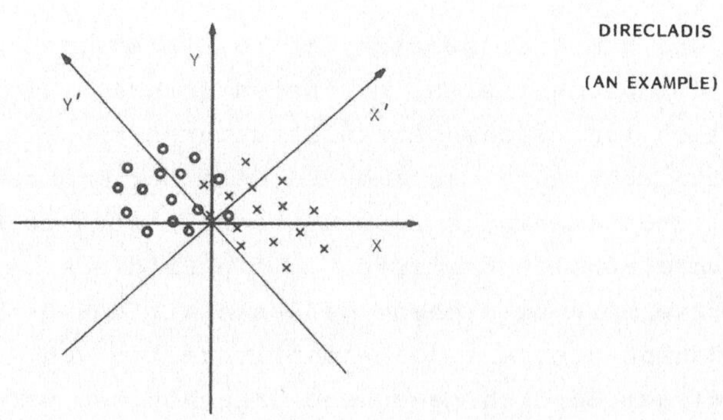

Abbildung 14:   Ein Beispiel für "DIRECLADIS" mit zwei Merkmalen
                und zwei Klassen (Erklärung siehe Text)

Das Bild veranschaulicht, daß die Elemente der einen Klasse um und in Richtung des ersten Eigenvektors und die Elemente der anderen Klasse um und in Richtung des zweiten Eigenvektors angeordnet sind. Diese Eigenvektoren resultieren aus den Berechnungen von "DIRECLADIS".

Seit geraumer Zeit beschäftigen wir uns mit Fraktalen, weil wir davon überzeugt sind, daß fraktale Dimensionen von Objekten - bei genügend irregulärer Struktur - zu Merkmalen führen, die konkurrierend zur mehr traditionellen Texturmerkmalen sind. Fraktale Dimensionen sind Dimensionen von Gebilden, die meist von ihren topologischen Dimensionen abweichen. So besitzt beispielsweise eine Gerade in der Ebene sowohl die topologische Dimension Eins, als auch eine fraktale Dimension Eins. Eine Brownsche Bewegung in der Ebene dagegen besitzt zwar die topologische Dimension Eins (die Bewegung ist eine zusammenhängende Linie), aber eine fraktale Dimension, die größer als Eins ist. Diese beiden Beispiele zeigen auf, daß solche nichttopologischen Dimensionen zur Charakterisierung von irregulären Strukturen herangezogen werden können. Seit dem Erscheinen des ersten Buches von Mandelbrot "Fractals, Form, Chance and Dimension" /19/ im Jahre 1977, hat das Konzept der fraktalen Dimensionen Eingang in vielfältigste Wissenschaftsbereiche gefunden (s. z.B./20/), u.a. auch in die Bildverarbeitung (s. z.B. /21/,/22/). Man ist heute davon überzeugt, daß ein Fortschritt bei der Fraktalforschung auch zu wesentlichen Fortschritten in diesen Wissenschaften führt.

Wir haben uns zum Ziel gesetzt, in "BILDLIB" einerseits bekannte Routinen zu implementieren, mit denen fraktale Dimensionen von Konturen aber auch von flächenhaften Strukturen ermittelt werden können, andererseits aber auch das immense Feld der Fraktalforschung zu beobachten, um gegebenenfalls neue Methoden, seien es Berechnungsverfahren oder andere Dimensionsbegriffe, in die Bildverarbeitung zu übertragen. Um das letztere zu erreichen, befassen wir uns derzeit mit grundlegenden Gedanken über die Selbstähnlichkeiten von Mengen /23/. Über erste in diesem Bereich gewonnene Erkenntnisse werden wir in naher Zukunft publizieren /24/.

In "BILDLIB" besitzen wir bisher einfache Routinen zur Berechnung von Hausdorff Dimensionen. Zu nennen ist hier die "Coastline of Britain-Analysis" /19/, bei der die fraktale Dimension von geschlossenen Konturen ermittelt wird, sowie eine Routine, die einen fraktalen Index aus dem Leistungsdichtespektrum von Grauwertstrukturen ermittelt (s. z.B. /20/). In unserer Testbibliothek haben wir verschiedene rekursiv erzeugte sogenannte Kochkurven zum Test unserer Algorithmen. Diese Kurven besitzen von ihrer Konstruktion her wohldefinierte fraktale Dimensionen. Zwei Beispiele sind in der Abbildung 15 enthalten.

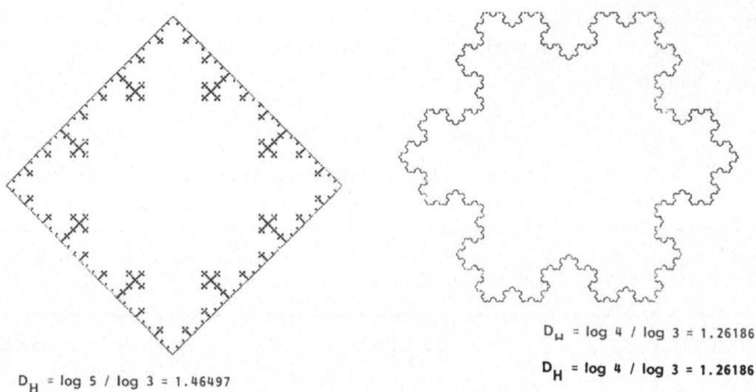

Abbildung 15: Rekursiv definierte Kochkurven
          Quelle: B.B. Mandelbrot: The fractal geometry of
          nature"; Freeman and Company, New York, 1983.

Um fraktale Dimensionen von flächenhaften Stukturen effizient berechnen zu können, haben wir einen Algorithmus erstellt, mit Hilfe dessen
wir ein sogenanntes Hilbert- oder Peanoscanning /25/ durchführen
können. Neben Peano /26/ hatte Hilbert /27/ ein Verfahren angegeben,
um das Intervall (0,1) stetig auf (0,1) x (0,1) abzubilden. Diese
Abbildungen sind nicht bijektiv. Wir haben uns bei unserem Algorithmus eng an die Arbeiten von Butz /28/ gehalten. Der Algorithmus ist
anders als etwa der in /22/ beschriebene.

Wir haben den von uns entwickelten Algorithmus an verschiedenen
Strukturen mit vorgegebenen fraktalen Dimensionen getestet. Die
Ergebnisse sind in Tabelle 1 wiedergegeben. Die Kochkurven von Typ
I und Typ II sind die aus Abbildung 15.

Hausdorff Dimension D	
theoretischer Wert in zwei Dimensionen	gemessener Wert in einer Dimension
Linie	1.0	0.5050
Kochkurve (Typ 1)	1.2618	0.6294
Kochkurve (Typ 2)	1.4649	0.7331
Quadratfläche	2.0	1.0000

Tabelle 1: Fraktale Dimensionen verschiedener Strukturen

Es hat uns erstaunt, daß die fraktalen Dimensionen nach Abbildung auf das eindimensionale Einheitsintervall gerade halb so groß wie im Zweidimensionalen sind. Auch über diese Arbeiten werden wir in Kürze ausführlicher berichten /29/.

Diese Beispiele sollen genügen, um darzustellen, wie wir softwareseitig unsere Aktivitäten sehen. Zur Lösung oft schwieriger Fragestellungen aus der Sichtprüfung benötigen wir ein umfassendes, praktisches mathematisches Werkzeug. Wir glauben, daß wir mit der Software, die wir in "BILDLIB" übertragen haben, dafür einen guten Anfang gemacht haben.

V   **Zusammenfassung und Ausblick**

Vornehmlich anhand von Arbeiten des IPA haben wir versucht, einen
Überblick über den Stand des Einsatzes bildverarbeitender Systeme
in der Prüf- und Robotertechnik zu geben. Wir haben die derzeit am
IPA im Bereich der angewandten Bildverarbeitung laufenden Projekte
dargestellt, sowohl für Softwareentwicklungen, als auch für die Konzeption und Erstellung von Pilotprojekten.

Das Interesse am Einsatz der Bildverarbeitung in zahlreichen industriellen Bereichen nimmt stetig zu. Wir glauben, daß sowohl die
Arbeiten im Bereich der Grundlagenforschung und der Geräteentwicklung,
als auch Arbeiten wie die hier vorgestellten, diesem Interesse gerecht
werden, und wir somit gegen Ende dieses Jahrzehnts mit einem großen
Einsatz solcher Systeme bei der Prüftechnik rechnen können.

Waren es bis vor kurzem noch ausschließlich binärbildverarbeitende
Systeme, so gelangen jetzt mehr und mehr grauwertverarbeitende Sy-
steme zur Anwendung. Darüber hinaus zeichnen sich heute schon die
Möglichkeiten der Farbbildverarbeitung ab, ein Umstand, der der
Bildverarbeitung in den nächsten Jahren ganz neue industrielle Be-
reiche erschließen wird.

VI   **Literaturverzeichnis**

/1/ Kazmierczak, H.: "Erfassung und maschinelle Verarbeitung von
Bilddaten", Springer-Verlag, Wien, N.Y., 1980.

/2/ Kelly, R.B. et.al.: "A Robot System which acquires cylindrical
workpieces from bins", IEEE, Transactions on System, Man and
Cybernetics, vol. SMC-12, no. 2, pp. 204-213, March/April 1982.

/3/ Horn, B.K.P.; Ikeuchi, K.: "Die automatische Handhabung regellos
orientierter Teile", Spektrum der Wissenschaften, 10, S. 76,
Oktober 1984.

/4/ Melchior, K.W.; Pavel, G.: "Automatisieren von Prüfvorgängen
mit bildverarbeitenden Sensoren", Teil 1,2, tm, Heft 5, 6, 1983.

/5/ Melchior, K.W.; Rueff, M.; Schmidberger, E.: "Sensors and Flexible
Production", Optical Engineering, Sept., Oct. 1984, Vol. 23, No. 5.

/6/ Batchelor, A.G.; Hill, D.A.; Hodgsen, D.C.: "Automated Visual
Inspection", IFS (Publications) ltd., North Holland, 1985.

/7/ Pugh, A.: "Robot Vision", IFS (Publications), Springer, Heidelberg
New York, 1983.

/8/ Warnecke, H.-J.; Dutschke, W.: "Fertigungsmeßtechnik", Handbuch
für Industrie und Wissenschaft, Springer, Berlin, Heidelberg,
N.Y., 1984.

/9/ Warnecke, H.-J.; Keferstein, C.: "Ein neues Meßgerät zur Geometrieprüfung mit automatisierter Bildverarbeitung", tm 57. Jahr-
gang, Heft 9, 1985.

/10/ Schmidberger, E.; Ahlers, R.-J.: "Quality control with a robot-
guided electro-optical sensor", 4th Int. Conf. on Robot Vision
and Sensory Control, London, 1984.

/11/ Rueff, M.; Schmidberger, E.: "Automatisierung visueller
Prüfvorgänge durch rechnergesteuerte Kamerasysteme mit modularer
Softwarestruktur", Gesellschaft für Mathematik und Datenverar-
beitung, Oktober 1984.

/12/ Rueff, M.; Melchior, K.: "BILDLIB, the Image Analysis Software
at IPA", to appear in Journal of Robotic Systemes, Beni, G.,
Hackwood, eds., Wiley and Sons, Vol. 2, 1985

/13/ Tamura, H.; Sakane, S.; Tomita, F.; Jokoya, N.; Kameko, M.;
Sakane, K.: "Design and Implementation of Spider - A Transpor-
table Image Processing Software Package", Computer Vision, Graphics and Image Processing, 23, 273-294, 1983.

/14/ Preston, K. (JR): "Image Processing Software, a Survey", in
Progress in Pattern Recognition, vol. 1, Edited by L.N. Kanal,
A. Rosenfeld, North Holland, 1981.

/15/ Reitboeck, H.; Altmann, J.: "A Fast Correlation Method for Scale-
and Translation-Invariant Pattern Recognition, IEEE Trans. on
Pattern Anal. and Mach.Int., Vol. PAMI-6, No. 1, Jan. 1984.

/16/ Oberdorfer, B.: "Die Fourier-Mellin Transformation zur lage- und
skaleninvarianten Objekterkennung", Studienarbeit, Universität
Stuttgart, März 1985.

/17/ Jacobsen, L.; Wechsler, H.: "Paradigm for Invariant Object Recognition of Brightness, Optical Flow and Binocular Disparity
Images", Pattern Recognition Letters, Vol. 1, pp. 61-68, 1982.

/18/ Watanabe, S.: "A new Entropic Method of Dimensionality Reduction
Specially designed for Multiclass Dsicrimination (DIRECLADIS)",
Pattern Recognition Letters, Vol. 2, pp. 1-4, 1983.

/19/ Mandelbrot, B.B.: "Fractals: Form, Chance, and Dimension",
W. H. Freeman and Co, San Francisco, 1977.

/20/ Mandelbrot, B.B. : "The Fractal Geometry of Nature",
W.H. Freeman and Co, San Francisco, 1982.

/21/ Pentland, A.P.: "Fractal-based description of natural scenes",
IEEE, P.R. and Machine Intelligence, Vol. 4, 1984.

/22/ Quinqueton, J.: "Le concept de dimension intrinsique en reconnai-
sance des formes", These d'Etat, Universite de Paris VI, Fev.
1981.

/23/ Missigmann, M.: "Fraktale und Selbstähnlichkeit", Diplomarbeit,
Universität Stuttgart, Mai 1985.

/24/ Missigmann, U.; Kempf, M; Rueff, M.: "Some new algorithms to
calculate different fractal dimensions of irregular contours",
in preparation.

/25/ Kempf, M.: "Peano Abbildung und Hausdorff Dimension", Diplomarbeit, Universität Stuttgart, Juni 1985.

/26/ Peano, G.: "Sur une courbe, qui remplit toute une aire plane",
Math. Annalen, Vol. 36, 1890.

/27/ Hilbert, D.: "Über die stetige Abbildung einer Linie auf ein
Flächenstück, Math. Annalen, Vol. 38, 1891.

/28/ Butz, A.R.: "Convergence with Hilbert`s space filling curve",
J. of. Comp. Sc., 3, pp. 128-146, May 1969.

/29/ Kempf, M.; Missigmann, U.; Rueff, M.: "Peanoscanning and the
calculation of fractal dimensions", in preparation.

Konturverfolgung zur Vollständigkeitsprüfung am Beispiel von Blechbaugruppen

U. Weber

Siemens Karlsruhe

Bei der Übersendung des Manuskripts an den Verlag lag dieser Beitrag nicht vor.

Sollte er rechtzeitig vor Drucklegung noch eingehen, wird er in den Anhang mit auf-

genommen.

Ein Verfahren zur Bestimmung von Faserorientierungen in GFK-Bauteilen

R. Bolder

Institut für Kunststoffverarbeitung, Rhein.-Westf. Hochschule Aachen

Bei der Übersendung des Manuskripts an den Verlag lag dieser Beitrag nicht vor.
Sollte er noch rechtzeitig vor Drucklegung eingehen, wird er in den Anhang mit aufgenommen.

G. Gräbner, P. Kobes (SIEMENS AG, Erlangen, Karlsruhe)

Sensor mit kapazitiver taktiler Matrix (STM) zur Mustererkennung in der Automatisierungstechnik

Zusammenfassung

Taktile Sensoren in Matrixanordnung machen Funktionen des Tastsinns
für Systeme der Automatisierungstechnik verfügbar. Wie weltweite
Arbeiten zeigen, sind sie geeignet, andere Sensorsysteme (optische
und akustische) zu ergänzen; sie können sowohl in der Peripherie
von Handhabungssystemen (Paletten, Ablagetische) als auch direkt
in Greiferfingern eingesetzt werden. Die vorliegende Arbeit beschreibt
den Prototyp eines kapazitiv arbeitenden taktilen Matrixsensors,
der - angeschlossen an ein Handhabungssystem - zur Erarbeitung von
Einsatzerfahrungen mit dieser Art von Sensorik dient. Einfache Er-
kennungsaufgaben sind damit bereits lösbar.

1. Einleitung

Taktile Sensoren in Matrixanordnung werten Kraftverteilungen über
der Sensorfläche aus und bilden damit den Tastsinn des Menschen
für Anwendungen in der Automatisierungstechnik oder Medizintechnik
nach. Eine mit dieser Sensorik lösbare Aufgabe ist in Abb. 1 dargestellt: Erkennung von Form und Lage eines Körpers, der durch eine
Seitenfläche im Kontakt mit dem Sensor hinreichend genau beschrieben
ist.

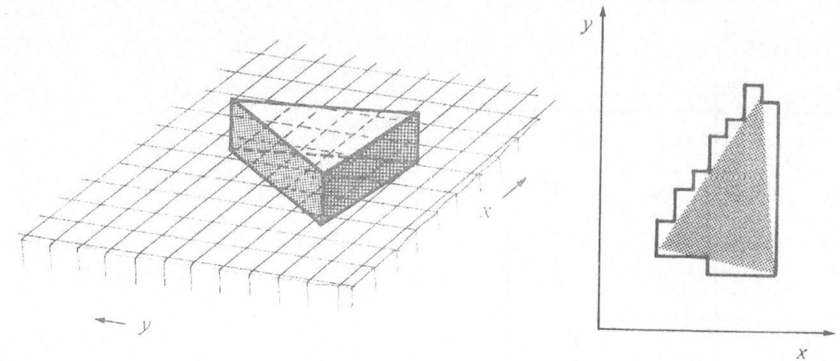

Abb. 1: Lage- und Formerkennung mit STM-Sensor

In Übersichts- und Grundlagenbeiträgen ([1], [2], [3]) wird der
Stand der intensiven, weltweiten Arbeiten auf diesem Gebiet dargestellt.

Die vorliegende Arbeit beschreibt die "Hardware-Studie" einer taktilen
Sensor-Matrix mit folgenden Merkmalen:
- Ortsauflösung 10x12mm
- Ansprechempfindlichkeit ca. 0,15 N/Element
- System erweiterbar auf 4096 Elemente
- Vorverarbeitung in der Peripherie
- Binärbildauswertung
- Hohe Auswertegeschwindigkeit
- Anschlußmöglichkeiten mit Standard-Schnittstellen (V.24 oder LWL)
Wie zu erkennen ist, liegt der Schwerpunkt eher bei der Systemarchi-
tektur und Anpassung an existierende Systeme als bei herausragenden
meßtechnischen Eigenschaften, da das primäre Ziel die Erarbeitung
von Einsatzdaten solcher Sensoren ist.

2.   Beschreibung des realisierten Sensorsystems
2.1   Basis-Sensor

Als Einzelsensor wird ein - konstruktiv für diesen Einsatz optimier-
tes - kapazitives Schaltelement verwendet, wie es auch in Tastaturen
Verwendung findet. Diese Basissensoren werden zu Matrizen zusammen-
geschaltet, so daß jeweils eine Zeile der Matrix mit einem Testsignal
angeregt wird, während die Spalten (Ausgänge) parallel ausgewertet
werden (Abb. 2). Diese Technik erlaubt sehr schnelle Auswertungen.
Aus physikalischen Gründen ist allerdings die Zahl der Matrixelemente
begrenzt (auf z.Z. 16x16).

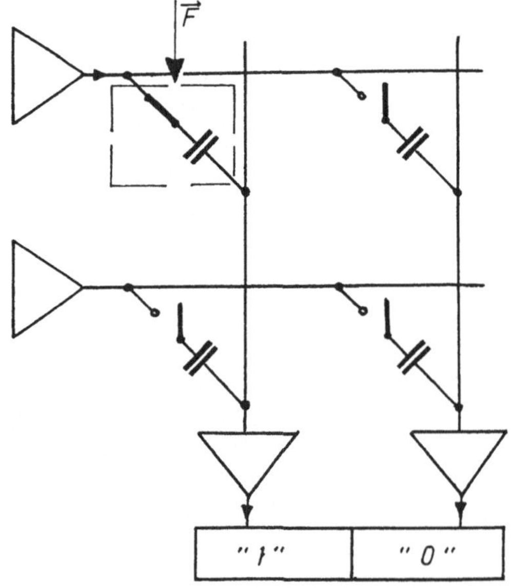

Abb. 2: Kapazitives Schaltnetzwerk

2.2 Systemarchitektur mit Multiprozessorfunktion

Die Forderungen nach Erweiterbarkeit, Anschlußmöglichkeiten an existierende Systeme und nicht zuletzt Entlastung des Zentralprozessors
von Aufgaben der einfachen Fehlerkorrektur und Vorverarbeitung führen
zu einer Architektur nach Abb. 3.

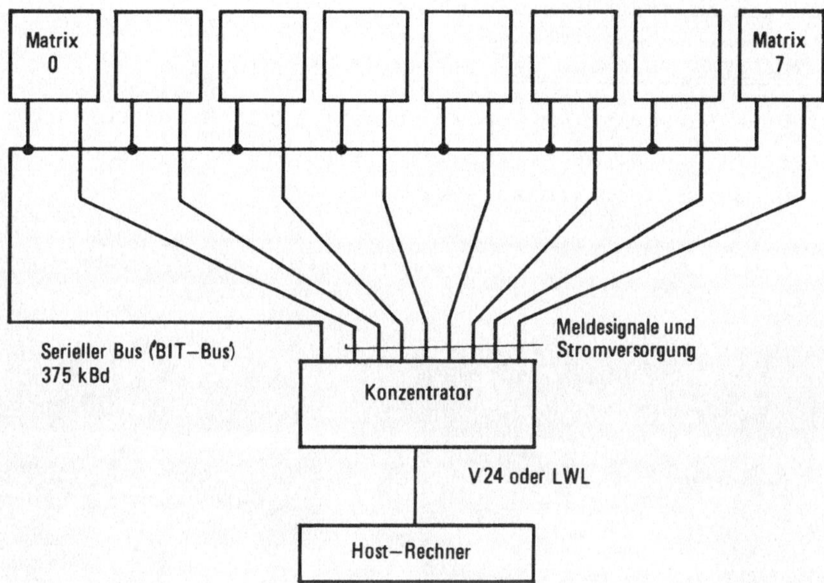

Abb. 3: Architektur des STM-Systems

Jede dort gezeigte Matrix besteht aus einer Matrix von Basissensoren
nach 2.1 mit Treiber- und Empfangselektronik sowie einem Interface
mit Single-Chip-Mikroprozessor. Die Prozessoren kommunizieren über
einen seriellen Bus (375 kBd) mit einem Konzentratorprozessor, der
das System beim Einschalten selbst konfiguriert, testet und in der
Betriebsphase sowohl den Matrix-Bus zuteilt als auch das - standardisierte - Übertragungsprotokoll zum Hostrechner abwickelt. Als
Übertragungsmöglichkeit an ein Standard-Hostsystem wurde u.a. eine
Lichtwellenleiter-Verbindung mit 50 kBd realisiert.

2.3 Vorverarbeitungsfunktion des Sensorsystems

Die Matrixprozessoren führen neben der direkten Sensoransteuerung
und Auswertung folgende Vorverarbeitung durch:

- Plausibilitätstest des Bildinhalts mit "2 aus 3"-Auswahl
  (Eliminierung von Störungen)
- Ermittlung von Bildstatistikdaten (Anzahl der gesetzten Pixel
  und Flächenschwerpunkt: für diese linearen Operationen kann der
  Konzentrator oder das Hostsystem die Schwerpunkt- und Anzahlbe-

stimmung durchführen, ohne sämtliche Pixeldaten bearbeiten zu
müssen.)

- Differenzbildung der Schwerpunktkoordinaten von einem Matrixscan
  zum nächsten (Rutschfunktion: ändern sich die Schwerpunktkoordinaten
  über ein vorgegebenes Maß hinaus - was beim Abrutschen eines Werk-
  stücks über die Sensorfläche der Fall ist - so wird eine schnelle
  Meldung an den Konzentrator veranlaßt.)

3. Einsatz des Sensorsystems an einem Handhabungssystem

Das beschriebene Sensorsystem wurde mit zwei 16x16-Matrizen an ein
Handhabungssystem angekoppelt. In Abb. 4 sind die Matrizen mit ihrer
Elektronik vor dem Bildschirm zu erkennen.

Abb. 4: Handhabungssystem mit taktiler Sensormatrix

Der Sensor hat zunächst die Aufgabe, auf Anforderung die Koordinaten der gesetzten (belasteten) Pixel an das Handhabungssystem
zu senden. Dieses erzeugt für Demonstrationszwecke ein entsprechendes
Bild und führt eine Objekterkennung durch. Das richtig erkannte
und geortete Objekt kann dann vom Greifer erfaßt und manipuliert
werden.

Im Test werden acht verschiedene Objekte anhand von 3 Kriterien
erkannt. Dabei werden die Kriterien
- Anzahl isolierter Teilflächen
- Fläche (Anzahl der gesetzten Pixel)
- Formfaktor (Anzahl der gesetzten Pixel/Anzahl der Randpunkte)
in der genannten Reihenfolge in einem Entscheidungsbaum untersucht.
Ein Teil des Baums (für die einflächigen Objekte) ist in Abb. 5
dargestellt. Unter den gegebenen Bedingungen ist die Erkennung sehr
zuverlässig.

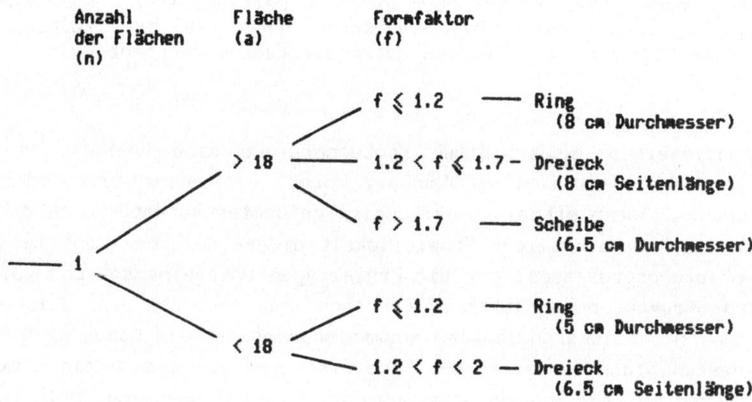

Abb. 5: Entscheidungsbaum für Objekterkennung

4. <u>Zusammenfassung und Ausblick</u>

Es wird ein Sensorsystem mit taktiler Matrix (16x32) vorgestellt,
das an ein Handhabungsgerät gekoppelt ist. Die Lösung einfacher
Erkennungs- und Ortungsprobleme konnte bereits erfolgreich erprobt
werden. Die zukünftige Arbeit geht in zwei Richtungen:
- Aufbau angepaßter Sensoren, insbesondere mit höherer Ortsauflösung,
  Empfindlichkeit und robuster Konstruktion.
- Optimierung von Informationsfluß und -verarbeitung im dynamischen
  Betrieb.

<u>Literatur</u>

/1/ Harmon, L.D.
    Touch Sensing Technology: A Review
    SME Technical Report MSR 80-03, 1980
/2/ Harmon, L.D.
    Automated Tactile Sensing
    Int. Journ. of Robotics Research 1 (1982) 2, S. 3-32
/3/ Stauffer, R.N.
    Progress in Tactile Sensor Development
    Robotics Today 5 (1982) June, S. 43-49

LERNVERFAHREN ZUR SEGMENTIERUNG INDUSTRIELLER RÖNTGENBILDER

Helmut Strecker

Philips GmbH Forschungslaboratorium Hamburg, Vogt-Koelln-Str. 30, D-2000 Hamburg 54

Zusammenfassung

Die Segmentierung von Röntgenbildern industrieller Objekte wird durch das Lernen
von Pixel-Klassifikatoren auf der Basis lokaler Merkmale versucht. Dazu werden
Lernstichproben durch interaktives Markieren repräsentativer Bildpunkte mit ihrem
Klassenindex erstellt. Ein Polynomansatz verknüpft ausgewählte, vorzugsweise rotationsinvariante lokale Merkmale zu Trennfunktionen, deren Parameter aus einer Qua-
dratmittelanpassung an die Lernstichprobe gewonnen werden. Erste Versuche zur
Erkennung von Lunkern in Gußteilen liefern Trennfunktionen, in denen die Lunker
hell hervorgehoben werden, führen aber noch nicht zu befriedigenden Segmentierungs-
resultaten. Verbesserungen werden durch Verwendung sequentieller Pixelklassifika-
tion mit auf Zernike-Polynomen basierenden Merkmalssätzen angestrebt.

1. Einleitung

Bei einer automatisierten industriellen Röntgenprüfung sind überwiegend kleine
schwachkontrastige Inhomogenitäten wie Lunker, Poren, Fremdeinschlüsse oder Risse
in Projektionsröntgenbildern oftmals sehr komplex geformter Werkstücke zu detektieren und zu bewerten. Die wesentliche Schwierigkeit dieser Aufgabe liegt im Auffinden eines Segmentierungsprozesses, der die Fehlertypen untereinander und vor allem
von der regulären Struktur des Objekts zu unterscheiden gestattet. Ansätze mit em-
pirisch gefundenen, nichtlinearen lokalen Merkmalsoperatoren [1] haben sich hierfür
bisher als am ehesten brauchbar erwiesen. Unbefriedigend ist jedoch die Flexibilität dieser Operatoren bei der Anpassung an verschiedene Aufgabenklassen in Form unterschiedlicher Werkstücke und variierender Fehlertypen. Die Praxis erfordert dagegen lernfähige Segmentierungsverfahren, die für jede Aufgabenklasse optimiert
sind. Der im folgenden vorgestellte Ansatz verwendet polynomiale Verknüpfungen lokaler Merkmale zu klassenspezifischen Trennfunktionen, auf denen die Einordnung
eines jeden Bildpixels bei der Segmentierung begründet wird. Zur Bestimmung dieser
Trennfunktionen wird eine Anpassung an eine Lernstichprobe vorgenommen, die man
durch interaktives Markieren von Bildsegmenten mit dem Klassenindex gewinnt. Ein in
der Grundlage gleiches Verfahren wurde von Blanz [2] für andere Anwendungsbereiche
entwickelt.

2. Polynomiale Merkmalsverknüpfung und Quadratmittelanpassung

Die Grundlagen des Polynom- oder Quadratmittelklassifikators sind z.B. in [3], [4]
und [5] beschrieben. Im folgenden sollen nur die zum Verständnis des Weiteren nötigen Sachverhalte kurz genannt werden: Jedem Bildpixel wird ein Merkmalsvektor $\underline{v}$ von
lokalen Merkmalen $v_1, v_2, \ldots, v_M$ zugeordnet, die aus den Grauwerten der Nachbar-
pixel (quadratische Fenster mit 3×3, 5×5, ... Bildpunkten) berechnet werden. Sie werden in einem Polynomansatz (linear oder quadratisch) zu klassenspezifischen Trenn-
funktionen $d_k(\underline{a}_k; \underline{v}) = \underline{a}_k^T \cdot \underline{\phi}(\underline{v})$ verknüpft (k = Klassenindex, $\underline{\phi}$ = Vektor der Polynom-
terme). Im Sinne des mittleren Fehlerquadrates optimale Parametervektoren $\underline{a}_k^T =$
$(a_0, a_1, \ldots, a_N)$ erhält man durch Anpassung der d_k an ideale Trennfunktionen
d_k^*, die zusammen mit der Lernstichprobe vorgegeben werden $(d_k^*(\underline{v} \epsilon \omega_{k'}) := \delta_{k,k'})$.
Ein Maß für die Güte dieser Anpassung stellt das Residuum der Quadratmittelanpas-
sung, $\hat{\epsilon}^2 = E\{|\underline{d}^*(\underline{v}) - \underline{d}(\underline{a}; \underline{v})|^2\}$ dar. Es wird im folgenden zur Beurteilung der je-
weils ausgewählten Merkmalskombinationen benutzt.

3. Verwendete lokale Merkmale

Definition und Auswahl der zu verknüpfenden Merkmale bestimmen ganz entscheidend die Trennnfähigkeit der Funktionen d_k. Als besonders geeignet haben sich bisher vorzugsweise rotationsinvariante lokale Merkmale wie Pixel-Grauwert, lokale Mittel- und Medianwerte, Gradientenbetrag, Laplace-Filterwert, Gauß'sche Krümmung (Eckenmaß) oder lokale Exzentrizität [6] erwiesen. Die Aufgabe besteht immer darin, aus der vorgegebenen Grundmenge lokaler Merkmale $\{v_1, v_2, \ldots, v_{M_0}\}$ eine möglichst kleine Teilmenge $\{v_{m1}, v_{m2}, \ldots, v_{m_M}\}$ mit $M \ll M_0$ auszuwählen, die ein hinreichend niedriges Residuum liefert (z.B. mit erschöpfender Suche).

4. Ergebnisse

Bild 1a zeigt das Röntgenbild einer Aluminiumfelge (Detektorzeilen-Abtastung), in dem Lunker (Gaseinschlüsse) automatisch zu detektieren sind. Eine Laplace-Filterung, Bild 1b, hebt die schwachkontrastigen Fehler hervor. Für dieses Zwei-Klassenproblem sind in den Bildern c ($k = 1$: Lunker) und d ($k = 2$: reguläre Strukturen) repräsentative Gebiete markiert, die hier jeweils etwa 200 Bildpunkte umfassen. Sie stellen die Lernstichprobe dar. Die restlichen Pixel der 256×256-Bilder können als Teststichprobe aufgefaßt werden. Bild 2 zeigt Ergebnisse für die Trennfunktion d_1 in skalierten Darstellungen (d_2 ist automatisch durch die Normierungsforderung $d_1 + d_2 = 1$ bestimmt). Verwendet wurden 2 verschiedene Kombinationen von je 3 Merkmalen (siehe Bildtext), die vergleichsweise niedrige Residuumswerte liefern. Die Hervorhebung der Lunker ist offensichtlich. Wie zu erwarten, ist die Trennfähigkeit des quadratischen Polynomansatzes (10 freie Parameter) höher als die des linearen (4 freie Parameter). Jedoch kann durch Schwellenbildung keiner der drei abgebildeten Trennfunktionen eine einigermaßen befriedigende Segmentierung erzielt werden,

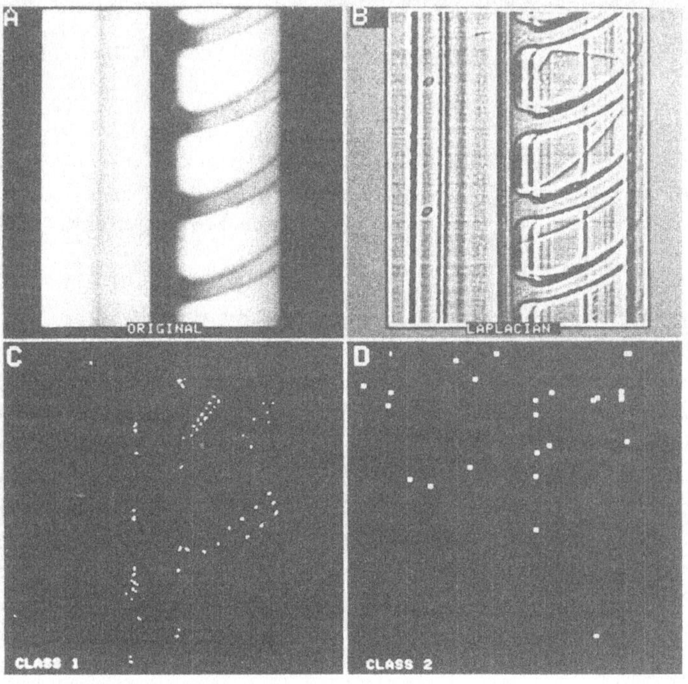

Bild 1

Lernstichprobe

a) Ursprungsröntgenbild einer Leichtmetallradfelge mit kleinen Lunkerfehlern

b) Laplace-artige Vorfilterung zur Hervorhebung der Fehler

c) markierte Fehler (Klasse k = 1)

d) markierte repräsentative Nichtfehler-Gebiete (Klasse k = 2)

wie sich schon durch Vergleich der Bilder 2 mit Bild 1c vermuten läßt. Entscheidende Verbesserungen lassen sich auch nicht durch eine Vergrößerung der Zahl der verwendeten Merkmale erzielen. Ursache hierfür dürften vor allem die Beschränkung der
Trennfläche im Merkmalsraum durch den linearen bzw. quadratischen Ansatz sowie die
Eigenschaft des Quadratmittelkriteriums sein, alle Merkmalsvektoren unabhängig von
ihrem Abstand zur Klassengrenze gleich zu gewichten ([5], S. 106).

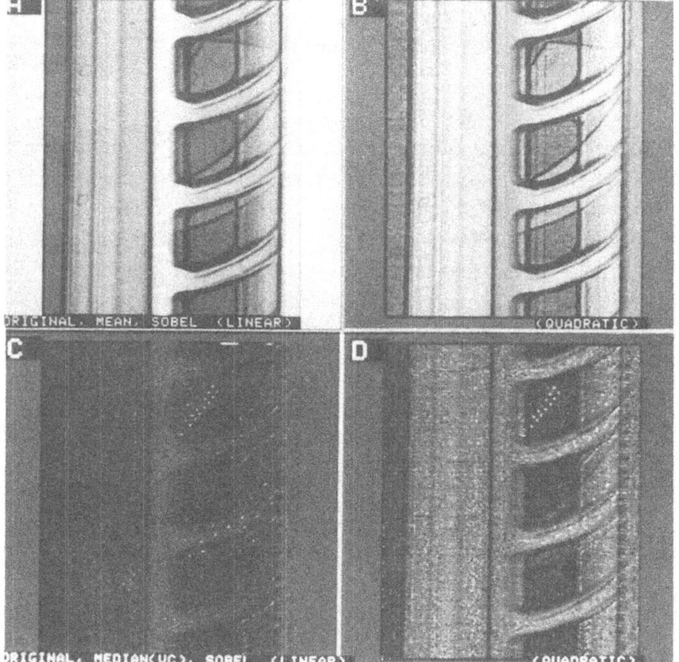

Bild 2

Trennfunktionen $d(\hat{a};\overline{V})$
in skalierter Darstel-
lung

a) lineare Kombination
von Pixel-Grauwert,
lokalem Mittelwert
und Sobel-Gradienten
($\hat{\varepsilon}^2$ = 0.202)

b) quadratische Kombina-
tion der Merkmale von
a ($\hat{\varepsilon}^2$ = 0.162)

c) lineare Kombination
von Pixel-Grauwert,
lokalem Medianwert
und Sobel-Gradienten
($\hat{\varepsilon}^2$ = 0.129)

d) quadratische Kombina-
tion der Merkmale von
c ($\hat{\varepsilon}^2$ = 0.101)

5. Geplante Weiterentwicklungen

Verbesserte Ergebnisse werden durch zwei Weiterentwicklungen des Verfahrens angestrebt: Die Gewinnung rotationsinvarianter Merkmale durch Entwicklung der lokalen
Bildintensität nach Zernike-Polynomen und die Verwendung sequentieller Klassifikation.

5.1 Rotationsinvariante Merkmale durch Entwicklung nach Zernike-Polynomen

Regressive modellartige Entwicklungen der lokalen Bildintensität nach Basisfunktio-
nen finden sich in vielen Ansätzen zur Lösung von Bilderkennungsproblemen [6], [7],
[8]. Die Gewinnung eines beliebig vollständigen Satzes rotationsinvarianter Merkmale scheint für die vorliegende Aufgabe von besonderer Bedeutung zu sein, da die
Orientierung von Fehlern und Objektsegmenten im Bild willkürlich ist. Dies kann
durch Entwicklung der lokalen Bildintensität nach Zernike'schen Kreispolynomen (s.
z.B. [9]) geschehen, die Teague [10] zur Konstruktion rotationsinvarianter Bild-
momente höherer Ordnung benutzt hat. Wie beim Hueckel-Operator [7] wird dazu die
Nachbarschaft eines jeden Bildpunktes innerhalb eines Einheitskreises betrachtet:

$$q\,(r,\theta) = \sum_{n=0}^{n_0} \sum_{l=0}^{n-1} \left[C_{nl}\cos l\,\theta + S_{nl}\sin l\,\theta\right] R_{nl}\,(r) \tag{1}$$

Wie sich sehr leicht zeigen läßt, verhält sich dabei die Quadratsumme der Koeffizienten C_{nl} und S_{nl} invariant gegenüber Drehungen. Für Bild 3 wurden die Funktionen $\cos l\theta \cdot R_{nl}(r)$ für $n < 5$ berechnet und jeweils als 128×128-Bild dargestellt. Die rotationsinvarianten Merkmale $D_{nl} = (C_{nl}^2 + S_{nl}^2)^{1/2}$ könnten auch beim Bildvergleich z.B. in der Bildfolgenanalyse von Nutzen sein.

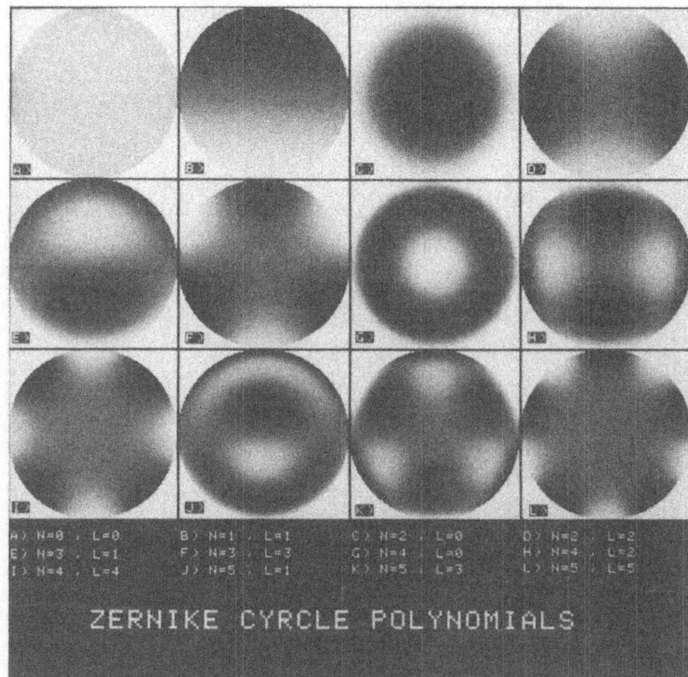

Bild 3

Zernike'sche Kreispolynome zur regressiven Anpassung der lokalen Bildintensität (Ordnung $n < 5$)

Aus einer Entwicklung nach Zernike-Polynomen lassen sich rotationsinvariante lokale Merkmale gewinnen

(siehe z.B. Born und Wolf [9])

5.2 Sequentielle Segmentierung

Der Entwurf eines Segmentierungsverfahrens mit sequentieller Klassifikation [11] verspricht, kompliziertere Trennflächen im Merkmalsraum realisieren zu können, als beim einstufigen Verfahren. Die sequentielle Klassifikation baut auf Trennfunktionen für 1,2,... Merkmale : $d_k^{(1)}(v_{m1})$, $d_k^{(2)}(v_{m1}, v_{m2})$, ... auf. Die Entwurfsaufgabe umfaßt u.a. die Bestimmung einer optimalen Folge $\langle m_1, m_2, \ldots, m_M \rangle$ von heranzuziehenden Merkmalen, wobei eine Optimierung anhand eines gemischten Kriteriums aus Segmentationsgüte (d.h. empirische Fehlerrate) und -aufwand (d.h. Rechenzeit) erfolgen kann. Das Optimierungsproblem ist in Bild 4 veranschaulicht. Da sich eine rekursive Kostenfunktion definieren läßt, kann man dynamische Programmierung als Optimierungsverfahren wählen (vgl. z.B. [12]). Als Kostenfunktion bietet sich eine gewichtete Summe aus empirischer Fehlerrate und Rechenzeit an.

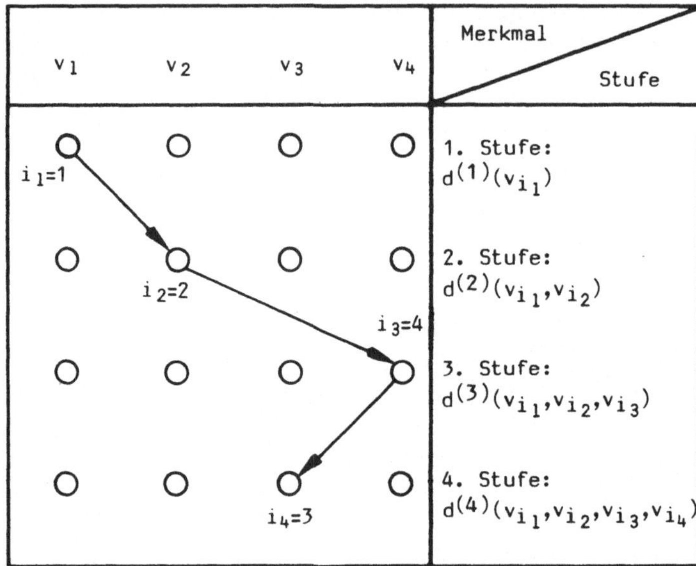

Bild 4

Zum Entwurf eines optimalen sequentiellen Pixel-Klassifikators, basierend auf den Trennfunktionen $d^{(1)}(v_{i_1})$, $d^{(2)}(v_{i_2})$, ..., $d^{(M)}(v_{i_M})$.
Ziel des Entwurfes ist es, eine optimale Merkmalsfolge $\langle v_{i_1}, v_{i_2}, \ldots, v_{i_M}\rangle$ zu finden. Als Verfahren für diese Optimierung bietet sich dynamische Programmierung an.

(gezeigtes Beispiel: M = 4)

Literatur

[1] Strecker, H.: "A local feature method for the detection of flaws in automated x-ray inspection of castings", Signal Processing, $\underline{5}$, p. 423 (1983).

[2] Blanz, W.E.: "Bildsegmentation durch Texturanalyse", Dissertation Universität Stuttgart, 1983.

[3] Niemann, H.: "Klassifikation von Mustern", Springer, Berlin, 1983.

[4] Schürmann, J.: "Polynomklassifikatoren für die Zeichenerkennung", R. Oldenbourg-Verlag, München, 1977.

[5] Fukunaga, K.: "Introduction to statistical pattern recognition", Academic Press, New York, 1972.

[6] Beaudet, P.R.: "Rotationally invariant image operators", Proc. Int. Joint Conf. Patt. Rec., p. 578, 1978.

[7] Hueckel, M.H.: "An operator which locates edges in digitized pictures", Journal of the Association for Computing Machinery, $\underline{18}$, p. 113 (1971).

[8] Hummel, R.: "Feature detection using basic functions", Computer Graphics and Image Processing, $\underline{9}$, p. 40 (1979).

[9] Born, M.; Wolf, E.: "Principles of Optics", Pergamon, New York, 1975.

[10] Teague, M.R.: "Image analysis via the general theory of moments", J. Opt. Joc. Am., $\underline{70}$, p. 920 (1980).

[11] Fu, K.S.: "Sequential methods in pattern recognition and machine learning", Academic Press, 1968.

[12] Fu, K.S.; Chien, Y.T.; Cardillo, G.P.: "A dynamic programming approach to sequential pattern recognition", IEEE Trans. El. Comp., EC-$\underline{16}$, p. 790 (1967).

Fehlertolerante Mustererkennung in Linienbildern durch
Teilgraphenisomorphie und diskriminierende Graphen

Peter Kuner, Joachim Kreich, Gerd Maderlechner
Zentralbereich Forschung und Technik
Siemens AG München

Zusammenfassung

Aufbauend auf einer einfachen relationalen Beschreibung von Linienbildern und linienhaften Referenzsymbolen durch ungerichtete Graphen
erfolgt die Mustererkennung durch Lösung des Teilgraphenisomorphieproblems (Subgraph Isomorphism Problem = SIP). Hierfür werden effiziente Strategien vorgestellt; durch diese wird der sonst mit der
Größe der Graphen exponentiell anwachsende Rechenzeitbedarf i.a. vermieden /1/. Sie beruhen auf Vorabreduktion des SIP und Graphsegmentierung. Die Verwendung Diskriminierender Graphen (DG) bewirkt überdies
größtmögliche Fehlertoleranz /2/. Zusätzlich bietet eine Dialogkomponente Möglichkeiten der Korrektur und Steuerung des Erkennungsvorgangs. Es folgt ein Ausblick auf die Verbesserung der Fehlertoleranz
durch wissensbasierte Verfahren.

1. Relationale Bildbeschreibung und Teilgraphenisomorpie

Ein Linienbild, z.B. ein elektrischer Schaltplan, wird in schnittpunktfreie, glatte Linienelemente segmentiert, welche die Kanten eines BILDGRAPHEN H darstellen. Verzweigungspunkte, Knickpunkte und
Enden von Linien bilden die zugehörigen Knoten des Graphen (Fig. 2).

Referenzsymbole (z.B. Dioden, Widerstände, siehe Fig. 1) werden ebenso
durch einen Graphen, den REFERENZGRAPHEN G, dargestellt. Somit ist
die Suche eines Referenzsymbols im Bild auf den Nachweis seines Referenzgraphen im Bildgraphen zurückgeführt.

Dieser Nachweis erfolgt durch Lösen des SIP. Leider jedoch steigt der
hierzu benötigte Rechenaufwand in der Regel exponentiell mit der Größe
von Referenz- und Bildgraphen an. Da erstere im allgemeinen gegenüber
letzteren "vernachlässigbar klein" sind, zielen unsere Strategien darauf ab, den exponentiellen Einfluß des Bildgraphen zu unterdrücken.

2. Aufwandsreduktion durch Graphsegmentierung und Vorabentlastung
des SIP-Algorithmus

SEGMENTIERUNG: Wir definieren die maximale Distanz $\Delta(G)$ zwischen zwei
Knoten von G und die Γ-Umgebung $U_\Gamma(w,H)$ eines Knoten w von H:

2.1 $\Delta(G) = \max\{d(v,v'):v,v'$ Knoten von $G\}$, wobei $d(v,v')$ die minimale
Anzahl von Kanten in G ist, die einen Pfad von v nach v' bilden.
2.2 $U_\Gamma(w,H) =$ größter Teilgraph von H, dessen Knoten von w aus über
einen Pfad mit höchstens Γ Kanten erreichbar sind.

Lösung des SIP = Suche von G in H, erfolgt nun nach der Vorschrift:
1: Wähle $\Gamma > \Delta$. Wähle w* so, daß $U_\Gamma(w*,H)$ möglichst klein ist. (Dies
trifft i.a. zu für $\Gamma \leq 2\Delta$, und wenn w* nahe einer Bildecke liegt.)
2: Suche G im Teilgraphen $U_\Gamma(w*,H)$ von H (nicht mehr in ganz H!)
3: Entferne den Teilgraphen $U_{(\Gamma-\Delta)}(w*,H)$ aus H (sowie alle Kanten
von H, welche in einen Knoten dieses Teilgraphen einmünden).
4: Wiederhole die Schritte 1-3 bis der Bildgraph H leer ist.

Da (insbesondere bei geeigneter Wahl von w* und Γ gemäß 1) die Γ-
Umgebungen der w*, in denen jetzt der Referenzgraph G gesucht wird,
im Vergleich zum gesamten Bildgraphen H sehr klein sind, fällt dessen Größe als exponentieller Faktor nicht mehr ins Gewicht.

VORABENTLASTUNG des SIP-Algorithmus (Vorabreduktion des SIP):
Falls für G eine Lösung des SIP in H existiert, so ist durch sie jedem
Knoten v in G genau ein Knoten w in H zugeordnet. Prinzip eines jeden
SIP-Algorithmus ist es nun, aus einer gegebenen Menge möglicher Zuord-
nungen die richtigen herauszufinden. Die Vorabentlastung erfolgt daher
naheliegenderweise durch möglichst umfangreiches Vorabaussondern der
falschen Zuordnungen. Kriterien dafür, wann eine Zuordnung von v auf
w auszuschließen ist, sind u.a.:
- Graphentheoretischer Art: etwa wenn die Anzahl von Zyklen der Länge
  L (L=1,...,10) durch v in G größer ist als die durch w in H.
- Iterative Relaxation: Die Menge aller (noch) möglicher Zuordnungen
  der Nachbarknoten v auf die Nachbarknoten von w ist (etwa infolge
  vorangegangener Iterationsschritte) bereits dergestalt eingeschränkt,
  daß eine eineindeutige Zuordnung für alle Nachbarknoten von v nicht
  mehr möglich ist. Mithin kann im gegenwärtigen Schritt auch die
  Zuordnung von v auf w ausgeschlossen werden.

Die Menge möglicher Zuordnungen läßt sich übersichtlich in Form einer
Boolschen Matrix M darstellen, deren (i,j)-tes Element zu 1 gesetzt
ist, solange der Zuordnung des i-ten Knoten von G auf den j-ten Knoten
von H nichts entgegensteht. Die Reduktion der 1-Elemente von M durch
o.g. Kriterien beträgt in der Regel über 70%, was die Teilgraphensuche
mindestens um den Faktor 10 - 20 beschleunigt (vgl. /1/ und Fig. 3).

3. Diskriminierende Graphen

Das vorgestellte Erkennungsverfahren versagt, wenn der Bildgraph gestört ist, z.B. durch Linienunterbrechungen oder fehlerhafte Eckensegmentierung. Diese Empfindlichkeit des Verfahrens gegen kleine Störungen kann vermieden werden, wenn die Teilgraphensuche nicht mehr nach dem vollständigen Modellgraphen (Referenzgraphen) erfolgt, sondern nach denjenigen Teilgraphen, die charakteristisch sind für dieses Referenzsymbol. Diese sogenannten diskriminierenden Graphen (DG) wurden in /2/ vorgestellt.

Der kleinste diskriminierende Graph des Transistorsymbols bezüglich des Symbolvorrats von Fig. 1 (Diode, Widerstand, Transistor) wäre ein Knoten vom Grad 4, da dieser in keinem Referenzgraph der anderen Symbole vorkommt. Es besteht jedoch die Möglichkeit, daß der DG im Bildgraphen als Kombination von Verbindungslinien auftritt.

Um solche Verwechslungen unwahrscheinlich zu machen und darüber hinaus eine genaue Lokalisierung der Symbole zu ermöglichen, werden ihre Anschlußknoten mit in die Definition der DG aufgenommen.

Wenn der Bildgraph so stark gestört ist, daß keiner der DG eines Symbols mehr vollständig gefunden wird, muß dieses Verfahren durch andere Prozesse ergänzt und korrigiert werden.

4. Wissensbasierte Fehlertoleranz

Eine andere Möglichkeit, fehlertolerante Systeme zu entwerfen, stellt die Einbeziehung des Mensch-Maschine-Dialogs dar. In unseren Verfahren wird damit die Texterkennung unterstützt, die automatisch die Textbereiche ermittelt /4/, aber die handgeschriebenen Schriftzeichen selbst noch nicht mit genügender Sicherheit bestimmt. Der Anwender kann interaktiv die fehlenden Schriftzeichen über die Tastatur in die ermittelten Bereiche eingeben (Fig. 4).

Dabei können die eingegebenen Texte nicht nur als Ergänzung der nichterkannten Schriftzeichen dienen, sondern auch den Analyseprozeß der sonstigen Bildteile unterstützen. Texte werden dabei als semantische Informationen interpretiert, die zur Steuerung der Graphensuche beitragen.

Die erfolgversprechendste Methode, fehlerhafte Bildvorlagen interpretieren zu können, besteht darin, die Analyse auf viel mehr Informationen abzustützen. Wenn die automatische Analyse Wissen über die inhalt-
lichen Strukturen der Zeichnung, über allgemeinere und speziellere
Eigenschaften der Symbole und über Kontexte verwendet, und wenn der
Erkennungsablauf flexibler und wissensbasiert auf die Gegebenheiten
reagieren kann, dann werden einzelne Fehler im Bild wesentlich leichter erkannt und korrigierbar, denn die Basis der Analyse hat sich
wesentlich verbreitert.

Die relationale Beschreibung des Bildes wird um viele Attribute, Regeln, Beziehungen, Ordnungselemente und Strategien erweitert werden.
Die bekannten Verfahren der Künstlichen Intelligenz zur Repräsentation von Bereichswissen und von Wissen bezüglich der Analysestrategie
/3/ werden angewendet, wobei vor allem Abstraktionshierarchien und
Hierarchien geometrischer und topologischer Strukturen gebildet werden müssen.

5. Literatur

/1/   P. Kuner: "Efficient Techniques to Solve the Subgraph Isomor-
      phism Problem for Pattern Recognition in Line Images", Proc.
      of 4th Scandinavian Conference on Image Analysis (4SCIA), 1985,
      Trondheim, pp. 333-340

/2/   G. Maderlechner, O. Bartenstein: "Die Methode der Diskriminieren-
      den Graphen zur fehlertoleranten Mustererkennung", Proc. of 6th
      DAGM-Symposium, U. Kropatsch (ed.), Springer, Berlin-Heidelberg-
      New York, 1984, pp. 222-228

/3/   A. Hanson, E. Riseman: "VISION: A Computer System for Interpreting
      Scenes", Computer Systems, 1978

/4/   W. Scherl, "Document Analysis Based on a Document Description",
      3rd Scand. Conf. on Image Analysis, Copenhagen, Juli 1983, pp. 369.

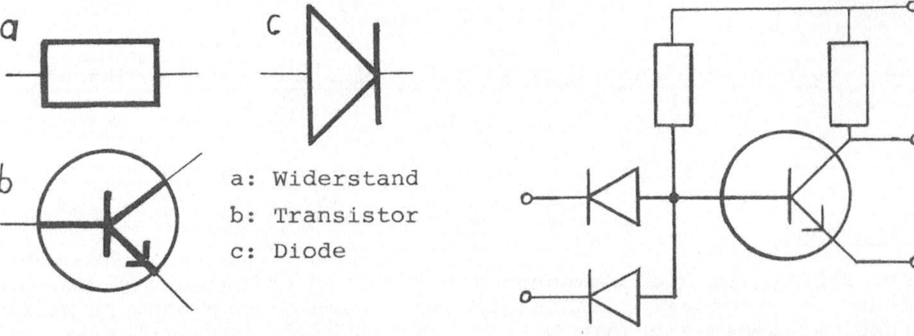

Fig. 1: Referenzgraphen

Fig. 2: Bildgraph eines NAND-Gatter-Schaltplans

Ausschluß-kriterium f. Zuordng.	1-Elemente der Zuordnungsmatrix M = mögliche Zuordnungen (schwarz)	Anzahl der 1-Elem.	CPU-Sek. für Lösen SIP
keines		186	22.9
Zyklenzahl		56	1.02
Relaxation		24	0.54

Fig. 3: Mögliche Zuordnungen der Widerstands- zu den Schaltplanknoten

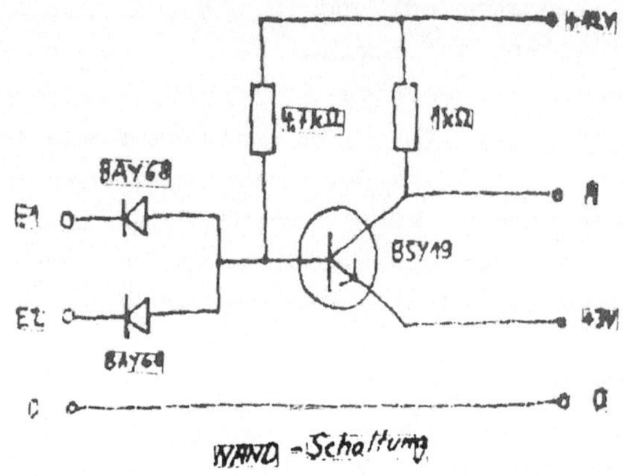

Fig. 4: Handgezeichneter Schaltplan mit Beschriftung. Automatische Textsegmentierung nach /4/ durch Rechtecke kenntlich gemacht und zur interaktiven Eingabe aufbereitet.

<u>Modellgesteuerte Bildanalyse am Beispiel industrieller Szenen</u>

Klaus Grebner

AEG Aktiengesellschaft, Forschungsinstitut Ulm

<u>Zusammenfassung</u>

Ziel der Arbeit ist die Erkennung von Lage und Orientierung einzelner Werkstücke in komplexen industriellen Szenen, insbesondere solchen Bildszenen, in denen sich die Werkstücke berühren oder teilweise überlappen. Die Aufgabe wird unter Verwendung von in einem Modell abgelegtem Wissen über das zu analysierende Werkstück gelöst. Zur Analyse wird der A^*-Algorithmus herangezogen.

<u>1. Einleitung</u>

Eine wichtige Aufgabe im Bereich Bildanalyse industrieller Szenen ist die Objekterkennung, speziell die Erkennung von Werkstücken. Die Arbeit zielt darauf ab, flache Werkstücke in einem Bild zu erkennen, ihre Drehlage zu ermitteln und in Frage kommende Greifpunkte für einen Roboter zu bestimmen. Das System ist so ausgelegt, daß eine korrekte Analyse auch dann möglich ist, wenn sich die Werkstücke berühren oder teilweise überlappen. Damit werden nur geringe Anforderungen an Beschaffenheit und Ordnungsgrad der Werkstücke in der Fabrik gestellt.

Um in einem Bild einer industriellen Szene ein Werkstück auffinden zu können, benötigt man Wissen über dieses Werkstück. Dieses Wissen wird in Form eines Modells abgelegt und zur Analyse der Szene herangezogen. Die im Modell enthaltene Information kann als Baum dargestellt werden. Die Knoten des Baumes repräsentieren charakteristische Zusammenhangsgebiete in dem vorverarbeiteten und binärquantisierten Bild des zu erkennenden Objektes. Kernstück der modellgesteuerten Analyse ist der A^*-Algorithmus. Es handelt sich hierbei um ein intelligentes Graphsuchverfahren, welches den optimalen Weg durch einen vorgegebenen Graphen ermittelt, ohne alle Knoten des Graphen durchlaufen zu müssen.

<u>2. Modellgenerierung</u>

Ausgangspunkt des Verfahrens ist ein Grauwertbild des zu analysierenden Objektes. Nach geeigneten Vorverarbeitungsmaßnahmen, wie z.B. Filteroperationen, läßt es sich in ein Binärbild überführen, in welchem das Objekt in verschiedene geschlossene schwarze oder weiße Zusammenhangsgebiete zerfällt. Für diese Gebiete werden Merkmale wie Fläche, Umfang, Formfaktoren, umschreibende Rechtecke usw. sowie Parameter von Lagerelationen der Gebiete (Entfernungen der Schwerpunkte der Bereiche

untereinander, relative Steigungen der Hauptachsen der Bereiche untereinander, etc.) bestimmt.

Es wird ein Modell des Objektes in Form eines Baumes aufgebaut. Für
jedes markante geschlossene Gebiet des Binärbildes erhält der Baum einen terminalen Knoten, in welchem die Werte der für dieses Gebiet wesentlichen Merkmale sowie die relative Lage des Gebietes innerhalb des
gesamten Objektes als Attribute gespeichert werden. Nichtterminale
Knoten des Baumes sind Gebieten des gesamten Objektes zugeordnet, die
nicht geschlossen im Binärbild auffindbar sind. Auch sie können Attribute besitzen. Die Wurzel des Baumes stellt das Objekt selbst dar.

3. Analyse

Das so erstellte Modell zieht man zur Analyse einer Bildszene mit dem
zu erkennenden Objekt heran, indem man das Grauwertbild zunächst in
derselben Weise wie bei der Modellbildung in ein Binärbild überführt
und dann in diesem nach Gebieten sucht, die die im Modell beschriebenen Bedingungen erfüllen. Da äußere Einflüsse wie Beleuchtungsschwan-
kungen, Verschmutzung des Werkstückes etc. dazu führen, daß die im Modell vorgegebenen Sollwerte der Attribute nicht immer exakt erreicht
werden, müssen auch Abweichungen zugelassen werden. Der Grad der Ab-
weichung der aus dem Bild berechneten Merkmale für die einzelnen Gebiete von Sollwerten wird mit Fuzzy-Funktionen bewertet. Für jeden
terminalen Knoten des Modells lassen sich aus dem zu analysierenden
Bild eine Anzahl von Gebietskandidaten mit unterschiedlichen Bewertungen bestimmen, welche dem jeweiligen terminalen Knoten entsprechen
könnten.

Will man ein Objekt in einer komplexen Szene auffinden, so ist aus den
Kandidaten für die terminalen Modellknoten jeweils einer so auszuwählen, daß die gesamte Instantiierung des Modells unter Einbeziehung der
Lagerelationen, welche ebenfalls Fuzzybewertungsfunktionen unterworfen
werden, maximal bewertet wird. Da auch teilweise überlappt liegende
Werkstücke erkannt werden sollen, also auch Abdeckung eines Gebietes
durch ein obenliegendes Teil auftreten kann, ist zu berücksichtigen,
daß unter Umständen keiner der ermittelten Kandidaten für einen terminalen Knoten der richtige ist. Um dennoch ein einheitliches Vorgehen
bei der Analyse zu ermöglichen, ergänzt man die Liste der Kandidaten
für jeden der terminalen Modellknoten um einen "dummy-Kandidaten", der
alle Merkmale und Lagerelationen mit einer Bewertung erfüllt, welche
nicht größer ist als die, ab der man ein geschlossenes Gebiet des Bi-

närbildes als Kandidaten ablehnt. Zur Lösung der Aufgabe, jeweils einen der Kandidaten aus den erweiterten Listen auszuwählen, wird der A^*-Algorithmus herangezogen.

Das Verfahren wird am besten an folgendem konkreten Beispiel erläutert: Bei der Modellerstellung seien nach geeigneter Vorverarbeitung im Binärbild eines Werkstückes W drei markante geschlossene Gebiete, im folgenden mit A, B und C bezeichnet, zu erkennen. Das Modell für das Werkstück W ist in Bild 3.1 b) gezeigt.

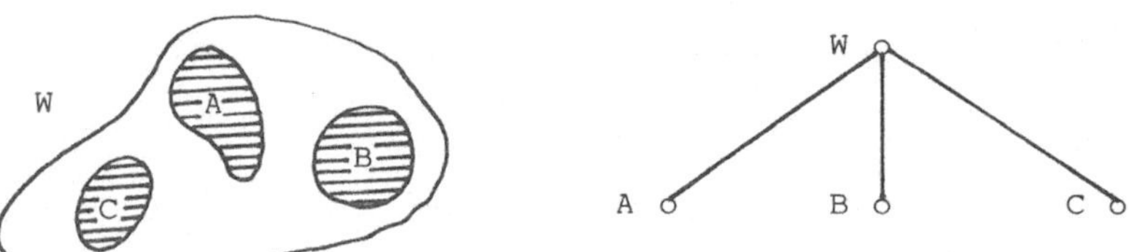

Bild 3.1a) Binärbild des Werkstückes W   b) Modell des Werkstückes W

In den Knoten für A, B und C sind Sollwerte für das jeweilige Gebiet sowie die Entfernung zu den beiden anderen abgelegt. W selbst habe keine Parameter. Bei der Analyse einer Szene erhalte man je drei Kandidaten mit den zugehörigen Bewertungen der Merkmale für die Knoten A, B und C – sie werden mit A1, A2, A3, B1, B2, B3, C1, C2 und C3 bezeichnet. Alle kombinatorischen Möglichkeiten, jeweils genau einen Kandidaten für A, B und C aus der Menge der in der Szene für diese Knoten gefundenen Kandidaten auszuwählen, lassen sich in Form eines Baumes darstellen:

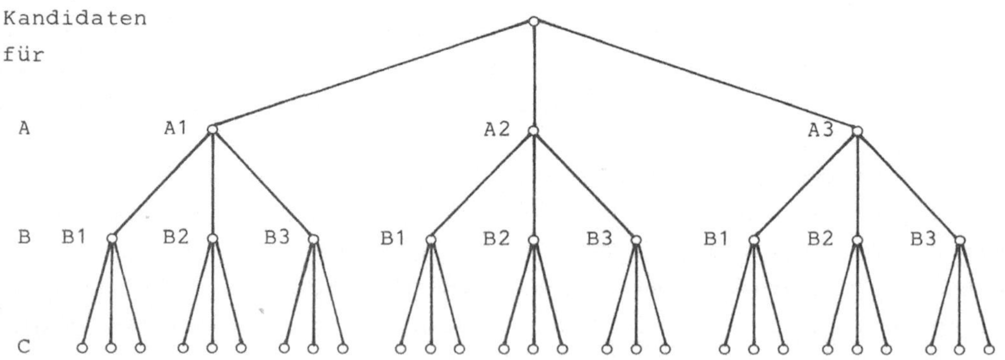

Bild 3.2 Abarbeitungsbaum

Jeder Pfad von der Wurzel des Baumes zu einem terminalen Knoten stellt eine mögliche Kombination der Kandidaten dar. Es gilt nun, den Pfad zu ermitteln, der die beste Instantiierung des Modells repräsentiert. Mit der Anzahl der Modellknoten und der in einer Szene gefundenen Kandidaten steigt die Zahl der Pfade durch den Baum sehr rasch an. Ein geeignetes Verfahren, den Suchaufwand für das Auffinden der optimalen Lösung angemessen klein zu halten, ist der A^*-Algorithmus. Die Bewertung eines Knoten Ki auf der Stufe i des Baumes mit Vorgängerknoten Kj berechnet sich nach folgender Formel:

Bewertung(Ki) = Bewertung(Kj) + (Bewertung der Merkmale von Ki) * (Bewertung der Lagerelation von Ki zu allen Vorgängern)

4. Ergebnisse

Bild 4.1 zeigt das Binärbild eines Stanzteils. Beschrieben wird dieses Werkstück durch einen Modellbaum, dessen Wurzel fünf terminale Nachfolger aufweist. Diese sind den in Bild 4.1 durch die Nummern 1 bis 5 gekennzeichneten Gebieten, nämlich dem Gebiet "F", den drei länglichen Gebieten sowie dem "Bumerang" zugeordnet. Die Attribute Fläche, Umfang, Formfaktor werden zur Auswahl der Kandidaten eingesetzt. Als Lagerelationen wurden Entfernungen der Schwerpunkte sowie die relativen Steigungen der Hauptachsen der Gebiete untereinander herangezogen. Bild 4.2 zeigt die Aufnahme einer komplexen Szene, in der fünf Stanzteile zu erkennen sind. Nach geeigneter Vorverarbeitung wird es in ein Binärbild überführt (Bild 4.3). In Bild 4.4 sind die Kandidaten für das Gebiet mit der Nummer 3 dargestellt. Bei einer Analyse dieser Szene wird das oberste Stanzteil als erstes erkannt (Bild 4.5). Wird die Analyse fortgesetzt, so werden auch die weiteren vier Stanzteile erkannt und ihre Kontur rekonstruiert.

Implementiert wurde dieses Verfahren an einer VAX780 mit der Programmiersprache FORTRAN. Für die Analyse dieser industriellen Szene werden in einer nicht rechenzeitoptimierten Programmversion ca. 5 Sek. CPU-Zeit benötigt.

Literaturhinweise:

/1/ N. J. Nilsson:
    Principles of Artificial Intelligence
    Palo Alto 1980

/2/ L. Zadeh:
    A Theory of Approximate Reasoning
    In: Meltzer, Mitchie (ed.) Machine Intelligence 9, 1979

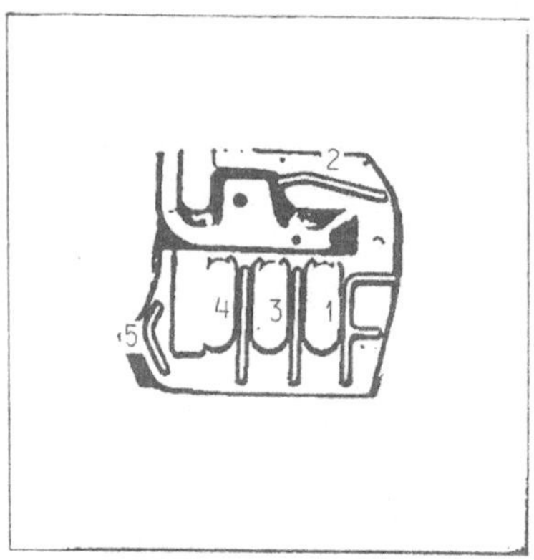

Bild 4.1 Binärbild eines
Stanzteils

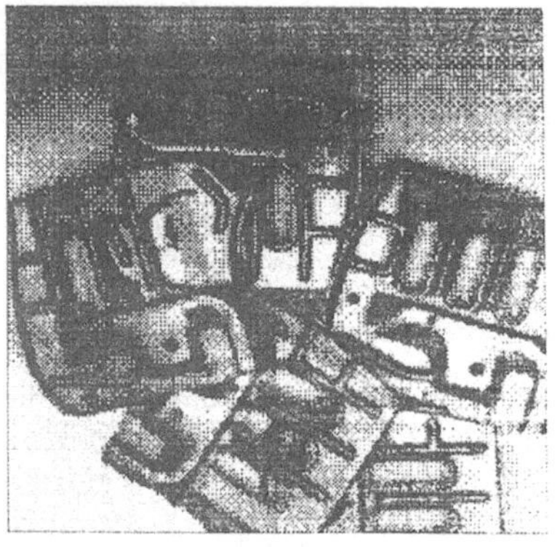

Bild 4.2 Komplexe industrielle
Szene

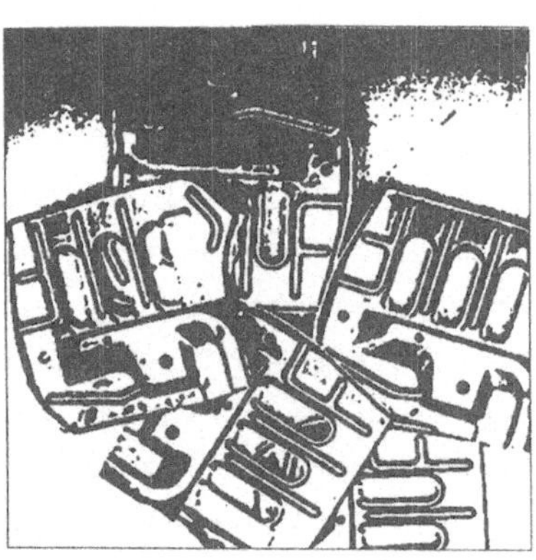

Bild 4.3 Binärbild der
Szene

Bild 4.4 Kandidaten für
Gebiet 3

Bild 4.5 Erstes erkanntes
Stanzteil

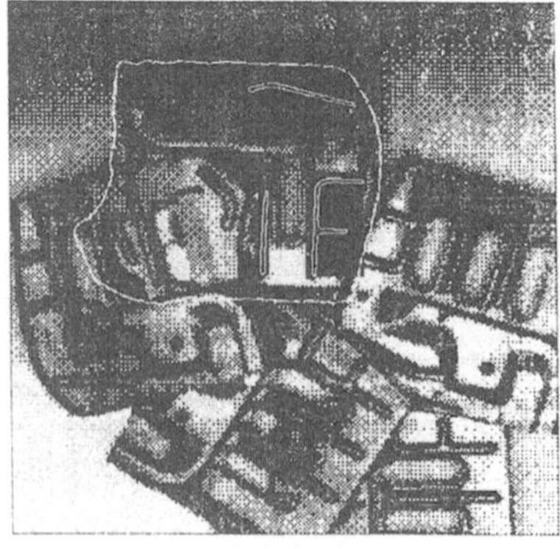

Bild 4.6 Zweites erkanntes
Stanzteil

PARTON Ein nicht-parametrisches Klassifikationssystem

S.J. Pöppl

GSF Neuherberg

Bei der Übersendung des Manuskripts an den Verlag lag dieser Beitrag nicht vor.
Sollte er rechtzeitig vor Drucklegung noch eingehen, wird er in den Anhang mit aufgenommen.

MERKMALSBILDUNG MIT DEM FOURIER-SLICE-THEOREM UND EINER
NICHTLINEAREN ERWEITERUNG

Lutz Bernhardt

Im Auftrag der COMPUTER GESELLSCHAFT KONSTANZ MBH

1. Einführung

Nach dem Fourier-Slice-Theorem lassen sich zweidimensionale Fouriertransformationen durch eine Radon-Transformation R, eine eindimensionale Fouriertransformation
F und eine Transformation P von Polar- in Kartesische Koordinaten ersetzen [1]:

$$FoF = PoFoR \qquad (1)$$

Eine Illustration dieses Zusammenhangs ist [1] entnommen.

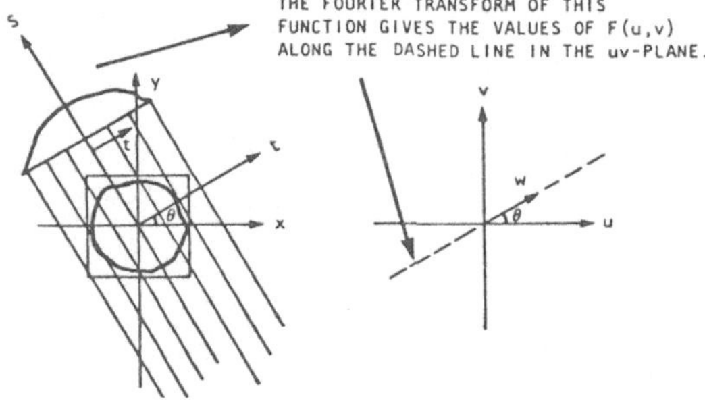

Bild 1: Illustration des Fourier-Slice-Theorems.

Fouriertransformationen gehören bekanntermaßen zu den am stärksten komprimieren-
den Merkmalstransformationen. Das Fourier-Slice-Theorem ist für die Merkmalsbildung in der Zeichen- und Mustererkennung von besonderem Interesse, weil die Transformation FoR technisch leichter realisierbar ist als die zweidimensionale Fouriertransformation FoF.

In der Computer Gesellschaft Konstanz wird dieses Verfahren mit der im folgenden
beschriebenen Erweiterung seit 1980 für die Zeichenerkennung eingesetzt [2], aus
den USA wurde der Einsatz 1984 bekannt[3].

2. Eine Erweiterung der Radon-Transformation

Bei der technischen Realisierung der Radon-Transformation R läßt sich leicht noch
eine zweite Transformation S berechnen, bei welcher die Integration nicht über
die Grauwerte des Bildes sondern über den Betrag ihrer Ableitung geführt wird
(Notation gemäß [1]):

$$\frac{1}{2} \int\limits_{rayAB} \left|\frac{df(x,y)}{ds}\right| ds \quad \text{statt} \quad \int\limits_{rayAB} f(x,y)ds \tag{2}$$

Bei Schwarz-Weiß-Rasterbildern entspricht dem die Zählung der Schnittpunkte entlang der Abtastrichtung (S-Transformation) zusätzlich zur Zählung der Schwarzpunk-
te (Radon-Transformation R).

Wie für die R-Transformation läßt sich auch für die S-Transformation die Existenz
einer inversen Transformation S^{-1} beweisen, ein S-transformiertes Bild läßt sich
bis auf eine Grauwertkonstante eindeutig rekonstruieren.

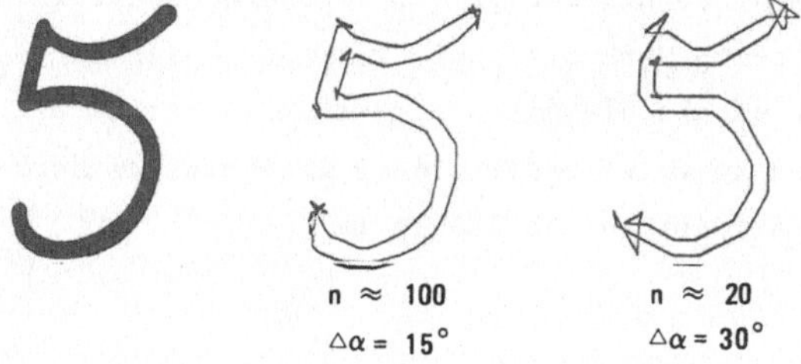

Bild 2: Rekonstruktionen eines Zeichens aus der S-Transformierten

Ein einfaches geometrisches Verfahren läßt sich für die Rekonstruktion von Linien-
zügen oder klar strukturierten Schwarz-Weiß-Bildern angeben. Bei derartigen Vorlagen besteht die S-Transformierte aus Gebieten mit jeweils konstanten ganzzahligen Funktionswerten 0, 1, 2 usw. entsprechend der Schnittpunktanzahl. Bild 3 zeigt
die S-Transformierte der in Bild 2 dargestellten Ziffer 5 bei einer Abtastung des
Zeichens alle 15° mit ca. 100 Abtastgeraden, die Funktionswerte (= Schnittpunkt-
zahlen) sind durch überlagerte Schraffur dargestellt.

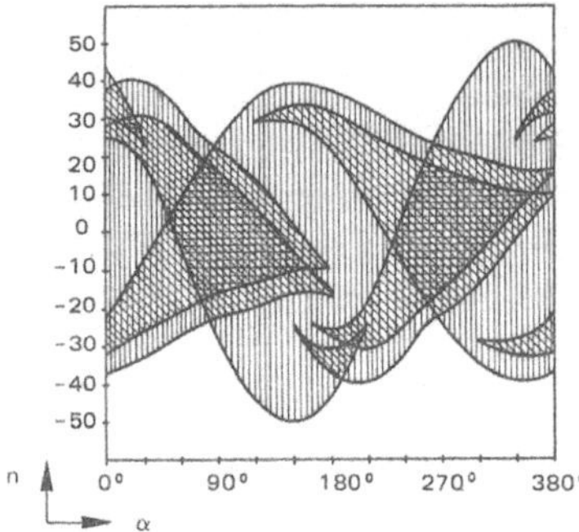

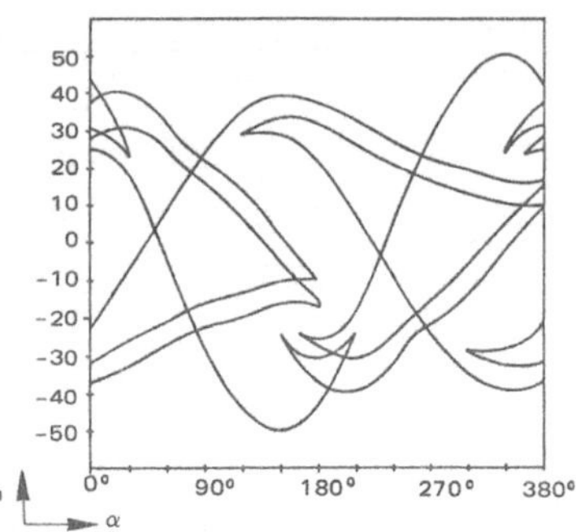

Bild 3: S-Transformierte der
Ziffer 5 aus Bild 2

Bild 4: Grenzlinien der
S-Transformierten aus Bild 3

Aus den Grenzlinien der S-Transformierten (Bild 4) läßt sich das zugrundeliegende Zeichen punktweise rekonstruieren. Man bestimme dazu für jedes Linienelement
aus Bild 4 zwei Werte r und φ derart, daß die Sinuskurve $n = r \cdot \sin(\varphi - \alpha)$
das jeweilige Linienelement enthält. (r, φ) sind dann die Polarkoordinaten des
gesuchten Punktes. Die in Bild 2 gezeigten Rekonstruktionen wurden mit dieser
Methode berechnet.

Tests an umfangreichen Stichproben von Handblockschrift- und Maschinenschrift-
Zeichen ergaben, daß die mit FoS erhaltenen Merkmale bzgl. linearer Quadratmit-
tel-Klassifikatoren leistungsstärker sind als die mit FoR gewonnenen Merkmale.
Die Transformationen FoR und FoS führen zu voneinander linear unabhängigen Merkmalen, ihre gemeinsame Verwendung liefert die besten Resultate.

3. Die Berechnung geometrischer Eigenschaften

Die S-Transformation ist nicht allein als komprimierende Merkmalstransformation
(in Verbindung mit Fourier-Transformationen o.ä.) bedeutsam. Sie gestattet darüberhinaus den Zugang zu geometrischen Eigenschaften der zugrundeliegenden Muster
(Liniendichte, Schrägstellung, Länge, Fläche, Strichdicke, ...).

Gegeben sei eine Jordan-Kurve L mit der Länge l(L). Als Liniendichte $H(\alpha)$ der
Kurve L bezeichnen wir diejenige Distribution, die für jedes α die Länge der Linienelemente von L mit der Richtung α beschreibt. Die Länge aller Linienelemente,
deren Richtung zwischen $\alpha1$ und $\alpha2$ liegt ($\alpha1 \leq \alpha2$) ist dabei durch das folgende
Integral gegeben:

$$\int_{\alpha 1}^{\alpha 2} H(\alpha)d\alpha \qquad (3)$$

Bild 5 zeigt den Zusammenhang zwischen einem Linienzug (Ziffer 1) und dessen Liniendichte.

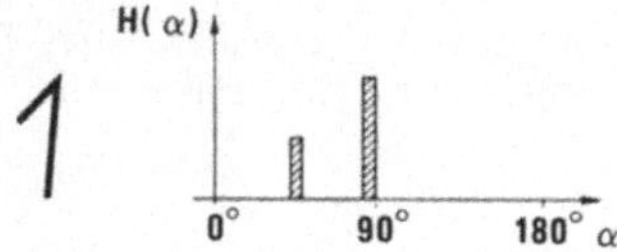

Bild 5: Die Liniendichte $H(\alpha)$ eines Linienzuges '1'.

Sei nun $f_1(\alpha)$ der jeweils erste Fourierkoeffizient aus FoS(L) (in der Literatur gewöhnlich mit a_0 notiert).

Dann läßt sich beweisen:

$$f_1(\alpha) = \int_0^{\pi} H(\beta) \cdot |\sin(\alpha-\beta)| \, d\beta \qquad (4)$$

$$H(\alpha) = \frac{1}{2}(f_1(\alpha) + f_1''(\alpha)) \qquad (5)$$

Die Beziehung (5) folgt aus (4) durch zweimalige Ableitung nach α bei Anwendung der Leibnitzschen Formel.

Gegeben sei ein Muster oder Linienzug L. Mit $f_0(\alpha)$ sei für jedes α das Maß aller Punkte x mit $S(\alpha,x) \neq 0$ bezeichnet ($f_0(\alpha)$ entspricht der Länge der Projektion von L unter dem Winkel α). Dann ist in analoger Weise wie oben die Funktion $f_0(\alpha)$ + $f_0''(\alpha)$ gleich der Liniendichte der Randkurve der konvexen Hülle von L (Bild 6). Durch die Beziehung

$$\cot \gamma = - f_0'(0)/f_0(0) \qquad (6)$$

läßt sich elegant die Schrägstellung γ eines Linienzuges (Schriftzeichens !) berechnen (Bild 7).

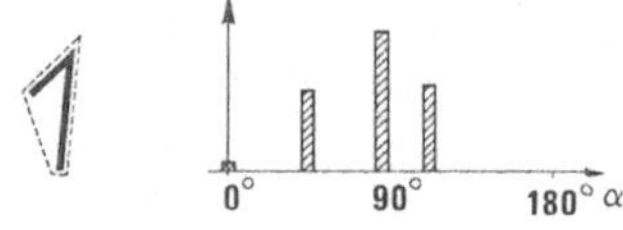

Bild 6: Die Liniendichte der
Randkurve eines Linienzuges

Bild 7: Berechnung der Schräge
eines Linienzuges

Die Länge eines Linienzuges läßt sich durch

$$\frac{1}{2}\int_0^{\pi} f_1(\alpha)\, d\alpha \tag{7}$$

berechnen. Bezeichnet man die ersten Fourierkoeffizienten von $F \circ R(L)$ mit
$g_1(\alpha)$, so liefert $g_1(0)$ die von dem Linienzug L bedeckte Fläche.
Verbindet man dies mit (7), so ergibt

$$2 \cdot g_1(0) \Big/ \int_0^{\pi} f_1(\alpha)\, d\alpha \tag{8}$$

gerade die Strichdicke des zugrundeliegenden Linienzuges.

4. Realisierung

Das beschriebene Verfahren ist im Siemens-Schriftenlese-System SLS realisiert,
welches von der Computergesellschaft Konstanz seit Herbst 1984 in Serie produziert
wird. Es zeigt sich allen von uns getesteten Konkurrenzprodukten und -Verfahren
bzgl. der Erkennungssicherheit um eine Größenordnung überlegen.

Literatur:

1. Rosenfeld, A.; Kak, A.C.: Digital Picture Processing. New York: Academic Press
   1982
2. Bernhardt, L.: Three Classical Character Recognition Problems, Three New Solutions.
   In: Siemens Research and Development Reports 3/84, S 114-117. Berlin, Heidelberg:
   Springer-Verlag 1984
3. Gindi, G.R., Gmitro, A.F.: Optical Feature Extraction Via the Radon Transform.
   In: Proceedings of the IAPR-Conference 1984, S 702-704. Toronto: 1984

Computeranalysen zur Leukämiefrüherkennung

HM.Aus, H.Harms, M.Haucke, J.Beritova, Inst. für Virologie und Immunologie, Würzburg;
U. Gunzer, I.Baumann, Hämatologie der Medizinischen Klinik der Universität, Würzburg;
W.Abmayr, S.Pöppl, Ges. f. Strahlen- und Umweltforschung, München-Neuherberg.

Einleitung:
Die stärkste Herausforderung für die computergestützte Bildanalyse von Leukozyten im
routinemäßig gefärbten Blutausstrich stellen die mononukleären Blutzellen, insbesondere die unreifsten Zellformen, dar. Während für die Trennung der vorkommenden
segment- und rundkernigen Blutzellen relativ einfache morphologische Kriterien wie
Zell- und Kern- größe oder -form, Kern-Plasmarelation oder einfache Farbkriterien
ausreichen, werden für die direkte Blastzellerkennung wesentlich feinere Struktur-
analysen an Zellkern und Zytoplasma sowie bessere Farbanalysen benötigt. Es wird ein
Zwischenergebnis aus einem laufenden Projekt zur Leukämiefrüherkennung dargestellt,
bei dem eine bisher nicht erreichte Zellzahl und Zellvielfalt analysiert wurde (1).

Methode:
Es wurden über 100 Pappenheim gefärbte Blutausstriche von 80 Patienten mit verschiedenen leukämischen Erkrankungen analysiert (Tab.1). Die Segmentierung und Erstellung
der Zellmerkmale erfolgte ohne interaktive Eingriffe (2). Dabei wurden Artefakte
automatisch erkannt und von der weiteren Analyse ausgeschlossen. Die insgesamt 44
berechneten Zellmerkmale für Kern und Zytoplasma, wie in Tab. 2 aufgeführt, dienten
als Eingangsdaten für die lineare Diskriminanzanalyse und Klassifizierung mit dem
BMDP 7M Programmpaket. Von mehr als 17 000 Leukozyten, die gemessen und manuell von
zwei Hämatologen diagnostiziert worden sind, wurden in dieser Validierungsphase des
Projektes Projektes aus Gründen der Rechnerzeitbegrenzung mit einem Zufallsgenerator
maximal 300 Zellen pro Zellgruppe selektiert und zur Klassifizierung herangezogen.

Ergebnis:
Die hohe Klassifikationsgüte bei dem vorgelegten großen Datenmaterial unterstreicht
die Validität der angeführten Parameter zur computergestützten Bildanalyse in der
morphologischen Hämatologie. Bei der Analyse der prozentualen Richtigkeit der
Klassifikation sind mehrere medizinische Gegebenheiten zu beachten. Bekanntermaßen
geben in der medizinischen Diagnostik die Blasten, die am häufigsten in einer Leukämie auftreten, dieser den Namen. Es müssen aber bei der Beurteilung nicht nur die
spezifischen namengebenden Blasten, sondern auch die zusätzlich auftretenden Blasten
als richtig klassifiziert werden. Die Blastzellen der verschiedenen Erkrankungen
wurden in 6 Fällen mit über 98% richtig als Blasten erkannt (Tab.3a, Spalte: Blast).
Nur in 3 Fällen liegt die Richtigerkennungsrate unter 90%, wobei 76,9% für die Chro-
nisch Myeloische Leukämie (CML) das schlechteste Ergebnis darstellt. Die 14 falsch
eingeordneten Promyelozyten (PRMYZ) und 8 Prolymphozyten (PRLYZ) bei einer Gesamt-
zellzahl von 95 Blasten der CML ist hierbei ausschlaggebend. Bei der Analyse der
definierten Zelltypen wie sie ebenfalls in Tab. 3a zu sehen sind, sind wiederum
6 Zelltypen mit über 90% Richtigkeit zu nennen. Nur 5 Gruppen werden unter 80% als
richtig wieder erkannt. Besonders die PRMYZ, Promonozyten (PROMO) und PRLYZ
schneiden in der Klassifizierung nicht so gut ab, was aber bei den Merkmalen dieser
Zellarten nicht verwunderlich ist. Promyelozyten sind typischerweise nur durch die
Farbe, Form und Menge der Granulation im Zytoplasma von Blasten sicher zu unterscheiden. Eine Analyse der Einzelgranulation erfordert eine örtliche Kombination von
erweiterten Farb- und Texturmerkmalen (3). Tabelle 3 b zeigt eine Verteilung der
Blastzellen in Bezug auf ihr Auftreten in verschiedenen Erkrankungen sowie 4 definierte Blastentypen. Blasten, die bei der AML definiert werden, lassen sich auch in
anderen Krankheitsbildern wiederfinden wie z.B. bei OMS, CML, AMOL oder AMMOL, was
sowohl in der Spalte für AML ersichtlich ist, als auch den medizinischen Erwartungen
bei dieser Krankheit entspricht. Auch bei den anderen hämatologischen Erkrankungen
findet man eine ähnliche Verteilung der Blasten. Die durch Bildanalyse erreichte
Aufteilung von Blasten in Tabelle 3b weist darauf hin, daß eine maschinelle Differenzierung von Blasten möglich ist, die über die visuelle Diagnose hinausgeht (1,4).

Unterstützt von der Deutschen Forschungsgemeinschaft und dem Bundesministerium für
Forschung und Technologie, Bonn.

Tabelle 1 Abkürzungen der Leukämien und Zellklassen dieser Untersuchung
    a) Alle Zellen, die als "Blasten" ohne spezifische Angabe aus den folgenden
      Leukämien (L) stammen und als solche bei der Diagnose bezeichnet wurden.
    b) Definierte Zelltypen (Leukozyten und Blasten) von den gleichen Präparaten.

a)			b)		
OMSBS	=	Osteomyelosklerose Blastenschub	PLASZ	=	Plasmazellen
			LYC	=	Lymphozyten
TALL	=	Akute T-Lymphozyten L	LYPLA	=	Lymphoplasmozytoide ("blaue") Ly.
OMS	=	Osteomyelosklerose	GRAN	=	Granulozyten (segmentkernige,stabk.)
ALL	=	Akute Lymphoblasten L	CC	=	Centrozyten
CLL	=	Chronische Lymphatische L	MONOZ	=	Monozyten
LBL	=	Lymphoblastisches Lymphom (LBL(ALL))	MYZ	=	Myelozyten
			BASO	=	Basophile Granulozyten
AEL	=	Akute Erythrozyten L	NORB	=	Normoblasten
AMOL	=	Akute Monozytenleukämie	EOSIN	=	Eosinophile Granulozyten
AMMOL	=	Akute Myelomonozytäre L	LYB	=	Lymphoblasten
IBL	=	Immunoblastom	PROMO	=	Promonozyten
AML	=	Akute Myeloblasten L	MEMYZ	=	Metamyelozyten
AUL	=	Akute undifferenzierte L (Stammzellen)	PRMYZ	=	Promyelozyten
			IMMB	=	Immunoblasten
CML	=	Chronische Myelozyten L	PRLYZ	=	Prolymphozyten
			MIKB	=	Mikroblasten
			VIROZ	=	Virozyten
			HAIRY	=	Hairy Cells

Tabelle 2 Derzeitige Anzahl der berechneten Zellmerkmale, die vom Bildverarbeitungs-
        system extrahiert und zur Klassifizierung herangezogen worden sind.

Kernmerkmale: Nr. Variable			Zytoplasmamerkmale: Nr. Variable
1	SIZE	: Kern- bzw. Zytoplasmafläche	: 24 CSIZE
2	PIXCNT	: Anzahl der Texturpunkte	: 25 CPIXCNT
3	CONTOUR	: Kernkontur	
4	TEXNODS	: Knotenpunkte in der Textur	: 26 CTEXNODS
5	TEXENDS	: Endpunkte der Textur	: 27 CTEXENDS
6	FORM	: Kernform	
7	TEXMAX	: Maximum der Texturlinien-Dichtefunktion	: 28 CTEXMAX
8	TEXDIST	: Maximum der 1. Integration, Verteilungsfunktion der Texturlinienabstände	: 29 CTEXDIST
9	AVRDIST	: Mittlerer Texturlinienabstand	: 30 CAVRDIST
10	TEX09FC	: 0.9 Wert der Verteilungsfunktion, faktorisiert	: 31 CTEX09FC
11	VDD	: Variable VDD	: 32 CVDD
12	VDDXI	: Variable VDDXI (spezielle Varianz der faktorisierten Funktion)	: 33 CVDDXI
13	DISTVAR	: Varianz der Texturlinienabstände	: 34 CDISTVAR
14	DISTSD	: Standardabweichung der Texturlinienabstände	: 35 CDISTSD
15	VARFACT1	: Spezielle Varianz der faktorisierten Funktion	: 36 CVARFAC1
16	VARFACT2	: Spezielle Varianz der faktorisierten Funktion	: 37 CVARFAC2
17	FF209	: 0.9 Wert der 2-fach faktorisierten Funktion	: 38 CFF209
18	VDDXII	: Variable VDDXII, spezielle Varianz der 2-fach faktorisierten Funktion	

--------------Farbdaten:--

19	XCOLOR	: Farbort	: 39 CXCOLOR
20	YCOLOR	: Farbort	: 40 CYCOLOR
21	INTEN	: Intensität	: 41 CINTEN
22	INTVAR	: Varianz der Intensität	: 42 CINTVAR
23	NUMCOLR	: codierter Farbort	: 43 CNUMCOLOR

---

44 TOTSIZE : Gesamtfläche = Kernfläche + Zytoplasmafläche (Nr.1 + Nr. 24)

55

Tabelle 3a Klassifizierungsmatrix der Zellklassen

% Korrekt	BLAST	PLASZ	LYC	LYPLA	GRAN	CC	MONOZ	MYZ	BASO	EOSIN	PROMO	MEMYZ	PRMYZ	PRLYZ	VIROZ	HAIRY	TOTAL
Blasten nach Befund:																	
OMSBS 98.1	96	0	1	0	0	4	0	0	1	0	0	0	0	0	0	0	102
TALL 98.6	219	0	0	0	0	0	0	0	1	0	0	0	0	1	0	0	221
OMS 89.8	147	0	3	5	0	0	0	0	0	0	3	0	3	4	2	0	167
ALL 99.1	122	0	0	0	0	1	0	0	0	0	0	0	1	0	0	0	124
CLL 92.2	53	1	0	1	0	0	1	0	0	0	1	0	0	5	1	0	63
LBL 98.5	66	0	0	0	0	1	0	0	0	0	0	0	0	0	0	0	67
AEL 98.4	60	0	0	0	0	1	0	1	0	0	0	0	0	0	0	0	62
AMOL 90.2	194	8	0	1	0	1	0	2	0	0	16	0	1	0	3	0	226
AMMOL 93.7	265	3	1	2	0	15	1	0	0	0	5	0	0	5	2	0	299
IBL 91.5	104	0	0	0	0	2	1	0	0	0	0	0	0	9	2	0	118
AML 82.7	238	5	1	6	0	3	0	1	0	0	18	2	6	16	2	2	300
AUL 93.8	228	0	5	0	0	1	0	0	0	0	0	1	3	1	0	0	239
CML 76.9	68	0	0	0	0	1	0	0	0	0	1	0	14	8	2	1	95
Definierte Blasten:																	
NORB 86.0	254	7	7	9	8	0	0	0	0	0	0	11	0	0	0	3	299
LYB 82.5	208	0	3	5	1	10	0	0	0	1	4	0	2	32	4	4	274
IMMB 95.3	78	0	0	0	0	3	0	0	0	0	0	0	0	2	2	0	85
MIKB 86.2	44	1	2	5	0	5	0	0	0	0	0	0	0	0	0	1	58
Definierte Zelltypen:																	
PLASZ 95.0	6	195	1	10	1	0	4	2	0	0	6	0	0	0	14	0	239
LYC 84.0	31	2	160	42	0	24	1	3	1	0	1	5	0	15	4	11	300
LYPLA 87.3	29	18	48	124	0	21	2	6	1	0	1	2	1	25	15	7	300
GRAN 97.7	3	0	0	0	263	0	2	2	1	11	0	18	0	0	0	0	300
CC 74.9	90	2	32	30	0	117	0	0	1	0	1	3	1	10	6	6	299
MONOZ 84.7	46	4	2	8	7	1	97	36	3	1	32	36	4	5	18	0	300
MYZ 93.7	12	3	9	1	2	3	27	123	7	5	23	43	35	4	3	0	300
BASO 92.6	3	1	2	1	2	6	0	2	135	5	0	15	2	0	1	0	175
EOSIN 95.2	3	4	0	0	9	0	0	1	7	219	0	6	0	0	0	0	249
PROMO 52.8	85	1	2	4	0	0	11	8	2	0	129	0	38	6	13	0	299
MEMYZ 89.7	2	0	1	0	6	0	2	12	3	6	2	108	1	0	0	2	145
PRMYZ 35.0	128	7	2	0	0	3	2	18	14	0	29	0	82	7	6	2	300
PRLYZ 51.9	21	0	0	7	0	1	0	0	0	0	1	0	0	20	4	0	54
VIROZ 73.0	43	4	5	9	1	1	7	2	0	1	15	1	0	19	88	0	196
HAIRY 96.8	3	0	0	0	0	0	0	0	0	0	0	0	0	0	0	92	95

	Blasten nach Befund													definierte Blasten				TOTAL
	OMSBS	TALL	OMS	ALL	CLL	LBL	AEL	AMOL	AMMOL	IBL	AML	AUL	CML	NORB	LYB	IMMB	MIKB	
Blasten nach Befund:																		
OMSBS	71	0	0	0	0	1	1	5	0	0	3	0	0	0	3	0	12	96
TALL	0	170	46	0	0	0	1	0	0	1	0	0	0	0	0	0	1	219
OMS	0	22	104	0	1	0	9	2	1	0	1	0	4	0	2	0	1	147
ALL	0	1	0	118	0	0	0	0	0	0	0	0	0	0	0	3	0	122
CLL	0	1	1	0	38	0	0	5	1	2	2	1	0	0	0	2	0	53
LBL	1	0	0	0	0	53	1	5	0	0	0	0	1	0	0	0	5	66
AEL	0	0	0	0	0	0	57	1	0	0	0	0	0	0	2	0	0	60
AMOL	3	0	0	0	1	13	7	138	7	2	7	0	14	0	1	0	1	194
AMMOL	7	0	0	2	1	18	2	16	163	6	3	9	9	0	20	8	1	265
IBL	0	0	0	1	0	0	0	2	0	87	0	0	0	0	0	14	0	104
AML	27	7	0	14	5	17	17	22	4	8	40	26	15	0	11	5	20	239
AUL	2	0	1	3	17	1	0	0	1	0	1	198	0	0	2	2	0	228
CML	1	0	0	1	0	4	1	24	6	4	4	0	21	0	2	0	0	68
definierte Blasten:																		
NORB	0	1	0	0	0	0	0	0	0	0	0	1	0	251	1	0	0	254
LYB	33	0	0	4	0	10	0	3	16	13	13	0	4	0	97	1	14	208
IMMB	0	0	0	1	0	0	0	0	0	33	0	0	1	0	1	42	0	78
MIKB	9	2	8	1	0	2	0	0	2	0	1	0	0	0	0	0	19	44

Tabelle 3b Verteilungsmatrix der Blasten

Bei der Bewertung der Features zur Trennung von verschiedenen Blutzellen liegen die F-Werte für 8 Merkmale über 100, was auf eine gute statistische Unterscheidbarkeit hinweist (Tab.4). Es ist hervorzuheben, daß zu diesen 8 wichtigsten Features drei Farbmerkmale gehören. Da hier keine Sonderanfertigung für die Präparate verwendet wurde, mußten die in den routinemäig angefertigten Präparaten üblichen, visuell auffallenden Farbschwankungen von dem Programmsystem ausgeglichen werden. Für Lymphozyten derselben Präparate ergab die Analyse geringe Mahalanobis-F-Werte (Tab. 5). Dieser Mangel an eindeutigen Unterschieden für die Lymphozyten verschiedener Leukämien stimmt auch mit den Beobachtungen der Hämatologen überein. Der Unterschied in den Mahalanobis-F-Werten zwischen Blasten und Leukozyten unterstützt die Aussagekraft der guten Trennung bei den Blasten. Der geringe Unterschied von 0,5 % zwischen Gesamtklassifizierung und dem Jackknife-Test weisen auf die hohe Güte der Klassifikation hin (5). Damit erscheint dieses System für ein Großprojekt im Rahmen der Leukämiefrüherkennung, aber auch zur Therapiekontrolle geeignet.

1.) Gunzer U, Harms H, Haucke M, Gerlach B, Thieme S, Aus HM, ter Meulen V, "Computeranalysen in der Hämatologie: Ein Beitrag zur Früherkennung von bösartigen hämatologischen Systemerkrankungen." In: Schwabe HW, Unz F, "Automation der zytologischen Diagnostik." DFVLR NT-1 84/3, Seite 115-136 (1984).
2.) Harms H, Aus HM, " High Resolution Digital Segmentation of Stained Cells." Pattern Recognition Letters, eingereicht.
3.) Harms H, Gunzer U, Aus HM, "Combined Local Color and Texture Analysis of Stained Cells." Computer Vision, Graphics and Image Processing, eingereicht.
4.) Gunzer U et al. "Computer-Aided Image Analysis for the Differentiation of Mononuclear Cells in Peripheral Blood Smears from Leukemic Patients." Analytical and Quantitative Cytology, Vol 3 No 1, (1981)
5.) Dixon WJ, Chief Ed. "BMDP Statistical Software", University of California Press, Berkeley (1981).

Tabelle 4 F-Statistik für die Zellmerkmale aller Zelltypen

NR	VARIABLE	F VALUE	U-STATISTIC	APPROXIMATE F-STATISTIC	DEGREES OF FREEDOM	
1.	4 TEXNODS	346.0403	0.3815	346.040	31.00	6618.00
2.	24 CSIZE	209.3946	0.1926	272.919	62.00	13234.00
3.	39 CXCOLOR	171.3257	0.1068	236.592	93.00	19803.13
4.	8 TEXDIST	167.1040	0.0599	218.437	124.00	26309.05
5.	16 VARFACT2	181.9995	0.0323	211.328	155.00	32733.58
6.	19 XCOLOR	215.2908	0.0512	235.733	124.00	26309.05
7.	44 TOTSIZE	139.3407	0.0180	204.564	186.00	39059.23
8.	40 CYCOLOR	100.3788	0.0079	179.484	248.00	51350.70
9.	21 INTEN	83.1897	0.0056	167.878	279.00	57288.87
10.	41 CINTEN	69.0817	0.0043	157.061	310.00	63073.09
11.	22 INTVAR	62.1250	0.0040	159.866	310.00	63073.09
12.	42 CINTVAR	42.5151	0.0033	147.655	341.00	68693.94
13.	20 YCOLOR	40.9427	0.0023	129.405	403.00	79416.81
14.	5 TEXENDS	39.1167	0.0020	122.339	434.00	84508.75
15.	25 CPIXCNT	36.4845	0.0017	116.113	465.00	89416.88
16.	30 CAVRDIST	16.3605	0.0016	109.010	496.00	94140.06
17.	7 TEXMAX	16.0735	0.0014	102.850	527.00	98678.38
18.	18 VDDXII	15.2687	0.0013	97.415	558.00	103033.00
19.	3 CONTOUR	15.2388	0.0013	92.632	589.00	107206.13
20.	2 PIXCNT	12.4207	0.0012	88.197	620.00	111201.06
21.	37 CVARFAC2	9.9681	0.0011	84.077	651.00	115021.44
22.	29 CTEXDIST	24.0014	0.0010	81.248	682.00	118671.88
23.	43 CNUMCOLR	9.8033	0.0010	77.860	713.00	122157.06
24.	23 NUMCOL	8.4500	0.0009	74.711	744.00	125482.50
25.	26 CTEXNODS	6.9391	0.0009	71.761	775.00	128653.63
26.	9 AVRDIST	6.6608	0.0009	69.049	806.00	131676.25
27.	27 CTEXENDS	6.6654	0.0009	66.561	837.00	134556.19
28.	33 CVDDXI	6.6265	0.0008	64.267	868.00	137299.38
29.	28 CTEXMAX	4.7883	0.0008	62.062	899.00	139911.63
30.	13 DISTVAR	4.0009	0.0008	59.983	930.00	142398.88

Tabelle 5 F-Statistik für die Zellmerkmale der Lymphozyten aller Leukämien.

NR	VARIABLE	F VALUE	U-STATISTIC	APPROXIMATE F-STATISTIC	DEGREES OF FREEDOM	
1.	21 INTEN	28.4651	0.4959	28.465	22.00	616.00
2.	22 INTVAR	18.1817	0.3005	23.044	44.00	1230.00
3.	20 YCOLOR	16.2369	0.1900	20.680	66.00	1834.44
4.	19 XCOLOR	10.5021	0.1380	17.930	88.00	2426.45
5.	12 VDDXI	8.0481	0.1070	15.781	110.00	3002.96
6.	16 VARFACT2	7.0488	0.0853	14.212	132.00	3561.24
7.	8 TEXDIST	14.5510	0.0560	14.308	154.00	4098.98
8.	4 TEXNODS	5.7237	0.0464	13.154	176.00	4614.36
9.	24 CSIZE	5.5533	0.0386	12.260	198.00	5106.02
10.	41 CINTEN	4.4554	0.0332	11.426	220.00	5573.07
11.	40 CYCOLOR	10.6658	0.0240	11.405	242.00	6015.02
12.	39 CXCOLOR	6.5999	0.0323	13.077	198.00	5106.02
13.	1 SIZE	5.9956	0.0266	12.342	220.00	5573.07
14.	2 PIXCNT	4.7683	0.0226	11.616	242.00	6015.02
15.	6 FORM	4.9625	0.0192	11.044	264.00	6431.80
16.	42 CINTVAR	4.3047	0.0166	10.507	286.00	6823.61
17.	5 TEXENDS	4.1309	0.0144	10.039	308.00	7190.97

Normierte Krümmungsfunktionen zur Darstellung und Erkennung ebener Figuren

E.D. Dickmanns

Universität der Bundeswehr München, LRT

Zusammenfassung

Aus lokalen Neigungsmessungen von Kurventangenten werden mit Hilfe analytischer Näherungsgleichungen die Parameter linearer Krümmungsmodelle bestimmt. Dies gestattet eine kompakte Beschreibung beliebiger Kurvenverläufe in positions-, orientierungs- und größeninvarianter Form. Eine Aufspaltung der Beschreibung welliger Kurven in nieder- und höherfrequente Anteile mittels Hüllkurvenoperationen vermeidet starke Schwankungen im Krümmungsverlauf; die höherfrequenten Anteile können als Attribute zu den (virtuellen) niederfrequenten gehandhabt werden.

Einleitung

Die Erkennung und Beschreibung von Formen in Abbildungen, sei es ebener Figuren oder von Umrissen und markanten Linien räumlicher Objekte, ist ein wesentlicher Schritt der Bildverarbeitung, der viel Aufmerksamkeit auf sich gezogen hat. In [1] und den dort angegebenen Referenzen wird ein Überblick über angewandte Methoden gegeben. Die Krümmung k von Linien wird zwar häufig angesprochen, aber selten explizit zur Beschreibung von Formen herangezogen. Dies ist wohl darin begründet, daß sie als abgeleitete Größe (Tangentenrichtung χ einer Kurve nach der Bogenlänge l: $k = d\chi/dl$) dazu neigt, durch Meßrauschen leicht verfälscht zu werden und auch sonst schnell große Werte anzunehmen. Sie scheint nur dann eine sinnvolle Beschreibung zu liefern, wenn man gleichzeitig mit verschiedenen Skalenebenen arbeitet und globale Eigenschaften von der örtlichen Feinstruktur eines Objektes trennt. Genau dies tut der Mensch natürlicherweise, wenn er ein Objekt beschreiben soll.

Im folgenden werden analytische Zusammenhänge abgeleitet, die die Bestimmung der Parameter von elementaren linearen Krümmungsmodellen einfach aus der Tangentenneigung an zwei Orten gestatten. Unter Verwendung bekannter Eigenschaften geschlossener Figuren wird hieraus eine "idealisierte" globale Beschreibung abgeleitet, der als Attribute zur detaillierten lokalen Beschreibung ggf. bereichsweise weitere Merkmalparameter hinzugefügt werden können. Dieses Vorgehen erlaubt eine sehr kompakte, aber dennoch relativ genaue Darstellung von Figuren mit stetiger Krümmungsänderung durch eine univariable Funktion mit linearen

Segmenten. Diese linearen Segmente können (nach einfacher Integration) auch als quadratische Richtungskodierung aufgefaßt werden, wobei gegenüber Kreisbögen (lineares Richtungsmodell) kaum zusätzlicher Aufwand entsteht. Es wird davon ausgegangen, daß die Forderungen bezüglich Auflösung und Genauigkeit im Größenordnungsbereich 1% liegen. Um die Größe der verwendeten Masken für die Bildverarbeitung festzulegen, wird zunächst grob das umschreibende Rechteck bestimmt (max. und min. Koordinaten der Figur). Als größte Maskenlänge wird etwa 1/12 des Umfanges gewählt. Die unterschiedlichen Maskengrößen seien mit dem Faktor 1/2 abgestuft; bei 4 Größenstufen hat die kleinste dann eine Länge von ca. 1% des Umfanges. Sie begrenzt die Auflösungsfähigkeit an Ecken. Um bei glatt gekrümmten Figuren auch glatte Krümmungsverläufe zu erhalten, muß die Winkelauflösung bei der Tangentenbestimmung gut sein. Dies erfordert eine relativ große Zahl von Bildelementen pro Maske, so daß das Verfahren vor allem zur kompakten, genauen Beschreibung bei hochaufgelöstem Bildmaterial geeignet erscheint.

Lineare Krümmungselemente (lokale Parabeln 3. Ordnung)

Bis zu Winkeln $|\chi| \approx 15^{\mathrm{o}}$ gilt mit guter Näherung

$$\cos\chi \approx 1 \quad (\approx 3\% \text{ Fehler}) \qquad \sin\chi \approx \chi \quad (\approx 1\% \text{ Fehler}). \tag{1}$$

Auf einer zu beschreibenden Kurve müssen Punkte A, B (Bild 1) so gefunden werden, daß in lokalen Koordinaten ξ, ζ Gl. (1) zutrifft. Normiert man die lokalen Koordinaten mit der halben Sehnenlänge s = L/2, dann liegt A bei (−1,0) und B bei (1,0). Wegen Gl. (1) gilt

$$d(l/s) \approx d\xi \quad \text{und} \quad d\zeta \approx \chi d\xi. \tag{2}$$

Für ein lineares Krümmungsmodell

$$k = k_{o} + k_{1}l = d\chi/dl \tag{3}$$

erhält man mit (2)

$$d\chi = (k_{o}' + k_{1}'\xi)d\xi. \tag{4}$$

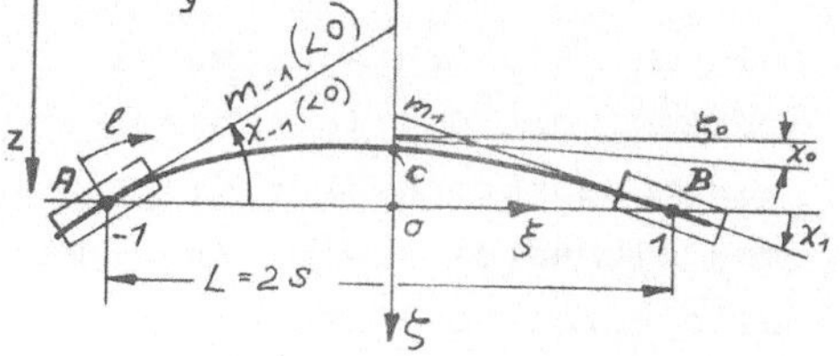

Bild 1: Lokale Koordinaten

Integriert man diese Gleichung, setzt für χ Gl. (2) rechts ein und integriert ein zweites Mal, so folgt

$$\zeta = \zeta_{o} + \chi_{o}\xi + k_{o}'\xi^{2}/2 + k_{1}'\xi^{3}/6. \tag{5}$$

Aus den Randbedingungen bei A und B mit den gemessenen Relativneigungen

$$d\zeta/d\xi(-1) = m_{-1}; \quad d\zeta/d\xi(+1) = m_{1} \quad \text{und} \quad \zeta(-1) = \zeta(1) = 0 \tag{6}$$

folgen die beiden Integrationskonstanten ζ_{o} und χ_{o} bei $\xi = 0$ und die beiden Unbekannten k_{o}' sowie k_{1}' zu

$$k_o' = -2\zeta_o = (m_1 - m_{-1})/2; \qquad k_1' = -6\chi_o = 3(m_1 + m_{-1})/2. \tag{7}$$

Dies in Gl. (5) liefert

$$\zeta(\xi) = (\zeta_o + \chi_o\xi)(1 - \xi^2). \tag{8}$$

Die Güte der Näherung des linearen Krümmungsmodells kann durch eine Messung bei $\xi = 0$ überprüft werden. Sind die Bedingungen

$$|\zeta_{oa} - \zeta_o| < \varepsilon_\zeta \qquad \text{oder} \qquad |\chi_{oa} - \chi_o| < \varepsilon_\chi \, , \qquad \varepsilon \text{ klein,} \tag{9}$$

nicht erfüllt, erfolgt eine Segmentlängenverkürzung. Wenn keine Ecken vorliegen, wird Gl. (9) irgendwann erfüllt. Falls L bei dieser Anpassung unter einen kleinen Prozentsatz des Umfangs (0.5 - 1%) sinkt, wird das Vorliegen einer Ecke (Winkel $\Delta\chi_E$) angenommen, die als Krümmungsimpuls in das Konzept integriert wird. Aus dem Abstand L der Stützpunkte und den Neigungen erhält man (s. Bild 2) die Eckpunktlage l_E und den Eckenwinkel

$$\Delta\chi_E = \arctan[(m_1 - m_{-1})/(1 + m_1 m_{-1})]. \tag{10}$$

Die Mehrdeutigkeit der Tangensfunktion kann über Längenbeziehungen an der Ecke gelöst werden [2].

Mit der analytischen Kurvengleichung (8) kann die Bogenlänge Δl von A nach B genauer bestimmt werden: Aus $d(l/s) = [d\zeta^2 + d\xi^2]^{1/2}$ folgt nach Integration näherungsweise [2]

$$\Delta l \approx [1 + \sqrt{1 + 4\zeta_o^2}]L/2 = \varphi L. \tag{11}$$

Da die Krümmung über der Bogenlänge definiert ist, erhält man hiermit aus Gln. (2 bis 4)

$$k_o \approx 2k_o'/L\varphi \qquad \text{und} \qquad k_1 \approx 2k_1'/(L\varphi)^2 \tag{12}$$

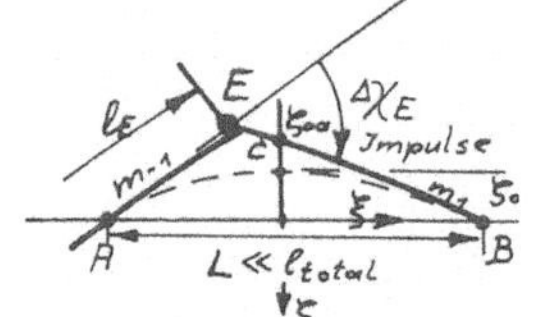

Bild 2: Zur Eckenbestimmung

als die Krümmungsparameter des linearen Elementes. Mit Gl. (8) können auch einfache Näherungsausdrücke für die Fläche, den Kurven- und den Flächenschwerpunkt des Elementes sowie deren Momente abgeleitet werden. Summationen über alle Elemente liefern die entsprechenden Werte der gesamten Figur [1,2].

Zusammenfassung linearer Elemente

Wegen der Näherung Gl. (1) ist das Einzelelement bei der Messung auf etwa 30° Winkeländerung begrenzt. Ein Kreis muß also durch mindestens 12 Elemente vermessen werden, obwohl im Endeffekt nur eines genügt, ihn vollständig und genau zu beschreiben. Durch Meßungenauigkeiten werden die Parameter der einzelnen vermessenen Elemente leicht voneinander abweichen. Um eine möglichst kompakte Beschreibung zu erhalten, wird deshalb versucht, möglichst viele Einzelelemente aus der Vermessung für die Darstellung im Rechner zusammenzufassen. Hierzu dienen numerische Iterationen mit Krümmungsparametern, die von denen der zusammenzufügenden Einzelelemente ausgehen. Anhand der allgemeinen Beziehungen

$$\chi(1) = \int_o^1 k(\lambda)\,d\lambda; \qquad y(1) = \int_o^1 \cos\chi(\lambda)\,d\lambda; \qquad z(1) = \int_o^1 \sin\chi(\lambda)\,d\lambda \qquad (12)$$

können aus der Krümmungsfunktion $k(\lambda)$ die Tangentenrichtung $\chi(1)$ und die Ortskoordinaten y und z durch Reihenentwicklung leicht numerisch ermittelt werden. Durch Variation der Parameter k_o, k_1 und 1 sowie Vergleich mit den Meßwerten im Bild wird der am besten passende Satz ausgewählt [1,2]. Viele verschiedene Vorgehensweisen sind möglich; sie müssen noch im Detail untersucht werden.

Normierte Krümmungsfunktionen (NKF)

Für geschlossene Figuren muß gelten, wenn 1_g die gesamte Konturlänge über alle (verbleibenden) Elemente ist: $\chi(1_g) = 2\pi$ sowie

$$y(1_g) - y(o) = \int_o^{1_g} \cos\chi(\lambda)\,d\lambda = 0; \qquad z(1_g) - z(o) = \int_o^{1_g} \sin\chi(\lambda)\,d\lambda = 0. \qquad (13)$$

Diese Bedingungen sind durch geeignete Anpassung der Krümmungselemente zu erfüllen. Die erhaltene Beschreibung durch die Krümmung über der Lauflänge ist von Hause aus positions- und orientierungsinvariant. Normiert man die Bogenlänge mit 1_g auf den Bereich $0 \le \bar{1} = 1/1_g \le 1$, so wird die Darstellung auch größeninvariant mit

$$\bar{k}_o = k_o 1_g; \qquad \bar{k}_1 = k_1 1_g^2. \qquad (14)$$

Als Nullpunkt A für die Bogenkoordinate wird der Ort größter Krümmung (spitzester Eckwinkel) gewählt. Der Figurenschwerpunkt S legt die Position fest, der Winkel zwischen math. 0 und der Verbindungslinie SA die Winkelorientierung. Bild 3 zeigt ein Beispiel mit Figur (a), normierter Krümmungsfunktion (b) und Speichertabelle (c). Ein Kreis ist gekennzeichnet durch die konstante Krümmung 2π; seine Größe wird über 1_g festgelegt.

Konkave Bereiche einer Figur und wellige Kurven können über Hüllkurvenoperationen in virtuelle niederfrequente und die realen höherfrequenten Anteile aufgespalten werden, wobei die niederfrequenten der kompakten Formbeschreibung dienen und die höherfrequenten als lokale Attribute zugefügt werden können (auch vollständige NKF möglich).

Hüllkurvenoperationen

Bild 3 unten zeigt die einfache konvexe Hülle h als Geradenelement. Die Wellenlinie oben links kann auf folgende Weise mittels Hüllkurven erfaßt werden (s. Bild 4): Bei Antreffen eines Wendepunktes (W_i) werden die Ortskoordinaten gespeichert und ein Zeiger p verfolgt ab hier die Tangentenmaske M_V bis der Winkel ε_V null wird (T_1). Nun wird ein Zeiger von T_1 auf eine Tangentenmaske M_R bei W_i gerichtet und die Kurve mit dieser rückwärts verfolgt, bis bei R der Winkel ε_R verschwindet. Wenige Nachiterationen ergeben die Hüllgerade h von R nach T. Von R aus wird die Krümmungsfunktion analog Gln. (12) vorwärts integriert bis $\Delta\chi_H = 0$ ist (Punkt D Bild 4a) mit den lokalen Koordinaten y_D, z_D. Bei mehreren aufeinander folgenden Wellen wird mit den Punkten N_i (y_{D_i}, $z_{D_i}/2$) und der Richtung h_i die niederfrequente Krümmungskurve k_N festgelegt (Bild 4b). Dieses Vorgehen liefert eine bessere Flächennäherung als die einfache Hüllkurve sowie einen glatten Krümmungsverlauf. Bezüglich Einzelheiten siehe [2].

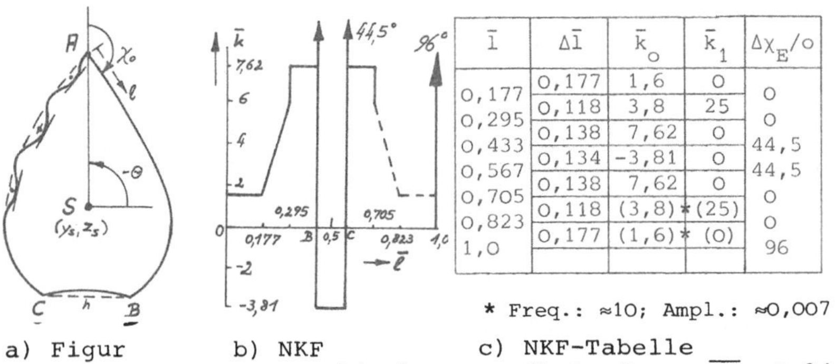

a) Figur   b) NKF graphisch   c) NKF-Tabelle

$\bar{l}$	$\Delta\bar{l}$	$\bar{k}_0$	$\bar{k}_1$	$\Delta\chi_E/°$
0,177	0,177	1,6	0	0
0,295	0,118	3,8	25	0
0,433	0,138	7,62	0	44,5
0,567	0,134	-3,81	0	44,5
0,705	0,138	7,62	0	0
0,823	0,118	(3,8)*	(25)	0
1,0	0,177	(1,6)*	(0)	96

* Freq.: ≈10; Ampl.: ≈0,007

Abstand $\overline{SA} = 0,24$
Startwinkel $\chi_o = 138°$

Zur Instantiierung ist anzugeben:
Konturlänge $l_g = \ldots$ (Größenfestlegung)
Schwerpunktlage $y_S = \ldots$; $z_S = \ldots$ (Position)
Winkelorientierung $\Theta = \ldots$ (Drehlage)

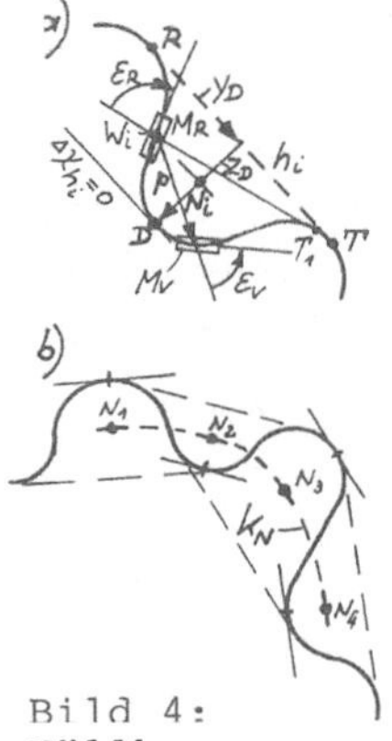

Bild 4: Hüllkurvenoperationen und Frequenztrennung

Literatur

[1] Dickmanns, E.D.: 2D-Object Recognition and Representation Using Normalized Curvature Functions. IASTED-Conference on "Robotics and Automation", Santa Barbara, May 1985 (Preprints)

[2] Dickmanns, E.D.: Vermessung und Erkennung von Figuren mit linearen Krümmungsmodellen. UniBw/LRT/I11/FB/85-2

ZWEIDIMENSIONALE STOCHASTISCHE MODELLE ZUR KLASSIFIKATION VON
ECHOMUSTERN IN ULTRASCHALL-PARALLEL-SCAN-BILDERN DER LEBER

U. Ranft

Medizinische Hochschule Hannover, Institut für Biometrie, Hannover

Zusammenfassung

Die im zweidimensionalen Echomuster von Ultraschallbildern der Leber
enthaltene Information wird in der klinischen Routine durch visuelle
Beurteilung zur Diagnose von diffusen Parenchymschäden der Leber herangezogen. Für eine quantitative Gewebecharakterisierung und automatische
Klassifikation der Echomuster gibt es erfolgversprechende Ansätze der
statistischen Musteranalyse. Dabei finden als Texturmerkmale insbesondere statistische Kenngrößen der ein- und zweidimensionalen Grauwerte-
verteilungen der Bildmatrix einer ROI Verwendung. In dieser Arbeit wird
zur Texturanalyse der Echomuster der Einsatz zweidimensionaler stochastischer Prozesse vorgeschlagen. Die geschätzten Modellparameter sind
geeignete Texturmerkmale, wenn die mit ihnen regenerierten Texturmuster
den Orginalen ausreichend gut entsprechen. Die Auswahl des speziellen
stochastischen Prozesses und der durch den Prozeß festgelegten Bildpunk-
tenachbarschaft muß durch sorgfältige empirische Untersuchungen geeigneter Lernstichproben von Echomustern erfolgen.

Einführung

Zur Diagnose von diffusen Parenchymschäden der Leber wird die im zweidimensionalen Echomuster von Ultraschallbildern enthaltene Information
in der klinischen Routine bisher nur durch visuelle Beurteilung herangezogen und dadurch sicher nicht voll ausgeschöpft. Versuche, das Echo-
signal quantitativ zur Gewebecharakterisierung auszuwerten, sind allerdings schon so alt wie die Sonographie in der Medizin selbst. Die Spann-
weite der methodischen Ansätze reicht dabei von in vitro Untersuchungen
der physikalischen Phänomene bei der Wechselwirkung von Ultraschall und
biologischem Gewebe bis hin zu breit angelegten klinischen Studien zur
Klassifikation von Erkrankungen der Leber und Nieren durch quantitative
Auswertung der Echosignale. Während der physikalische Ansatz zur Interpretation der Echosignale [1] noch weit vom klinischen Routineeinsatz
entfernt zu sein scheint, sind die Erfolge der statistischen Musteranalyse der Echobilder ermutigend [2,3,4] . Zur Klassifikation diffuser Parenchymschäden der Leber kommt der zweidimensionalen statistischen Musteranalyse im Sinne einer Texturanalyse besondere Bedeutung zu. Ausgangs-
basis für die dabei meistens verwendeten Texturmerkmale [5] ist die zweidimensionale verbundene Häufigkeitsverteilung der Bildmatrix einer Region-
of-Interest (ROI) des Sonogramms, die ausreichend homogen hinsichtlich
des Echomusters ist. Zur Merkmalsauswahl bedient man sich hauptsächlich
heuristischer Kriterien. In einer Diskriminanzanalyse mithilfe einer Test-

stichprobe werden die zur Klassifikation geeigneten Merkmale herausge-
filtert. Dieses Auswahlverfahren birgt die Gefahr in sich, daß geeignete
Merkmale übersehen und ungeeignete überbewertet werden. Im folgenden wird
als eine alternative Methode die Anwendung stochastischer Modelle zur
Texturanalyse vorgestellt.

Bildmaterial

Für die Aufnahme der bearbeiteten Sonogramme stand ein Ultraschallauf-
nahmesystem, bestehend aus einem linear array real time Ultraschallgerät
(Picker LS 1000) mit einem 3,5 MHz Schallkopf, einem Ultraschallkamera-
interface und einem Rechnersystem nebst Peripherie, zur Verfügung [6].
Das Ultraschallsignal wird nach Demodulation, Filterung und Tiefenaus-
gleich im AD-Wandler des Systems mit 16 MHz zu 8 bit Wortlänge abgetastet.
Je 8 Abtastpunkte werden in einem Prozessor durch Mittelwertbildung zu
einem Bildelement zusammengefaßt. Diese Bildverarbeitung läuft in Echtzeit ab, so daß eine ROI für die Texturanalyse während einer laufenden
Patientenuntersuchung mit einer annähernd artefaktfreien Abbildung des
Leberparenchyms gewählt werden kann. Der ROI von 512x128 Pixeln entspricht
ein Leberausschnitt von ca. 5,0x1,2 cm. Diese Ortsauflösung von 0,1 mm
ist aber nur scheinbar; in Schallrichtung ist sie etwa um den Faktor 2,
quer zur Schallrichtung etwa um den Faktor 4 schlechter. Für die Texturanalyse wurde deshalb die ROI durch Mittelwertbildung um den Faktor 2 verkleinert und in 64x64 Bildmatrixausschnitten verarbeitet. Für eine vorläufige Auswertung standen Sonogramme von 9 lebergesunden Probanden zur
Verfügung.

Zweidimensionale stochastische Prozesse

Erste allgemeine Versuche einer Texturanalyse mittels stochastischer Prozesse begann mit der Übertragung der gut entwickelten Methoden der Zeit-
reihenanalyse auf Bildmatrizen [7]. Zur selben Zeit (1974) wurde von J.
Besag [8] eine ausführliche Theorie zur statistischen Analyse zweidimensionaler Gittersysteme vorgelegt. Zuvor war schon von Woods [9] ein zweidimensionaler Markov-Prozeß definiert und das Problem der Parameterschätzung diskutiert worden. Von Kashyap [10] wurden zwei nicht äquivalente
stochastische Modelle zur Beschreibung endlicher Bilder vorgestellt, und
zwar ein autoregressiver und ein Markov-Prozeß auf einem toroidalen Gitter. In mehreren folgenden Arbeiten [11,12,13] wurden von Kashyap und
Chellappa die gute Eignung dieser Modelle sowohl zur Texturanalyse wie
zur Texturgenerierung gezeigt. Bevor eine Definition der beiden Modelle
erfolgt, müssen der Begriff eines Bildes auf einem toroidalen Gitter und
die Nachbarschaft eines Bildpunktes eingeführt werden.

Definition eines (m,m)-Bildes auf einem toroidalen Gitter:

Das Bild $I_m = \{y(s); \; s=(i,j) \text{ mit } i,j=0,1,\ldots m-1\}$ wird auf einem toroidalen Gitter zyklisch so fortgesetzt, daß gilt

$$y(s+q) = y(s) \in I_m \text{ mit } q=(km+k, lm+l) \text{ und } k,l=0, \pm1, \pm2, \ldots$$

Definition der Nachbarschaft N eines Bildpunktes:

$$N = \left\{ r_i=(r_{i,1}, r_{i,2}) \neq (0,0); \; i=1,\ldots,n \text{ und } r_{i,j} \text{ ganzzahlig} \right\}$$

Da eine Nachbarschaft nicht größer als das Bild selbst sein kann, gilt

$$|r_{i,j}| \leq m-1$$

Definition eines autoregressiven Prozesses auf einem toroidalen Gitter:

$$y(s) = \sum_{r \in N} \theta(r) \left\{ y(s+r) - a \right\} + \sqrt{\rho}\, u(s) + a \tag{1}$$

wobei $E[y(s)]=a$, $E[u(s)]=0$, $Var[u(s)]=1$ und

$Cov[u(s_1), u(s_2)]=0$ mit $s_1 \neq s_2$

Definition eines Markov-Prozesses auf einem toroidalen Gitter:

$$y(s) = \sum_{r \in N} \theta(r) \left\{ y(s+r) + y(s-r) - 2a \right\} + \sqrt{v}\, e(s) + a$$

wobei $E[y(s)]=a$, $E[e(s)]=0$,

$$Cov[e(s_1), e(s_2)] = \begin{cases} v & \text{für } s_1=s_2 \\ -v\theta(s_1-s_2) & \text{für } (s_1-s_2) \in N \\ 0 & \text{sonst} \end{cases} \tag{2}$$

und eine Nachbarschaft N, für die gilt: $r \in N \longrightarrow -r \notin N$

Um stationäre Prozesse zu garantieren, müssen die Modellparameter $\theta(r)$ die folgenden hinreichenden Bedingungen erfüllen:

$$\sum_{r \in N} \theta(r)\, \exp\left(\frac{2\pi i}{m}\, r \cdot s\right) \neq 1 \text{ für einen autoregressiven Prozeß und}$$

$$\sum_{r \in N} \theta(r)\, \cos\left(\frac{2\pi i}{m}\, r \cdot s\right) < \frac{1}{2} \text{ für einen Markov-Prozeß.}$$

Mustergenerierung

Die Formulierung der Prozesse auf einem toroidalen Gitter gestattet die problemlose Anwendung der zweidimensionalen diskreten Fouriertransformation (2d-DFT). Die Gleichung (1) für einen autoregressiven Prozeß läßt sich direkt als eine Faltung im Ortsraum interpretieren:

$$u(s) = \frac{1}{\sqrt{\rho}} \sum_r \theta'(r)\, y'(s-r) \text{ mit } \theta'(r) = \begin{cases} 1 & \text{für } r=(0,0) \\ -\theta(r) & \text{für } r \in N \\ 0 & \text{sonst} \end{cases}$$

$$\text{und } y'(s) = y(s) - a$$

Im Frequenzraum der Fouriertransformierten wird aus der Faltung eine einfache Multiplikation:

$$U(w) = \frac{1}{\sqrt{\rho}}\, \Theta(w) \cdot Y(w)$$

mit den Fouriertransformierten $U = F u$, $\Theta = F\theta$ und $Y = F y$

Da $\Theta(w) = 1 - \displaystyle\sum_{r \in N} \theta(r) \exp(\frac{2\pi i}{m} r \cdot w) \neq 0$, folgt

$$y = F^{-1} \frac{\sqrt{\rho} F u}{1 - \displaystyle\sum_{r \in N} \theta(r) \ \exp(\frac{2\pi i}{m} r \cdot w)} + a \ ,$$

wenn F^{-1} die inverse 2d-DFT ist.

Für einen Markov-Prozeß läßt sich eine entsprechende Generierungsformel unter Anwendung der 2d-DFT nicht ohne weiteres direkt über das Faltungstheorem herleiten. Wie weiter unten in Gleichung (3) angegeben, gibt es aber eine Formulierung eines Markov-Prozesses, die formal derjenigen eines autoregressiven Prozesses entspricht, so daß analog für die Generierung eines Markov-Prozesses gilt:

$$y = F^{-1} \frac{\sqrt{v} F u}{1 - 2 \displaystyle\sum_{r \in N} \theta(r) \ \cos(\frac{2\pi i}{m} r \cdot w)} + a$$

Schätzung der Modellparameter

Effiziente und asymptotisch konsistente Schätzungen der Modellparameter werden durch die Maximum-Likelihood-Methode garantiert. ML-Funktionen lassen sich für beide Prozeßtypen ohne weiteres formulieren. Werden die Bildpunkte der Bildmatrix in lexikographischer Ordnung in einem Vektor angeordnet, so ergeben sich in Matrixschreibweise aus (1) bzw. (2)

$$B(\underline{\theta}) \ \underline{y} = \sqrt{\rho} \underline{u} \quad \text{für einen autoregressiven Prozeß und}$$

$$A(\underline{\theta}) \ \underline{y} = \sqrt{v} \underline{e} \quad \text{für einen Markov-Prozeß.}$$

Da nach (2) $E[\underline{e}\,\underline{e}^T] = A(\underline{\theta})$ gilt und $A(\underline{\theta})$ positiv definit und symmetrisch ist, gilt für einen Markov-Prozeß auch

$$A^{1/2}(\underline{\theta}) \ \underline{y} = \sqrt{v} \underline{u} \ , \tag{3}$$

wobei die Elemente von $\underline{u}$ unabhängig und identisch normalverteilt sind. Die Matrizen $A(\underline{\theta})$ und $B(\underline{\theta})$ sind von blockzyklischer Bauart und ihre Elemente Funktionen der Parameter $\theta(r)$. Die entsprechenden ML-Funktionen in logarithmierter Form lauten dann:

$$ml(\underline{\theta}, \rho) = \ln|B(\underline{\theta})| - \frac{m^2}{2}\ln 2\pi\rho - \frac{1}{2\rho} \underline{y}^T B^T(\underline{\theta}) B(\underline{\theta}) \underline{y}^T \quad \text{bzw.}$$

$$ml(\underline{\theta}, v) = \frac{1}{2}\ln|A(\underline{\theta})| - \frac{m^2}{2}\ln 2\pi v - \frac{1}{2v} \underline{y}^T A(\underline{\theta}) \underline{y}$$

Eine numerische Auswertung der Funktionen nach dem ML-Prinzip zur Parameterschätzung ist sehr rechenaufwendig und garantiert wegen möglicher numerischer Probleme nicht in jedem Fall eine sinnvolle Schätzung. Für die praktische Anwendung erscheinen deshalb die beiden folgenden Verfahren angezeigt und ihrer Genauigkeit oftmals auch ausreichend genug. Für eine autoregressiven Prozeß ist die Schätzmethode der Kleinsten-Quadrate eine numerisch sehr effektive, aber leider nicht konsistente Schätzung:

$$\hat{\underline{\theta}} = \arg\left\{\min_{\underline{\theta}} \left[\frac{1}{m^2} \sum_{s} (y(s) - \sum_{r \in N} \theta(r) \ y(s-r))^2\right]\right\}$$

$$\hat{\rho} = \frac{1}{m^2} \sum_s \left(y(s) - \sum_{r \in N} \theta(r)\, y(s-r) \right)^2$$

Sei $\underline{z}_s = (y(s+r) + y(s-r);\ r \in N)^T$ ein n-dimensionaler Vektor, so sind nach Kashyap 13

$$\hat{\underline{\theta}} = \left[\sum_s \underline{z}_s \underline{z}_s^T \right]^{-1} \sum_s y(s)\, \underline{z}_s \quad \text{und} \quad \hat{\rho} = \frac{1}{m^2} \sum_s \left(y(s) - \hat{\underline{\theta}}^T \underline{z}_s \right)^2$$

konsistente Schätzungen für die Parameter eines Markov-Prozesses.

Ergebnisse

Für die Auswertung in der Texturanalyse muß der Prozeßtyp und die Nachbarschaft festgelegt werden. Als einen wichtigen Vorteil bieten die stochastischen Modelle hierzu das Auswahlkriterium des direkten visuellen Vergleichs von Orginal und synthetisiertem Bild an. Gelingt es mit den geschätzten Parametern ein Bild zu regenerieren, das für die Beurteilung des Echomusters dieselben entscheidenden Chrakteristika enthält wie das Orginalbild, so sollten in den Parametern alle wesentlichen Informationen über das Echomuster enthalten sein. Die Parameter sind dann geeignete Texturmerkmale und können in einem Klassifikationsschema verwendet werden. Eine Auswertung der zur Verfügung stehenden Serie von 9 normalen Lebersonogrammen führte zu dem folgenden Ergebnis: Der autoregressive Prozeßtyp kommt in allen Fällen mit der geringsten Zahl von Parametern aus. Dabei wurden mit der nicht symmetrischen Nachbarschaft $N=\{(-1,-1),(0,-1),(-1,0),(-1,1)\}$ recht befriedigende Ergebnisse erzielt (Abb.1). Die geschätzten Parameterwerte liegen numerisch alle dicht beieinander. Zu einer genaueren Evaluierung der Methode sind die folgenden weiteren Schritte in der Studie geplant: Bearbeitung einer größeren Testserie von Sonogrammen unter Einbeziehung pathologischer Befunde, eine Analyse derselben Sonogrammserie mit den herkömmlichen Texturparametern und deren Vergleich mit den Modellparametern der stochastischen Prozesse in Diskriminanzanalysen.

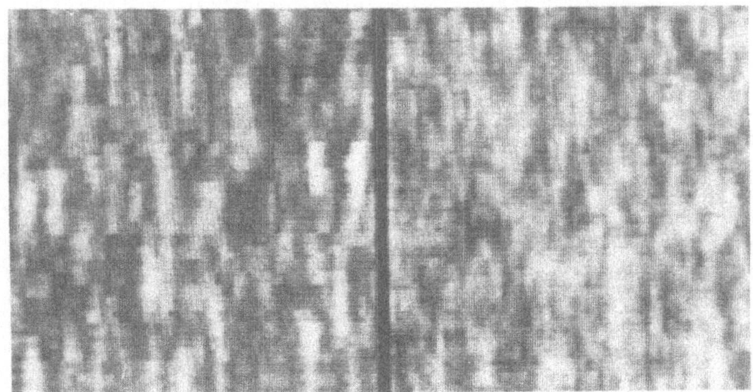

Abbildung 1:

Echomuster einer gesunden Leber.
Orginal (links) und
mit einem autoregressiven Prozeß regeneriertes Muster (rechts)

Literatur

[1] Leitgeb, N; Schuy,S.; Wach, P.; Kratochwil, A.: Rechnergestützte sonographische Gewebsdifferenzierung. Ultraschalldiagnostik 81, G. Thieme Verlag, Stuttgart, 1982, 34-36.

[2] Lorenz, W.J.: Computerunterstützte echographische Gewebsdifferenzierung. Ultraschalldiagnostik 81, G. Thieme Verlag, Stuttgart, 1982, 7-13.

[3] v. Seelen, W.; Bielke, G.; Stein, N.: Verfahren zur Auswertung von Ultraschallschnittbildern. Ultraschalldiagnostik 81, G. Thieme Verlag, Stuttgart, 1982, 30-33.

[4] Decker, D.; Trier, H.G.; Irion, K.M.; Lepper, R.-D.; Reuter, R.: Rechnergestützte Gewebsdifferenzierung im Auge. Ultraschall $\underline{4}$, 284-296 (1980)

[5] Haralick, R.M.: Statistical and structural approaches to texture. Proc. IEEE $\underline{67}$, 786-804 (1979)

[6] Gebel, M.; Bleck, J.; Schmidt, K.; Ranft, U.: Digitale Verarbeitung von Ultraschall-Parallel-Scan-Bildern. Ultraschall in der Medizin 84, G. Thieme Verlag, Stuttgart, 1985, im Druck

[7] McCormick, B.; Jayaramamurthy, S.N.: Time series model for texture synthesis. Int. J. Comp. Inf. Sci. $\underline{3}$, 329-343 (1974)

[8] Besag, J.: Spatial interaction and the statistical analysis of lattice systems. J. R. Statist. Soc. B $\underline{36}$, 192-236 (1974)

[9] Woods, J.W.: Two-dimensional discrete Markovian fields. IEEE Trans. Inf. Theory $\underline{IT-18}$, 232-240 (1972)

[10] Kashyap, R.L.: Random field models on torus lattices for finite images. Proc. 5the Int. Conf. Pattern Recognition, 1980, 1103-1105

[11] Chellappa, R.; Kashyap, R.L.: Synthetic generation and estimation in random field models of images. Proc. Conf. Pattern Recognition and Image Processing, Dallas, Texas, 1981, 577-582

[12] Kashyap, R.L.; Chellappa, R.; Khotanzad, A.: Texture classification using features derived from random field models. Pattern Recognition Letters $\underline{1}$, 43-50 (1982)

[13] Kashyap, R.L.; Chellappa, R.: Estimation and choice of neighbors in spatial-interaction models of images. IEEE Trans. Inf. Theory $\underline{IT-29}$, 60-72 (1983)

Die dynamische Pyramide zur 3D-Rekonstruktion von Bildpaaren

J. Dengler, H.P. Meinzer

Deutsches Krebsforschungszentrum Heidelberg

Bei der Übersendung des Manuskripts an den Verlag lag dieser Beitrag nicht vor.

Sollte er rechtzeitig vor Drucklegung noch eingehen, wird er in den Anhang mit auf-

genommen.

Ein allgemeiner und modularer Ansatz zum Korrespondenzproblem

Leonie S. Dreschler-Fischer
Fachbereich Informatik der Universität Hamburg
Schlüterstraße 70, D-2000 Hamburg 13

und **Ernst E. Triendl**
Stanford AI-Laboratory, Stanford University, Cedar Hall
Stanford, CA 94305 U.S.A.

Kurzfassung

Es wird ein neuer allgemeiner Ansatz für das Korrespondenzproblem bei Stereo-Bildfolgen vorgestellt. Der Ansatz basiert auf einem flexiblen Systemkonzept, das heuristisches Wissen und Kontrollrahmen strikt trennt und die Integration von Tiefenhinweisen aus Messungen mit anderen Sensoren erlaubt. Das Verfahren verwendet lokale Bildmerkmale und löst Mehrdeutigkeiten durch "constraint propagation" entlang Kanten und eine geeignete Zuordnungsreihenfolge, die anhand einer Gruppierung und Bewertung von Merkmalen innerhalb der Bilder geplant wird. Es werden erste Ergebnisse mit einer Teilimplementation beschrieben, die die planende Komponente des Systems realisiert.

1. Einführung: Ein Bildverarbeitungssystem für ein autonomes Fahrzeug

Am Stanford AI-Laboratory wird zur Zeit an der Entwicklung eines autonomen Fahrzeugs gearbeitet, das mittels Stereo-Kameras und weiterer Sensoren (Ultraschall, Laser) gesteuert werden soll. Für die Erkennung und Umgehung von Hindernissen muß daher das Bildverarbeitungssystem Stereo-Bildfolgen analysieren können und sollte in der Lage sein, mit nicht-optischen Sensoren gewonnene Tiefenhinweise in den Bilddeutungsvorgang zu integrieren.

Sowohl aus Stereo-Paaren als auch aus Bewegungs-Bildfolgen lassen sich räumliche Objektmodelle gewinnen. Im Falle der *Bewegungs-Bildfolgen* wurde die Grundlage dafür mit dem "Structure from Motion Theorem" *[Ullman 79]* geschaffen, dem eine ganze Reihe wichtiger theoretischer Arbeiten folgten, die hier aus Platzgründen nicht alle genannt werden können. Die *Stereo-Bildverarbeitung* hat sich seit der grundlegenden Dissertation *[Hannah 74]* zu einem weiten Gebiet entwickelt, angefangen bei einfachen Korrelationstechniken, über Kanten-gestützte Verfahren und mathematische Methoden bis hin zu komplexen modellgestützten Deutungsverfahren.

Sowohl *[Moravec 79]*, *[Moravec 80]* als auch *[Gennery 77]* haben sich bei der Steuerung von autonomen Fahrzeugen auf das Stereo-Problem konzentriert und den Bildfolgen-Aspekt unberücksichtigt gelassen. Über die Auswertung von Stereo-Bildfolgen selbst ist bisher nur wenig veröffentlicht worden. Eine der wenigen Arbeiten, die sich mit Folgen von Stereo-Paaren befassen, ist die Master-Thesis von *[Jenkin 84]*. Der Ansatz geht von einer Glattheit der Bewegung im Raum aus und versucht, für nicht-starre Körper die Trajektorie zu finden. Es werden Resultate sowohl für Kunstdaten (bewegte Lichtpunkte) als auch für Realweltdaten präsentiert. Ein mehr theoretischer Ansatz ist der von *[Mitchie + Bouthemy 84]*: Für starre (bekannte) Konstellationen von vier Punkten werden in einer Sequenz von Stereo-Paaren die Orientierung und die Trajektorie ermittelt und gleichzeitig das Korrespondenzproblem gelöst. *[Crowley 84]* schlägt einen Systementwurf zur Steuerung eines autonomen Fahrzeugs vor, der die bekannten 3D-Techniken Stereo, Bewegungsstereo, Optischer Fluß, Form-aus-Schattierung, Form-aus-Textur usw. gemeinsam ausnutzt, um zu einer dynamischen 3D-Beschreibung zu kommen.

Voraussetzung ist sowohl für den Stereo-, als auch für den Bewegungsansatz die Lösung des Korrespondenzproblems: Die Suche nach Paaren von Bildpunkten desselben Punktes im Raum in unterschiedlichen Bildern eines Stereo-Paares oder einer Bildfolge. Beide Problembereiche unterscheiden sich im wesentlichen nur in der Art von Zusatzwissen (constraints), das zur Beschränkung der kombinatorischen Vielfalt der möglichen Korrespondenzen herangezogen werden kann.

Mit dem hier vorgestellten ASTERIX-System (A STEReo Image SYSTEM) *[Dreschler-Fischer + Haarslev 85]* wurde versucht, die zeitliche und räumliche Korrespondenzanalyse in einem einheitlichen Verfahren zu behandeln. Es wurde ein sehr allgemeiner Korrespondenzalgorithmus gewählt, der sich sowohl für Stereo-Bildpaare als auch für Bildfolgen eignet. Das Spezialwissen über Randbedingungen, die das Korrespondenzproblem einschränken, wird in separaten Programmodulen gehalten (hier *Randbedingungsgeneratoren* genannt), z.B. über epipolare Linien im Stereo-Fall oder die Kinematik starrer Körper bei Bewegungsbildfolgen. Weiterhin wurde die Konzeption von ASTERIX durch den Wunsch nach einem allgemeinen System bestimmt, das ohne szenenspezifisches Wissen arbeitet und erst durch die Beoabachtung der Szene dazulernt. Ebenso wichtig für den Systementwurf war die Forderung nach konservativen Entscheidungen bei mehrdeutigen Korrespondenzen. Diese Anforderungen führten zu einen Lösungsansatz für das Korrespondenzproblem, der auf lokalen Bildmerkmalen basiert und mehrdeutige Korrespondenzen durch "constraint propagation" zu klären versucht.

2. Merkmalsauswahl

Eine wichtige Frage beim Entwurf eines Zuordnungsverfahrens betrifft die Abstraktionsebene(n), auf der die Zuordnungen ermittelt werden sollen. Das Spektrum der Möglichkeiten reicht von Differentialmethoden, die Verschiebungsvektorfelder direkt aus den Rohbildern ableiten, bis zum Vergleich von komplexen Relationengebilden. Das Kriterium "Allgemeinheit des Ansatzes" spricht für einen niedrigen Abstraktionsgrad, während die Forderung nach konservativem Systemverhalten durch einen merkmalsgestützten Ansatz erleichtert wird. Als Kompromiß wurde ein merkmalsgestütztes Zuordnungsverfahren gewählt, das sich überwiegend auf *lokale* Bildmerkmale stützt, wie markante Punkte *[Dreschler + Nagel 82]* oder Schnittpunkte von Kanten (L, Y, X und T-Verbindungen) *[Duda + Hart 73]*. Dies hat die folgenden Vorteile:

1. Lokale Bildmerkmale werden nicht so stark durch Verdeckungen oder perspektivische Effekte verändert wie Merkmale, die sich über große Bildbereiche erstrecken. Daher sind sie leichter in anderen Bildern wiederzufinden und zuzuordnen als komplexere Merkmale. Falls beispielsweise in einem Bild von einem Rechteck eine Ecke verdeckt sein sollte, wäre es immer noch möglich, die sichtbaren Eckpunkte einzeln zuzuordnen, aber nicht das Rechteck als Ganzes.

2. Andererseits liefern die lokalen Merkmale genug Information, um die kombinatorische Vielfalt der Zuordnungsmöglichkeiten und den damit verbundenen Suchaufwand in Grenzen zu halten (siehe zum Vergleich Verfahren, die fast vollständig auf Grauwertkorrelation zurückgreifen *[Hannah 74]*, *[Moravec 80]*, *[Gennery 77]*).

3. Diese gewählten lokalen Merkmale lassen sich sehr schnell berechnen, da sich ein wesentlicher Teil der Berechnung durch Faltung des Bildes mit konstanten Operatoren durchführen läßt *[Beaudet 78]*. Diese Faltungen lassen sich inzwischen durch standardisierte Hardware nahezu in Echtzeit durchführen.

4. Da es der Zweck der Korrespondenzanalyse ist, aus Paaren von korrespondierenden Punkten Entfernungsmessungen abzuleiten und darauf basierend räumliche Modelle der beobachteten Objekte zu ermitteln, ist es günstig, vor allem solche Merkmale zu verwenden, die die Bilder von markanten Objektpunkten sind, wie z.B. die Eckpunkte der beobachteten Objekte.

5. Da die Kantenschnittpunkte klassifiziert werden, ist es möglich, von vornherein T-Verbindungen von der weiteren Analyse auszuschließen, da sie in der Regel aus Verdeckungssituationen resultieren und daher keine Abbildungen körperfester markanter Punkte sind. Deshalb dürfen T-Verbindungen nicht als Stützpunkte zur 3D-Rekonstruktion herangezogen werden, obwohl sie auf den höheren Ebenen der Bilddeutung durchaus wertvolle relative Tiefenhinweise liefern können.

Die Merkmalsauswahl geht in zwei Schritten vor sich: Zunächst werden ein Punktefinder *[Dreschler + Nagel 82]* und ein Kantenfinder *[Triendl 78]* auf die Bilder angewendet. Hierbei werden elementare Merkmale, wie markante Punkte (Ecken, Flecke) und Elementarkanten extrahiert. Der Punktefinder klassifiziert die markanten Punkte als dunkel vor hellem Hintergrund oder umgekehrt und errechnet die Orientierung von Ecken und ein Konfidenzmaß. Die Elementarkanten erhalten eine ausführliche Beschreibung mit mittlerem Grauwert an beiden Seiten, Orientierung und Konfidenzmaß. Alle diese Beschreibungen werden beim Zuordnungsverfahren für den Vergleich von Merkmalen herangezogen. In einem zweiten Schritt werden Elementarkanten zu Kantenzügen zusammengefaßt, Linienendpunkte und Kantenschnittpunkte gesucht und nach Vertextyp klassifiziert.

3. Gruppierung und Planung

Der wichtigste Teil des ASTERIX-Systems ist die *Auswahlstrategie* für die Reihenfolge der Zuordnungsversuche. Bevor das System mit der Korrespondenzanalyse für zwei Bilder beginnt, werden die Merkmalskonstellationen in den Bildern analysiert und ein Plan für die am günstigsten erscheinende Zuordnungsreihenfolge entwickelt. Ein Stereo-Bildpaar von einem Schachbrett ist ein Beispiel für eine Situation, in der die Zuordnungsreihenfolge wichtig ist: Im inneren Bildbereich hat jede Ecke eines schwarzen oder weißen Feldes in der Nähe Nachbarn, mit denen sie verwechselt werden könnte, so daß lokal gesehen die Zuordnungen nicht eindeutig sind. Zuordnungsstrategien, die in einer *lokalen* Umgebung mittels einer Ähnlichkeitsfunktion *lokale* Merkmale vergleichen, werden gar keine oder mehrdeutige Zuordnungen liefern oder willkürlich irgendeine der Zuordnungsmöglickeiten wählen, die eventuell nur aufgrund von Rauschen zufällig ein wenig besser erscheint als die Alternativen. Ein Beispiel hierfür ist die Suche durch Korrelation. Das Problem ist, daß die Korrelation oder verwandte Ähnlichkeitsmaße sich zwar hervorragend dazu eignen, korrespondierende Punkte auf Sub-Pixel-Genauigkeit zu positionieren (deshalb sind sie ja mit Recht so beliebt), aber Mehrdeutigkeiten allein durch Ähnlichkeit zu klären, ist Raten. Aber auch Zuordnungsstrategien, die zusätzlich zum Ähnlichkeitsmaß ein *globales* Kriterium optimieren *[Barnard + Thompson 80]*, *[Ullman 79]*, sind bei mehrdeutigen Konstellationen nicht vor Fehlentscheidungen sicher, da diese Heuristiken z.B. bei Verdeckungssituationen oftmals nicht anwendbar sind. Auch diese Vorgehensweise ist daher für ein konservatives System abzulehnen.

ASTERIX verwendet die folgende Strategie, um Mehrdeutigkeiten zu klären: Nachdem in beiden Bilder unabhängig voneinander Merkmale ausgewählt wurden, werden sie mittels einer Ballungsanalyse in Klassen von einander ähnlichen Merkmalen separiert, damit mögliche Verwechslungsgefahren aufgezeigt werden. Im Beispiel mit dem Schachbrett würde das System vier Klassen von X-Verbindungen finden, die in den inneren Regionen des Brettes auftreten und sehr viele Elemente haben: acht Klassen von T-Verbindungen mit weniger Elementen, die am Schachbrettrand liegen, und vier Klassen von L-Verbindungen, die je genau ein Element enthalten und die Ecken des Schachbretts darstellen. Daher werden zuerst die vier Ecken zugeordnet, da hier die Situation eindeutig ist. Dann werden die von den zugeordneten Merkmalen ausgehenden Kanten verfolgt und daraus Randbedingungen für die Zuordnung der benachbarten Merkmale abgeleitet (constraint propagation). Mehrdeutigkeiten, die sich so nicht klären lassen, werden offen gelassen und an die höheren Ebenen der Bilddeutung weitergereicht. Dieses ist in Einklang mit der Forderung nach konservativem Systemverhalten: Es wird keine Entscheidung getroffen, wenn die lokal zur Verfügung stehende Information dazu nicht ausreicht, da sonst immer die Gefahr besteht, daß aufgrund willkürlicher Entscheidungen Daten verfälscht werden und andere Systemteile es schwer haben, Fehler zu erkennen und zu korrigieren.

Dieses Planen hat Ähnlichkeit mit der Art, wie ein Kind an ein Puzzle-Spiel herangeht. Normalerweise wird ein Kind zuerst diejenigen Puzzle-Teile herausfischen, die sich auffällig von allen anderen in Form oder Farbe unterscheiden und weiter fortgeschrittene Puzzler werden sogar alle Teile organisieren und in von Fall zu Fall verschiedene Klassen einteilen.

4. Zuordnung

Da die Merkmale in Klassen von potentiell mehrdeutigen Kandidaten gruppiert sind, findet die Zuordnung zunächst zwischen Klassen von Merkmalen statt, und nicht zwischen den Merkmalen selbst. Daher ist der erste Zuordnungsschritt die Bewertung der Klassen nach Anzahl und Auffälligkeit ihrer Elemente. Die Zuordnungsreihenfolge hängt dann von der Bewertung der Klassen ab, wobei Klassen mit wenigen, aber auffälligen (d.h. kontrastreichen) Merkmalen die höchste Bewertung erhalten, da sie am ehesten eindeutige und zuverlässige Startpunkte für das Zuordnungsverfahren versprechen. Ausgehend von diesen guten Startwerten werden Randbedingungen für die mehrdeutigen Fälle ermittelt, indem die verbindenden Kanten ausgewertet werden. Diese naheliegende Methode, Randbedingen entlang Kanten zu propagieren, wurde auch schon mit gutem Erfolg in anderen Implementationen eingesetzt *[Baker 81]*, *[Kanade 83]*, *[Marr + Poggio 79]*, *[Poggio + Ullman 83]*, *[Mayhew + Frisby 81]*.

Die Zuordnungsstrategie aus ASTERIX ist mit Graph-Zuordnungsverfahren verwandt, wie sie beispielsweise in dem Objektverfolgungsprogramm von *[Radig et al. 80]* verwendet wurden. Beide Techniken stützen sich auf lokale Bildmerkmale, ermitteln alle möglichen Zuordnungsalternativen und werten strukturelles Wissen, wie z.B. Nachbarschaftsrelationen, aus. Der wesentliche Unterschied liegt darin, daß das Graph-Zuordnungsverfahren Bildmerkmale *zwischen* zwei Bildern vergleicht, während ASTERIX die Merkmale *innerhalb* eines Bildes gruppiert. Diese Gruppierung sollte nicht mit der Ableitung von komplexen Objektmerkmalen verwechselt werden, wie etwa mit einer hierarchischen Bildbeschreibung durch Nachbarschafts- oder Enthaltenseinsrelationen. Das Graph-Zuordnungsverfahren ist ein eher mechanischer Vorgang, während das Gruppierungsverfahren einen Zuordnungsplan liefert, so daß die Zuordnungsreihenfolge datengesteuert ist.

Durch die Gruppierung und Bewertung der Merkmale innerhalb der Bilder wird nicht unbedingt Rechenzeit eingespart. Der Vergleich der Merkmale zwischen zwei Bildern ist von derselben Komplexität, wie die Gruppierung innerhalb der beiden Bilder (wenn beide Bilder ungefähr dieselbe Anzahl von Merkmalen enthalten), aber das Gruppierungsverfahren stellt die beim Vergleich abgeleitete Information in einer Weise zur Verfügung, die es erlaubt, potentielle Mehrdeutigkeiten planvoll zu analysieren und eventuell zu lösen.

5. Implementation, Ergebnisse und weitere Pläne

Der Punktefinder und der Kantenfinder wurden für ASTERIX neu in C implementiert, während die höheren Teile des Systems in SLISP geschrieben wurden. An der Hardware-Realisierung der Faltungsoperatoren wird noch gearbeitet. Merkmalsextraktion, Gruppierungs- und Bewertungsverfahren sind inzwischen mit Realweltdaten (Büroszene, Werkstücke) mit zufriedenstellendem Ergebnis getestet worden, und es gibt erste Zuordnungsergebnisse für Kunstbilder. Diese ersten Versuche mit der Teilimplementation von ASTERIX haben ermutigende Ergebnisse gebracht, wobei sich das Konzept der lokalen Merkmale und die Planung der Zuordnungsreihenfolge anhand der Merkmalsgruppierung zu bewähren scheinen.

Für die Weiterentwicklung des Systems ist eine Neuimplementation im Rahmen der inzwischen recht komfortablen ADA-HH-Programmierumgebung im Forschungslabor der Gruppe Kognitive Systeme am Fachbereich Informatik, Universität Hamburg, in Arbeit. Hierbei wird besonderes Gewicht auf die Wissensverwaltung, die Steuerung und Aktivierung der Randbedingungsgeneratoren und speziell die Interaktion von Bewegungs- und Stereo-Randbedingungen gelegt.

6. Literatur

[Baker 81] : *Depth from Edge and Intensity Based Stereo*, Harlyn Baker, University of Illinois, *Ph.D. Thesis*, Sep. 1981, see also: 6th Int. Jt. Conf. Art. Intell., Vancouver/BC 1981.

[Barnard + Thompson 80] : *Disparity Analysis of Images*, S.T. Barnard and W.B. Thompson, IEEE *Trans. Pattern Anal. Mach. Intell.* **PAMI-2** (1980), 333–340; see also: *Technical Report* 79-1 (Jan. 1979), Computer Science Department, University of Minnesota, Minneapolis/MN.

[Beaudet 78] : *Rotationally Invariant Image Operators*, P.R. Beaudet, Proc. Int. Joint Conf. Pattern Recognition, Kyoto/Japan, Nov. 7–10, 1978, pp. 579–583.

[Crowley 84] : *Dynamic World Modeling for an Intelligent Mobile Robot*, Jan L. Crowley, 7th Int. Conf. Pattern Recognition, Montreal, Canada, July 30 – August 2, 1984, pp. 207–210, see also: A Computational Paradigm for Three Dimensional Scene Analysis, Jan L. Crowley, The Robotics Institute, Carnegie-Mellon University, Pittsburgh, PA, report CMU-RI-TR-84-11, April 1984.

[Dreschler + Nagel 82] : *Volumetric Model and 3D-Trajectory of a Moving Car Derived from Monocular TV Frame Sequences of a Street Scene*, L. Dreschler and H.-H. Nagel, Computer Graphics and Image Processing **20** 199–228 (1982).

[Dreschler-Fischer + Haarslev 85] : *Konzeption für ein Bildverarbeitungssystem zur Lösung des Korrespondenzproblems bei Stereo-Bildfolgen im Rahmen einer komfortablen ADA-HH Programmierumgebung*, Leonie S. Dreschler-Fischer and Volker Haarslev, Robotersysteme **1** (1985) 29-34.

[Duda + Hart 73] : *Pattern Classification and Scene Analysis*, R. O. Duda and P. E. Hart, John Wiley & Sons, New York 1973.

[Gennery 77] : *A Stereo Vision System for an Autonomous Vehicle*, D. B. Gennery, Proc. 5th Int. Jt. Conf. Art. Intell., Boston/MA, Aug. 1977.

[Hannah 74] : *Computer Matching of Stereo Images*, M. J. Hannah, Ph.D. Thesis, Memo AIM 239 (July 1974), Stanford University, Stanford/CA.

[Jenkin 84] : *The Stereopsis of Time-Varying Imagery*, Michael R. M. Jenkin, Technical Report RBCV-TR-84-3, Department of Computer Science, University of Toronto, Toronto, Ontario, Canada, September 1984.

[Kanade 83] : *Image Understanding Research at CMU*, Takeo Kanade, Proc. Image Understanding Workshop, Arlington/VA, Lee S. Baumann (ed.), June 1983, pp. 1-7.

[Mayhew + Frisby 81] : *Psychophysical and Computational Studies toward a Theory of Human Stereopsis*, Mayhew and Frisby, Art. Intell. **17** (1981) 349-387.

[Marr + Poggio 79] : *A Theory of Human Stereo Vision*, David Marr and T. Poggio, Proc. of the Royal Society of London **B204** (1979) 301-328.

[Mitchie + Bouthemy 84] : *Representation and Tracking of Point Structures using Stereovision*, A. Mitchie and P. Bouthemy, Proceedings of the Workshop on Computer Vision, Representation, and Control, April 1984, Annapolis/Maryland, IEEE Computer Society Press, pp. 118-124.

[Moravec 79] : *Visual Mapping by a Robot Rover*, H.-P. Moravec, Proc. Int. Joint Conf. Artificial Intelligence,Tokyo, Japan, August 20-23, 1979, pp. 598-600.

[Moravec 80] : *Obstacle Avoidance and Navigation in the Real World by a Seeing Robot Rover*, H.-P. Moravec, Ph.D. Thesis, Dept. Comp. Science, Stanford University, Stanford/CA 1980, see also: *CMU-RI-TR-3* (Sep. 1980) Robotics Institute, Carnegie-Mellon-University, Pittsburgh/PA.

[Poggio + Ullman 83] : *MIT-Progress in Understanding Images*, T. Poggio and S. Ullman, Proc. DARPA-Image Understanding Workshop, Arlington/VA, Lee S. Baumann (ed.), June 1983, pp. 11-23.

[Radig et al. 80] : *Matching Symbolic Descriptions for 3-D Reconstruction of Simple Moving Objects*, B. Radig, R. Kraasch, and W. Zach, ICPR-80, pp. 1081-1084.

[Triendl 78] : *Modellierung von Kanten bei unregelmäßiger Rasterung*, Ernst E. Triendl, Proc. 1. DAGM-Symposium Oberpfaffenhofen/BRD 1978, Springer Verlag Berlin Heidelberg New York 1978.

[Ullman 79] : *The Interpretation of Visual Motion*, S. Ullman, MIT Press, Cambridge/MA 1979.

Die Entwicklung des ASTERIX-Systems wurde teilweise durch ein Forschungsstipendium (NATO) des DAAD und von der DFVLR/Oberpfaffenhofen finanziert. Wir danken Prof. Th.O. Binford und seiner Gruppe für die herzliche Gastfreundschaft und für die ausgezeichnete Unterstützung bei unserer Arbeit.

Dreidimensionale Abtastung industrieller Szenen mit optischer Lotung. Abtastverfahren,

Signalverarbeitung und Einsatzmöglichkeiten

R. Grabowski

FhG Freiburg

P. Wurll

Siemens Karlsruhe

Bei der Übersendung des Manuskripts an den Verlag lag dieser Beitrag nicht vor.
Sollte er rechtzeitig vor Drucklegung noch eingehen, wird er in den Anhang mit aufgenommen.

Optische Signalaufbereitung zur dreidimensionalen Formerfassung industrieller Oberflächen

Hans Marguerre

Siemens AG

Postfach 211262

7500 Karlsruhe 21

Zusammenfassung

Zur objektiven Prüfung industrieller Oberflächen werden Bildverarbeitungssysteme entwickelt, um damit die Sicherung und Steigerung des Qualitätsniveaus von Produkten bei hoher Stückzahl zu erreichen. Häufig ist es notwendig, Formabweichungen, Welligkeiten oder Rauhigkeiten an glänzenden Oberflächen zu erfassen. Berichtet wird über Kontrastierungsverfahren, die durch optische Signalaufbereitung die anschließende elektronische Bildverarbeitung unterstützen. Beispiele sind eine mit Streifenraster belegte Leuchtfläche (strukturierte Beleuchtung) und eine punktförmige Lichtquelle, deren Strahlen mittels Retroreflektor zur Oberfläche ausgerichtet werden (gerichtete Beleuchtung). Eine kompakte Optikanordnung mit Beleuchtungseinrichtung und Bildaufnahmesensor zum Anschluß an einen Industrieroboter wird vorgestellt. Damit ist die Abtastung gekrümmter Oberflächen von großen Formteilen möglich.

1. Prüfung von Formteilen mit Oberflächenglanz

Während der industriellen Serienproduktion von Geräten, Fahrzeugen oder anderen Gegenständen des täglichen Gebrauchs ist eine Qualitätsprüfung von Oberflächen auf Formabweichungen, Beschädigungen, Verschmutzungen, Fertigungsfehler und Materialfehler erforderlich. Hierzu sollen objektive Prüfverfahren mit Bildverarbeitungssystemen angewandt werden. Die Beleuchtungstechnik spielt dabei eine wichtige Rolle, insbesondere dann, wenn dreidimensionale Strukturen ohne Helligkeitsunterschiede auf Oberflächen aus Metall, Lack, Email, Glas oder Kunststoff erkannt werden müssen. Ziel ist dabei die Darstellung formspezifischer Daten, um bei der Bildverarbeitung eine Bewertung von Oberflächenfehlern nach Art, Größe und Form vornehmen zu können. Eine Kontrastierung gelingt durch strukturierte oder gerichtete Beleuchtung, die sich prinzipiell auch zur Durchlichtprüfung (z.B. von Glasteilen oder transparenten Folien) eignen.

2. Strukturierte Beleuchtung durch Rasterspiegelung

Bei der Rasterspiegelung (Bild 1) sieht der Bildaufnahmesensor gleichzeitig die zu prüfende Oberfläche und das darin gespiegelte Bild eines Streifenrasters [1]. Neigungsänderungen der Oberfläche bewirken eine Lageverschiebung und Krümmungsänderungen eine verkleinerte oder vergrößerte Abbildung der Rasterstreifen. Aus ihrem Verlauf läßt sich daher die Oberflächenform berechnen [2].

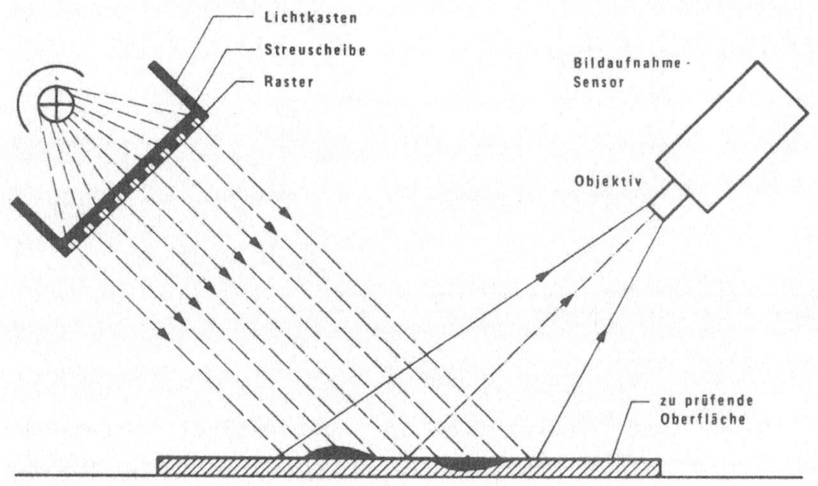

Bild 1: Prinzip der Rasterspiegelung

3. Gerichtete Beleuchtung mit Retroreflektor

Bekannte Optikanordnungen arbeiten mit Linsen oder Hohlspiegeln zur Ausrichtung der Lichtstrahlen relativ zum Prüfobjekt, um Neigungsabweichungen zu kontrastieren. Nachteil ist die erforderliche Orientierung der Oberfläche im Glanzwinkel, was in der industriellen Prüfpraxis häufig nicht realisierbar ist. Mit Hilfe eines Retroreflektors besteht dagegen die Möglichkeit, Oberflächenkrümmungen weitgehend unabhängig vom Neigungswinkel zu kontrastieren.

In der Beleuchtungsanordnung mit Retroreflektor (Bild 2) gehen die Strahlen einer punktförmigen Lichtquelle nach Umlenkung an einem halbdurchlässigen Spiegel zur Oberfläche und von dort nach Spiegelung weiter zu einem Retroreflektor, der aus einer mit vielen Glaskügelchen belegten Spiegelfolie besteht. Da diese Glaskügelchen (in der Größe von etwa 0,1 mm) jeweils entsprechend einer Linse wirken, werden die Lichtstrahlen auf dem gleichen Weg zurückreflektiert. Bei ebener Oberfläche und idealem Verhalten des Retroreflektors würde ein Bild der Lichtquelle in der Blendenebene entstehen.

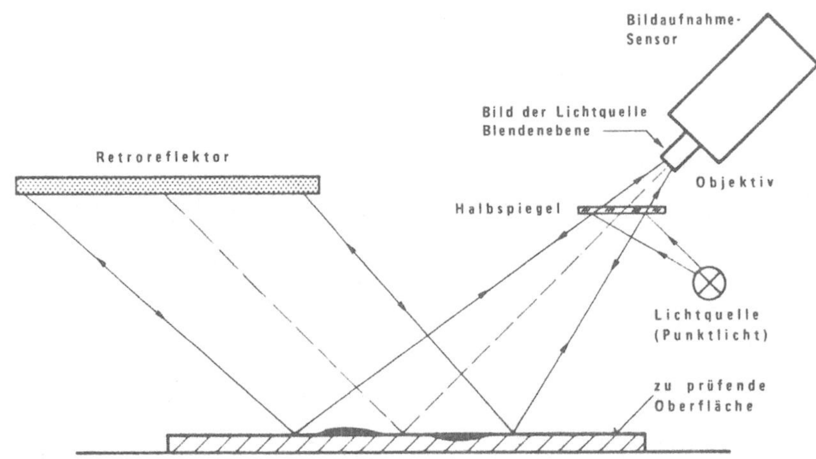

<u>Bild 2:</u> Gerichtete Beleuchtung mit Retroreflektor

Die Optikanordnung mit Retroreflektor kontrastiert Krümmungen, die sich als entsprechende Helligkeiten im Bild äußern. Die Kontrastwirkung kommt durch das nichtideale Verhalten der verwendeten Retroreflexfolie zustande: Ein ursprünglich dünnes fadenförmiges Lichtstrahlbündel, das von einem Oberflächenpunkt zum Retroreflektor geht, kommt von dort mit einem Divergenzwinkel von etwa 1° aufgefächert zurück. Damit wird ein kleiner kreisförmiger Teilbereich der Oberfläche mit dem gleichen Oberflächenpunkt als Mitte ausgeleuchtet. Abhängig vom Ausmaß und Vorzeichen der Krümmung dieses Teilbereiches erfolgt eine Verstärkung oder Abschwächung der Auffächerung des zum Objektiv reflektierten Strahlenbündels. In entsprechender Weise wird die Helligkeit dieses Oberflächenbereiches bei der Abbildung beeinflußt, weil durch die Blendenöffnung nur ein Teil der Lichtstrahlen im Auffächerungsbereich erfaßt wird. Stark gekrümmte Oberflächenbereiche mit kleinen Krümmungsradien bewirken im Vergleich zu schwachen Krümmungen eine größere Auffächerung und werden daher dunkler abgebildet. Dies entspricht einer optischen Hochpaßfilterung bezüglich der Ortsfrequenzen des Oberflächenprofils.

4. Kombination der strukturierten und gerichteten Beleuchtung

Mit einer Optikanordnung nach Bild 2 ist auch die Rasterspiegelung
realisierbar, wenn die Retroreflektorfläche mit lichtabsorbierenden
Streifen belegt wird. Damit erübrigt sich der im Bild 1 enthaltene
Lichtkasten, der das Raster diffus ausleuchtet. Vorteile sind
außerdem die erheblich reduzierte Lampenleistung, weniger störendes
Streulicht sowie die Möglichkeit zu einem kompakten Optikaufbau.

5. Darstellung von dreidimensionalen Oberflächenstrukturen

Mit der Rasterspiegelung lassen sich Formabweichungen kontrastieren, die größer, gleich oder kleiner als eine Rasterperiode sind.
Beispiele sind konvexe und konkave Formabweichungen, die in den
Bildern 3 und 4 den jeweiligen berechneten Oberflächenmodellen
mit ähnlicher Form gegenübergestellt sind.

Für die Erkennung sehr kleiner Oberflächenstrukturen (in der Größe
von etwa 0,01 mm bis 1 mm) ist die Optikanordnung mit Retroreflektor vorteilhaft, weil insbesondere kleine Krümmungsradien mit
hohem Kontrast wiedergegeben werden. Dies veranschaulicht Bild
5 durch den Vergleich der Kontrastierung einer Lackoberfläche
mit Rasterspiegelung und mit Retroreflektor. Auf der rechten Seite
befindet sich ein als Lackläufer bezeichneter wulstförmiger Oberflä-
chenfehler, der in beiden Fällen gut erkennbar ist. Der "Farbnebel"
auf der linken Seite besteht aus vielen kleinen Lacktröpfchen
in der Größe von 0,2 bis 0,5 mm, die nur bei gerichteter Beleucht-
tung mit Retroreflektor einen guten Kontrast erzeugen.

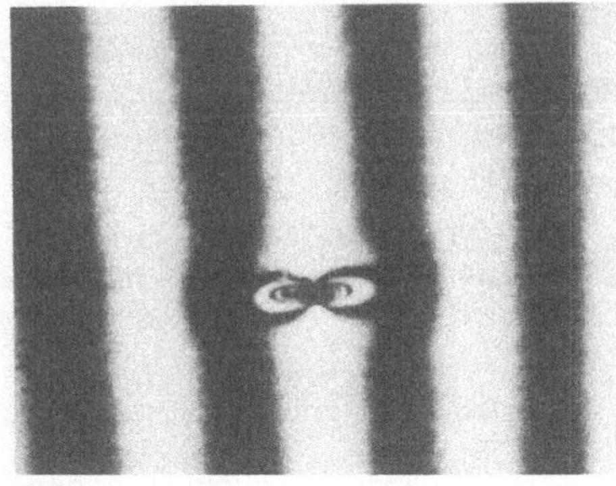

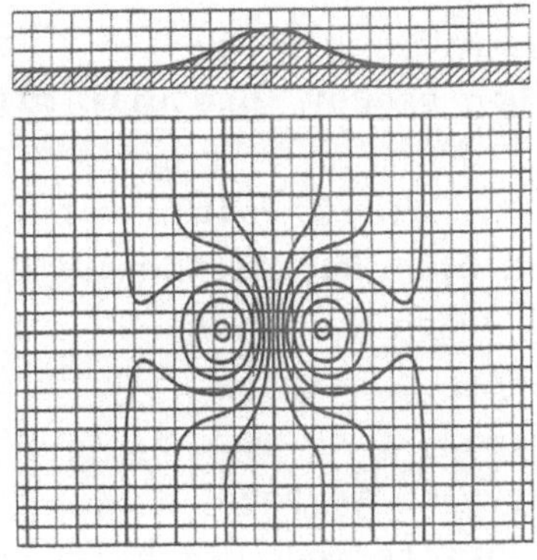

Bild 3a: Einschluß eines
Fremdpartikels (2mm) auf
einer Lackoberfläche

Bild 3b: Oberflächenmodell mit
konvexem Gaußprofil und zuge-
höriges Rasterspiegelbild

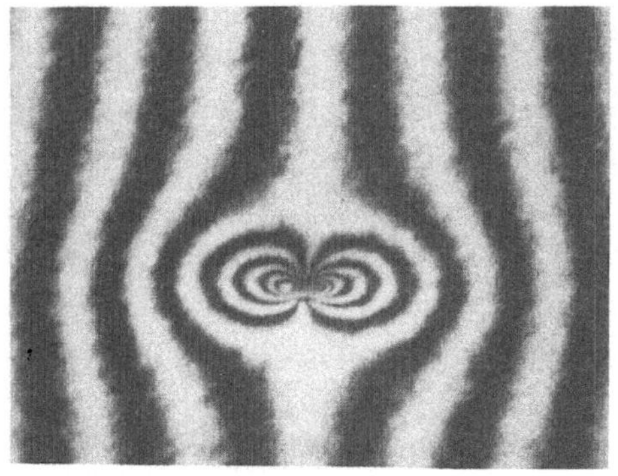

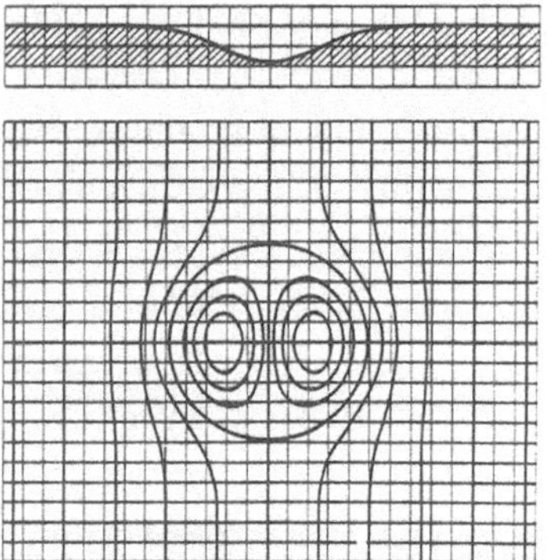

Bild 4a: Delle (20mm) auf
einer Stahloberfläche

Bild 4b: Oberflächenmodell mit
konkavem Gaußprofil und zugehö-
riges Rasterspiegelbild

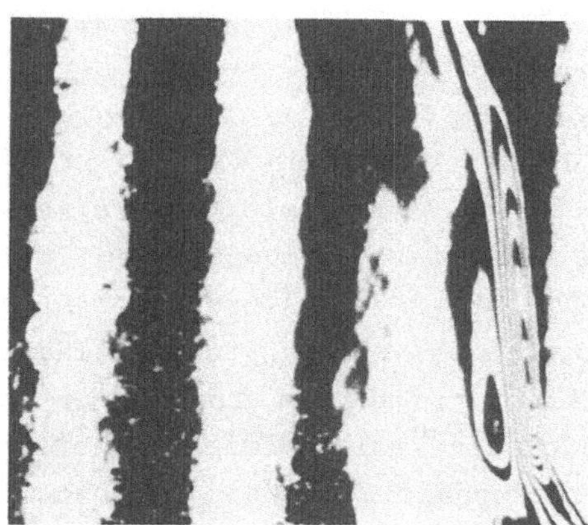

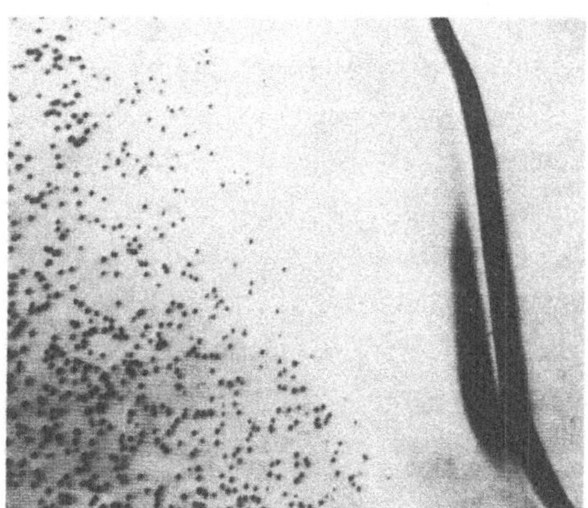

Bild 5: Lackoberfläche mit Lackläufer und Farbnebel
(rechtes Bild: Beleuchtung mit Retroreflektor,
linkes Bild: Rasterspiegelung)

6. Abtastung großer Formteile mit einem Industrieroboter

Bei Einsatz einer Halbleiterkamera ermöglicht die gerichtete Beleuchtung mit Retroreflektor einen kompakten Sensoraufbau, der
sich zum Anschluß an einen Industrieroboter eignet. Aufgrund der
vorteilhaften optischen Eigenschaften:

o Unabhängigkeit des Bildkontrastes von Neigungsänderungen und
   leichten Krümmungen
o Hochpaßfilterung bezüglich der Ortsfrequenzen des Oberflächenprofils

lassen sich auf gekrümmten Formteilen auch sehr kleine Fertigungsfehler erkennen. Zur Abtastung großer Oberflächen kann ein Industrieroboter den optischen Sensor nacheinander über die zu prüfenden Teilbereiche führen. Ein Anwendungsbeispiel ist die Prüfung von industriellen Produkten auf Lackierungsfehler, die bis zu einer minimalen Größe von etwa 0,1 mm erkannt werden müssen.

Schrifttum

[1]   Ritter, R.: Zur Bestimmung der Balkenkrümmung mit Hilfe des Moiré-Prinzips.
       Forsch.-Ing.-Wes. 46 (1980)5, S. 164-166

[2]   Marguerre, H.: Automatisierte Qualitätsprüfung glänzender Oberflächen an Gebrauchsgegenständen durch strukturierte Beleuchtung.
       Feinwerktechnik & Meßtechnik 93 (1985)1, S. 35-37

Plastische Darstellung von Voxelszenen durch optische Simulation

H. Müller[1]
W. Ernestus[2]
B. Verhagen-Schönewald[3]

Zusammenfassung

Das 3D-Analogon zu digitalisierten Bildern sind die Voxelszenen. Voxelszenen repräsentieren eine 3D-Rasterung in Würfelelemente, wobei jedem Würfelelement eine Absorptionsgröße zugeordnet ist, welche etwa der Beschreibung seiner Farbe oder seiner Durchsichtigkeit dient. Es wird ein Softwaresystem vorgestellt, das die informationsreiche und doch verständliche Darstellung von Voxelszenen als Rasterbild hoher Farbtiefe erlaubt. Die Methode besteht darin, eine optische Simulation durchzuführen. Durch Verändern der Voxeleigenschaften sind Segmentierung, Musterverschärfung sowie die Abbildung graphischer Information, etwa von Simulations- oder Meßergebnissen, in die Szene möglich.

1. Die Aufgabe

Gegeben ist ein dreidimensinales Feld $V[1..nx, 1..ny, 1..nz]$ aus skalaren Werten, welches einen dreidimensionalen gerasterten Raum, die sogenannte Voxelszene (voxel = volume element) beschreibt. Die skalaren Werte sind etwa Absorptionskoeffizienten, wie sie bei der Anwendung der Computertomographietechnik anfallen. Gesucht ist eine zweidimensionale Darstellung der Gesamtszene, oder auch Teilen davon, die plastisch wirkt, d.h. die 3D-Information soll möglichst nicht verloren gehen. Ferner soll es möglich sein, die Szene durch skalare oder räumlich-vektorielle Meßdaten zu ergänzen, die mit ihr in Zusammenhang stehen. Dabei sei etwa an Messungen von Feldern gedacht, die in der Szene wirken. Als Darstellungsmedium bietet sich hochaufgelöste Rastergraphik hoher Farbtiefe an (512x512x24 Bit).

2. Optische Simulation

Plastizität kann dadurch erreicht werden, daß Licht simuliert wird. Durch das Auftreten von Glanzlichtern, hellen und dunklen Bildteilen sowie Schatten wird einerseits räumliche Wirkung erreicht, andererseits aber geometrisch vorhandene Muster, etwa Unebenheiten, verstärkt, was deren Erkennen erleichtert. So können etwa Beulen in Entwürfen von aerodynamisch oder aesthetisch zu optimierenden Flächen erkannt werden.

(1) Institut für Informatik I, Universität Karlsruhe
(2) Dornier, Friedrichshafen
(3) DEC, München

Ferner ist das menschliche Sehsystem auf diese Effekte hin optimiert.

Die optische Simulation basiert auf dem Strahlenmodell der Physik und auf dem RGB-Lichtmodell. Zunächst werden den Voxeln optische Eigenschaften zugeordnet, nämlich

- eine Farbe $R = (R_{rot}, R_{grün}, R_{blau})$ durch Anteile an den drei Grundfarben
- der Spiegelungsanteil und der Diffusanteil, s und d, des reflektierten Lichts ($s+d=1$, $O \leq s$, $O \leq d$)
- der Dämpfungsfaktor des durchgehenden Lichts, $O \leq D < 1$.

Diese Abbildung kann eineindeutig gewählt werden, so daß kein Informationsverlust eintritt. Auch nicht eineindeutige Abbildungen machen Sinn, um etwa Bereiche gleicher Werte zu visualisieren (Iso-Linien, gleiches Material). Ferner können Voxel des dargestellten Objekts, welche nicht zu einem extrahierten Bildteil gehören (vgl. [2] für einen möglichen Algorithmus),auf "nur leicht absorbierend (D nahe 1)" gesetzt werden. Dadurch sind extrahierte Teile in einem "gläsernen" Kontext darstellbar.

Nun werden ein oder mehrere punktförmige (weiße) Lichtquellen eingeführt, um die Szene in gewünschter Form auszuleuchten. Die Bilderzeugung geschieht dann so, daß von einem gegebenen Augenpunkt aus Sehstrahlen durch die Pixel einer gegebenen gerasterten Bildebene (z.B. 512x512) gezogen werden. Vom Auftreffpunkt auf die Voxelszene, die in Form eines gerasterten Quaders vorliegt, werden sukzessive die Würfel bestimmt, welche der Strahl erreicht. Trifft der Strahl auf eine Trennschicht, d.h. Material verschiedener Dämpfung, dann wird festgestellt, von welchen Lichtquellen aus eine Beleuchtung dieser Stelle stattfindet. Ist die Trennschicht lichtdurchlässig (D>O), wird der Strahl weiterverfolgt. Das ermöglicht die Generierung von Schatten.

Die Intensitätsberechnung des von einer Trennschicht abgegebenen Lichts geschieht mit folgender Beleuchtungsformel:

$$I_{trenn} = \max\{D-D', O\} \cdot (R \cdot I_a + d \cdot R \cdot (N \cdot L) + s \cdot R_s) \cdot I + D'^k \cdot I'_{trenn}.$$

Dabei geht der Sehstrahl von Material der Dämpfung D in solches mit D'. Die Pixelintensität ergibt sich durch Auswerten dieser Rekurrenz mit nachträglicher Skalierung. Die einzelnen Parameter sind

- R die reflektierte Farbe (s.o.)
- $R_s = ((V \cdot H) / ||V \cdot H||)^r$ die Spiegelkeule, wobei r die Dicke beeinflußt und $H = (V+L) / ||V+L||$.

- V der Einheitsvektor in Richtung Augenpunkt
- N der Normalenvektor am Auftreffpunkt
- L der Einheitsvektor in Richtung Lichtquelle
- $I = \prod\limits_{i=1}^{k} D_i \cdot I_L$, I_L die Lichtquellenintensität, D_i die Dämpfung der
  zwischen Lichtquelle und Auftreffpunkt liegenden Voxel.
- I_a die Grundhelligkeit der Szene.

Bei mehreren Lichtquellen treten entsprechende Terme mehrmals auf.

An Silhouetten und auf Oberflächen können Rasterungseffekte auftreten,
die durch die Auflösung der Szene bedingt sind (Effekte durch die Bild-
rasterung sind mit üblichen Anti-Aliastechniken zu beheben). Die Abbildung Szene nach Bild sollte so gewählt werden, daß die projezierte Vo-
xelgröße etwa 1/16 der Pixelfläche ist. Um glatte Oberflächen zu erhalten, werden stetige Übergänge der Normalenvektoren benötigt. Diese
Bedingung wird von den Normalenvektoren auf den Würfeloberflächen der
Voxel nicht erfüllt. Stetige Übergänge können mittels Gradientenverfahren, in die die Nachbarvoxel des getroffenen Voxels eingehen, so
berechnet werden, daß keine Rasterungseffekte auf der Oberfläche zu
erkennen sind.

3. Effizienz des Verfahrens

Die Effizienz des Verfahrens hängt direkt mit der Geschwindigkeit zusammen, mit der Strahlen durch das räumliche Voxelgitter zu verfolgen
sind, d.h. die Indizes der getroffenen Voxel zu errechnen sind. Für
ein aus kongruenten Quadern bestehendes Gitter ist das durch den folgenden "3D-Vektorgenerator" möglich. Sei

- (Anfx,Anfy,Anfz) der geometrisch exakte Anfangspunkt des Strahls
- (Steigx,Steigy,Steigz) der normierte Richtungsvektor des Strahls
- Kantex, Kantey, Kantez die Längen der Voxelkanten
- [ix,iy,iz] der Index des aktuellen Voxels (gesucht ist die zu durch-
  laufende Folge dieser Indizes).

Der Durchlauf erfolgt durch sukzessives Berechnen der Abstände Aktx,
Akty, Aktz (in normierten Vektorlängen als Einheit) zur nächsten x-,
y-, und z-Schicht, d.h. der Startwert ist

$$\text{Aktw} = \frac{(iw+1) \cdot \text{Kantew} - \text{Anfw}}{\text{Steigw}}, \quad w \text{ in } \{x,y,z\}, \quad \text{Steigw} > O \text{ (die anderen Fälle analog).}$$

Der maximal mögliche Abstand ist

$$\text{Abstandw} := \frac{\text{Kantew}}{\lceil \text{Steigw} \rceil} \quad , \text{ w in } \{x,y,z\}.$$

Die Berechnung des jeweils nächsten Index erfolgt durch

```
M :=  {w | Aktw=Akt, Akt:=min{Aktx,Akty,Aktz}};
für alle w in M:
      iw := iw+sign(Steigw);
      Aktw := Abstandw;
für alle w nicht in M:
      Aktw := Aktw-Akt;
```

Beim Durchlauf des Strahls treten nur Additionen und Subtraktionen auf, was das Verfahren schnell macht.

Das vorgestellte Bilderzeugungsverfahren weist einen hohen Grad an Parallelisierungsmöglichkeit auf. So haben Zeitmessungen auf einer Cyber 205 gezeigt, daß es auf solchen Vektorrechnern effizient einsetzbar ist, indem gleich ein ganzes Strahlenbündel parallel verfolgt wird. Es stellt sich daher die Frage nach Spezialhardware. Solche zu entwickeln erscheint nur lohnend, wenn dabei der schnelle interaktive Wechsel der Beobachterposition und der Ausleuchtung möglich ist. In [4] wird ein Hardware-Bilderzeugungssystem vorgeschlagen, das erheblichen Hardwareeinsatz erfordert, jedoch bei weitem nicht die Qualität der Darstellung der hier vorgestellten Methode erbringt.

4. Das Bilderzeugungssystem VRT

Das Softwaresystem VRT ist in PASCAL portabel realisiert und zur Zeit auf einer Siemens 7881 - Anlage implementiert. Es umfaßt einen Editor zur Aufbereitung von Voxelszenen (Definition der optischen Attribute, Segmentierung) und die eigentliche Bilderzeugung [5,6]. VRT ist in der Lage, Voxelszenen bis zu 1 Million Voxel ohne den Einsatz von Sekundärspeicher zu verarbeiten, wobei die Aufteilung der Szene beliebig ist (z.B. 100x100x100). Typische CPU-Zeiten liegen zwischen 5 und 30 min. für ein 512x512 - Bild.

Eine Anwendung des VRT-Systems ist die Visualisierung von durch Computertomographen gewonnenen räumlichen Daten [3]. Neben der rein geometrischen Information können zusätzliche Daten visualisiert werden. So wurde VRT dazu eingesetzt, die Ergebnisse einer Simulation des Verhaltens von elektrischem Strom in menchlichem Gewebe darzustellen. Die

dreidimensionale Darstellung des elektrischen Feldes umfaßt das skalare Potentialfeld, die skalare Feldstärke sowie das 3D-Strömungsfeld
(Stromdichte). Bei letzterem erweist sich die Beleuchtung als nützli-
ches Instrument für die Darstellung des räumlichen Vektorfeldes: der
Schattenwurf ermöglicht das Erkennen der räumlichen Richtung.

Eine weitere Anwendung von VRT ist die Erzeugung tiefenscharfer plasti-
scher Bilder. Die 3D-Voxelszene ergibt sich hier durch Extraktion der
scharfen Bildteile aus einer Folge von teilscharfen Bildern der gleichen Szene, aufgenommen aus verschiedener Entfernung. Für diese Anwendung sind jedoch auch einfachere Verfahren einsetzbar, da die Szene einfach durch ein digitales Geländemodell, d.h. eine Matrix aus
Höhenangaben, beschrieben werden kann [7].

Literatur

[1] Atherton, P.R., A Method of Interactive Visualization of CAD Sur-
    face Models on a Color Video Display, Computer Graphics 15(3)
    (1981)

[2] Rhodes, R.L., An Algorithmic Approach to Controlling Search in 3D
    image data, Computer Graphics 13(2) (1979)

[3] Herman, G.T., Udapa, J.K., Display of 3D-digital Images: Computa-
    tional Foundations and Medical Applications, IEEE Computer Graphics
    and Appl., August 1983

[4] Jackel, D., The Graphics PARCUM System: A 3D Memory Based Computer
    Architecture for Processing and Display of Solid Models, Computer
    Graphics Forum 4, 21-32 (1985)

[5] Ernestus, W., Ein Beleuchtungsmodell für Voxelszenen, Diplomarbeit,
    Institut für Informatik I, Uni Karlsruhe, 1984

[6] Verhagen-Schönewald, B., Aufbereitung von dreidimensional verteil-
    ten Daten für Bilderzeugungsalgorithmen, Diplomarbeit, Institut
    für Informatik I, Uni Karlsruhe, 1984

[7] Winz, W., Ray-Tracing von digitalen Geländemodellen, Diplomarbeit,
    Institut für Informatik I, Uni Karlsruhe, 1985

SYMBOLISCHE BILDFOLGENBESCHREIBUNG ZUR OBJEKTVERFOLGUNG

B. Bargel, A. Ebert, D. Ernst

Forschungsinstitut für Informationsverarbeitung
und Mustererkennung, FIM (FGAN e.V.)
Eisenstockstr. 12, D-7505 Ettlingen 6

Zusammenfassung

Zur automatischen Verfolgung einzelner Objekte in TV- oder IR-Bildfolgen sind bereits sehr leistungsfähige Systeme entwickelt worden, die
auf Methoden des direkten Bildvergleichs (z.B. Korrelation) basieren
und zum Teil durch Detektions- und Klassifikationsverfahren unterstützt werden /1/. Bei der Bearbeitung natürlicher Szenen ist es jedoch häufig notwendig, neben der Verfolgung des Einzelobjektes auch das
Umfeld des Objektes und des Sensors zu analysieren (Entdeckung von
Störungen, Hindernissen, weiteren Objekten). Hierzu ist eine weiter-
reichende Beschreibung und Interpretation der einzelnen Bilder sowie
der gesamten Bildfolge erforderlich. Ausgangspunkte für eine derartige
Bildfolgeninterpretation sind die Verarbeitungsschritte der symbolischen Einzelbildbeschreibung, der Zuordnung von Flächen zeitlich aufeinanderfolgender Einzelbilder und der symbolischen Bildfolgenbeschreibung, für die am FIM Verfahren entwickelt und implementiert wurden.

Segmentation und symbolische Beschreibung der Einzelbilder

Der erste Verarbeitungsschritt bei der Objektverfolgung in Bildfolgen
ist die geeignete Segmentation der Einzelbilder. Je nach Aufgabenstellung und Bildmaterial können hierbei Verfahren eingesetzt werden, die
eine objektbezogene (partielle) oder eine bildumfassende (vollständige) Segmentation durchführen.

Für IR-Bildfolgen, bei denen sich die interessierenden Objekte durch
höhere Intensitätswerte von ihrer Umgebung abheben, liefert beispielsweise das beim FIM entwickelte Simulationssystem zur automatischen Objektdetektion und Klassifikation /2/ eine für die Objektverfolgung geeignete objektbezogene Segmentation. Bildfolgen aus dem sichtbaren
Spektralbereich sowie die genauere Erfassung des Hintergrundes bei
IR-Bildfolgen erfordern jedoch eine möglichst vollständige Segmentation der gesamten Szene jedes Einzelbildes. Hierzu wurden Module implementiert, die den getrennten oder kombinierten Einsatz des Flächen-
wachstums nach /3/ und des in /2/ verwendeten Mehrfachschwellenverfah-
rens ermöglichen. Durch Modifikationen wie z.B. eine lokale Intensi-
tätsanalyse als Kriterium zum Flächenwachstum und die Verwendung von

Intensitätsintervallen zur Binärflächenermittlung wurden diese Verfahren an die Aufgabenstellung der vollständigen Segmentation angepaßt. Zur symbolischen Beschreibung der Einzelbilder dienen als Attribute die Form-, Intensitäts- und Texturmerkmale sowie die Positionsdaten der einzelnen Segmente. Als Unterstützung des späteren Bildvergleichs werden zusätzlich die Segmentflächen als Binärmasken abgespeichert.

Zuordnung von Flächen für zeitlich aufeinanderfolgende Einzelbilder

Das in /2/ beschriebene Verfahren, bei dem alle Segmente in zeitlich aufeinanderfolgenden Einzelbildern verglichen werden, wurde modifiziert, da bei einer vollständigen Segmentation die erhöhte Anzahl von Segmenten mit zum Teil ähnlichen symbolischen Beschreibungen eine hierarchische Vorgehensweise erfordert, um den hohen Rechenaufwand und die schwer zu lösenden Konfliktsituationen zu reduzieren.

Für die Flächenzuordnung wird daher entsprechend /4/ ein mehrstufiger Ansatz gewählt, bei dem zuerst mit relativ einfachen Verfahren die sicheren und eindeutigen Segmentzuordnungen durchgeführt werden. Hieraus lassen sich zusätzliche Aussagen herleiten (Bilddrift, Erwartungsbereiche für Partnersegmente im Nachbarbild), die bei der nachfolgenden Behandlung der verbliebenen Segmente miteinbezogen werden.

Bei der direkten Zuordnung von Segmenten werden zuerst lediglich großflächigere Segmente behandelt, da diese gegenüber möglichen Abweichungen von den zu Beginn notwendigen Hypothesen (z.B. über Objektbewegungen, Sensorbewegung oder Erwartungsbereiche im Vergleichsbild) unempfindlicher sind und i. allg. überwiegend Hintergrundsbereiche beschreiben. Anhand dieser Zuordnungsergebnisse erfolgt eine erste Vorhersage bzw. Modifikation der Bildverschiebung und des Erwartungsbereichs für die Partnersegmente.

Bei der nachfolgenden Zuordnung kleinflächiger Segmente, die i. allg. häufiger auftreten und sich anhand der Formmerkmale weniger gut separieren lassen, wird durch die verbesserte Definition des Erwartungsbereichs die Anzahl der Fehlzuordnungen und Mehrdeutigkeiten reduziert. Nach der direkten Zuordnung von kleinflächigen Segmenten erfolgt eine erneute Berechnung der Bildverschiebung und des Erwartungsbereichs sowie eine Unterdrückung bisheriger Zuordnungen, die aufgrund der neuen

Berechnungen eine zu starke Verschiebung aufweisen bzw. außerhalb der Erwartungsbereiche geraten. Die direkte Zuordnung von groß- und kleinflächigen Segmenten wird rekursiv durchgeführt bis keine neuen Zuordnungen mehr erfolgen.

In der nächsten Stufe werden unter Berücksichtigung der bisherigen Ergebnisse in beiden Einzelbildern benachbarte Segmente mit ausreichender Ähnlichkeit in den Intensitäts- und Texturmerkmalen zu Flächen zusammengefaßt (Segmentgruppen). Für diese Flächen werden die Attribute neu berechnet und die bei der Segmentzuordnung verwendeten Verfahren angewendet.

Zur Sonderbehandlung noch nicht erfolgter Flächenzuordnungen (Restbereiche) in beiden Einzelbildern stehen in der abschließenden Zuordnungsstufe eine Reihe von aufwendigeren wahlweise zuschaltbaren Programmen zur Verfügung. Diese dienen z.B. zur Zuordnung von Flächen, die aus nicht unmittelbar benachbarten Segmenten gebildet werden, zur Flächenzuordnung über (Teil-)Konturen, zur Flächenzuordnung unter Annahme größerer Objekt- oder Sensorbewegung sowie zur Flächenzuordnung nach einer Neusegmentation bestimmter Bildbereiche unter geänderten Randbedingungen.

Bildfolgenbeschreibung durch Verknüpfung der Flächenzuordnungen

Zur Erzeugung der flächenbezogenen Bildfolgenbeschreibung werden für den jeweiligen Zeitpunkt N die Ergebnisse der bisherigen Zuordnungen (Historie) mit dem neuen Zuordnungsergebnis für die Einzelbilder N und N+1 sukzessive verknüpft. Hierbei wird ausgenutzt, daß das gleiche Einzelbild (N) mit der identischen Segmentation einmal in der letzten Stufe der Historie zum anderen im Vergleich mit dem Nachfolgerbild (N+1) vollständig beschrieben ist. Bei der Verknüpfung der Zuordnungsergebnisse werden folgende Unterscheidungen getroffen:

1. **Auftreten einer neuen Fläche.** Diese entspricht entweder einem Segment, dem im Vorgängerbild kein Partner zugeordnet wurde, oder einem Segment (bzw. einer Segmentgruppe), das aus einer bisherigen Fläche herausgelöst wurde.
2. **Fortführung einer Fläche.** Hierbei wird zusätzlich unterschieden, ob diese Fläche aus der gleichen Segmentgruppe (inclusive Einzelsegmentzuordnung) oder aus einer wechselnden Segmentgruppe besteht.

3. <u>Generierung oder Fortführung nicht sichtbarer Flächen.</u> Zur Überbrückung zeitweiser Verdeckungen bzw. zeitweisem Verlassen des Blickfeldes werden Flächen, die nicht fortgeführt werden können, als momentan nicht sichtbare Flächen unter Beibehaltung der zuletzt ermittelten Attribute und Berücksichtigung der jeweiligen Bildverschiebung weitergeführt.

4. <u>Wiederentdeckung von Flächen.</u> Diese werden aus dem Vergleich der im nächsten Zuordnungsschritt neu aufgetretenen Flächen mit den als momentan nicht sichtbar mitgeführten Flächen ermittelt.

5. <u>Löschen nicht sichtbarer Flächen.</u> Im Verlauf der Bildfolge werden die als momentan nicht sichtbar mitgeführten Flächen unterdrückt, die nach einer vorgegebenen Anzahl von Folgebildern nicht wiederentdeckt werden konnten.

Die beim Bildvergleich ermittelten Flächenverschiebungen bzw. die zu den Bildverschiebungen relativen Flächenbewegungen werden ebenfalls bei der Bildfolgenbeschreibung mitgeführt. Integriert über mehrere Zuordnungsschritte bieten diese eine Unterstützung für die Wiederentdeckung von Flächen und liefern die Möglichkeit, Flächen zu größeren Einheiten zusammenzufassen, die bewegte Objekte bzw. Objektteile repräsentieren. Hierdurch ergibt sich eine verbesserte Detektion, Klassifikation und Verfolgung bewegter Objekte.

<u>Bewertung und Ausblick</u>

Untersuchungen an Bildfolgen aus dem IR- und sichtbaren Spektralbereich haben gezeigt, daß die symbolische Bildfolgenbeschreibung für die Objektverfolgung ein geeignetes Mittel darstellt. Dies wird für einzelne Beispiele anhand einer Videoaufzeichnung demonstriert. Der Erfolg der Objektverfolgung wird wesentlich durch die Qualität der Bildsegmentation bestimmt. Für Bildfolgen, bei denen die interessierenden Objekte durch typische, vom Hintergrund abweichende Intensitätswerte charakterisiert sind, werden i. allg. voll zufriedenstellende Ergebnisse erzielt. In den anderen Fällen erfordern die zum Teil geringen Kontrastunterschiede zwischen Objekt- und Umgebungsflächen sowie die fließenden Kontrastübergänge eine aufwendige und feine Segmentation für den gesamten Bereich jedes Einzelbildes. Insbesondere bei texturierten Bildbereichen führt dies zu einer Zergliederung in viele Segmente und damit zu einer schwer zuzuordnenden symbolischen Beschreibung der Einzelbilder sowie umfangreichen symbolischen Beschreibungen der Bildfolgen. Die Weiterentwicklung sowohl der Segmentations- als auch der Zuordnungsverfahren, z.B. durch Mitberücksichtigung von 3D-Information oder Einbeziehung von (aus der bisherigen Bildfolge gewonnenem) Wissen, läßt hier verbesserte Ergebnisse erwarten.

Referenzen

/1/ Bers, K.-H. Image Sequence Analysis for Target Tracking - in:
  Bohner, M.
  Fritsche, P.

  Huang, T. S. Image Sequence Processing and Dynamic Scene
           Analysis
           Springer Verlag, 1983

/2/ Bers, K.-H. Detektion und Verfolgung von Objekten in natür-
  Bohner, M. licher Umgebung
  Fritsche, P. 6. DAGM 1984, VDI Nachrichten Nr. 87
  Stengel, H.

/3/ Schärf, R. Untersuchungen zur bildgesteuerten Separierung
          von Objekten in multispektralen Bilddaten
          Dissertation, Universität Karlsruhe, Februar 1981

/4/ Bargel, B. Objektdetektion und Klassifikation in Bildfolgen
  Ebert, A. 5. DAGM 1983, VDE Fachbericht Nr. 35
  Ernst, D.

Toleranter Vergleich von Strukturen
mit erweiterten, nicht-normalisierten Relationen

Wolfgang Benn

Fachbereich Informatik, Universität Hamburg

Schlüterstraße 70, D-2000 Hamburg 13

Zusammenfassung

"The term semantic data model, sometimes used to refer to one or other of the extended models, is thus not particularly apt. On the other hand 'semantic data modelling' is an appropriate label for the overall activity of attempting to represent meaning" [DATE 83].

Dieser Beitrag versucht, am Beispiel toleranter Strukturvergleiche, wie sie bei der automatischen Analyse von Bildfolgen der natürlichen Umwelt auftreten, und deren Transformation in Konstrukte aus dem Bereich relationaler Datenbanken angestrebt wird, aufzuzeigen, wie die spezielle Anwendungssemantik objektbezogener Analysemethoden durch Varianten des relationalen Datenmodells wiedergegeben werden können. Hierzu wird eine Erweiterung des nicht-normalisierten, relationalen (NF^2-) Modells um generalisierende Funktionen zur Darstellung von Untertypen und Nullwerten vorgeschlagen.

Einleitung

Symbolische Bildbeschreibungen dienen bei der automatischen Interpretation von Bildfolgen zur Beschreibung von Bildobjekten und deren Beziehungen untereinander. Grauwert- oder Farbbilder stellen das Basismaterial dar, aus dem einfache Bildsymbole unter Zuordnung beschreibender Eigenschaften gewonnen werden. Relationen zwischen Bildsymbolen repräsentieren Beziehungen zwischen Bildobjekten, wodurch — nach Herstellung von Korrespondenzen mehrerer Einzelbildbeschreibungen — eine Bildfolge interpretiert werden kann. Mathematisch sind symbolische Bildbeschreibungen durch Relationen formalisierbar [RADIG 84] und können in relationalen Datenbanksystemen als geordnete Menge von Tupeln, Relationengebilden, verwaltet werden [BENN+RADIG 83A].

Das traditionelle, relationale Datenmodell bietet jedoch wenig Unterstützung bei der Modellierung komplexer, meist hierarchisch oder stark vernetzt aufgebauter Bildbeschreibungen. Neben Problemen der datenbank-internen Darstellung solcher Multirelationsgebilde, deren durch Fremdschlüssel darzustellende Tupelbeziehungen selbst bei einfachen Anfragen einen hohen Organisations- und Ablaufaufwand erfordern, ergibt sich für eine Anwendung die Notwendigkeit, Kenntnisse über Details zur Navigation im Datenbestand zu besitzen, was dem Wesen des relationalen Datenmodells widerspricht.

Eine Übersicht aktueller *non-standard*-Anwendungen und ihrer Anforderungen an Datenbanken findet sich in [HÄRDER+REUTER 85]. Erweiterungen des relationalen Modells, wie das RM/T-Modell [CODD 79], dessen referenzierende Surrogate Tupelgebilde in sogenannten E-Relationen zusammenfassen bzw. das NF^2-Modell [SCHECK+PISTOR 82], welches unter Aufgabe der Normalisierungsvorschriften für Relationen eine ganzheitliche Datensicht komplexer Objekte ermöglicht, versuchen den zu stellenden Anforderungen in unterschiedlicher Weise gerecht zu werden. Das NF^2-Modell eignet sich wegen seiner Anschaulichkeit im logischen Datenmodellierungsbereich besonders zur Verwaltung und Bearbeitung von Relationengebilden [BENN+RADIG 84A]. Anfragen nach Objektbeschreibungen oder -beschreibungsteilen sind wegen der kompakten Darstellung eines strukturierten Objekttupels (Strupel) im NF^2-System ohne Navigationskenntnisse der Anwendung mit Zugriffen auf relationenwertige Attribute realisierbar [BENN+RADIG 84B].

R-Morphismen leisten den Vergleich von Relationengebilden, dessen Überführung in Datenbankanfragen im nichtnormalisierten Datenmodell möglich ist. Ähnlichkeitsanfragen, z.B. zur Herstellung von Korrespondenzen zwischen Objektbeschreibungen zweier sequentiell abfolgender Szenenbilder deren Struktur identisch, einzelne Eigenschaftswerte jedoch durch Bewegung des Bildobjektes verändert sind, erfordern attributtolerante Anfragen. Toleranz bezüglich fehlender oder beliebig ersetzbarer Strukturteile, bei Objektklassifikationen durch Vergleich von Objektteilbeschreibungen mit anderen, bereits im Datenbestand enthaltenen Beschreibungen sowie für Vergleiche mit vorgegebenen Objektprototypen, verlangen strukturtolerante Anfragen [BENN+RADIG 85].

Tolerante Isomorphismen sind durch Toleranzfunktionen [RADIG 82] zu realisieren, die Variationsbreiten vorgegebener Attributwerte zulassen. Fehlende bzw. beliebige als relationenwertige Attribute repräsentierte Strukturteile sind durch Nullwerte [DATE 83] darstellbar, deren anzeigende und platzhaltende Funktion vom Datenbanksystem interpretiert wird. Die Schwierigkeit, für Attributbasismengen Nullwerte zu definieren zeigt sich bereits bei einfachen atomaren Wertemengen, wie z.B. ganzzahligen Werten und ist ebenso im Bereich strukturierter, relationenwertiger Attribute vorhanden.

Erweitert man das statische Konzept der NF^2-Relation, deren Attributfolge und -wertemenge unveränderlich in einer Relationsdeklaration festgelegt ist, um Attribute mit dynamisch zuweisbaren Wertemengen differierender Typausprägung, besteht die Möglichkeit, Nullwerte aus einem hierfür eigens definierten Wertebereich des zu markierenden, nun dynamischen Attributes festzulegen. Prädestinierte Datentypen — wie boolesche Werte — als Subtyp eines strukturierten Attributes ermöglichen auf logisch schlüssige Weise die eindeutige Kennzeichnung eines Attributes als beliebig oder fehlend — etwa durch den Wert *false*. Implizite Rekursionen in Selektionen oder Projektionen bei den Vergleichen strukturierter Attribute können hierdurch in für den Vergleichsvorgang hinreichender Tiefe abgebrochen, unterschiedliche Objektausprägungen durch Objekttupel mit dynamischen strukturierten Attributen in jeweils der Objekterscheinung angepaßten Ausprägungen erzeugt werden.

Das erweiterte NF^2-Modell

Symbolische Bildbeschreibungen in Form von Relationengebilden stellen durch objektbezogene Verarbeitung und damit einhergehender anwendungsverdeckter Symbolgruppierung sowie durch den Umfang während der Bildfolgenanalyse erzeugter Symboldaten spezielle Anforderungen an das relationale Modell. Offenliegende Referenzen zur Darstellung von Symbolbeziehungen oder zur Erzeugung von Objektklassenrelationen als Menge erkannter Objektvarianten sollten weitgehend vermieden werden. Dieser Forderung ist im NF^2-Modell, welches Attribute nicht in zumindest erster Normalform dargestellt erwartet, sondern Attributstrukturen zuläßt, prinzipiell nachzukommen. Zwei Operatoren als Erweiterung der traditionellen relationalen Algebra ermöglichen Integration und Desintegration relationen- und mengenwertiger Attribute in Tupel.

Probleme treten bei ring- und netzartigen Strukturen sowie bei der Erzeugung von Sammel- oder Klassenrelationen auf. Übertragungen strukturvergleichender R-Morphismen, wie sie zum Symbolvergleich verwendet werden, in Konstrukte der erweiterten relationalen Algebra sind möglich, zeigen jedoch bei Bestrebungen, strukturtolerante Datenbankanfragen, z.B. R-Komorphismen, zu erzeugen, die Notwendigkeit, Nullwerte strukturierter Attribute einzuführen. Sogenannte *E-Null*-Konstrukte (*surrogates*) des RM/T-Modells oder *verdeckte Felder* scheiden dazu aus Gründen eines offenliegenden Referenzüberbaus bzw. wegen Implementationsabhängigkeit aus. Wahrung der im NF^2-Modell enthaltenen Vorteile und Integration der im atomaren RM/T-Modell realisierten Prinzipien zur Generalisierung bei gleichzeitiger Lösung des Nullwertproblems in implementationsunabhängiger, nichtreferenzierender Weise führt zur Integration dynamischer Relationsattribute [BENN 85].

Innerhalb eines NF^2-Tupels verschiedene Attributausprägungen zuzulassen, ohne dessen Relationszugehörigkeit in Frage zu stellen, bedingt die Einführung einer Zuordnungsfunktion δ (Diskriminator) zwischen einem Typanzeiger d_i (Diskriminante) und dem Wertebereich W eines Attributes. Folgende Zuordnung

$$\delta(d_i) \mapsto W_i \wedge d_i \neq d_j \iff \delta(d_i) \neq \delta(d_j) \quad \forall\, i, j \in 1 \ldots n$$

ermöglicht, zu jedem Zeitpunkt der Existenz einer Relation ihren Typ anzugeben und jede auftretende

Tupelausprägung einer Relation zuzuordnen — ein Referenzüberbau wird so vermieden. Daraus hergeleitet läßt sich nun die statische Attributdefinition aus Attributname N und Wertebereich W zur dynamischen erweitern, indem W gegen eine Menge von Diskriminanten D und die Zuordnungsfunktion δ ersetzt wird. Die Menge aller gültigen Wertebereiche ist durch $(Attributname, D^{Attributname})$, jeder einzelne Wertebereich durch $(Attributname, d_i)$ und die Zuordnung $\delta(d_i)$ darstellbar.

$$A^D = (N,\ D,\ \delta)$$

ist die Definition eines dynamischen Attributes, welche es gestattet, auch das statische Attribut neu zu bestimmen und damit eine Trennung von statischen und dynamischen Attributen aufzugeben. Ein statisches Attribut A^S besitzt folgerichtig eine einelementige Diskriminantenmenge D, so daß gilt:

$$\left.\begin{array}{rcl} card(D) &=& 1 \\ d &\in& D \\ \delta(d) &=& W \end{array}\right\} \quad \Longrightarrow \quad A^D = (N, D, \delta) \equiv (N, W) = A^S.$$

Einzelne Attributausprägungen und ihre Attributwerte werden durch die zugehörige Diskriminante beschrieben, wobei die herkömmliche Definition des Attributwertes AW um genau diesen Typanzeiger zu erweitern ist. Auch hier gilt die Redefinition des statischen Attributwertes durch einen dynamischen Attributwert aus einem Attribut mit einelementiger Diskriminantenmenge: $card(D) = 1$

$$AW^d = (N,\ d_i,\ w_k).$$

Tupel als Ausprägungen von Relationselementen dürfen nun atomare, relationanwertige, statische und dynamische Attributwerte enthalten, was dazu führt, daß ein Tupel als geordnete Menge von Attributwerten anzusehen ist mit der Eigenschaft, daß zu jedem Zeitpunkt der Existenz einer Relation R bzw. R^D, jedes Attribut jeden Tupels dieser Relation genau einen Attributwert enthält, so daß der Name des Attributwertes dem des Attributes entspricht. Der tatsächliche Wert w_k entstammt dem durch Diskriminante und Diskriminator spezifizierten Wertebereich

$$T^D = \left\{ AW_1^d, AW_2^d, \ldots, AW_n^d \right\}.$$

Eine dynamische Relation ist dann eine Relation, die mindestens ein dynamisches Attribut enthalten darf:

$$R^D \subseteq \left\{ A_1^D \times A_2^D \times \ldots \times A_n^D \right\}.$$

Aus dieser Redefinition des Attributbegriffes folgt, daß jede Relation des traditionellen relationalen Modells als dynamische Relation angesehen werden kann und Relationen mit ausschließlich einelementigen Diskriminantenmengen einen Spezialfall des erweiterten Modells darstellen. Wobei ergänzend und einschränkend auf die Eindeutigkeit von Tupelausprägungen hingewiesen werden muß, indem sie der folgenden Bedingung genügen

$$\forall\, R, S \in \left\{ A_1^D \times A_2^D \times \ldots \times A_n^D \right\} \quad gilt \quad \exists\, A_i^D \in R,\ A_j^D \in S \quad \Longrightarrow \quad D_i \cap D_j = 0 \quad \forall\, i, j \in 1 \ldots n.$$

Toleranter Strukturvergleich

Können Klassenrelationen durch dynamische Attribute realisiert werden, die z.B. verschiedene und unterschiedlich dargestellte Flächenformen vereinigen, indem in einer symbolrepräsentierenden Relation

$$\mathcal{FLAECHEN}\ ((Fläche, D^{Fläche});\ Flächeninhalt)$$

dem Attribut *Fläche* eine vierelementige Diskriminantenmenge

$$D^{Fläche} = \left\{ d_i \mid i \in 1 \ldots 4 \ \wedge \ \begin{array}{l} \delta(d_1) = \ DREIECK \ (Seite_1; Seite_2; Seite_3) \\ \delta(d_2) = \ VIERECK \ (Seite_1; Seite_2; Seite_3; Seite_4) \\ \delta(d_3) = \ KREIS \ (Radius; Zentrum) \\ \delta(d_4) = \ POLYGON \ \{Seite_j \mid Seite_j.Start = Seite_{j+k}.End \wedge j, k \in 1 \ldots n\} \end{array} \right\}$$

zugeordnet wird, ist die Darstellung von Nullwerten strukturierter Attribute allgemein durch

$$D = \{d_1, d_2 \mid \delta(d_1) = Attributwert, \ \delta(d_2) = \textbf{Nullwert}\}$$

erreichbar. Attributsemantik im Sinne der Begriffe *fehlt* oder *bedeutungslos* ist somit auch im NF^2-Modell auszudrücken und kann für tolerante Vergleiche als NF^2-Tupel dargestellter Relationengebilde eingesetzt werden. Betrachten wir hierzu einen toleranten Isomorphismus.

Sei P ein durch Triangulation approximiertes Polygon als Repräsentation eines Objektprototyps und sei P' desgleichen eines realen Objektes, dessen Mittelteil durch Verdeckung oder prägnanten Materialfehler nicht modelliert wurde. Ordnet man einem Isomorphismus I, als Vergleich beider Flächen, eine Toleranzfunktion Θ derart bei, daß Flächenverdeckungen geringen Ausmaßes nicht zum Scheitern des Vergleiches führen, und stellt P sowie P' durch Relationengebilde

$$Polygon = [C, < POLYGON, DREIECK, GEMEINSAM, LINIE, ORT >]$$

mit der Relationenstruktur

$$
\begin{array}{ll}
POLYGON & (Fläche : Flächeninhalt; \ Polygonzug : Set \ of \ GEMEINSAM); \\
DREIECK & (Seite_1, Seite_2, Seite_3 : GEMEINSAM; \ Fläche : Flächeninhalt); \\
GEMEINSAM & (Seite : LINIE; \ ((Dreieck, d_1) : DREIECK, \ (Dreieck, d_2) : \textbf{Nullwert})) \\
LINIE & (Länge : Linienlängen; \ Start, End : ORT); \\
ORT & (X, Y : Koordinatenwert);
\end{array}
$$

in einer Datenbank dar, ergibt sich hieraus die Datenbankanfrage (σ = Tupelselektion, ^{t} = toleranter Vergleich)

$$I^t : \sigma[\Theta(P.POLYGON.Fläche, \ POLYGON.Fläche) = [0, 1]](POLYGON).$$

Wegen der Forderung, die Anfrage als toleranten *Iso*morphismus auszuführen, kann es sich in diesem Beispiel allein um eine Attributtoleranz des Attributes *Fläche* im Sinne einer zulässigen Wertabweichung handeln. Dennoch beruht diese Attributtoleranz, wie sie auch durch ein vollständig modelliertes, jedoch insgesamt etwas kleineres Polygon hätte entstehen können, auf der Akzeptanz z.B. eines oder mehrerer *fehlender* Dreiecke — also auf einer durch Nullwerte im Attribut $GEMEINSAM.Dreieck$ dargestellten Strukturabweichung. Etwa existierende Algorithmen in rekursiver oder iterativer Form zur Generierung des Attributes $POLYGON.Fläche$ benutzten diese Strukturvarianz als Abbruchkriterium der Wertsummierung.

Äußerer Polygonzug und innenliegende Begrenzung der Verdeckung sind nun durch Mengen aller nicht zwei Dreiecken gleichzeitig zugehörigen Dreiecksseiten

$$KANTEN = \{DREIECK.Seite_n \mid Seite_n.(Dreieck, d_2)\} \quad und \quad n \in 1 \ldots 3$$

darstellbar. Datenbankanfrage und Zuweisung nach

$$Polygonzug := \sigma[Seite_n.Dreieck = \textbf{Nullwert} \ \wedge \ Seite_n \ni POLYGON.Umfang](DREIECK)$$

isoliert das Attribut *Polygonzug* eines eventuell neu zu generierenden Tupels der Relation $POLYGON$ zur nachfolgenden Betrachtung von Verdeckungen weiterer Datenbankobjekte. Vervollständigung durch Triangulation und Flächenberechnung gestatten, dieses Tupel, P'' genannt, mit den gleichen, wie den beschriebenen Methoden zu verwenden.

Ähnliche Verdeckungen in weiteren Polygonrepräsentationen aufzufinden ist durch Formulierung eines toleranten *Ko*morphismus möglich. Spezifikation der Datenbankanfrage mit Werten bislang aus dem Datenbestand erhaltener Tupel ergibt

$$K^t : \sigma[\Theta(P''.Polygonzug, \; KANTEN) = [0,1]](\mathcal{POLYGON}).$$

Wobei mit der Toleranzfunktion

$$\Theta = \left(\begin{array}{l} 0 \Leftrightarrow P''.Polygonzug \; \cap \; KANTEN = \{\} \\ 1 \Leftrightarrow P''.Polygonzug \; \cap \; KANTEN = \{Set \; of \; \mathcal{GEMEINSAM}\} \end{array} \right)$$

alle durch Polygone repräsentierten Objekte mit einer oder mehreren Verdeckungen bzw. als Verdeckung interpretierten Störung in der inneren Polygonfläche aus dem Datenbestand extrahiert werden.

Bewertung

Obgleich offensichtliche Gegensätze, sind Isomorphie — auch Teilisomorphie — und Strukturtoleranz durch die Semantik der Anwendung miteinander vereinbar. Struktur als Medium der Objektrepräsentanz ordnet sich dem Identitätsbegriff der Analyse unter, indem assoziativ identische Bildobjekte aus geringfügig divergierenden Repräsentationen dennoch als dasselbe Objekt erkannt werden.

Konsequent in das verwendete Darstellungsmodell integrierte Attributvarianten erhalten die objektbezogene Datensicht der Anwendung und verwirklichen, in formaler Einheit mit dem NF^2-Modell, Forderungen semantischer Datenmodellierung.

Literatur

[BENN 85] W. Benn: **Symbolische Bildbeschreibung mit dynamischen, nicht-normalisierten Relationen,** Universität Hamburg, Fachbereich Informatik, in Vorbereitung

[BENN+RADIG 83A] W. Benn, B. Radig: **Integration eines Datenbanksystems in ein Rechnernetz zur Bildfolgenauswertung,** 5. DAGM-Symposium, Karlsruhe, 10/83, H. Kazmierczak (Hrsg.), "Mustererkennung 1983", VDE-Fachberichte 35, pp. 209–214

[BENN+RADIG 84A] W. Benn, B. Radig: **Retrieval of Relational Structures for Image Sequence Analysis,** Proc. 10th Conf. on Very Large Data Bases, Singapur, 8/84, pp. 533–536

[BENN+RADIG 84B] W. Benn, B. Radig: **Symbolische Bildbeschreibungen mit nichtnormalisierten Relationen,** 6. DAGM/ÖAGM-Symposium, Graz, 10/84, W. Kropatsch (Hrsg.), "Mustererkennung 1984", Informatik-Fachberichte 87, Springer-Verlag, Berlin Heidelberg New York Tokyo, 1984, pp. 92–99

[BENN+RADIG 85] W. Benn, B. Radig: **Erweiterte Anfragen nach Relationengebilden in Form nichtnormalisierter Relationen,** A. Blaser, P. Pistor (Hrsg.), Datenbank-Systeme für Büro, Technik und Wissenschaft, Proc. GI-Fachtagung, Karlsruhe, 3/85, Informatik-Fachberichte 94, Springer-Verlag, Berlin Heidelberg New York Tokyo, 1985, pp. 487–491

[CODD 79] E.F. Codd: **Extending the Database Relational Model to Capture More Meaning,** ACM-TODS, Vol. 4, No. 4, 12/79

[DATE 83] C.J. Date: **An Introduction to Database Systems Vol. II,** Addison-Wesley Publishing Comp., 1983

[HÄRDER+REUTER 85] T. Härder, A. Reuter: **Architektur von Datenbanksystemen für Non-Standard-Anwendungen,** A. Blaser, P. Pistor (Hrsg.), Datenbank-Systeme für Büro, Technik und Wissenschaft, Proc. GI-Fachtagung, Karlsruhe, 3/85, Informatik-Fachberichte 94, Springer-Verlag, Berlin Heidelberg New York Tokyo, 1985, pp. 253–286

[RADIG 82] B. Radig: **Symbolische Beschreibung von Bildfolgen I: Relationengebilde und Morphismen,** Universität Hamburg, Fachbereich Informatik, IfI-HH-B-90, 1982

[RADIG 84] B. Radig: **Image Sequence Analysis Using Relational Structures,** Pattern Recognition Vol. 17, No. 1, pp. 161–167

[SCHECK+PISTOR 82] H.J. Scheck, P. Pistor: **Data Structures for an Integrated Data Base Management and Information Retrieval System,** Proc. 8th Conf. on Very Large Data Bases, Mexico City, Mexico, 9/82, pp. 197–207

Ein Mehrgitterverfahren zur Ermittlung von Verschiebungsvektorfeldern in Bildfolgen

Wilfried Enkelmann*

Fachbereich Informatik der Universität Hamburg
Schlüterstraße 70, 2000 Hamburg 13

Kurzfassung

Es wird ein Verfahren beschrieben, welches Informationen aus mehreren Stufen einer Auflösungshierarchie ausnutzt, um Verschiebungsvektorfelder in Bildfolgen zu ermitteln. Die Kontrollstruktur dieses Verfahrens wird diskutiert, und Ergebnisse von Untersuchungen einer natürlichen Szene werden vorgestellt.

1. Einleitung

Mit Hilfe von Glattheitsforderungen lassen sich Verschiebungsvektorfelder auch in solchen Bildbereichen ermitteln, die einen linearen oder partiell homogenen Grauwertverlauf aufweisen [*Horn und Schunck 81, Nagel und Enkelmann 84b*]. Durch eine "gerichtete Glattheitsforderung" [*Nagel 83b*] läßt sich vermeiden, daß Glattheit auch in solchen Bildbereichen erzwungen wird, die als Abbildung verdeckender Kanten durchaus Diskontinuitäten des Verschiebungsvektorfeldes aufweisen können. *Nagel 83b* formulierte die Berechnung von Verschiebungsvektorfeldern als ein Minimierungsproblem und schlug vor, ein iteratives Näherungsverfahren zur Lösung des Minimierungsproblems einzusetzen. Untersuchungen mehrerer Möglichkeiten zur Formulierung einer "gerichteten Glattheitsforderung" an Bildern von Realweltszenen haben gezeigt [*Nagel und Enkelmann 84a, Nagel und Enkelmann 84b*], daß schon nach wenigen (3-5) Iterationsschritten an vielen Stellen des Bildes akzeptable Verschiebungsvektoren ermittelt werden konnten.

In den ersten Iterationsschritten werden die hochfrequenten Anteile des zu minimierenden Fehlers geglättet. Die noch verbleibenden niederfrequenten Anteile werden durch weitere Iterationsschritte nur noch langsam geglättet. In großen homogenen Bildbereichen bedarf es deshalb sehr vieler Iterationsschritte, damit Information aus den Randbereichen in das Innere gelangt. Um hier schneller ans Ziel zu kommen, wurde die Möglichkeit untersucht, das Minimierungsproblem mit Hilfe von Mehrgitterverfahren zu lösen. Mit *Mehrgitterverfahren* bezeichne ich solche Verfahren, die Lösungsmöglichkeiten eines (kontinuierlichen) Problems durch diskrete Approximationen in verschiedenen Ortsfrequenzbereichen bieten. Die Menge der diskreten Approximationen wird im folgenden auch *Auflösungshierarchie* genannt.

[*Brandt 77a, Brandt 77b*] entwickelte Mehrgitterverfahren zur Lösung einer eingeschränkten Klasse von numerischen Problemen. Er zeigt Möglichkeiten auf, wie man durch hierarchische Vorgehensweise nicht nur eine gute Initialisierung für feinere Ebenen der Auflösungshierarchie erhält, sondern auch, wie sich Korrekturen auf gröberen Ebenen zu einer schon errechneten Näherungslösung einer feineren Ebene ermitteln lassen. *Terzopoulos 83* hat ein von [*Brandt 77a, Brandt 77b*] beschriebenes Mehrgitterverfahren mit Erfolg zur Rekonstruktion von Oberflächen eingesetzt, wobei Bildpunkte aus Stereobildpaaren, für die das Korrespondenzproblem gelöst werden konnte, Randbedingungen der Lösung darstellen. *Glazer 84* erzielte eine wesentliche Verbesserung des Konvergenzverhaltens für das System linearer, partieller Differentialgleichungen von *Horn und Schunck 81* durch den Einsatz von Mehrgitterverfahren. Seine experimentellen Untersuchungen beschränken sich allerdings auf die Auswertung von künstlich erzeugten Bildern.

---

*Neue Adresse: Fraunhofer Institut für Informations- und Datenverarbeitung, Sebastian-Kneipp-Str. 12-14, 7500 Karlsruhe 1

2. Erzeugung einer Auflösungshierarchie

Die Struktur der hier verwendeten Auflösungshierarchie entspricht der einer Bildpyramide und ist — im Gegensatz zur Struktur eines Bildbaumes — unabhängig von den Daten, aus denen die Bildpyramide erzeugt wird. *Crowley und Stern 84* haben einen schnellen Algorithmus zur Transformation eines Bildes in eine Menge von bandpaßgefilterten Bildern vorgestellt, der Ausgangspunkt zur Erzeugung der in dieser Arbeit verwendeten Auflösungshierarchie war. Der Algorithmus von *Crowley und Stern 84* wurde dahingehend modifiziert, daß die Ebenen der Pyramide nicht aus bandpaßgefilterten Bildern sondern aus tiefpaßgefilterten Bildern gebildet wurden. Dabei wurde das zu 191 Zeilen und 256 Spalten kompaktifizierte Geobild (siehe *Dreschler 81*) als Ausgangsbild verwendet. Als Filterfunktion wurde ein zirkular symmetrischer Gauß-Filter verwendet. Zur Reduktion der Auflösung wird eine Unterabtastung mit Abtastweite zwei durchgeführt. Die Anzahl der Ebenen bei einer Abtastweite von 2 und einem maximalen Raster von 256×256 Bildpunkten beträgt $\log_2(256) = 8$. Da das Ausgangsbild Teil der Auflösungshierarchie sein soll, besteht diese aus neun Ebenen. Im allgemeinen wird nur ein Abschnitt der Auflösungshierarchie verwendet, der durch die Ebene größter Gitterweite L^G und die Ebene kleinster Gitterweite L^g bestimmt ist.

3. Transformationen von Verschiebungsvektorfeldern innerhalb der Auflösungshierarchie

Für das in *Nagel 83b* vorgeschlagene iterative Verfahren zur Lösung des Minimierungsproblems werden außer den Bilddaten auch die Daten eines Startvektorfeldes benötigt. Bei einem Wechsel der Ebene innerhalb der Auflösungshierarchie müssen deshalb auch Transformationen von Vektorfeldern durchgeführt werden.

Zur Transformation des Vektorfeldes einer Ebene L^h auf die Ebene L^H mit der nächstgrößeren Gitterweite $H = 2 \cdot h$ wurde folgender in *Stüben und Trottenberg 81* beschriebener Mittelungsoperator eingesetzt:

$$I_h^H := \frac{1}{16} \begin{bmatrix} 1 & 2 & 1 \\ 2 & 4 & 2 \\ 1 & 2 & 1 \end{bmatrix}_h^H$$

Dieser Operator wurde an den Punkten der Gitterebene L^h errechnet, die auch Gitterpunkte der Ebene L^H sind. Wählt man die Gitterweite H der Ebene L^H als neue Einheit des Koordinatensystems, dann ist noch eine Division mit zwei durchzuführen.

Zur Transformation des Vektorfeldes einer Ebene L^H auf die Ebene L^h mit der nächstfeineren Gitterweite $h = H/2$ wird ein entsprechender in *Stüben und Trottenberg 81* beschriebener Operator I_H^h verwendet. Dieser Operator bewirkt eine Verteilung der Werte des gröberen Gitters L^H und entspricht einer bilinearen Interpolation. Der Vorteil dieses Interpolationsoperators liegt darin, daß zwischen den Gitterpunkten gröberer Ebenen glatte Transformationsergebnisse ermittelt werden.

4. Ein Zweigitterverfahren

Im folgenden wird ein Verfahren beschrieben, welches aktuelle Ergebnisse aus den Ebenen der Auflösungshierarchie aufbewahrt und beim Transfer zwischen den Ebenen ausnutzt. Dabei wird vorausgesetzt, daß ein Verfahren existiert, welches innerhalb einer Ebene der Auflösungshierarchie aus einem Startvektorfeld $\vec{U}_0(\vec{X})$ ein Korrekturvektorfeld $\vec{DU}(\vec{X})$ errechnet. Derartige Verfahren sind zum Beispiel in [*Nagel und Enkelmann 85, Enkelmann 85*] beschrieben.

Nehmen wir an, wir haben auf der Ebene feinster Auflösung L^g ein Verschiebungsvektorfeld $\vec{U}_h^{\,j}$, wobei der Index h die Gitterweite bezeichnet und der Exponent j den Iterationsschritt angibt. Nach ν_1 Iterationsschritten zur Glättung der Fehler innerhalb der Ebene mit Gitterweite h erhalten wir das Verschiebungsvektorfeld $\vec{U}_h^{\,j+\nu_1}$. Dieses Vektorfeld wird mit dem Restriktionsoperator I_h^H auf die Ebene mit der Gitterweite

$H = 2 \cdot h$ transformiert. Innerhalb dieser Ebene wird nun ein Korrekturvektorfeld $\overrightarrow{DU}_H^{j+1}$ berechnet und mit dem Operator der bilinearen Interpolation $\mathbf{I}_H^h$ auf die Ebene mit Gitterweite $h = H/2$ transformiert. An die Addition des Korrekturvektorfeldes $\overrightarrow{DU}_h^{j+1}$ zum Verschiebungsvektorfeld $\overrightarrow{U}_h^{j+\nu_1}$ schließen sich ν_2 weitere Iterationsschritte zur Glättung der durch die transformierten Korrekturvektoren verursachten Änderungen an. Abbildung 1 zeigt eine schematische Darstellung dieses Zweigitterverfahrens.

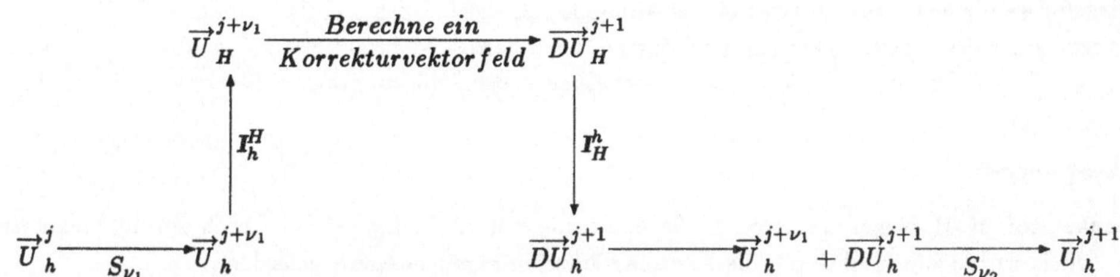

$\overrightarrow{U}_h^j$: Verschiebungsvektorfeld der Ebene mit Gitterweite h im Iterationsschritt j.

$\overrightarrow{DU}_h^j$: Korrekturvektorfeld

$\mathbf{I}_H^h, \mathbf{I}_h^H$: Interpolations — bzw. Restriktionsoperatoren

S_ν : ν Iterationsschritte zur Glättung des Fehlers innerhalb der aktuellen Ebene

Abbildung 1: Ein Zweigitterverfahren

Der entscheidende Vorteil dieses Verfahrens gegenüber Verfahren, welche aus der gröberen Ebene lediglich ein geeignetes Startvektorfeld für die Ebene feinerer Auflösung ermitteln, besteht darin, daß zur Ermittlung eines Korrekturvektorfeldes auf der Ebene feinster Auflösung auch die Ebene gröberer Auflösung herangezogen wird. Diese Vorgehensweise bewirkt eine stärkere Glättung der — in Bezug auf die Ebene feinerer Auflösung — niederfrequenten Fehlerkomponenten.

5. Mehrgitterverfahren

Werden nicht nur zwei Stufen sondern ein Abschnitt einer Auflösungshierarchie verwendet, der durch die Ebene größter Gitterweite L^G und die Ebene kleinster Gitterweite L^g bestimmt ist, so wird das Zweigitterverfahren zu einem Mehrgitterverfahren erweitert. Diese Erweiterung des Zweigitterverfahrens läßt sich auf einfache Weise durchführen, indem die Berechnung eines Korrekturvektorfeldes für die Ebene $L^g - 1$ mit Hilfe der darüber liegenden Ebenen $L^g - 2$ bis L^G durchgeführt wird. Auf der Ebene mit größter Gitterweite L^G werden nur $\nu_1 + \nu_2$ Iterationsschritte durchgeführt, um ein Korrekturvektorfeld zu berechnen. Die Ermittlung eines Korrekturvektorfeldes für die Ebene feinster Auflösung L^g wird auch *Mehrgitterzyklus* genannt. Man erhält mit diesen Erweiterungen auf natürliche Weise aus einem Zweigitterverfahren ein Mehrgitterverfahren, welches in Algorithmus 1 noch einmal zusammengefaßt ist.

Algorithmus 1: Transfer von Korrekturvektorfeldern

1. Setze L^g auf die Ebene feinster Auflösung und L^G auf die Ebene gröbster Auflösung.

2. Initialisiere das Startvektorfeld $\overrightarrow{U}_0(\overrightarrow{X})$ für alle $\overrightarrow{X}$ mit dem Nullvektor.

3. Mehrgitterzyklus
   Berechne für die Ebene L^g zum Verschiebungsvektorfeld $\overrightarrow{U}_h^j$ ein Korrekturvektorfeld $\overrightarrow{DU}_h^{j+1}$ mit Hilfe

der darüber liegenden Ebenen $L^g - 1$ bis L^G und korrigiere das Startvektorfeld der Ebene L^g.

$$\overrightarrow{U}_h^{\,j+1} := (\overrightarrow{U}_h^{\,j+\nu_1} + \overrightarrow{DU}_h^{\,j+1})^{\nu_2}.$$

4. Prüfe die Terminationsbedingung

Ist das Maximum des Betrages aller Korrekturvektoren $|\overline{\overrightarrow{U}}_h^{\,j+1} - \overrightarrow{U}_h^{\,j}|$ kleiner als ein vom Benutzer bestimmter Schwellwert θ_{DU}, dann terminiere Algorithmus 1.

5. Weiter mit Schritt 3.

Die Ergebnisse für einen Bildausschnitt aus Abbildung 2, welcher das Taxi in der Mitte des Bildes enthält, sind nach dem 1. Mehrgitterzyklus in Abbildung 3, nach dem 8. Mehrgitterzyklus in Abbildung 4 wiedergegeben, wobei die Werte $\nu_1 = 0$, $\nu_2 = 1$ sowie vier Ebenen der Auflösungshierarchie verwendet wurden.

Danksagungen

Ich danke Prof. H.-H. Nagel und Prof. B. Radig für die Unterstützung bei der Durchführung dieser Arbeit. Diese Arbeit wurde zum Teil durch die Deutsche Forschungsgemeinschaft gefördert.

Literatur

Brandt 77a : *Multi-Level Adaptive Solutions to Boundary-Value Problems*, A. Brandt, Mathematics of Computations, Vol. 31, No. 138 (April 1977) 333-390.

Brandt 77b : *Multi-Level Adaptive Techniques (MLAT) for Partial Differential Equations: Ideas and Software*, A. Brandt, in: Mathematical Software III, J.R. Rice (ed.), Academic Press, New York, San Francisco, London, 1977, pp. 277-318.

Crowley und Stern 84 : *Fast Computation of the Difference of Low-Pass Transform*, J.L. Crowley, R.M. Stern, IEEE Transactions on Pattern Analysis and Machine Intelligence, PAMI-6 (1984) 212-222.

Dreschler 81 : *Ermittlung markanter Punkte auf den Bildern bewegter Objekte und Berechnung einer 3D-Beschreibung auf dieser Grundlage*, L. Dreschler, Dissertation (Juni 1981), Fachbereich Informatik, Universität Hamburg.

Enkelmann 85 : *Mehrgitterverfahren zur Ermittlung von Verschiebungsvektorfeldern in Bildfolgen*, W. Enkelmann, Dissertation (Juli 1985), Fachbereich Informatik, Universität Hamburg.

Glazer 84 : *Multilevel Relaxation in Low-Level Computer Vision*, F. Glazer, in: A. Rosenfeld (ed.), Multiresolution Image Processing and Analysis, Springer-Verlag Berlin Heidelberg New York, 1984, pp. 312-330.

Horn und Schunck 81 : *Determining Optical Flow*, B.K.P. Horn, B.G. Schunck, Artificial Intelligence 17 (1981) 185-203.

Nagel 83b : *On the Estimation of Dense Displacement Vector Fields from Image Sequences*, H.-H. Nagel, Proc. ACM SIGGRAPH/SIGART Interdisciplinary Workshop on Motion: Representation and Perception, Toronto/Canada, April 4-6, 1983, pp. 59-65.

Nagel und Enkelmann 84a : *Towards the Estimation of Displacement Vector Fields by "Oriented Smoothness" Constraint*, H.-H. Nagel, W. Enkelmann, Proc. Int. Joint Conference on Pattern Recognition, Montreal/Canada, July 30 - August 2, 1984, pp. 6-8.

Nagel und Enkelmann 84b : *Berechnung von Verschiebungsvektorfeldern in Bildbereichen mit linienhaften oder partiell homogenen Grauwertverteilungen*, H.-H. Nagel, W. Enkelmann, DAGM/ÖAGM Symposium, Graz, 2.-4. Oktober 1984, W. Kropatsch (Hrsg.), Mustererkennung 1984, Informatik Fachberichte 87, Springer-Verlag Berlin Heidelberg New York Tokyo, 1984, pp. 154-160.

Nagel und Enkelmann 85 : *An Investigation of Smoothness Constraints for the Estimation of Displacement Vector Fields from Image Sequences*, H.-H. Nagel, W. Enkelmann, IEEE Transactions on Pattern Analysis and Machine Intelligence, to appear.

Stüben und Trottenberg 81 : *Multigrid Methods: Fundamental Algorithms, Model Problem Analysis and Applications*, K. Stüben, U. Trottenberg, Multigrid Methods, Proc. of the Conference held at Köln-Porz, November 23-27, 1981, W. Hackbusch, U. Trottenberg (eds.), Lecture Notes in Mathematics 960, Springer-Verlag Berlin Heidelberg New York, 1982, pp. 1-176.

Terzopoulos 83 : *Multilevel Computational Processes for Visual Surface Reconstruction*, D. Terzopoulos, Computer Graphics and Image Processing 24 (1983) 52-96.

Abbildung 2: Erstes Bild der untersuchten Realweltszene

Abbildung 3: Vektorfeld für einen Bildausschnitt aus Abbildung 2, welcher das helle Taxi in der Mitte des Bildes enthält, nach dem 1. Mehrgitterzyklus

Abbildung 4: Wie Abbildung 3, jedoch nach dem 8. Mehrgitterzyklus, wobei $\max |DU_h^8|$ eine Schwelle von 0,1 Rastereinheiten eines Geobildes unterschritten hatte.

Wissensgesteuerte Bildfolgeauswertung zur automatischen Führung von Straßenfahrzeugen in Echtzeit[+]

K.-D. Kuhnert; A. Zapp

Universität der Bundeswehr München, LRT

Zusammenfassung

Es wird über die Organisation der Mustererkennungskomponente für ein automatisches Fahrzeugführungssystem berichtet, welche es ermöglicht, aufgrund der Auswertung des von einer Fernsehkamera erfaßten Szenenausschnitts vom vorausliegenden Verlauf der Fahrbahn, das Fahrzeug auf dieser Bahn autonom zu führen. Das System wird zur Zeit in einem Simulationskreis unter Einsatz einer Halbleiterkamera und einer speziellen Bildverarbeitungshardware unter Echtzeitbedingungen getestet. Ein Videofilm, aufgenommen über die Halbleiterkamera, mit mehreren Fahrsequenzen über einen hügeligen Achterkurs zeigt die erzielten Fahrergebnisse.

Einleitung

Zur Führung eines Fahrzeugs in natürlicher Umgebung ist es insbesondere der Gesichtssinn, der dem Menschen als Fahrzeugführer die erforderlichen Informationen liefert. Die Wahl der Fahrgeschwindigkeit und des Fahrzeugkurses ist dabei abhängig von der aktuellen Lage und dem Bewegungsverhalten bestimmter Merkmale der vorausliegenden Szene im Blickfeld.

Für ein automatisches Fahrzeugführungssystem, welches aufgrund der Auswertung von Bildfolgen die Führungsaufgabe in ähnlicher Weise wie der Mensch erfüllen soll, wird die Integration und die gezielte Abstimmung folgender Komponenten als erforderlich angesehen:
- aufgabenbezogenes Hintergrundwissen
- die Verwendung von dynamischen Modellen integral zur Bildfolgedeutung mit perspektivischen Abbildungsmodellen
- gesteuerte Korrelation und Parallelverarbeitung, gestützt auf das dynamische Modell.

Diese Komponenten kennzeichnen die Hardware- und Softwarestruktur des hier vorgestellten Führungssystems.

Es ist auf einem speziellen, parallelen Bildverarbeitungsrechner [1] und einem Hauptrechner innerhalb des Simulationskreises [2] implementiert. Das Graphiksystem des Simulationskreises stellt Szenen mit einer zwei-

---

[+]Diese Arbeit wurde vom BMFT unter dem Kennzeichen O8 IT 1511 3 gefördert.

spurigen Fahrbahn, auf der sich Hindernisse befinden können, in Form
schwarz/weißer Strichzeichnungen mit voller 3D-Perspektive in Abhängigkeit der Winkellage des Fahrzeugs und der translatorischen Position speziell der Kamera dar. Die Winkellage und die translatorische Position
folgen aus der numerischen Integration eines nichtlinearen Differential-
gleichungssystems eines Fahrzeugmodells. Angetrieben wird dieses Modell
über einen Satz von Steuergrößen, der aufgrund der Deutung des über den
optischen Kanal eingespeisten aktuellen Szenenzustandes berechnet wird.
Um die Dynamik des menschlichen Leistungsvermögens zu erreichen, wurde
eine Zykluszeit von ca. 80 ms angestrebt, mit der das System im Simulationskreis betrieben wird.

Das Fensterkonzept zur Echtzeit-Bildverarbeitung

Die Leistungsfähigkeit sequentieller Rechnersysteme ist zur Zeit nicht
ausreichend, um die Bewegungssteuerung dynamischer Systeme aufgrund der
Auswertung eines kompletten Szenenbildes schritthaltend mit dem Video-
takt zu erreichen. Die Analyse einer Videobildfolge zur Erfüllung einer
bestimmten Führungsaufgabe läßt sich für eine Vielzahl von Anwendungen
auf die Analyse weniger Teilbereiche der Bildfolge beschränken, in denen die wesentlichen Szenenmerkmale erscheinen. Diese Teilbereiche, auch
Bildfenster genannt, werden je einem Prozessor des Bildverarbeitungs-
rechners (BVV) zur Bearbeitung zugeordnet.
Bild 1 zeigt den strukturellen Aufbau des BVV zusammen mit dem vor der
Kamera erfaßten Szenenausschnitt. Die für die Fahrzeugführung notwendi-
gerweise zu erfassenden Merkmale sind Elemente der Fahrbahnbegrenzungs-
linien (PP1, PP2), die in einer ganz bestimmten Vorzugsrichtung in der
perspektivischen Projektion auf der Bildebene erscheinen. Ein 3. PP bearbeitet einen Bildbereich in einer etwas größeren Vorausschau zur Hin-
derniserkennung. Die Software des Führungssystems besitzt eine hierarchische Struktur, wobei Wissen unterschiedlicher Art über 3 Ebenen verteilt ist. Dabei nimmt vom Sensor ausgehend die Größe der einheitlich betrachteten Bereiche der Szene zu.

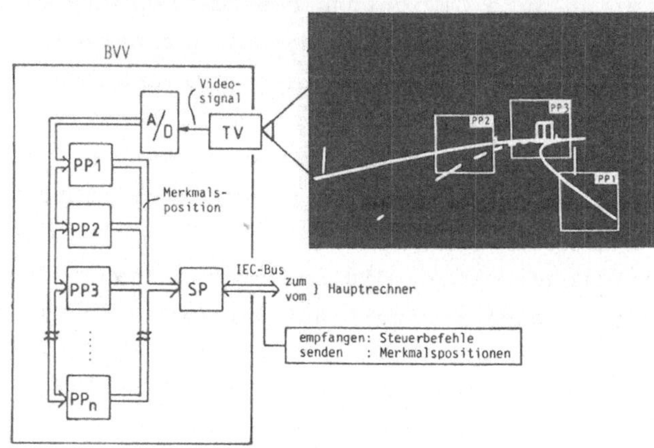

Bild 1: Die vom BVV erfaßten Bildbereiche
        der Straßenszene

Gesteuerte Korrelation und Parallelverarbeitung auf den unteren Ebenen

Da der Kontrast in den vom Simulationssystem erzeugten Szenen gering ist und zusätzlich Bewegungsunschärfe auftritt, wird auf der untersten Ebene ein Korrelationsverfahren eingesetzt. Diese Wahl wurde auf Grund der Unempfindlichkeit von Korrelation gegen rauschartige Störungen und nach einem Vergleich mit dem menschlichen Sehsystem getroffen. Ein weiterer Gesichtspunkt war die Verallgemeinerungsfähigkeit auf natürliche Szenen.

Um das Problem des großen Rechenaufwands bei der Anwendung von Korrelation zu umgehen, wurde das Verfahren spezialisiert. Wie man durch Abstandsmaße von Bildern und einen Vergleich mit menschlichen Betrachtern zeigen kann, hängt die Güte der Liniendetektion mittels Korrelation nur schwach von der Quantisierungsgenauigkeit der Korrelationsmasken ab [3]. D.h. es ist möglich grob quantisierte Masken einzusetzen, ohne wesentliche Qualitätseinbußen zu erleiden. Im Extremfall ist die Verwendung ternärer Masken möglich, wodurch die zeitaufwendige Multiplikation entfällt. Masken mit einigen wenigen Stufen werden durch fortgesetzte Addition dargestellt. Bezieht man weiterhin nur Maskenpunkte in die Berechnung ein, die relevante Information für die Erkennung besitzen, so erhält man dünn besetzte Masken. Ein Zugriff auf das Bildfeld ist dann nur für besetzte Punkte notwendig, was weitere Rechenzeit einspart.

Zur effizienten Berechnung derartiger dünnbesetzter, grob quantisierter Masken wird eine angepaßte Datenstruktur eingesetzt. Falls die Auswertung der zur Indizierung im Bildfeld nötigen Terme zur Laufzeit ausgeführt wird, entsteht ein beträchtlicher und zusätzlich repetitiver Mehraufwand. In unserem System werden deshalb "off line" Zeigerfelder erzeugt, die die relevanten Punkte und ihre Gewichtung beschreiben. Eine Korrelationsmaske besteht dann aus der Zusammenfassung solcher Zeiger und den zugehörigen Operationen. Dadurch ist die räumliche Ausdehnung einer Maske beliebig. Insbesondere hängt die erforderliche Rechenzeit nicht von der Maskengröße, sondern nur von der Anzahl der besetzten Punkte ab. Zur Berechnung einer Maske mit 16 Punkten benötigt ein 8086 Prozessor des BVV etwas weniger als 100 µs.
Die Masken sind das Element der Datenstruktur, die den geometrischen Aufbau der Szene repräsentiert. Die Szenenkenntnis auf dieser untersten Ebene bezieht sich auf mögliche Ausrichtungen und Grauwertverteilungen der Strichbildlinien.

Die Geschwindigkeit der Maskenberechnung würde bei schematischer Anwendung auf den für einen Prozessor relevanten Bildbereich noch nicht aus-

reichen um eine hinreichend schnelle Auswertung durchzuführen, deshalb
wird von der nächsten Ebene aus die Korrelation gesteuert. Dabei kann
die Reihenfolge der Maskenabarbeitung durch Anordnung innerhalb des Maskensatzes gesetzt werden. Die Umschaltung zwischen unterschiedlichen
Maskensätzen erlaubt eine sehr schnelle Adaption während der Laufzeit.
So sind im vorliegenden System drei Maskensätze realisiert, die sich
hauptsächlich durch ihre Vorzugsrichtung bei der Detektion unterscheiden.
Eine weitere Aufgabe dieser Ebene besteht in der Auswertung der Maskensatzergebnisse. So werden z.B. annähernd senkrechte Einzellinien durch
einen Algorithmus zur Selektion lokaler Maxima mit Energiegewichtung zur
Hinderniskandidatenerkennung zusammengefaßt. Gefundene Merkmale werden
im Bild lokalisiert. Die Vermessung von Linienabschnitten dauert ungefähr 10 ms, deshalb kann durch zeitliche Mittelung über einen Systemzyklus ($\approx$ 80 ms) eine Genauigkeit von O,3 Pixeln erreicht werden. Zusätzlich zur Vermessung erfolgt die Verfolgung eines Linienabschnitts. Wegen
der quantisierten Bildstruktur und der zur Berechnung verwendeten Ganzzahlarithmetik muß die lokale Verfolgung, um eine Drift der Fenster entlang der Linien zu vermeiden, ein separates Koordinatenraster verwenden.
Dadurch ist eine ortogonale Verfolgung der Randlinien möglich.

Die Wissensbasis auf der oberen Systemebene

Diese Komponente des Führungssystems ist auf dem Hauptrechner implementiert. Die Aufgabe der Wissensbasis auf der oberen Systemebene besteht
darin, ein bestimmtes Repertoire an Verhaltensweisen für das Führungssystem bereitzustellen, die es erlauben, jederzeit auf unterschiedliche,
in der Regel nicht vorhersehbare Ereignisse in der Systemumgebung zu
reagieren. Dazu gehört sowohl die Bestimmung der Steuergrößen für das
Fahrzeug aufgrund der Deutung der vom BVV empfangenen Nachrichten als
auch die Überwachung und die Steuerung der Aktivitäten der einzelnen
Prozessoren des BVV. Aufgabenbezogenes Hintergrundwissen und die Verwendung von dynamischen Modellen integral zur Bildfolgedeutung mit perspektivischen Abbildungsmodellen sind die wesentlichen Kennzeichen der Wissensbasis. Zwei Phasen werden auf dieser Ebene bezüglich der Aktivitäten
des Führungssystems unterschieden: die Initialisierungsphase und die
eigentliche Fahrphase.

In der Initialisierungsphase, die nicht zeitkritisch ist, wird im Dialog
mit dem BVV das Bild der aktuellen Szene nach den aufgabenrelevanten Objekten abgesucht. Werden diese zweifelsfrei gefunden, so werden diejenigen Merkmale ausgewählt, die während der Fahrphase verfolgt werden sol-

len. Darüber werden die Auswertebereiche im Bild festgelegt. Weitere
Einzelheiten bezüglich dieser Phase sind [4] zu entnehmen.
In der Fahrphase geht es um die Berechnung der Steuergrößen zur gezielten Beeinflussung des längs- und querdynamischen Verhaltens des Fahrzeugs
aufgrund der Bewegung der vom BVV erfaßten, relevanten Szenenmerkmale im
Bild. Die physikalischen Größen, die zur Bestimmung der Fahrgeschwindigkeit und des Lenkradausschlags herangezogen werden, sind die Sollkrüm-
mung der Fahrzeugbahn, die relative Richtung zum Fahrbahnverlauf und die
Querablage des Fahrzeugs. Alle drei Größen lassen sich aus dem Erscheinungsbild der Fahrbahnrandlinien bei perspektivischer Transformation in
die Abbildungsebene (Bild 1) näherungsweise aus den jeweils aktuellen,
über das BVV ermittelten Positionen der Randlinienelemente ermitteln.
Dies war die Voraussetzung zur Erstellung eines kombinierten geometri-
schen/dynamischen Modells zur Fahrzeugführung, welches sich bei der Verwendung einer TV-Kamera als Echtbauteil sehr gut bewährt hat [4]. Aus
der Lage des rechten Randlinienelementes im Nahbereich (PP1) läßt sich
im wesentlichen die Querablage bestimmen, wohingegen aus der Lage des
linken Randlinienelementes (PP2) in einer gewissen Vorausschau (12 - 20m)
die Sollbahnkrümmung für die Fahrzeugbahn extrapoliert werden kann. Die
Position des dritten Bildfensters zur Hinderniserkennung in einer etwas
weiteren Vorausschau wird unmittelbar vom Hauptrechner aus gesteuert.
Die Sollposition für dieses Fenster läßt sich in sehr einfacher Weise
aus der Sollbahnkrümmung für die Fahrzeugbahn bestimmen. Meldet der Aus-
wertealgorithmus des PP3 verdächtige Merkmale in seinem Auswertebereich,
so wird die Fahrt verlangsamt und die Umgebung genauer vermessen. Bestätigt sich die Hypothese eines Hindernisses, wird das Fahrzeug vor dem
Hindernis zum Stand gebracht [4].

<u>Literatur</u>

[1] Graefe, V.: Two Multi-Processor Systems for Low-Level Real-Time
    Vision. In J.M. Brady, L.A. Gerhardt and H.F. Davidson (Eds.):
    Robotics and Artificial Intelligence, Springer (1984), pp. 301-308

[2] Dickmanns, E.D.; Zapp, A.; Otto, K.-D.: Ein Simulationskreis zur
    Entwicklung einer automatischen Fahrzeugführung mit bildhaften und
    inertialen Signalen. In Breitenecker, Kleinert (Eds.): Simulations-
    technik; Informatik-Fachberichte 85, Springer, 1984, pp. 554-558

[3] Kuhnert, K.-D.: Towards the Objective Evaluation of Low Level Vision
    Operators. ECAI 84, Proc. of 6th European Conference on AI, Pisa 1984

[4] Zapp, A.: Automatische Fahrzeugführung mit Sichtrückkopplung. Erste
    Fahrversuche mit einer Fernsehkamera als Echtbauteil im Simulations-
    kreis. HSBw M/LRT/WE 13a/FB/85-1

<u>KOMBINATION VERSCHIEDENER FILTERKANÄLE ZUR OPTIMIERUNG
EINER MERKMALSREPRÄSENTATION IM BILDBEREICH</u>

Axel Korn, Carola Erdtel

Fraunhofer-Institut für Informations- und Datenverarbeitung (IITB)
Sebastian-Kneipp-Str. 12-14, 7500 Karlsruhe 1

<u>ZUSAMMENFASSUNG</u>

In der vorliegenden Arbeit wird das Problem untersucht, für eine symbolische Beschreibung der Grauwertänderungen in natürlichen Bildern
automatisch jeweils die beste Operatorgröße innerhalb einer bestimmten
Klasse von "Kantendetektoren" zu bestimmen. Es wird ein Auswahlkriterium für relevante Konturpunkte definiert. Diese bilden die Grundlage
für ein Verfahren zur Segmentierung eines Bildes in Flächen, deren
Parameter eine näherungsweise Rekonstruktion des Originalbildes ermöglichen.

1. Einleitung

Zahlreiche Veröffentlichungen auf dem Gebiet der automatischen Bildinterpretation machen zunehmend deutlich, daß unterschiedliche Auflösungsstufen bei der Merkmalsberechnung berücksichtigt werden müssen,
da die örtliche Ausdehnung interessierender Bildstrukturen sehr häufig
unbekannt ist. Das bedeutet, daß bei der Filterung einer Bildfunktion
verschieden große Operatoren anzuwenden sind. Hierbei ergibt sich die
Schwierigkeit, ein geeignetes A u s w a h l k r i t e r i u m zu
finden. Für das von Marr/Hildreth analysierte Verfahren der Kantendetektion mit Hilfe der Laplace-Abteilung einer Gaußfunktion führten die
vorgeschlagenen Auswahlkriterien bisher nicht zu dem gewünschten Erfolg [1]. Da auch weitere Schwierigkeiten mit diesem Operator verbunden sind [2], wurden in letzter Zeit wieder zunehmend andere Operatoren diskutiert, insbesondere die 1. Ableitung von Gaußfunktionen mit
verschiedenen Standardabweichungen σ, welche nach [3] gewissen Optimierungskriterien genügen, auf die hier nicht näher eingegangen werden
soll. Im folgenden wird diese Klasse von Operatoren betrachtet und ein
Kriterium zur Auswahl desjenigen σ-Wertes vorgestellt, welcher die an
ein bestimmtes Grauwertprofil am besten angepaßte Operatorgröße ergibt.

2. Kantendetektion

Grauwertänderungen in einem bestimmten Ortsfrequenzbereich führen beim
Menschen zur Wahrnehmung von Kanten. In der technischen Bildverarbeitung gibt es zahlreiche Verfahren zur Kantendetektion, die zum größten
Teil aus zwei Gründen unbefriedigend sind:
1. Es kann kein Bezug zu der Struktur der vorliegenden Grauwertfläche
   f(x,y) hergestellt werden.
2. Es fehlt bisher der Zusammenhang zwischen numerischen Ergebnissen
   bei der Kantendetektion und physikalischen Ursachen von Leucht-
   dichteänderungen in der aufgenommenen Szene.
Voraussetzung zur Lösung der Problematik des zweiten Punktes ist eine
ausreichend genaue Beschreibung von Grauwertänderungen entsprechend
dem ersten Punkt, der Gegenstand der vorliegenden Arbeit ist. Die allgemeine Forderung, daß zur Detektion einer Kante der Vergleich der
Grauwerte von mindestens zwei Gebieten notwendig ist, wird hier auf
die spezielle Forderung reduziert: Zur Detektion einer Kante sollte
die Differenz der mittleren Grauwerte zweier unmittelbar benachbarter
Gebiete berechnet werden. Diese Differenz muß in Abhängigkeit von der
Größe der Gebiete und der Orientierung der Grenzlinie zwischen den
Gebieten durch ein Gütekriterium bewertet werden.

2.1 Filter

Als G e w i c h t s f u n k t i o n e n XGG und YGG (X- bzw. Y-Gradient einer Gaußfunktion) für die Mittelwertbildung werden, abgesehen von einem Normierungsfaktor, die partiellen 1. Ableitungen der 2-D Gaußfunktion $G(x,y,\sigma)$ nach x bzw. y gewählt, die nach [3] bestimmten Optimierungskriterien genügen:

$$XGG = k\frac{\partial}{\partial x}\,G(x,y,\sigma) = \frac{k}{2\pi\sigma^2}\,\frac{\partial}{\partial x}\,\exp[-(x^2+y^2)/2\sigma^2] = \frac{-kx}{\sigma^2}\,G(x,y,\sigma) \qquad (1)$$

$$YGG = k\frac{\partial}{\partial y}\,G(x,y,\sigma) = \frac{k}{2\pi\sigma^2}\,\frac{\partial}{\partial y}\,\exp[-(x^2+y^2)/2\sigma^2] = \frac{-ky}{\sigma^2}\,G(x,y,\sigma) \qquad (2)$$

Der Normierungsfaktor k ist bestimmt durch

$$\frac{k}{\sigma^2}\int_{-\infty}^{+\infty} dy \int_0^{\infty} xG(x,y,\sigma)dx = \frac{k}{\sigma^2}\int_{-\infty}^{+\infty} dx \int_0^{\infty} yG(x,y,\sigma)dy = 1 \qquad (3)$$

k hängt von σ ab, muß aber nur einmal festgelegt werden, da sich aus Gl. 3 für zwei verschiedene Werte σ_1 und σ_2 mit $\sigma_2 = a\sigma_1$ der Zusammenhang $k_2 = ak_1$ für die entsprechenden Normierungsfaktoren ergibt [4]. Nach Gl. 1 und 2 sind die Gewichtsfunktionen XGG und YGG die beiden Komponenten des Gradienten $\nabla G(x,y,\sigma)$ einer Gaußfunktion (abgesehen von dem Normierungsfaktor). Der Nablaoperator ∇ hat die Komponenten $(\partial/\partial x, \partial/\partial y)$. Die Faltung der Bildfunktion $f(x,y)$ mit $\nabla G(x,y,\sigma)$ ist wegen der Vertauschbarkeit von Integration und Differentiation äquivalent dem Gradienten der mit $G(x,y,\sigma)$ tiefpaßgefilterten Bildfunktion $f(x,y)$

$$k(\nabla G\star f) = k\nabla(G\star f) = (\overline{f}_x, \overline{f}_y) \, , \qquad (4)$$

wobei $\star$ eine Faltung bedeutet. Die Funktionen $\overline{f}_x, \overline{f}_y$ sind die beiden Komponenten des Ergebnisvektors. Die digitalisierten Gewichtsfunktionen XGG und YGG für $\sigma = 5.0$ sind in Abhängigkeit von x und y in Abb. 1a) und b) dargestellt. Die Größe dieser digitalen Filter ist abhängig von der Standardabweichung σ und dem Abbruchkriterium bei der Approximation der entsprechenden Gaußfunktionen. Die von uns verwendeten Filter haben für $\sigma = 0.5, 1.0, 2.0$ und 4.0 beispielsweise die Größen 5x5, 7x7, 13x13 und 25x25 Pixel. Für $\sigma = 0.2$ ist die in x- und y-Richtung verwendete Maske gleich (+1,-1). Die Funktionen XGG und YGG sind s e p a r i e r b a r . Im Ortsfrequenzbereich entspricht ihr Übertragungsverhalten einem B a n d p a ß .

Das Ergebnis der Faltung nach Gl. 4 sind zwei Bilder $\overline{f}_x$ und $\overline{f}_y$, die man getrennt auswerten kann [4]. Eine andere Vorgehensweise besteht in der Auswertung eines (2-kanaligen) Bildes, in welchem der Betrag $A(x,y)$ und die Richtung α des Gradienten dargestellt sind

$$A(x,y) = k|\nabla G\star f| = \sqrt{\overline{f}_x^2+\overline{f}_y^2}\,, \quad \alpha = \text{arc tg}\frac{\overline{f}_y}{\overline{f}_x} \, . \qquad (5)$$

Den im folgenden Abschnitt gezeigten Ergebnissen liegt die zuletzt genannte Vorgehensweise zugrunde.

2.2 Auswahlkriterium und Filterbänke

Die durch Gl. 1 und 2 definierten Operatoren XGG und YGG bilden in Abhängigkeit von σ die Differenz zweier Mittelwerte in zwei zueinander orthogonalen Richtungen. Ausgehend von einem möglichst kleinen σ ergeben sich bei Vergrößerung dieser Standardabweichung für die Funktionen $\overline{f}_x$, $\overline{f}_y$ und $A(x,y)$ Extrema, welche zur Struktur der Grauwertfunktion $f(x,y)$ in Beziehung gesetzt werden können. Das soll am Beispiel der beiden in Abb. 2 dargestellten 1-D Grauwertprofile, die sich nur durch einen Skalierungsfaktor $a>1$ unterscheiden, verdeutlicht werden. Nach Gl. 4 erhält man in dem vorliegenden 1-D Fall nur für $\sigma_2 = a\sigma_1$ zwischen den x-Gradienten von $(P(x/a)$ bzw. $P(x)$ die Beziehung [4]

$$(\overline{f}_x(ax))_2 = (\overline{f}_x(x))_1 \;. \tag{6}$$

Hier wurde von dem oben erwähnten Zusammenhang $k_2 = ak_1$ Gebrauch gemacht. Durch Unterabtastung der linken Funktion in Gl. 6 läßt sich also ein identischer Verlauf der beiden "Gradientenbilder" erzielen. Die Vorgehensweise bei unbekannter Skalierung a besteht in einer monotonen Vergrößerung des σ-Wertes in Gl. 4 und der Suche nach Extrema. Für die einzelnen Extrema definieren der σ-Wert, der Ort sowie der Winkel α und der maximale Betrag des Gradienten in dieser Richtung jeweils einen K o n t u r p u n k t.

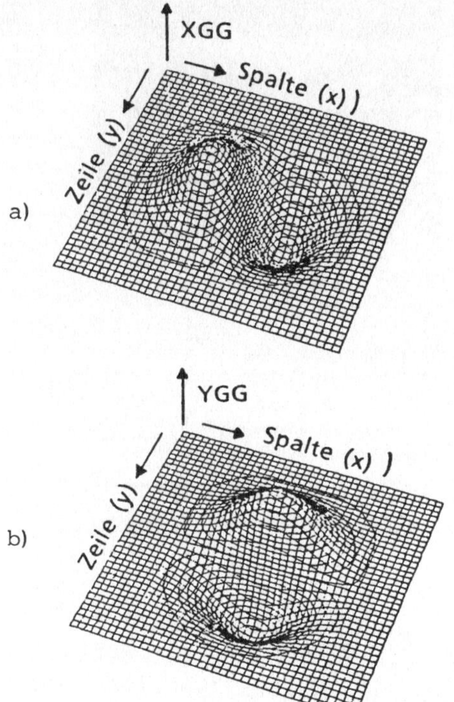

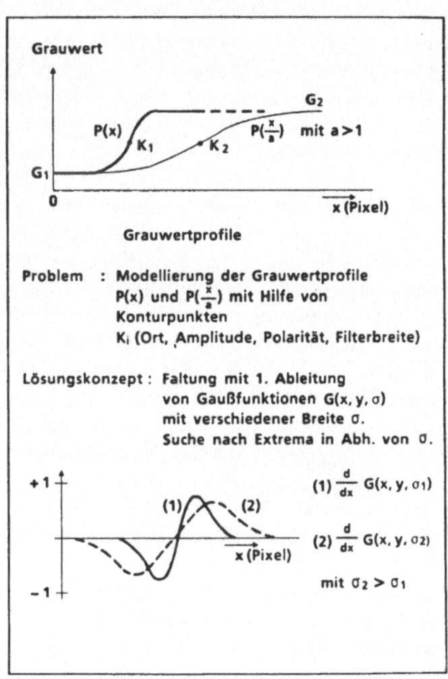

Abb. 1: Die verwendeten Masken für $\sigma=5.0$. In a) in x-, in b) in y-Richtung.

Abb. 2: Prinzipielle Vorgehensweise bei der Konturpunktbestimmung, veranschaulicht an einfachen Grauwertprofilen (oben).

Die Minima von $A(x,y)$ in Richtung α (s. Gl. 5) entsprechen "flachen" Gebieten in der Grauwertfläche $f(x,y)$. Diese sollten nicht mit Konturpunkten belegt werden, wenn man die visuelle Wahrnehmung als Maßstab

zugrunde legt. In natürlichen Grauwertbildern ergibt sich die prinzipielle Schwierigkeit, daß mit wachsendem σ-Wert der Gewichtsfunktionen
die Strukturen zunehmend verschliffen werden. Auf diese Weise ergeben
sich neue Konturpunktkonstellationen, was an dem einfachen Beispiel in
Abb. 3 verdeutlicht werden soll. Für einen Ausschnitt des Grauwertpro-
fils von Zeile 157 des Projektors Abb. 5a) sind im unteren Teilbild
die Extremwerte des "Gradientenbildes" $\bar{f}_x$ für σ-Werte zwischen 0.5 und
8.0 aufgetragen. Die durch unser Auswahlkriterium selektierten Kontur-
punkte sind mit einem Kreis markiert. Neben den Zahlenwerten, die ein
Maß für den mittleren Grauwertunterschied verschieden großer Gebiete
darstellen (entsprechend den σ-Werten), enthält die Änderung dieser
Zahlenwerte sowie deren örtliche Änderungen in Abhängigkeit von σ Information bezüglich der Form des Profils [4].

Um die verschiedenen Konturpunktkonstellationen erfassen zu können,
muß das Ergebnis von v e r k e t t e t e n F i l t e r b ä n k e n
ausgewertet werden. In Abb. 4 ist schematisch die von uns implementierte Vorgehensweise dargestellt, bei der in jeder Filterbank die
maximalen Amplituden A(x,y) von drei Gradientenbildern verglichen werden zur Selektion eines Maximums entsprechend unserem Auswahlkriterium. In Abb. 5a) ist das Originalbild und daneben in b) der Ausgang
A(x,y) einer Filterbank abgebildet, welche die σ-Werte 0.5, 1.0 und
2.0 enthält.

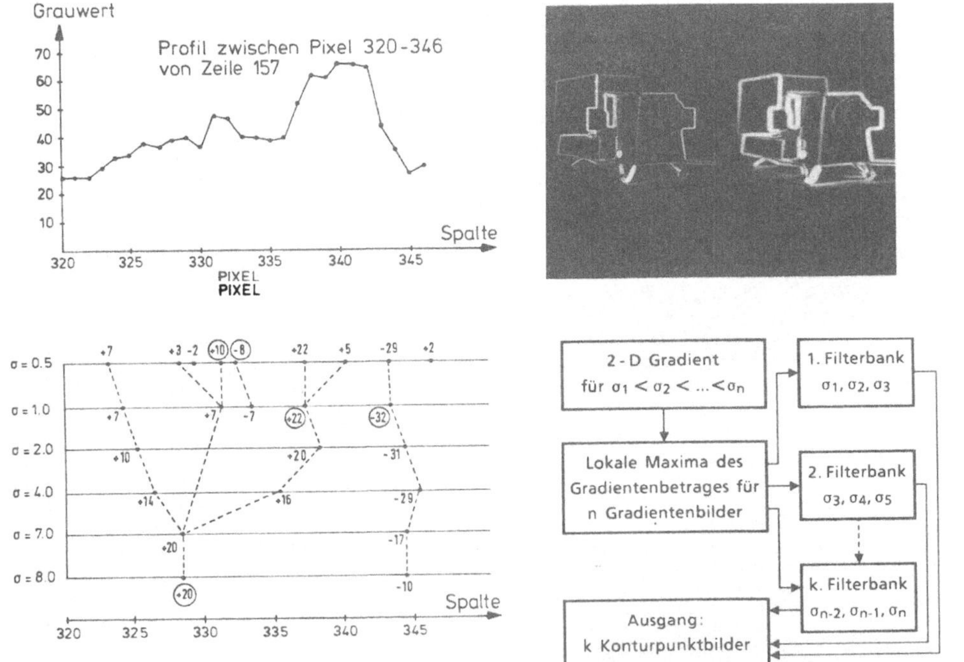

Abb. 3: Das Problem der Vereinigung
von Extremwerten der Gradientenbilder in Abhängigkeit von σ
(siehe Text).

Abb. 4: Schema für die Auswertung
von Gradientenbildern (oben für
σ=0.5 und 2.0) durch verkettete
Filterbänke (siehe Text).

3. Segmentierung

Wie in Abschnitt 2.1 gezeigt wurde, ist die Amplitude der Konturpunkte
die Differenz von mittleren Grauwerten, so daß bis auf eine gemeinsame
additive Konstante eine näherungsweise Rekonstruktion der Grauwerte
des Originalbildes oder dessen tiefpaßgefilterten Versionen möglich

ist. Am Beispiel des Projektors ist eine solche Rekonstruktion in
Abb. 5c) dargestellt. Hier wurde nicht von dem Parameter Filterbreite
Gebrauch gemacht, der jedem Konturpunkt zugeordnet ist, sondern es
wurden an jedem Konturpunkt als Sprungfunktion die Amplituden vor-
zeichenrichtig abgetragen und anschließend der Mittelwert innerhalb
geschlossener Gebiete gebildet. Diese Gebiete haben unabhängig vom
Grauwert einen Code, über den sie getrennt darstellbar sind, wie in
Abb. 5d) am Beispiel des Projektors für einige größere Flächen demonstriert wird. Die Anordnung in der Bildebene sowie die Merkmale dieser
Flächen zusammen mit den Parametern der Konturpunkte erlauben eine 2-D
Beschreibung des Bildes, welche als Vorstufe zur Erreichung des eigentlichen Zieles, nämlich der Bildinterpretation, gut geeignet erscheint.

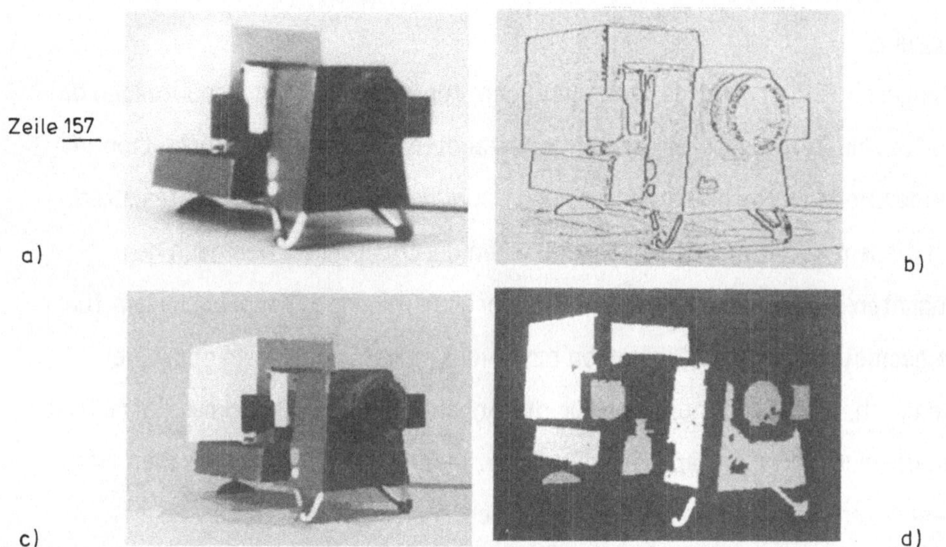

Abb. 5: Für den Projektor in a) ist in b) der Ausgang A(x,y) einer
Filterbank mit σ=0.5,1.0,2.0 dargestellt. In c) ist eine näherungsweise Rekonstruktion der Grauwertverteilung abgebildet und in d) sind
einige Flächen mit jeweils gleichem Code zu sehen.

4. Literatur

[1] Hildreth, E.: The Detection of Intensity Changes by Computer and
     Biological Vision Systems. Computer Vision, Graph., Image
     Proc. 22, 1-27 (1983).

[2] Nagel, H.-H.: Principles of (Low-Level)Computer Vision. Proc.
     Fundamentals in Computer Understanding, 28.05.-07.06.85 in
     Versailles (J.-P. Haton, Hrsgb.), Cambridge University Press (im
     Druck), 1985.

[3] Canny, J.F.: Finding Edges and Lines in Images. Technical Report
     No. 720 aus dem A.I. Lab. im M.I.T., Juni 1983.

[4] Korn, A.: Das visuelle System als Merkmalfilter. Fachberichte
     Messen, Steuern, Regeln, Band 13 "Aspekte der Informationsverar-
     beitung" (H. Bodmann, Hrsgb.), Springer-Verlag (im Druck), 1985.

Diese Arbeit wurde vom BMVg gefördert.

Adaptive geometrische Transformation zur Mustererkennung mit Hilfe eines linearen, lokalen Distanzmaßes

R. Lenz, A. Gerhard

Lehrstuhl für Nachrichtentechnik

Technische Universität München

Einführung:

Vor längerer Zeit /1/ wurde vorgeschlagen, für Mustererkennungsaufgaben bei bildhaften Mustern anstelle der oft angewandten linearen Transformation im vieldimensionalen Nachrichtenraum den Raum der realen Welt zu betrachten und in diesem Koordinatentransformationen durchzuführen. Das nach der sogenannten "Space Distortion" Theorie vorgeschlagene Erkennungssytem führt diese geometrische Transformation bzw. Rücktransformation in adaptiver Weise durch, wobei als Indikator für die Annäherung eine Kreuzkorrelation mit einem die Musterklasse repräsentierendem idealen Prototyp vorgesehen war. In diesem Aufsatz wird nun ein geometrisches Zielfindungsverfahren vorgeschlagen, das im Gegensatz zur Kreuzkorrelation mit einem lokalen, linearen Distanzmaß arbeitet und somit eine erhebliche Reduktion des Rechenaufwandes mit sich bringt. Das Konvergieren des Verfahrens auf ein Optimum der Übereinstimmung zwischen Prototyp und adaptiv transformiertem Muster wird an Beispielen demonstriert.

Übliche Distanzmaße:

In der Literatur finden sich hauptsächlich zwei Verfahren, um in einem vorgegebenen Bereich zwei abgetastete Bilder $I_0(x,y)$, $I_1(x,y)$ durch

Verschiebung zur Deckung zu bringen: durch die Suche nach dem Maximum der Kreuzkorrelationsfunktion (KKF, Gl. 1) oder nach dem Minimum der Kreuzdifferenzbetragsfunktion (KDBF, Gl. 2).

$$KKF(\Delta x, \Delta y) = \sum_{Bild} \sum \{ I_0(i,j) \cdot I_1(i+\Delta x, j+\Delta y) \} \qquad (1)$$

$$KDBF(\Delta x, \Delta y) = \sum_{Bild} \sum | I_0(i,j) - I_1(i+\Delta x, j+\Delta y) |^2 \qquad (2)$$

Beide Verfahren sind mit erheblichem Rechenaufwand verbunden, insbesondere dann, wenn die Suche mit mehr als den zwei Transformationsparametern Δx, Δy durchgeführt wird. Für den in /1/ beschriebenen Fall der räumlichen Lageveränderung planarer Objekte unter Vernachlässigung der perspektivischen Verzerrung müßte das Erkennungssystem eine adaptive Suche im sechsdimensionalen Parameterraum der affinen Transformation durchführen (Gl. 3).

$$I_T(x,y) = I (ax + by + \Delta x , dx + ey + \Delta y) \qquad (3)$$

Die Kreuzsubtraktionsfunktion.

Um den Rechenaufwand zu reduzieren wird die Verwendung einer lokalen, linearen Distanzfunktion, der Kreuzsubtraktionsfunktion (KSF, Gl.4) vorgeschlagen /2/.

$$KSF(x_0,y_0,\Delta x,\Delta y) = \sum_{i,j=-w}^{w} \{ I_0(x_0+i,y_0+j) - I_1(x_0+i+\Delta x,y_0+j+\Delta y) \} \qquad (4)$$

$$= \sum_{i,j} \sum I_0(x_0+i,y_0+j) \quad - \quad \sum_{i,j} \sum I_1(x_0+i+\Delta x,y_0+j+\Delta y)$$

Man kann sich die KSF also denken als die Differenz zweier mit einem Spaltiefpass (Fenstergröße $(2w+1)^2$) gefilterter Bilder, welche um $\Delta x, \Delta y$ zueinander verschoben sind.

Um die Verschiebung zu bestimmen, die die Bilder $I_0(x,y)$ und $I_1(x,y)$ im
Fensterbereich zur Deckung bringt, ist die Bestimmung der Nullstelle(n) der
KSF erforderlich. Im Gegensatz zur KKF und KBDF ist dies jedoch bei der KSF
nicht eindeutig, da sie im Allgemeinen nicht nur eine Nullstelle, sondern eine
Nullinie aufweist. Bei eindimensionalen Strukturen, wie geraden Linien oder
Kanten, ist jedoch auch das Maximum der Kreuzkorrelation nicht mehr
eindeutig oder zumindest in der Richtung entlang der Kante nur schwach
ausgeprägt. Es kann also bei einer geraden Kante nur die zur Kante senkrechte
Verschiebungskomponente ermittelt werden. Da sich bei lokaler
Betrachtungsweise der Großteil aller Kantenstücke eines Musters durch
Geraden approximieren läßt, fällt der Nachteil der Mehrdeutigkeit der KSF
praktisch nicht ins Gewicht. Es wird die Lage der Nullstelle in Richtung des
lokalen Grauwertgradienten bestimmt, somit also die Komponente der
Verschiebung senkrecht zur Grauwertkante.

Selbst bei einer solch einfachen Funktion ist die explizite Suche nach einer
Nullstelle für viele Anwendungen zu aufwendig. Ein anderer Nachteil ist, daß
die Verschiebung ohne Interpolation nur auf einen halben Bildpunkt genau
bestimmt werden könnte, bedingt durch die Abtastung des Signals. Es bietet
sich daher das Newtonverfahren für die Bestimmung der Nullstelle einer
Funktion an, das auf zweidimensionale, abgetastete Funktionen angepaßt
werden muß (Gl.5).

$$\underline{V}(x_0,y_0) = -KSF(x_0,y_0,0,0) \cdot \frac{\text{grad KSF}}{|\text{ grad KSF }|^2} \tag{5}$$

Eine wesentliche Verbesserung des Konvergenzverhaltens des
Newtonverfahrens kann durch Hinzunahme einer analog zur
Kreuzsubtraktionsfunktion definierten Autosubtraktionsfunktion ASF erreicht
werden (Gl.6).

$$\underline{V}(x_0,y_0) = -KSF(x_0,y_0,0,0) \cdot 2 \left(\frac{\text{grad}\,(KSF + ASF)}{|\,\text{grad}\,(KSF+ASF)\,|^2} \right) \tag{6}$$

Diese Messung des scheinbaren Verschiebungsvektors $\underline{V}$ wird zur Vermeidung der durch die KSF hervorgerufenen Mehrdeutigkeiten nur an den Orten (x_0,y_0) in den zur Deckung zu bringenden Bilder durchgeführt, bei denen das Skalarprodukt grad (KSF) grad (ASF) >0 ist, also die Gradienten einen Winkel <90° einschließen. Die sechs Transformationsparameter $(a,b,\Delta x,d,e,\Delta y)$ der affinen Transformation werden durch eine lineare Regression ermittelt, die berücksichtigt, daß bei jeder Einzelmessung $\underline{V}$ nur die Komponente des Verschiebungvektors in Gradientenrichtung bekannt ist. Das an den Prototyp anzupassende Muster wird dann einer den gemessenen Parametern entsprechenden geometrischen Transformation unterworfen und bildet den Ausgangspunkt für die nächste Iterationsstufe.

<u>Ergebnisse:</u>

Nach einigen Iterationen werden selbst geometrisch stark verzerrte Muster gut zur Deckung gebracht.

Abbildung 1 zeigt das Konvergenzverhalten bei zwei von der gleichen Person geschriebenen Repräsentanten der Musterklasse "8". In der Differenzbildsequenz ist deutlich die Lage des Prototyps (Referenz) zu den einzelnen Itarationsstufen des geometrisch transformierten Originals zu sehen. Man erkennt die gute Übereinstimmung im eingeschwungenen Zustand.

Abbildung 2 zeigt des typische Verhalten bei Repräsentanten verschiedener Musterklassen. Selbst bei starker geometrischer Verzerrung kann das globale Optimum mit Hilfe von linearen, lokalen Operatoren gefunden werden, ohne aufwendige Suche, lediglich durch Iteration.

Es zeigt sich, daß mit geringem Rechenaufwand ein robustes Verfahren zur Suche nach globaler Übereinstimmung im sechsdimensionalen Parameter-raum der affinen Transformation verwirklicht werden kann. Derselbe Algorithmus

wurde bereits mit Erfolg auf digitale Subtraktionsangiographie (DSA) /3/ und
bewegungsadaptive Bildinterpolation angewandt.

<u>Literatur:</u>

/1/   Marko, H. : Space Distortion and Decomposition Theory.
Kybernetik 13, pp. 132-143, Springer 1973

/2/   Lenz, R. : Estimation of General 2-D Motion Parameters in
TV - Scenes. Proc. 7th ICPR, 1984, Montreal, pp. 546-549,
IEEE Comp. Soc. Press

/3/   Gerhard, A., Lenz, R. : Compensation of Motion Artifacts in
Digital Subtraction Angiocardiography. Proc. Image Science '85,
Helsinki, Finland, Volume 2, pp.191-193, Volume 1, p. 156

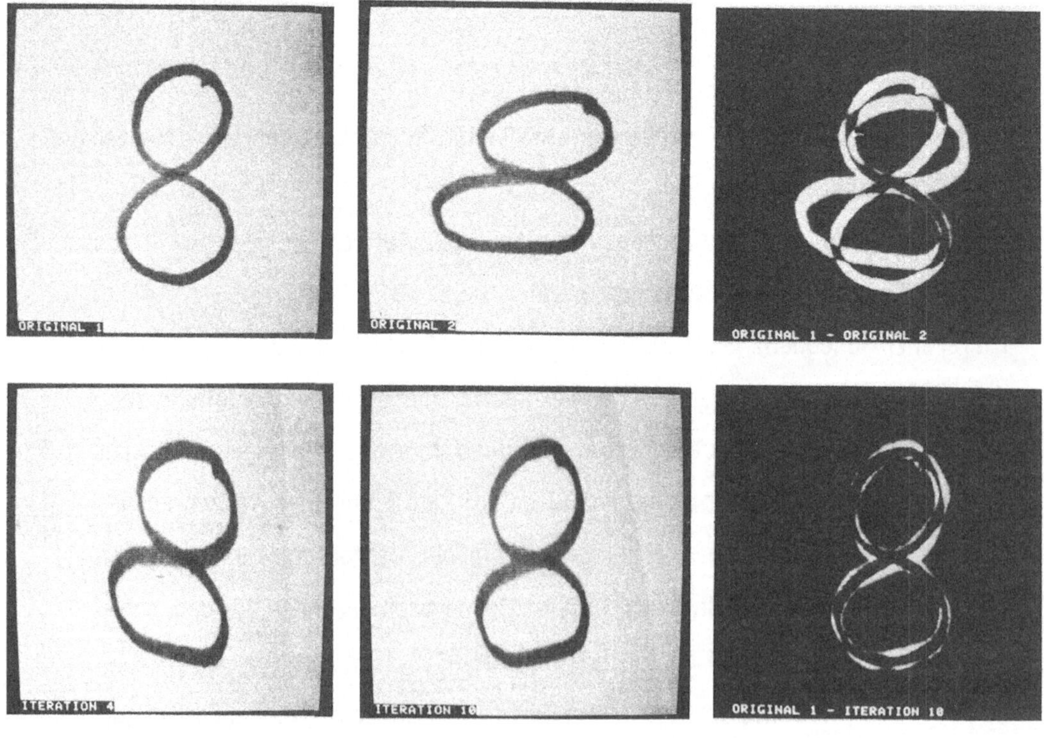

<u>Abb.1</u>   oben: Prototyp, Muster der gleichen Klasse, Differenz
unten: transformierte Muster, Bilddifferenz zum Prototyp

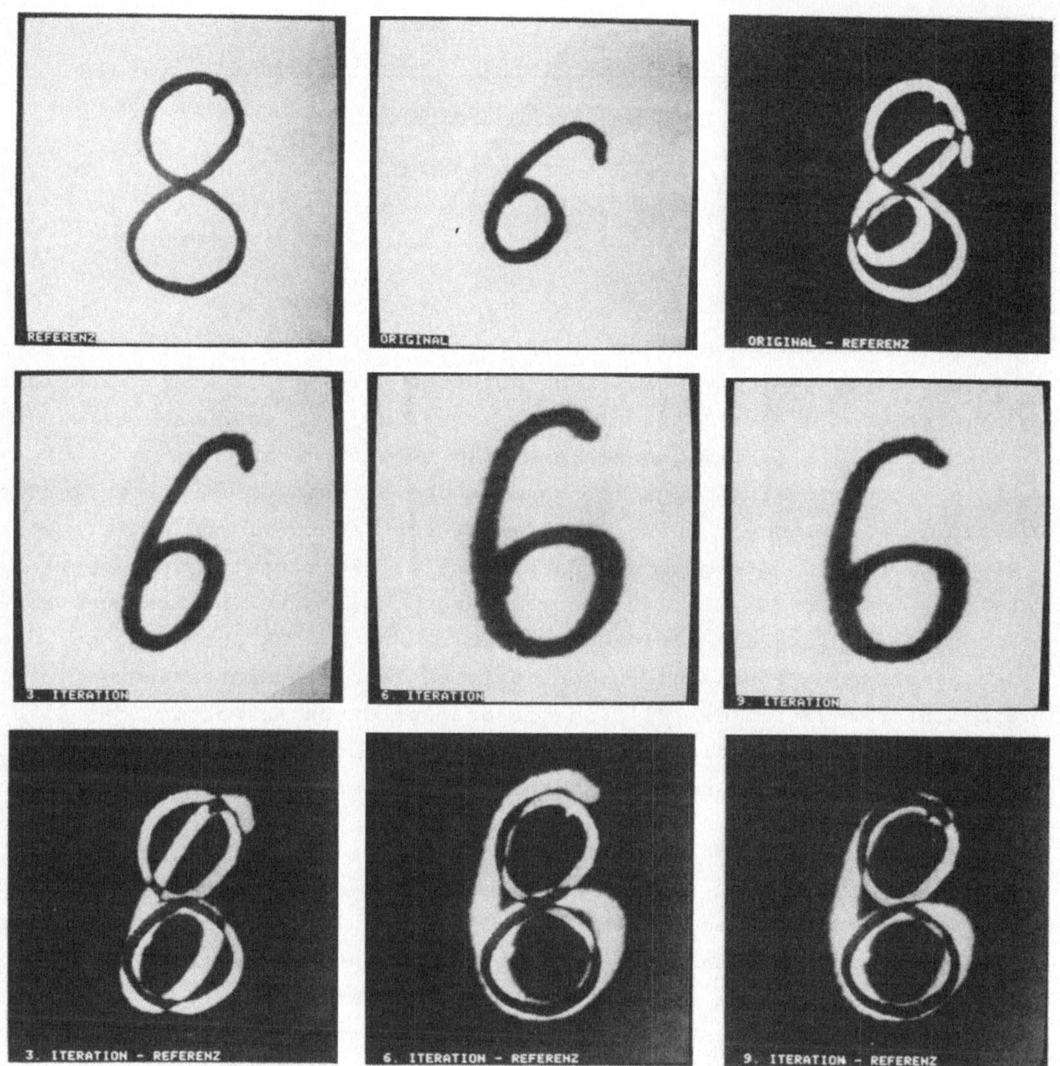

__Abb.2__   oben: Prototyp, Muster einer anderen Klasse, Differenz

mitte: Iterationssequenz des transfomierten Musters

unten: Differenzbilder zum Prototyp

Symbolische Bildbeschreibung durch Bildgraphen aus verschiedenen Binärbildern

Norbert Bartneck

AEG Aktiengesellschaft, Forschungsinstitut Ulm

1.Einleitung

Die Umsetzung der ikonischen Bildinformation in eine symbolische Bildbeschreibung in Form eines Bildgraphen /1/ stellt einen wichtigen
Teilschritt in der Bildanalyse dar. Der in /1/ eingeführte Bildgraph
beschreibt die in dem zugehörigen Bild aufgefundenen Zusammenhangsgebiete mit Hilfe eines konturbeschreibenden Strings, formbeschreibender
Merkmale wie Fläche, Umfang, Formfaktor und lagebestimmender Parameter
wie Schwerpunkt, Steigung der Hauptachse und Koordinaten des umschreibenden Rechtecks. Die Kanten des Graphen weisen auf Beziehungen zwischen den einzelnen Bildteilen. In /1/ sind dies Aussagen über die
gegenseitigen Verschachtelungen der einzelnen Zusammenhangsgebiete.
Die Interpretation des Bildinhalts erfolgt durch Auswertung des Bildgraphen. Dabei ist die Bildung eines Szenenmodells von Bedeutung /2/.
Man versucht den Graph des Modells als Teil des Bildgraphs der zu
analysierenden Szene wiederzufinden, um so zu einer Beschreibung des
Bildes zu gelangen.

In vielen Anwendungen bezieht sich diese modellgesteuerte Bildanalyse
auf ein einziges aus dem Grautonbild der Szene erzeugten Binärbild,
das durch geeignete ikonische Verarbeitung so aufbereitet wurde, daß
die interessierenden Strukturen darin enthalten sind. In vielen Anwendungen ist das Spektrum der auszuwertenden Information so breit, daß
es nicht durch einen Vorverarbeitungstyp hervorgehoben werden kann. In
solchen Fällen bietet es sich an, durch unterschiedliche Vorverarbeitung verschiedenartige Strukturen zu betonen und die jeweils zugehörigen Bildgraphen koordiniert auszuwerten. Da zwischen den Zusammen-
hangsgebieten in den verschiedenen Binärbildern lokale Beziehungen
bestehen, lassen sich die Bildgraphen zu einem erweiterten Bildgraphen
mit größerem Informationsgehalt über die Szene zusammenfassen.

2. Binärbilder mit unterschiedlicher Information über eine Szene

Interpretiert man ein Grautonbild einer Szene als Grauwertgebirge und
eine Binärquantisierung als Schnitt durch dieses Gebirge, so enthalten

verschiedene Schnitte durch dieses Gebirge unterschiedliche Informationen über die Szene. Dabei gilt, daß bei zwei Binärbildern, die durch Binärquantisierung mit verschieden großen Schwellen (S2 > S1) generiert werden, für jedes schwarzes Zusammenhangsgebiet aus dem mit S2 erzeugten Binärbild in dem mit S1 erzeugten Binärbild ein schwarzes Zusammenhangsgebiet existiert, in dem es vollständig enthalten ist. Das gleiche gilt für weiße Zusammenhangsgebiete in entgegengesetztem Sinn.

Unterschiedlichen Informationsgehalt haben auch Binärbilder, die durch Binärbildverarbeitung aus einem einmal erzeugten Binärbild entstanden sind. Beispiele für solche Verarbeitungsroutinen sind Erosion, Dilatation und Skelettierung, für die ebenfalls eine eindeutige Zuordnung der Zusammenhangsgebiete im verarbeitetem und unverarbeitetem Binärbild besteht.

3. Das RLC-Verfahren zum Erzeugen eines Bildgraphen aus einem Binärbild

Das Randliniencode- oder RLC-Verfahren stellt eine Methode dar, ein als Ergebnis geeigneter Verarbeitungsschritte vorliegendes Binärbild überzuführen in eine symbolische Darstellung, die sich als Bildgraph interpretieren läßt. Die RLC-Darstellung enthält für jedes Zusammenhangsgebiet (RLC-Objekt) im Binärbild (Knoten des Bildgraphen) einen konturbeschreibenden String, einen Satz von form- und lagebeschreibenden Merkmalen (Attribute der Knoten) und die Information über die Verschachtelung der schwarzen und weißen RLC-Objekte (Kanten des Graphen). Bild 1 zeigt das Binärbild eines Flußdiagrammes und eine vereinfachte Darstellung des zugehörigen Bildgraphen.

Die Konturen, die von den RLC-Strings beschrieben werden, entsprechen den Trennlinien zwischen schwarzen und weißen Bildelementen und verlaufen damit im quadratischen Raster nur horizontal und vertikal. Zur Erzeugung der RLC-Darstellung werden in einem ersten Schritt die Ecken der RLC-Objekte detektiert. Als Ecken sind alle Bildteile definiert, die in einer 2x2 Nachbarschaft 1 schwarzes und 3 weiße Bildelemente enthalten (konvexe Ecken) bzw. 1 weißes und 3 schwarze Bildelemente enthalten (konkave Ecken). Die detektierten Ecken werden in Listen eingetragen und nach der Größe ihrer Koordinaten sortiert. In diesen Listen wird dann eine Konturverfolgung realisiert, indem angefangen von der Ecke mit den kleinsten Koordinaten abwechselnd in der nach Größe der Zeilenkoordinaten und in der nach Größe der Spaltenkoordi-

naten sortierten Liste auf die benachbarte Ecke zugegriffen wird. Der
Bezug zwischen diesen beiden Listen wird durch eine weitere Liste
hergestellt. Diese Vorgehensweise erlaubt eine schnelle Konturverfolgung für die einzelnen RLC-Objekte ohne aufwendige Suchverfahren oder
Stackverwaltung.

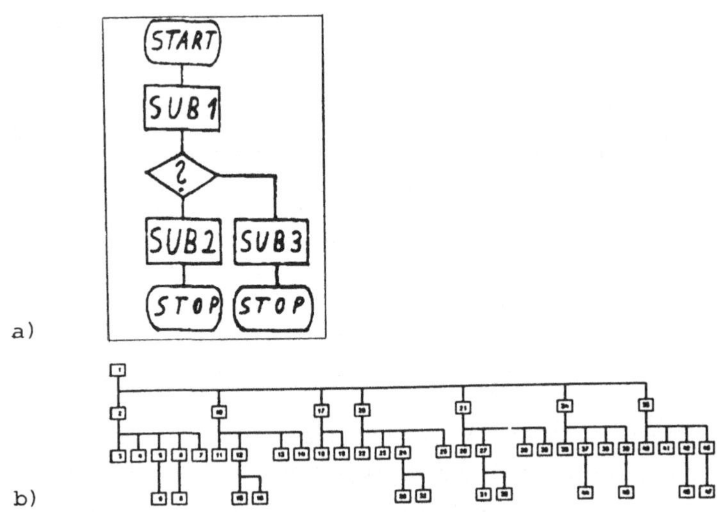

Bild 1   a) Binärbild eines Flußdiagramms
         b) Vereinfachte Darstellung des aus dem Binärbild erzeugten
           Bildgraphen

Der RLC-String, der bei der Konturverfolgung erzeugt wird, enthält am
Beginn die Koordinaten des Anfangspunktes und danach die Abstände
zwischen den Ecken und läßt sich fehlerfrei wieder in das Binärbild
zurückführen. Bei der Konturverfolgung werden für jedes RLC-Objekt
Merkmale bestimmt, die zum einen die Gestalt des RLC-Objekts beschreiben, wie Fläche, Umfang, Formfaktor, Höhe und Breite des umschreibenden Rechtecks und zum anderen die Lage des RLC-Objekts definieren, wie
Schwerpunkt, Steigung der Hauptachse und Koordinaten des umschreibenden Rechtecks. Als letzter Schritt wird noch bestimmt, wie die RLC-
Objekte ineinander verschachtelt liegen (Gebietshierarchie). Dazu
werden schwarze und weiße RLC-Objekte, die potentiell ineinander verschachtelt liegen über die umschreibenden Rechtecke bestimmt. Da dies
aber keine eindeutige Zuordnung erlaubt, wird in mehrdeutigen Fällen
mit einer Konturverfolgung der äußeren Kontur der beiden potentiell

verschachtelten RLC-Objekte nachgeprüft, ob eine Verschachtelung vorliegt oder nicht.

4. Generierung des erweiterten Bildgraphen

Zur Generierung des erweiterten Bildgraphen aus den verschiedenen Binärbildern der gleichen Szene werden in einem ersten Schritt für jedes der Binärbilder mit dem RLC-Verfahren die zugehörigen Bildgraphen erzeugt. Diese Einzelbildgraphen werden zu einem erweiterten Bildgraphen verknüpft, indem man zwischen den einzelnen Knoten des Einzelbildgraphen die Beziehungen ermittelt und entsprechende attributierte Kanten zwischen diese Knoten einfügt. Beispiele für solche Beziehungen sind,

- Objekt k in Binärbild A umschließt Objekt l in Binärbild B
- Objekt l in Binärbild C ist Skelettlinie von Objekt m in Binärbild D
- Objekt n in Binärbild E ist Randlinie von Objekt o in Binärbild F

In einer ersten Implementierung wurde ausgenutzt, daß für die unter Punkt 2 beschriebenen Verarbeitungsverfahren zur Erzeugung der unterschiedlichen Binärbilder eine eindeutige Lagebeziehung zwischen den Objekten aus den unterschiedlichen Binärbildern besteht. Diese gegenseitige Verschachtelung zwischen den Objekten der verschiedenen Binärbilder wird mit der gleichen Methode ermittelt, wie die gegenseitige Verschachtelung der Zusammenhangsgebiete in einem Binärbild (Punkt 3). Bild 2a zeigt ein einfaches Grautonbild mit 4 Graustufen. Durch unterschiedliche Binärquantisierung entstehen die in Bild 2b dargestellten Binärbilder. Bild 2c zeigt den zugehörigen erweiterten Bildgraph.

5. Zusammenfassung

Mit der Erweiterung des RLC-Verfahrens zur Generierung eines Bildgraphen aus verschiedenen Binärbildern der gleichen Szene wurde ein Verfahren vorgestellt, das es ermöglicht, die zur Szenendeutung geeignete symbolische Darstellung der Szene in Form eines Bildgraphen auch auf komplexere Bildstrukturen einzusetzen.

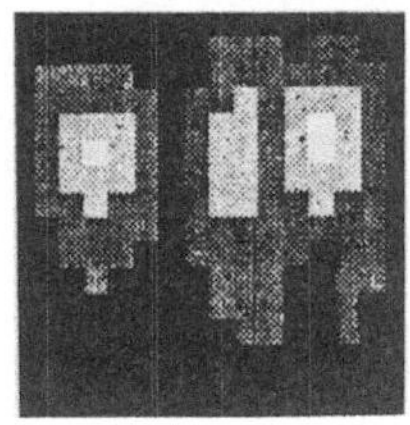

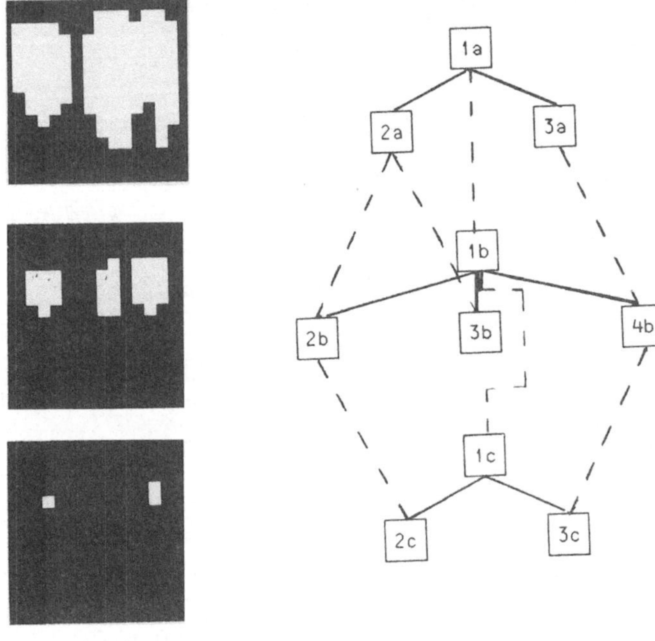

a)   b)   c)

Bild 2   a) Einfaches Grautonrasterbild
         b) Binärbilder, die durch Binärquantisierung mit verschiedenen
            Quantisierungsschwellen erzeugt wurden
         c) Erweiterter Bildgraph
            (──── Kanten der einfachen Bildgraphen)
            (── ── Zusatzkanten des erweiterten Bildgraphen)

6. Literatur

/1/ N.Bartneck
    Image Analysis Based On Image Description Graphs With Contour
    Coded Objects
    Proceedings 7th International Conference on Pattern Recognition,
    July 30 - Aug. 2, 1984, Montreal, Canada

/2/ K. Grebner
    Modellgesteuerte Bildanalyse am Beispiel industrieller Szenen
    Proceedings DAGM Symposium 1985

<u>Beschreibung und Erkennung flächiger und linienhafter Objekte</u>
<u>im Hierarchischen Strukturcode</u>

S. Drüe, G. Hartmann, A. Westfechtel
Universität - Gesamthochschule - Paderborn

1. Zusammenfassung

Der in den letzten Jahren erarbeitete hierarchische Konturcode (HCC) wurde
durch Einbeziehen des flächenbezogenen hierarchischen Fleckencode (HFC)
zum hierarchischen Strukturcode (HSC) weiterentwickelt. Durch einfache Operationen kann aus dem HSC eines Objektes sofort die Zugehörigkeit zu einer
der Strukturklassen ermittelt werden. Insbesondere beschreibt der HSC auf
einfache Weise die Komponenten zusammengesetzter Objekte sowie deren Relationen innerhalb einer Gesamtstruktur. Der HSC bietet eine einheitliche Basis für die flächenbezogene und für die konturbezogene Beschreibung von Objekten und für deren Erkennung.

2. Der Hierarchische Strukturcode

Der Hierarchische Strukturcode (HSC) beschreibt beliebig verlaufende Konturen und beliebig geformte Flächen durch Codeelemente $<t;m;\varphi|k;n>$ und ermöglicht durch ein hierarchisches Verknüpfungskonzept eine vollständige Kontinuitätsprüfung. Das Bildfeld wird in sieben Pixels umfassende, sich überlappende inselförmige Teilbildfelder aufgeteilt, deren Grenzen beliebige
Konturen bzw. Flächen in sich überlappende Konturelemente bzw. Flächenelemente zerschneiden. In jeder Insel werden die Konturelemente bzw. Flächenelemente durch einen vollständigen Satz von Konturdetektoren bzw. Fleckendetektoren mit unterschiedlich geformten (m) und orientierten (φ) aktiven
Flächen $A<t;m;\varphi|$ erfaßt und durch das entsprechende Codeelement $<t;m;\varphi|$ beschrieben. Die Codierung von Konturen durch die Codetypen t=e (edge, Kante), t=b (bright, helle Linie) und t=d (dark, dunkle Linie) ist in [1] beschrieben, die Codierung von Flecken durch die Typen t=h und h* (high, helle Flecken) sowie t=ℓ und ℓ* (low, dunkle Flecken) soll anschließend kurz
erläutert werden. Für alle Typen t wird HSC in Bildern unterschiedlicher
Auflösung k mit 2^k-fachem Pixelabstand, also mit Detektoren 2^k-facher Größe erzeugt. Die n-fache Verknüpfung von Elementen des Konturcodes der Auflösung k zu Elementen $<t;m;\varphi|k;n>$ ist ebenfalls in [1] beschrieben.

Wie der Konturcode wird auch der Fleckencode aus dem Laplace-Bild $L|k>$ erzeugt, das nach einer Schwellenoperation die Werte P(Plus), M(Minus) und
N("Null") enthält. Im Laplace-Bild $L|k>$ wird jedes der sieben zu einer Insel gehörigen Pixels darauf überprüft, ob es zu einem Fleck gehört und
durch eine Markierung gekennzeichnet. Ein kleiner, heller Fleck hat in $L|k>$
im Inneren nur Pixels mit Wert P, die von einer doppelten Pixelreihe mit
Wert M umgeben sind (Fig. 1a). Ein Pixel mit Wert P, das zu einem hellen
Fleck gehört, darf also keine Nachbarn mit Wert N haben. Bezeichnet man
das betrachtete Pixel mit a, die sechs direkten Nachbarn mit b_ν und die

übernächsten Nachbarn mit c_ν bzw. $c_{\nu,\nu+1}$ (vgl. Fig. 1c), so gehört a zu einem hellen Fleck und bekommt eine Markierung H (vgl. 1d), wenn

$$w(a)=P \quad (1); \quad w(b_\nu)=\overline{N} \quad (2); \quad \text{und wenn} \quad w(c_\nu)=\overline{N}; \quad w(c_{\nu,\nu+1})=\overline{N}; \quad \forall\nu \text{ mit } w(b_\nu)=P \quad (3)$$

Pixel a bekommt eine Markierung H*, wenn (1) und (2) erfüllt und (3) verletzt ist (Fig. 1e). Die gleichen Beziehungen gelten für die Zuweisung der Markierungen L bzw. L*, wenn in (1),(2) und (3) P mit M vertauscht wird. Die Markierungen H, H*, L und L* beschreiben die Form m eines Flächenelementes und dessen Orientierung φ in einer Insel. Den unterschiedlichen Gruppierungen dieser Marken werden deshalb entsprechende Codeelemente $\langle t;m;\varphi|$ zugewiesen. Zu einer Markengruppe werden immer nur Marken gleichen Kontrasttyps, also H, H* bzw. L,L* zusammengefaßt und der Typ t des Codeelementes ergibt sich nach folgender Regel (vgl. Fig. 1f,g,h):

Nur $H \rightarrow \langle h;m;\varphi|$; H und $H^* \rightarrow \langle h^*;m;\varphi|$; nur H* $\rightarrow$ kein Code $\quad$ (4)

Regel (4) gilt für L und L* entsprechend. Flächen, die ausschließlich Codeelemente $\langle h;m;\varphi|$ bzw. ausschließlich $\langle \ell;m;\varphi|$ erzeugen, heißen (umrandete) Flecken. Flächen, die Codeelemente $\langle h^*;m;\varphi|$ bzw. $\langle \ell^*;m;\varphi|$ enthalten, heißen "offene Flecken". Bei der hierarchischen Verknüpfung dominieren die "offenen" Typen h* bzw. ℓ^* über h und ℓ, d.h. im Wurzelknoten des bei der Verknüpfung entstehenden Codebaumes entsteht nur dann ein Codeelement des Typs h oder ℓ, wenn auf der Detektorebene kein "offenes" Element beteiligt war. Auf diese Weise gibt das Codeelement im Wurzelknoten Auskunft, ob ein flächenhaftes Gebilde "offen" oder umrandet ist. Die Bedeutung des Begriffs "offener Fleck" wird später noch ausführlich erläutert.

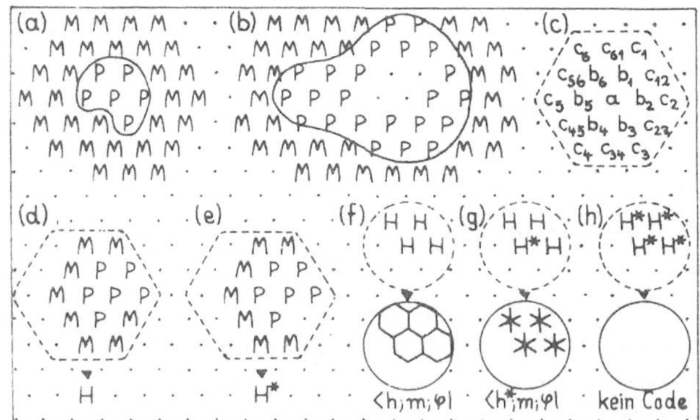

Fig. 1:
Werteverteilung in $L|k\rangle$ bei einem hellen Fleck ohne (a) und mit Komponenten (b). Indizierungsschema für die Markenzuweisung (c) und beispielhafte Werteverteilung für die Zuweisung (d) einer Marke H und (e) einer Marke H*. Markengruppen werden nach Regel (4) Codeelemente zugewiesen (f,g und h). Bei der Darstellung des HFC werden Codeelemente des Typs t=h mit Sechsecken, solche des Typs t=h* mit Sternchen gekennzeichnet.

3. Die Strukturklassen des Hierarchischen Strukturcodes

Neben dem oben beschriebenen Hierarchischen Fleckencode (HFC) umfaßt der
Hierarchische Strukturcode (HSC) den in [1] beschriebenen Hierarchischen
Konturcode (HCC) mit den Typen Hierarchischer Liniencode (HLC) und Hierar-
chischer Kantencode (HKC). Bereits das Auftreten bestimmter Codetypen t im
HSC erlaubt eine grobe Einteilung in Strukturklassen. Alle Strukturen er-
zeugen HFC und HKC, während linienförmige Strukturen, die als besonders
lange, schmale Flecken betrachtet werden können, neben HFC und HKC auch HLC
erzeugen. Strukturen ohne HLC werden als kompakt (Fig. 2a,d), solche mit
HLC als linienhaft (Fig. 2b,c) bezeichnet. Enthalten alle Inseln einer
Struktur HFC und HKC und bilden alle Elemente des HLC einen gemeinsamen
Codebaum, so handelt es sich um eine unverzweigte, linienhafte Struktur
(Fig. 2b). Enthalten alle Inseln HFC und HKC und bilden die Elemente des
HLC mehrere Codebäume, so enthält die Linienstruktur Vertices (Fig. 2c).
Enthalten hingegen nicht alle Inseln mit HFC auch HKC und die Elemente des
HLC bilden Codebäume, so handelt es sich um zusammengesetzte Strukturen
mit linienhaften und kompakten Komponenten (Fig. 2f). Eine weitere Gruppe
von Strukturklassen wird durch Mengenoperationen zwischen Codeelementen des
Kontrasttyps hell (t=b; h; h*) und des Kontrasttyps dunkel (t=d; ℓ; ℓ*) zu-
gänglich (Fig. 2g,h,i). Alle Objekte von Fig. 2g können z.B. durch helle
Flecken innerhalb dunkler Flecken beschrieben werden.

Als besonders leistungsfähig erweist sich bei der Beschreibung von Strukturen das Konzept der "offenen Flecken", zu dem zunächst einige einführende
Erläuterungen gegeben werden sollen. Ein heller Fleck (Fig. 1a) erzeugt an
den Pixels mit Wert P nach (1),(2) und (3) Marken H, die nach Regel (4) als
HFC des Typs t=h codiert werden. An den Randpixels mit Wert M ist (3) nir-
gends erfüllt, es werden nur Marken L*, aber nach (4) kein Code erzeugt. In
einem Laplace-Bild höherer Auflösung hat der Fleck im Inneren Pixels mit
Wert N, einen inneren Rand mit Werten P und einen äußeren Rand mit Werten
M. Dann erzeugt der äußere Rand wieder Marken L*, aber auch der innere Rand
erzeugt jetzt Marken H* und der gesamte Fleck erzeugt nach (4) keinen HFC.
Hat der Fleck jedoch eine Ausbuchtung, wie z.B. die Birne in Fig. 1b, so
werden bei höherer Auflösung Marken H in der Ausbuchtung, am restlichen
inneren Rand Marken H* erzeugt. Nach Regel (4) werden also an der Stelle,
an der die Marken H der Ausbuchtung mit den Marken H* des inneren Randes
zusammentreffen, Codeelemente des Typs t=h* erzeugt und die Ausbuchtung
wird als "offener Fleck" codiert. Die Bezeichnung "offen" wurde deshalb gewählt, weil die Ausbuchtung an der Stelle, an der sie in das größere Gebiet
übergeht, keinen Rand hat. Dieser Codetyp ist für die Beschreibung und Erkennung von Objekten deshalb so wichtig, weil er Teilstrukturen sichtbar
macht und deren Relation zur Gesamtstruktur ausdrückt. So wird in Fig. 3a

die Gesamtstruktur eines Chromosoms in der Auflösungsebene |4;0> als umran-
deter Fleck codiert, während in Fig. 3b bei doppelter Auflösung in |3;0>
die Komponenten "Arme" als offene Flecken codiert sind. Dabei tritt in den
Komponenten der offene HFC an den Stellen auf, an denen die Komponenten in
die Gesamtstruktur übergehen und beschreibt so die Relationen einer Struktur. Der offene HFC ist deshalb geeignet, die Klassen der zusammengesetzten
Strukturen zu kennzeichnen (Fig. 2d,e,f). Eine - auf den ersten Blick nicht
erkennbare - Weiterführung dieses Konzepts besteht darin, Ausstülpungen des
Hintergrundes zur Beschreibung heranzuziehen. So kann der untere offene
Teil "A" (Fig. 4a) als Ausstülpung des Hintergrundes, also als heller offener Fleck beschrieben werden.

Da Strukturklasse, Komponenten sowie deren Form und Relationen durch einfache Operationen im HSC bestimmbar sind, scheinen diese mit dem HSC verknüpften Begriffe eine gute Basis für die Modellierung und Erkennung von
Objekten zu bilden.

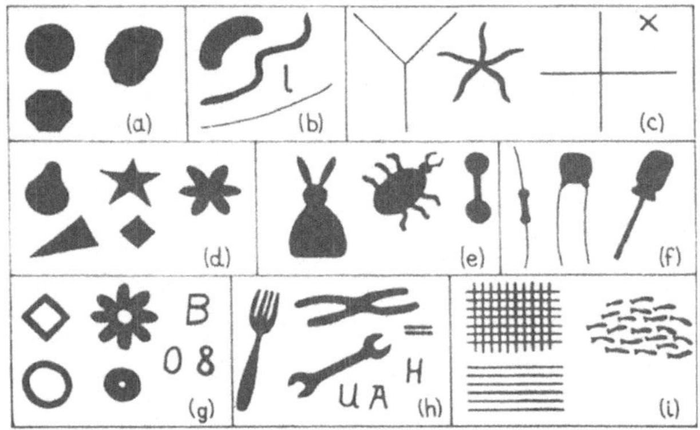

Fig. 2:
Nach einer (vorläufigen) Klasseneinteilung sind Strukturen "einfach kompakt" (a), "unverzweigt linienhaft" (b), "linienhaft mit Vertices" (c),
"zusammengesetzt aus kompakten Komponenten" (d), "mehrstufig zusammengesetzt" (e), "zusammengesetzt aus linienhaften und kompakten Komponenten"
(f). Weitere Klassen bilden Strukturen "mit eingeschlossenen Komponenten"
(g), "mit Einbuchtungen" (h) sowie komplexere Strukturen, für die nur einige Beispiele gegeben sind (i).

Literatur:

[1]   G. Hartmann: Erzeugung und Verarbeitung hierarchisch codierter Kon-
      turinformation, VDE-Fachberichte <u>35</u>, VDE-Verlag (1983) 378-383

[2]   G. Hartmann, S. Drüe: Erkennungsstrategien bei Bildern mit hierar-
      chisch codierten Konturen, Informatik-Fachberichte <u>87</u>. Springer-
      Verlag (1984), 120-126

01-07-1985 15:49# Chromo   01-07-1985 15:01# Chromo

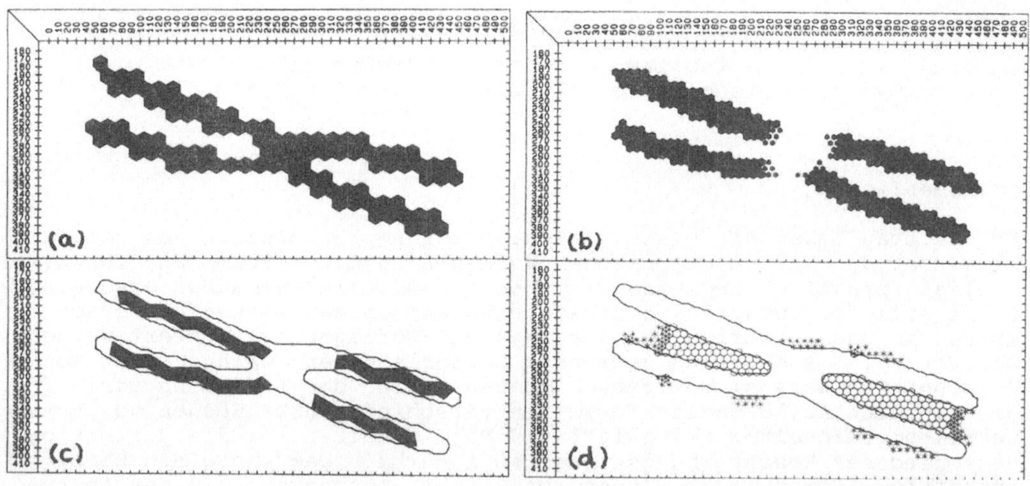

Fig. 3:
In der Ebene |4;O> zeigt der HFC des Typs t=ℓ das Chromosom als umrandeten
Fleck (a), in der Ebene |3;O> doppelter Auflösung zerfällt der HFC in vier
offene Flecken (b). Das gleichzeitige Auftreten von HLC im Bereich der
Arme (c) kennzeichnet diese als linienhafte Komponenten, die hellen offenen Flecken (d) kennzeichnen eng benachbarte Arme.

01-07-1985 17:06# AFleck   01-07-1985 17:56# AFleck

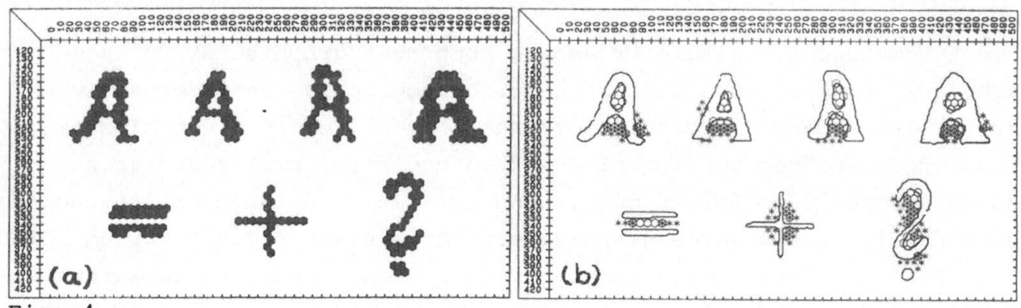

Fig. 4:
Der dunkle (a) und helle (b) HFC beschreibt sehr unterschiedlich geformte
Buchstaben A stets gleich: In einem dunklen, seitlich begrenzten (Kantencode in b) Fleck ist oben ein heller umrandeter Fleck eingeschlossen, unter
liegt ein heller offener Fleck. Die Striche des = werden durch einen heller
offenen Fleck "verbunden".

01-07-1985 16:38# K2Fleck   01-07-1985 16:22# K2Fleck

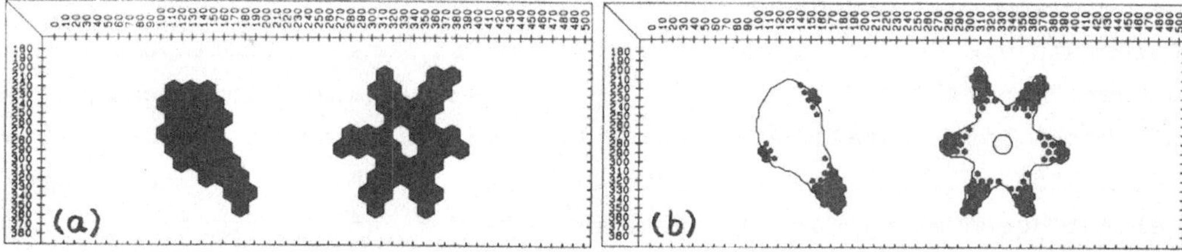

Fig. 5:
Die Objekte "Birne" und "Blume" zeigen, wie der HFC zusammengesetzter Strukturen bei höherer Auflösung zerfällt und die wichtigen Komponenten kennzeichnet.

Eine Systematik formaler Beschreibungen von Graphiken

Th. Gude, V. Märgner, E. Paulus
Institut für Nachrichtentechnik
Technische Universität Braunschweig

Zusammenfassung

Der Beitrag behandelt einen Vorschlag zur Repräsentation des Vorwis-
sens über den Aufbau graphischer Vorlagen in einer Form, die für eine
Vielfalt praktisch bedeutsamer Typen von Graphik anwendbar erscheint.
Damit soll der Entwurf von flexiblen Systemen zur wissensbasierten
Erfassung und Auswertung von graphischen Vorlagen erleichtert werden.
Der Vorschlag sieht eine getrennte Behandlung der Vorlage (oder von
Ausschnitten daraus) bei verschiedenen Stufen der Auflösung vor; für
die einzelne Auflösungsstufe werden verschieden hohe Ebenen von Beschreibungseinheiten festgelegt und Möglichkeiten für die Definition
verschiedener Beschreibungseinheiten innerhalb der einzelnen Ebene
angedeutet. Verschiedene Typen von Graphik können sich in der Abstu-
fung der Auflösung, der Anzahl der Beschreibungsebenen für jede Auflösungsstufe, der Anzahl von Beschreibungseinheiten auf jeder Ebene
und in den für die Unterscheidung dieser Einheiten wesentlichen Merkmalen unterscheiden.

1. Einleitung

Die automatische digitale Erfassung komplexer graphischer Vorlagen
z.B. aus verschiedenen Bereichen der Kartographie, aber ebenso auch
aus vielen anderen Bereichen, erfordert im allgemeinen den Einsatz
von Vorwissen über den formalen Aufbau und die Thematik der graphischen Darstellung. Selbst dann, wenn nur Linienverläufe erfaßt und/oder
augenfällig verschiedene graphische Symbole klassifiziert werden sollen, kann eine mehr oder weniger gründliche wissensbasierte Interpretation notwendig werden, da herkömmliche Verfahren der Signalverarbeitung und Mustererkennung allein nur selten eine genügend verläßliche
Lösung der Extraktions- und Klassifikationsaufgaben erlauben - sei es
wegen zu geringer Qualität der Vorlage (z.B. bei Handzeichnungen) oder
sei es wegen des komplexen Aufbaus der Graphik (z.B. bei mehreren übereinander gedruckten Teilgraphiken). In heutigen Erfassungssystemen wird
das Problem häufig dadurch umgangen, daß die Klassifizierung von Symbolen und die Erfassung der interessierenden Punkte, Linien und Regionen "manuell" erfolgt (z.B. [1]), so daß die anschließenden automatisierten Interpretationsverfahren bereits von verläßlichen Daten ausgehen können. Die automatisierte Erfassung graphischer Grundelemente
gelingt gegenwärtig nur bei Systemen, die auf ganz bestimmte Typen von
Vorlagen abgestimmt sind (s. z.B. [2]). Universell einsetzbare Systeme
sind bisher noch kaum über das Planungsstadium hinausgekommen (s. z.B. [3]).

Im allgemeinen liefert der Sensor "Beobachtungen", die nur vage und
größtenteils miteinander konkurrierende Hypothesen über graphische
Grundelemente (Primitive) erlauben. Indem unter Einsatz von Vorwissen
auch übergeordnete Hypothesen über zulässige und sinnvolle komplexe
Anordnungen von Grundelementen aufgestellt, bewertet und nach einer
Überprüfung entweder verworfen oder weiterverfolgt werden, sollte sich
nach und nach die Anzahl der noch verfolgten Hypothesen so verringern,
daß schließlich verläßliche Entscheidungen über die vorliegenden Beobachtungen getroffen werden können.

Eine der zentralen Fragen für die Zusammenstellung und den Betrieb
von Systemen zur wissensbasierten Erfassung und Auswertung von graphischen Vorlagen betrifft die Repräsentationsform des Vorwissens über
die Regeln, nach denen die betrachteten Vorlagen aufgebaut sind. Trotz
der Vielfalt tatsächlich vorkommender und denkbarer Typen von Graphik
wurde der Versuch unternommen, eine einheitliche und möglichst universelle Darstellungsform für die von Typ zu Typ verschiedenen Regelwerke
aufzustellen.

2. Grundzüge der Darstellungsform

Im allgemeinen sind mehrere Stufen der Auflösung und auf jeder Stufe
mehrere verschieden hohe Beschreibungsebenen vorgesehen. Auf jeder
Ebene wird die Graphik als Anordnung von bestimmten Beschreibungseinheiten aufgefaßt. Einheiten auf einer bestimmten Ebene sind als gesetzmäßige Anordnungen von Einheiten der niedrigeren Ebenen definiert. Auf
der untersten Ebene werden zwei Typen von Primitiven, nämlich "unverzweigte durchgezogene Liniensegmente" und "einteilige Objekte kleiner
Ausdehnung mit geschlossener Außenkontur" verwendet. Für die darüber-
liegenden Ebenen sind der Reihe nach folgende Einheiten vorgesehen:

- "Muster", das sind kleinräumige gesetzmäßige Anordnungen von mehreren
  Primitiven kleiner Ausdehnung, d.h. gleichsam mehrteilige Objekte
- zwei Typen von "Texturen", nämlich linienhaft und flächenhaft ausge-
  dehnte Anordnungen von Primitiven und/oder Mustern nach einer orts-
  unabhängigen Gesetzmäßigkeit
- "Liniennetze" und "Regionen".

Die Einheiten auf allen noch höheren Ebenen sollen als "Strukturen" bezeichnet werden.

"Liniennetze" bestehen aus Linienendpunkten und Verzweigungspunkten,
den sogenannten Knoten, und den zwischen jeweils zwei Knoten verlaufen-

den unverzweigten Liniensegmenten. Solche unverzweigten Liniensegmente
brauchen nicht durchgezogen (d.h. ein Primitiv) zu sein, sondern können auch durch eine "linienhafte Textur" oder durch eine "Texturgrenze" gegeben sein. "Regionen" sind als Maschen in einem Liniennetz definiert. "Strukturen" sind gesetzmäßige Anordnungen von Liniennetzen,
Regionen, Mustern, die keiner Textur angehören, und Primitiven, die
keinem Muster und keiner Textur angehören. Bild 1 gibt in Netzform
einen Überblick über die Beschreibungseinheiten einer einzelnen Auf-

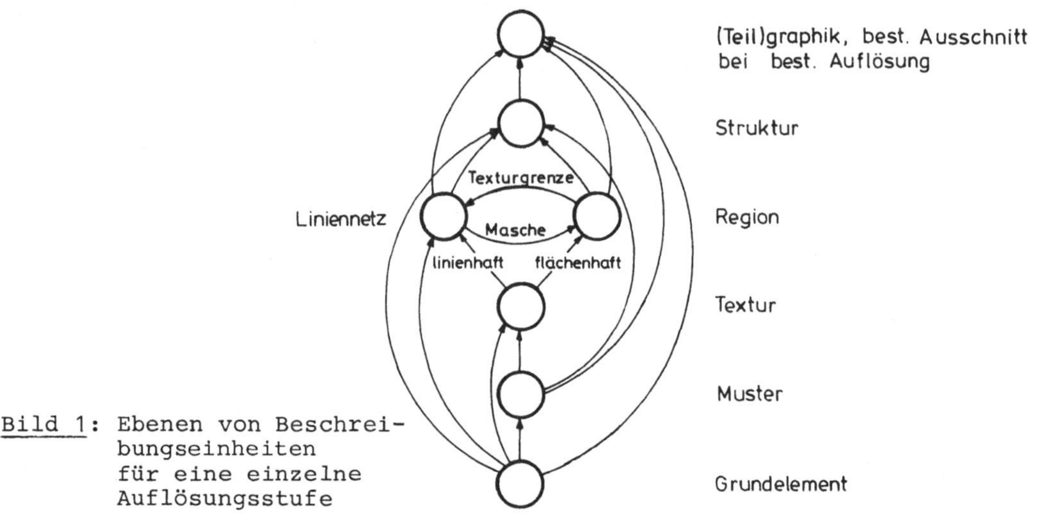

Bild 1: Ebenen von Beschreibungseinheiten
für eine einzelne
Auflösungsstufe

lösungsstufe. Der Einfachheit halber ist nur eine einzige Ebene mit
"Strukturen" angenommen. Ein von einer Einheit ausgehender Pfeil zeigt
an, daß diese Einheit in bestimmter Weise zum Aufbau einer übergeordneten (bzw. nebengeordneten) Einheit beitragen kann.

Im allgemeinen gibt es auf jeder Ebene verschiedene Klassen von gleich-
rangigen Beschreibungseinheiten, d.h. auf der untersten Ebene verschiedene Klassen der beiden Primitivtypen, auf der nächsthöheren Ebene verschiedene Klassen von Mustern und danach verschiedene Klassen von Liniennetzen, Regionen und Strukturen. Zur Unterscheidung der Klassen
müssen geeignete Merkmale festgelegt sein. Als Merkmale eines durchge-
zogenen Liniensegmentes (Primitiv) kommt z.B. die Strichstärke, die
Länge sowie auch Formmerkmale des Verlaufs in Betracht. Für ein ein-
teiliges Objekt (Primitiv) sind als Merkmale z.B. die Fläche, der Umfang sowie Formmerkmale des Konturverlaufs denkbar. Merkmale höherer
Einheiten richten sich nach den Merkmalen der Untereinheiten und nach
den Gesetzmäßigkeiten der Anordnungen dieser Untereinheiten.

Bild 2 zeigt auszugsweise das Netz der Beschreibungseinheiten für bestimmte geomorphologische Karten. In Bild 3 ist ein Beispiel für eine solche Karte zu sehen.

In dem vergrößert dargestellten Ausschnitt ist zur Veranschaulichung explizit eine durchgezogene Linie eingezeichnet, die in der wirklichen Vorlage nicht als explizit gezeichnete Linie, sondern nur implizit als Texturgrenze vorkommt. Im wesentlichen sind in Bild 2 gerade diejenigen Einheiten angegeben, die in dem in Bild 3 vergrößert wiedergebebenen Kartenausschnitt vorkommen.

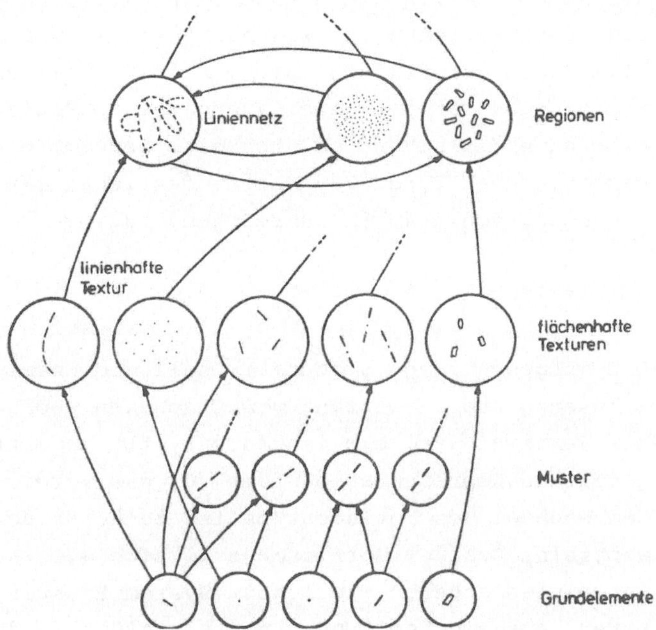

Bild 2: Beispiele für Beschreibungseinheiten zur Verwendung bei geomorphologischen Karten

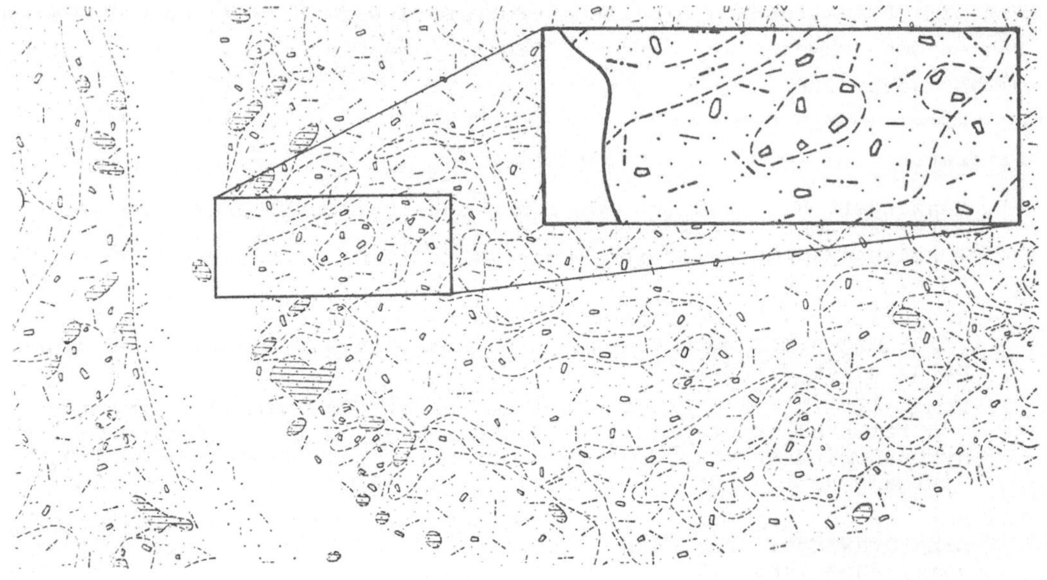

Bild 3: Geomorphologische Karte als Beispiel für eine "komplexe" Vorlage

Bei der Darstellung in Netzform müssen nicht nur die durch Knoten repräsentierten Beschreibungseinheiten auseinandergehalten werden, sondern auch die einzelnen Kanten (Pfeile), da sie im allgemeinen verschiedene Beziehungen zwischen jeweils zwei Einheiten anzeigen. In der bildlichen Darstellung (siehe Bild 2) sollten die Kanten daher Bezeichnungen für die jeweils angezeigte Beziehung tragen. Es bleibt noch zu untersuchen, ob sich eine bestimmte nicht allzu große Anzahl verschiedener Typen von Kanten festlegen läßt, die für die Zwecke der Erfassung von Graphik ausreichend ist.

3. Ausblick

Die vorgeschlagene Systematik soll die Entwicklung eines Systems zur Erfassung und Auswertung von Graphiken wechselnden Typs erleichtern. Als Fernziel wird ein Baukastensystem angestrebt, das auf eine einheitliche Repräsentationsform für das Vorwissen abgestimmt ist. Mit dem Wechsel des Vorlagentyps ist zunächst der Inhalt des Vorwissens zu wechseln. Aus dem Vorwissen soll sich aber auch leicht erkennen lassen, an welchen anderen Stellen im System Bausteine (z.B. Merkmalsextraktoren) ausgewechselt oder neu eingefügt werden müssen. Bezüglich der verschiedenen Auflösungsstufen dürfte es vorteilhaft sein, wenn bereits der Sensor diese Möglichkeit unterstützt, wie es z.B. bei dem an anderer Stelle beschriebenen Video Scan System [4] der Fall ist.

Die hier beschriebenen Arbeiten werden seit Herbst 1984 von der DFG im Rahmen des Schwerpunktprogramms "Digitale geowissenschaftliche Kartenwerke" gefördert.

Literatur

[1] Ranzinger, H.: Organisation von Wissen zur Fortführung von Karten mittels kenntnisgestützter Bildanalyse. In: Mustererkennung 1984, Proc. DAGM/ÖAGM Symposium, Graz, Okt. 1984. Informatik-Fachberichte 87, Berlin, Springer Verlag 1984, 270-275.

[2] Nackunstz, I.: Automatische Erfassung von kartographischen Strichzeichnungen mit Methoden der Bildverarbeitung. Geologisches Jahrbuch, Reihe A, Heft 10, 1983, 27-37.

[3] Domogalla, U.: Ein Expertensystem für die automatische Erfassung von technischer Graphik. In: Mustererkennung 1984, Proc. DAGM/ÖAGM Symposium, Graz, Okt. 1984. Informatik-Fachberichte 87, Berlin, Springer Verlag 1984, 297-303.

[4] Märgner, V. u. Nackunstz. I.: An Automatic System for Digitizing Line Drawings. Proc. 4th Scandinavian Conf. Image Analysis, Trondheim, June 1985, 777-784.

Fast Smoothing of Digital Curves [1]

by Albrecht Hübler *

and Volker Wedler *

Friedrich-Schiller-University

Jena

Abstract:

This paper presents ideas to remove noises from digitized curves, i.e.
to smooth digital curves. It will be given an exact definition of curve
smoothing. A curve smoothing in this sense can be useful as a possible
preprocessing step before visualization or before the application of
further algorithms working on digital curves. Finally a method is
described, which yields to fast linear time algorithms for smoothing
of digital curves.

1. Introduction

In digital image processing the treatment of digital curves is a very
important task. Approximation of digital curves by sequences of real
straight line segments (polygonal approximation) plays a central role.
There are several methods to solve this problem (cp. [1-5]).

The treatment of noises can be a problem to be solved. Assume that
there are relatively long straight lines in a considered picture. In
most of all practical cases such long lines after scanning and digi-
tization are represented as digital curves which in general are not
digital straight line segments in a strong sense according to [6] , but
digital straight line segments with small noises.

Therefore, those methods which recognize digital straight line segments
according to the strong definition (cp. [1,2]), would produce a number
of straight line segments to approximate a digital curve which
represents only one straight line segment. In many cases this is true,
also for polygonal approximation methods.

---

*Address: Friedrich-Schiller-University, Dept. of Mathematics,
          Image Processing Laboratory, DDR-6900 Jena, UHH
          German Democratic Republic

(1) This paper is a revised version of [7] (see references).

We present two methods for smoothing digital curves, i.e. for removal of noises, to enable approximation procedures to produce better results. Smoothing of digital curves can also be thaught as a preprocessing step before application of other algorithms or simply before visualization.

2. The curve smoothing problem

First, we define the problem in the Euclidean plane $\mathbb{R}^2$, where $\mathbb{R}$ denotes the set of real numbers.

Let d be a metric in $\mathbb{R}^2$ and C a rectifiable curve with starting point B and endpoint E. For a positive real number s and any point $P \in \mathbb{R}^2$ we call

$$N(P,s) = \left\{ Q: Q \in \mathbb{R}^2 \wedge d(P,Q) < s \right\}$$

the s-neighborhood of P. Analogously we call T(C,s) the s-tube of C which is defined by

$$T(C,s) = \left\{ Q: Q \in \mathbb{R}^2 \wedge \text{there exists a } P \in C \text{ with } Q \in N(P,s) \right\} \, .$$

Now we can define an s-approximation C' of C as a rectifiable curve which fulfils the following conditions (1) to (3) :

$$(1) \; C' \subseteq T(C,s) \quad (2) \; B' \in N(B,s) \quad (3) \; E' \in N(E,s) \, ,$$

where B' and E' are starting and endpoint of C', respectively. An s-approximation C' of C is a s-smoothing of C if and only if $l(C') \leq l(C)$, where l denotes the curve length. An s-smoothing C' of C we call an ideal s-smoothing if for all s-smoothings C'' of C holds $l(C') \leq l(C'')$.

If we replace the Euclidean plane $\mathbb{R}^2$ by digital plane $\mathbb{Z}^2$ (where $\mathbb{Z}$ denotes the set of all integers), d by a metric in $\mathbb{Z}^2$, and C, C', C'' by digital curves we get the precise definition of smoothing of digital curves (i.e. by 8-connencted point sequences in the $\mathbb{Z}^2$-grid). For our further considerations we use the well known maximum metric d_8 or the so called manhattan metric d_4, which for points P=(x,y) and Q=(u,v) are defined by

$$d_8(P,Q) = \max \; (\,|x-u|\,,\,|y-v|\,) \qquad d_4(P,Q) = |x-u| \, + \, |y-v| \, .$$

In the next section we present a framework to design algorithms for
smoothing digital curves in the above defined sense.

3. Algorithms for smoothing digital curves

The algorithmic sulutions presented in this section follow the same
basic ideas:
For any grid point P and an integer parameter k we define a certain
set of grid points in a "neighbourhood" of size k of P to be a test
region k-REG(P).
For fixed parameter k and a fixed kind of test region a digital curve C,
represented by the ordered grid point sequence $C(1),...,C(n)$, is then
processed according to the following rules:

1. Start with $P:=C(1)$. Initialize output curve C' **as empty point
   sequence.**
2. **Follow the curve until the first** point $C(i+1)$ is found which
   doesn't belong to k-REG(P). Let $Q:=C(i)$.
   If no such point $C(i+1)$ exists, define $Q:=C(n)$.
3. Call a subroutine CONNECTION which computes a digital curve with
   start point P and endpoint Q, the length of which is smaller
   (if possible) or equal to the length of the segment of the
   original curve C connecting P and Q.
4. Concatenate the resulting curve segment procedured in step 3
   to C', thus actualizing the output curve C'.
5. If $Q=C(n)$ the algorithm stops. Otherwise define $P:=Q$ and proceed
   with step 2.

This algorithmic frame can be completed to a unique algorithmic procedure
by fixing the parameter k, the kind of test region and the subroutine
CONNECTION. This can be done in various ways. The choose of the kind
of the test region and of parameter k, obviously, has essential
influence to the smoothing properties of the resulting algorithm.
Indeed, the parameter s for which the produced output curve C' is an
s-smoothing of C depends not only, but, essentially on the kind of test
region and on parameter k. The subroutine CONNECTION, in any case has
to produce a geodesic, i.e. a shortest line segment, connecting P and
Q, because this is the only way to guarantee that the length of the
new curve segment between P and Q will be not greater than that of the
old one.

Some good results were received using a "disk" shaped and a star shaped test region, respectively. The subroutine CONNECTION we defined to produce a digital straight line segment as a special case of geodesic, simply by digitizing the real straight line segment connecting P and Q.

Let be given a metric d in the digital plane $\mathbb{Z}^2$ and a fixed parameter k. Then we define the disk shaped thest region around a point P

$$\text{K-DISK(P)} := \left\{ S: S \in \mathbb{Z}^2 \text{ and } d(P,S) \leq k \right\}$$

to be the disk with midpoint P and radius k, with respect to metric d (see Fig. 1).

The star shaped test region is defined by

$$\text{k-STAR(P)} := \left\{ S: S \in \mathbb{Z}^2 \text{ and } (|x(P)-x(S)| \leq k \text{ or } |y(P) - y(S)| \leq k \text{ or } \big||x(P)-x(S)| - |y(P)-y(S)|\big| \leq k \right\},$$

thus representing a star with center P and 8 infinitely long arms, each of thickness 2k (see Fig. 2).

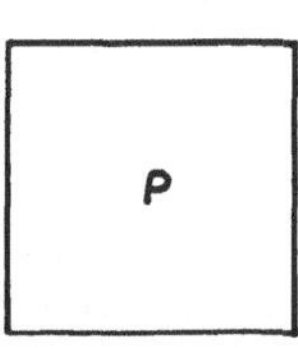

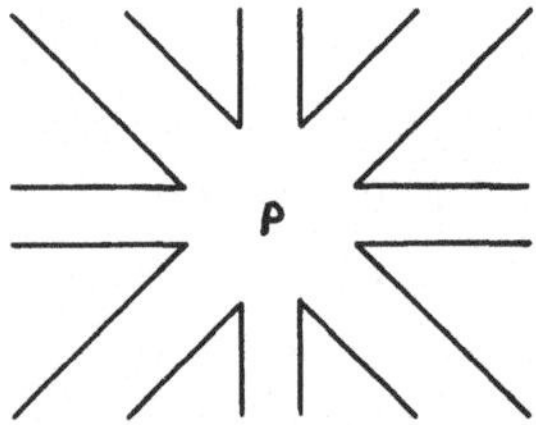

Fig. 1: k-DISK(P) with respect to metric d_8

Fig. 2: k-STAR(P)

The following results can be shown easily:

Proposition 1: Using k-DISK(P) with respect to d_4 or to d_8 and measuring smoothing parameter s with respect to d_8 the presented algorithm yields an s-smoothing with $s \leq k/2$.

Proposition 2: Using k-DISK(P) with respect to d_8 and measuring smoothing parameter s with respect to d_4 the presented algorithm yields an s-smoothing with $s \leq k$.

Proposition 3: Using k-DISK(P) with respect to d_4 and measuring smoothing parameter s with respect to d_4 the presented algorithm yields an s-smoothing with $s \leq k/2$.

Proposition 4: Measuring smoothing parameter s with respect to d_8 and using k-STAR(P) the algorithm yields an s-smoothing with $s \leq k$.

Propostion 5: Measuring smoothing parameter s with respect to d_4 and using k-STAR(P) the algorithm yields an s-smoothing with $s \leq 2k$.

Remark, that the smoothing procedures based on disk shaped test regions are vary easy to implement and the resulting algorithms run very fast.

4. Concluding remarks

Smoothing methods for digital curves based on disk or star shaped test regions lead to very simple and fast algorithms.
They can be adapted to practical requirements by choose of parameter k. Further variations, for example, the introduction of a second parameter to enable a more sensitive adaption, or amother kind of CONNECTION subroutine (producing the output curve in a new grid with grid constant k, assuming the grid constant of the original grid to be 1) are possible (see [7]).

At last let us remark, that the problem of computing an ideal s-smoothing (which seems to be only of theoretical interest) with the help of some shortest path algorithms presented in [8] can be solved within linear time too.

5. References

[1]   Creutzburg,E., Hübler,A., Wedler,V.; On-line-Erkennung digitaler
       Geradensegmente in linearer Zeit; Proc. GEOBILD'82, Symp.
       über geometrische Probleme der Bildverarbeitung, Georgenthal,
       Dec. 1982; Wiss. Beiträge der FSU Jena; 48-65

[2]   Creutzburg,E., Hübler,A., Sykora,O.; Geometric methods for one-line
       recognition of digital straight line segments; to appear

[3]   Sklansky,J., Gonzales,V.; Fast polygonal approximation of digitized
       curves; Proc. IEEE Conf.Patt.Rec. and Image Processing,
       Chicago, 1979; 604-609

[4]   Williams; Bounded straight line approximation of digitized
       planar curves and lines; Comp. Graphics and Image Processing,
       16(1981) 4; 370-381

[5]   O'Rourke,J.; An on-line algorithm for fitting straight lines
       between data ranges; Comm.ACM, 1981, 9; 574-578

[6]   Rosenfeld,A.; Digital straight line segments; IEEE Trans.
       Computers, 23, 1974; 1264-1269

[7]   Hübler,A., Wedler,V.; Smoothing of digital curves - a theoretical
       approach and practical algorithms; Proc. GEOBILD'85, Symp.
       über geometrische Probleme der Bildverarbeitung, Georgenthal,
       Jan. 1985; Wiss. Beiträge der FSU Jena

[8]   Hübler,A., Klette,R., Werner,G.; Shortest path algorithms for
       graphs of restricted in-degree and out-degree; Elektron.
       Inf.-Verarbeitung und Kybernetik, EIK-18, 3, 1982; 141-151

Georg Nees

Expertensysteme für die Mustererkennung -

Stand und Aussichten

<u>Zusammenfassung</u>

Expertensysteme sind "wissensbasierte" und "intelligente" Dialogsysteme, die mit Hilfe einer "Inferenzmaschine" zum Ziehen logischer
Schlüsse fähig sind. Die Wissenbasierung beruht dabei auf Fakten und
geeigneten Sätzen von Regeln. Mustererkennungsorientierte Expertensysteme verwerten Information aus Sensorsystemen. Inferenzmaschinen
verknüpfen Fakten und Regeln vorwärtsverkettend beim Erschließen von
Konsequenzen, rückwärtsverkettend bei der Bestätigung von Hypothesen. LISP und PROLOG sind bevorzugte Programmiersprachen für den Bau
von Expertensystemen. Bei der Mustererkennung mit Hilfe von Expertensystemen muß Sensorinformation so aufbereitet werden, daß die
Regeln "greifen" können. Vierundzwanzig Mustererkennungs-Expertensysteme werden kurz beschrieben. Die weitere Entwicklung hängt von
neuer Hardware und besseren Methoden der Wissensverarbeitung ab,
wobei Mustererkennung und Künstliche Intelligenz Hand in Hand arbeiten müssen.

1. Künstliche Intelligenz und Expertensysteme

Allen Fachleuten für die Datenverarbeitung und vielen interessierten
Laien ist seit längerer Zeit die Bezeichnung "Künstliche Intelligenz" (abgekürzt "KI") geläufig.

Tatsächlich ereignete sich der wirkliche Durchbruch des KI-Gebiets
in die Öffentlichkeit jedoch erst im Jahr 1982, obgleich wesentliche
Pionierleistungen bis in die 50er Jahre zurückreichen /1/. Der Grund
für die plötzliche Aktualität ist das Bekanntwerden des erfolg-
reichen Einsatzes einer neuen Art von "intelligenten" dialogfähigen
und problemlösenden Computerprogrammen, die Expertensysteme genannt
wurden. Die wesentliche Bewegung vollzog sich in den USA, wo mit
Wagniskapital operierende Kreise mit höchstem Interesse vermerkten,
daß Expertensysteme medizinische Diagnosen stellen, Computersysteme
konfigurieren, ja bei der Entdeckung von Erz- und Öllagern helfen
können (/2/, /3/).

Der Begriff des Expertensystems ist eng mit der Entfaltung des
Teilgebiets "Knowledge Engineering" von KI verknüpft, das man auch
"Angewandte Künstliche Intelligenz" genannt hat (eine gute Einführung bietet /4/). Der deutsche Ausdruck "Wissenstechnologie"
meint das gleiche und umfaßt alle ingenieurmäßigen Methoden, die

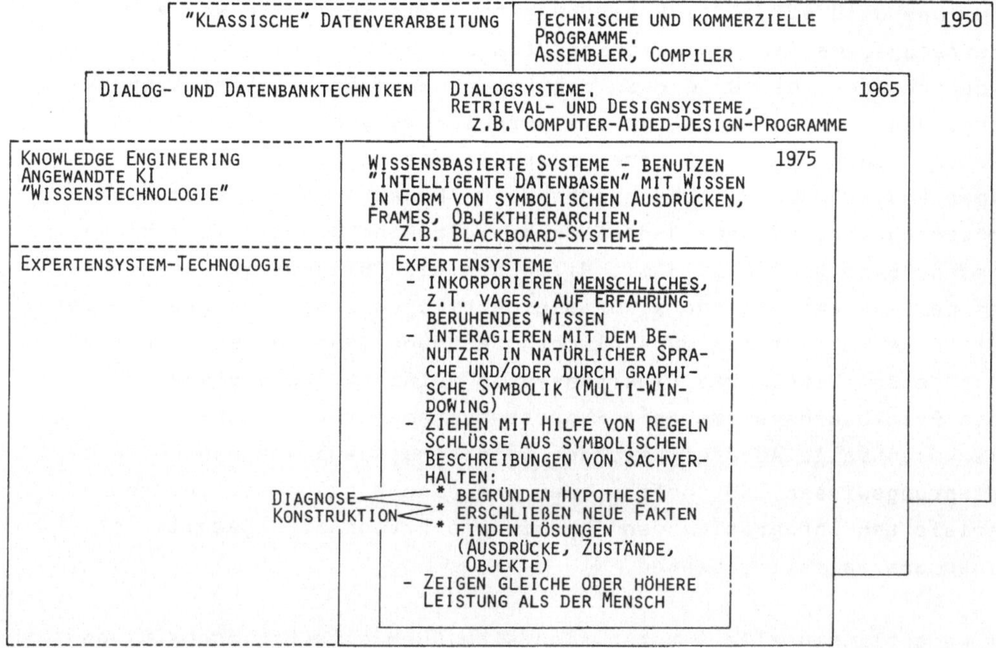

EXPERTENSYSTEME IM RAHMEN DER DATENVERARBEITUNG
BILD 1

der Analyse, Verarbeitung und Anwendung menschlichen Wissens in symbolischer Form dienen.

Wissenstechnologie geht insofern über "Klassische Datenverarbeitung" hinaus, als jetzt Wissens-"Partikel" logisch miteinander verknüpft und auseinander abgeleitet werden. Durch Übersetzung sprachlicher Ausdrücke in geeignete symbolische Form werden natürliche Sprachen wissentechnologischen Verfahren zugänglich und ermöglichen den Verkehr des Computers mit dem Benutzer mit Hilfe von Fachausdrücken und alltagssprachlichen Sätze. Durch solche Leistungen erweist sich auch die Computerlinguistik letzten Endes als Sparte der Wissenstechnologie. Die Expertensysteme selbst sind nichts anderes als besonders prominente Objekte wissenstechnologischer Bemühungen.

Die von Wissenstechnologie hervorgebrachten Datenverarbeitungssysteme werden als "wissensbasiert" bezeichnet. Bild 1 ordnet die wissensbasierten Systeme in die Geschichte der Datenverarbeitung

ein. Das Bild weist die Expertensysteme als spezielle wissensbasierte Systeme aus und definiert sie durch ihre wesentlichen
Eigenschaften. Die Grenze zu den Expertensystemen ist strichpunk-
tiert und damit absichtlich als durchlässig gekennzeichnet. In
der Tat zählen manche Autoren alle Blackboard-Systeme zu den
Expertensystemen /5/, obwohl das Wort "Experte" bei ersteren bzw.
letzteren verschiedene Bedeutung hat. Im Blackboard-System koope-
rieren "Experten"-Moduln mit Hilfe des als "Blackboard" bezeichneten gemeinsamen Speichers. Beim eigentlichen Expertensystem deutet
der "Experte" auf den menschlichen Fachmann (den "Human-Experten")
hin, dessen Wissen das Expertensystem aufnimmt. Es gibt jedoch
auch Blackboardsysteme, die Expertensystemcharakter haben.
Die essentielle Abhängigkeit der Expertensysteme von menschlichem
Erfahrungswissen läßt hoffen, daß sie eine Möglichkeit zur compu-
terisierten Integration von Theorie und Erfahrung - jeweils in
einem Spezialfall - bieten.

Im wesentlichen alle Autoren sind sich über eine Eigenschaft von
Expertensystemen einig: Sie sind auf der Basis gespeicherter Regeln zum Ziehen logischer oder kausaler Schlüsse fähig (s. 2). Man
betrachtet das Regelwissen der Expertensysteme deshalb als ihr
wichtigstes Merkmal und nennt sie auch regelbasierte Systeme.
Leider ist in der letzten Zeit die Unart aufgetreten, auch ferner-
liegende Dialogsysteme als "Expertensysteme" vorzustellen, wobei
man meistens gutgläubig der Suggestivkraft des Worts erliegt. Den
exzellenten unter den so benannten Systemen tut man damit jedoch
keinen Gefallen, denn es ist nicht zu leugnen, daß der Bau von
Expertensystemen eine sehr junge und zum Teil unausgereifte Technologie darstellt (siehe Abschnitt 4 und /6/ bis /8/).

Die Definition des Expertensystems in Bild 1 weist auf zwei Spiel-
arten hin, die allerdings in vielen Fällen nicht reinlich zu
trennen sind: Diagnosesysteme einerseits, Konstruktions- bzw.
Konfigurationssysteme andererseits. Die ersteren diagnostizieren
vornehmlich Fehlfunktionen, entweder beim Menschen oder in einer
Maschinerie (oder in Zukunft in irgendwelchen anderen formal be-
schreibbaren - etwa soziologischen - Systemen). Für das typische
medizinische Diagnosesystem MYCIN s. /4/ bis /6/. Ein System zur
Konfigurierung von Datenverarbeitungsanlagen ist das bekannte XCON
/7/. Systeme von beiderlei Bauart für Mustererkennungsaufgaben

werden in Abschnitt 4 behandelt.

Was Bild 1 überhaupt nicht ausschließt, ist das Einmünden nicht-
dialogischer Datenkanäle in ein Expertensystem. Sitzt am
Ende des Kanals ein geeignetes Sensorsystem, so hat man in der
Regel den für diesen Aufsatz bedeutsamen Fall des mustererken-
nungsorientierten Expertensystems vor sich. Expertensysteme können
auch über Ausgangskanäle selbsttätig in Geschehen eingreifen.

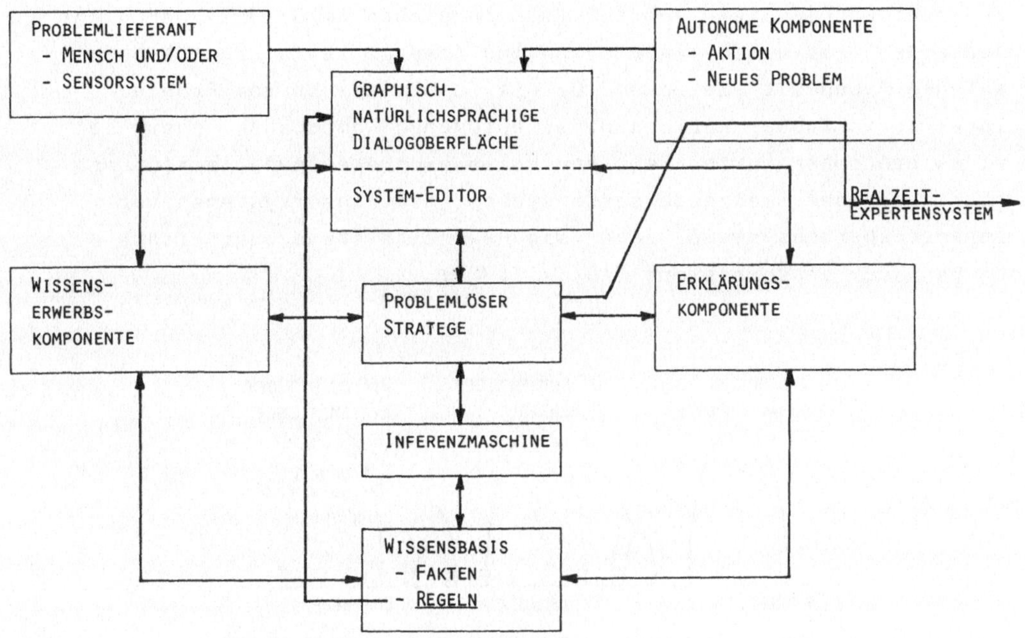

BLOCKSCHEMA EINES EXPERTENSYSTEMS
BILD 2

2. Wie funktionieren Expertensysteme?

Bild 2 zeigt das Blockschema eines Expertensystems. Allerdings
sind die einzelnen Blöcke in der Praxis nicht wirklich voneinander
getrennt. Die den Blöcken entsprechenden Funktionen sind jedoch
vorhanden. Es gibt eine Wissenserwerbskomponente, die das System
zur Aufnahme von Human-Expertise befähigt.

Ein problemlösender Stratege beeinflußt die schlüsseziehende Inferenzmaschine, die sich ihrerseits auf ein Wissensbasis von Fakten
und Regeln stützt. Jedes Expertensystem besitzt eine Erklärungs-
komponente, die dem Benutzer auf Verlangen offenlegt wie das
System zu seinen Schlußfolgerungen gekommen ist. Man beachte den
Aktionspfad, der von der Regelbasis zur Dialogoberfläche führt. Er
bezieht sich darauf, daß Regeln bei ihrer Aktivierung evtl. direkt
Auskunft vom Benutzer fordern.

Nicht jedes Expertensystem weist ein Sensorsystem als Daten-
und/oder Problemlieferant auf (s. links oben im Bild 2) und nicht
jedes kann mit Hilfe einer autonomen Komponente (s. rechts oben)
auf die Außenwelt einwirken. Da die (evtl. direkt vom Problem-
löser beeinflußte) Wirkung einer autonomen Komponente innerhalb
eines brauchbar kurzen Zeitintervalls eintreten muß, spricht man
hier von einem Realzeitexpertensystem. Mit Sensorsystemen ver-
sehene Expertensysteme, seien sie Realzeitsysteme oder nicht,
heißen auch sensorbasiert (/9/; s.a. 4).

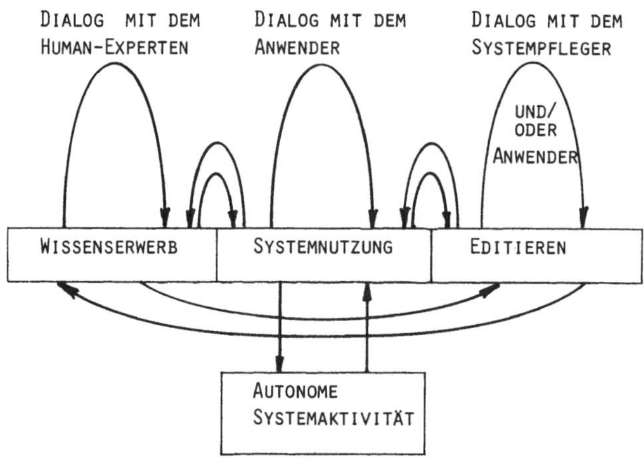

AKTIONEN IN EINEM EXPERTENSYSTEM
BILD 3

In Bild 3 sind die Übergangsmöglichkeiten zwischen den Hauptakti-
vitäten des Expertensystems dargestellt. Von großer Bedeutung ist
die jederzeitige Rückkehrmöglichkeit zu neuen Wissenserwerbspha-

Logische Wenn-dann-Regel:

WENN A_1 UND A_2 UND ... UND A_N GELTEN, DANN GILT AUCH K

Zusammenfassung der Antezedenten:

WENN A_1 & ... & A_N GILT, DANN GILT AUCH K

Übliche Kurzform:

A_1 & ... & $A_N \longrightarrow K$

Regel mit Konfidenzen:

A_1 MIT $C(A_1)$ & ... & A_N MIT $C(A_N) \longrightarrow K$ MIT $C(K)$

Kausale Deutung einer Wenn-dann-Regel:

WENN DIE URSACHEN A_1 UND ... UND A_N ZUSAMMENTREFFEN, DANN TRITT DIE WIRKUNG K EIN

Benutzt werden auch Regeln

A_1 & ... & $A_N \longrightarrow K_1$ & ... & K_M

Einfachste Regel:

$A \longrightarrow K$ (AUCH DEKLARATIVE REGEL GENANNT)

Imperative Regel (K ist eine Aktion):

WENN A GILT, DANN TUE K

Andere Ausdrucksweise für die imperative Regel:

WENN DER ZUSTAND A EINTRITT, DANN TUE K

MAN BEACHTE DABEI: K FÜHRT EINEN NEUEN ZUSTAND HERBEI

FORM UND BEDEUTUNG VON REGELN IN REGELBASIERTEN SYSTEMEN
BILD 4

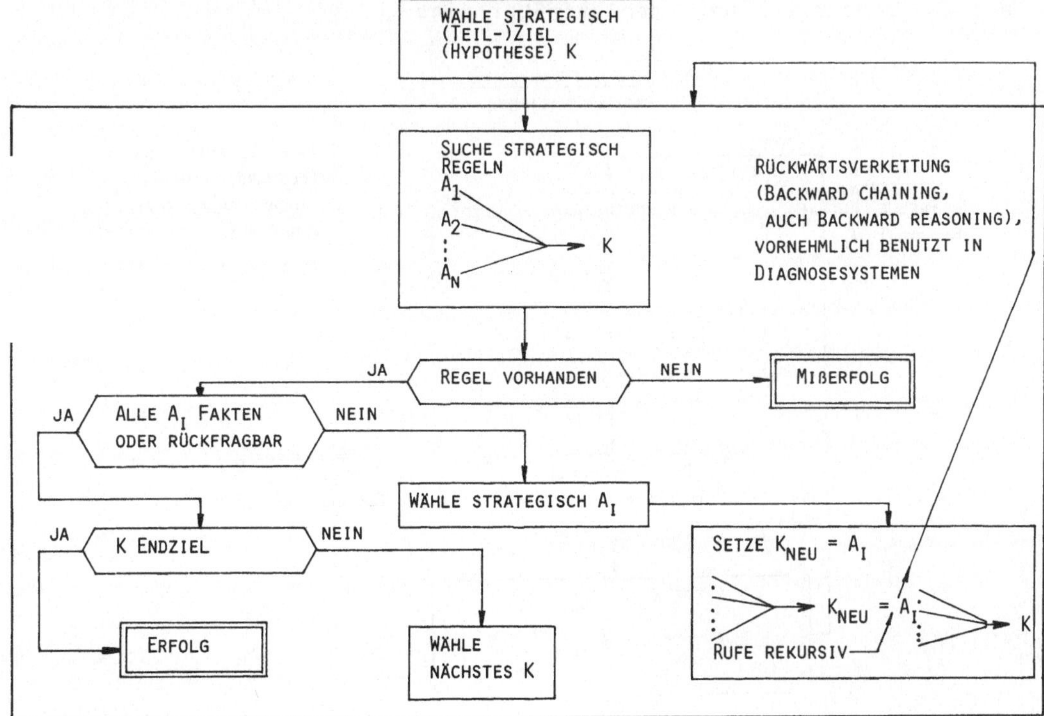

ALGORITHMUS FÜR RÜCKWÄRTSVERKETTUNG
BILD 5

sen. Mit den Bildern 4 bis 8 gelangen wir nun zur zentralen Aktivität des Expertensystems, nämlich der Arbeit der Inferenzmaschine (s.a. Bild 2) während der dialogischen Systemnutzung oder der autonomen Systemaktivität. Zunächst erklärt Bild 4 den Begriff der Regel. Die Inferenzmaschine verknüpft Regeln miteinander. Dies geschieht je nach Durchlaufungsrichtung in zwei grundsätzlich verschiedenen Modi: Wird die Regel von links nach rechts durchlaufen, so spricht man von Vorwärtsverkettung (forward chaining, forward reasoning). Rückwärtsverkettung (backward chaining, backward reasoning) erfolgt beim Durchlaufen von rechts nach links. Befassen wir uns zuerst mit der etwas schwerer zu verstehenden Rückwärtsverkettung, die nichts anderes darstellt, als ein logisches Beweisverfahren! Man geht von Hypothesen über einen zu klärenden Sachverhalt aus und stellt sich die Aufgabe, mindestens eine Hypothese K zu erhärten. Dann erklärt Bild 5, wie die Antezedenten von Regeln immer wieder rekursiv als Teilziele aufgefaßt werden, zu denen jeweils neue Regeln aus der Regelbasis gesucht werden - solange, bis man bei Fakten anlangt, die entweder in der Faktenbasis des Expertensystems vorhanden, oder beim Benutzer erfragbar oder von Sensoren erfaßbar sind.

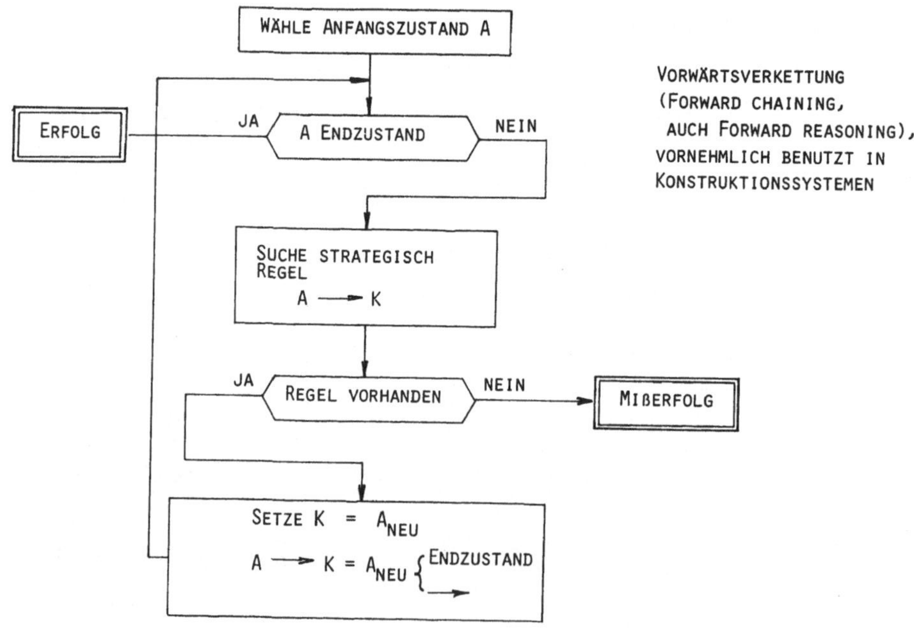

ALGORITHMUS FÜR VORWÄRTSVERKETTUNG
BILD 6

Vorwärtsverkettung dient der Konstruktion von Objekten oder der Herstellung von Zuständen, jedoch auch der logischen Ableitung einer Konsequenz aus Voraussetzungen. Wie Bild 6 zeigt, wird bei Vorwärtsverkettung der erschlossene Konsequent in einer einfachen Programmschleife jeweils als Antezedent der nächsten Regel benutzt. Selbstverständlich muß die neue Regel von der Strategie-komponente geeignet bestimmt werden und der Anschluß der beiden Regeln aneinander durch "Matching" gesichert sein. Konstruierende Vorwärtsverkettung kann auf interessante Weise in der Bildverarbeitung angewandt werden (/10/, s. 4). Eine sehr allgemeine Interpretation von Bild 6 ist jedoch die sensor- und regelbasierte Konstruktion einer Trajektorie (z.B. Bahn eines Mobils) in einem Phasenraum, wobei der erste Antezedent und die folgenden Konsequenten als Bahnpunkte gedeutet werden (s. nochmals Bild 2). Starke Verallgemeinerungen des Schemas von Bild 6 würden die Zulassung von Regeln mit mehreren Konsequenten und deren Parallel-auswertung bedeuten /11/.

In vielen Expertensystemen kommt sowohl Vorwärts-, als auch Rückwärtsverkettung zur Anwendung. Bild 7 erklärt zwei Gründe für diese Tatsache. Um beide Verkettungsarten sowie ihre Verknüpfung

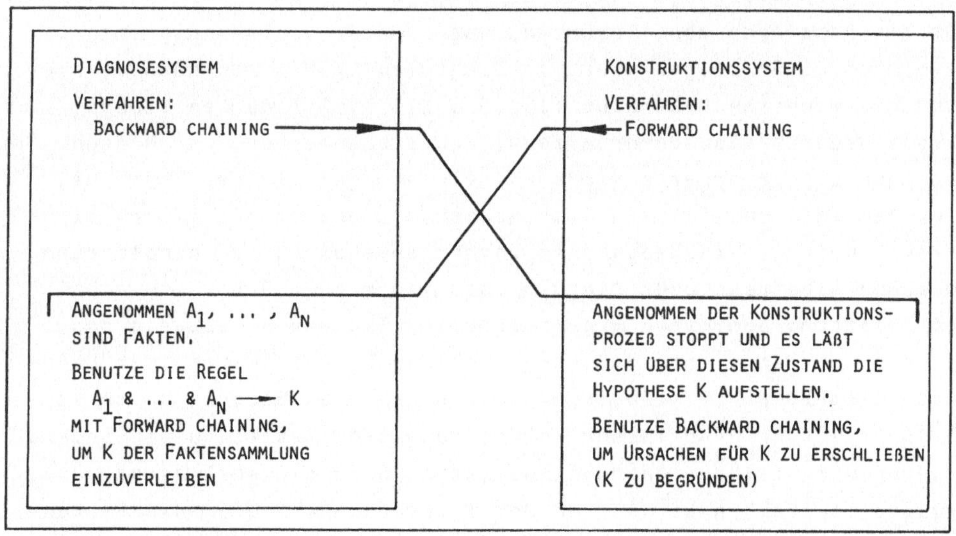

DIAGNOSESYSTEME BENÖTIGEN <u>AUCH</u> FORWARD CHAINING.
KONSTRUKTIONSSYSTEME <u>KÖNNEN AUCH</u> BACKWARD CHAINING BENÖTIGEN
<u>BILD 7</u>

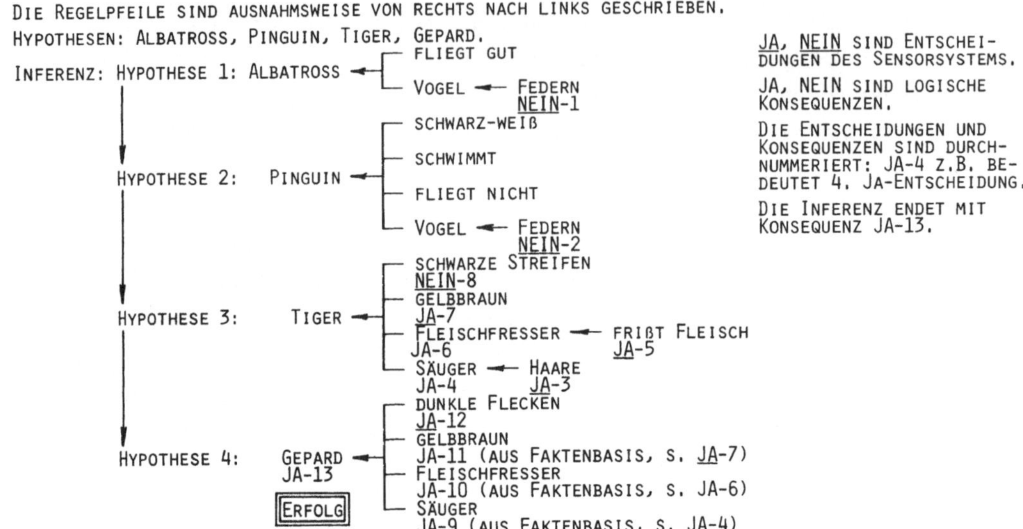

EINE DIAGNOSE EINES TIERERKENNUNGSSYSTEMS
BILD 8

zu verdeutlichen, zeigen wir in Bild 8 den vollständigen Ablauf eines Inferenzvorgangs. Zugrunde liegt ein Modellexpertensystem für die Ansprache von Tierarten, das in /12/ vollständig in der KI-Sprache LISP programmiert vorliegt (zu LISP s. 3; beachte hier auch die wichtige Literatur /13/ bis /16/). Wir deuten dieses System dadurch als sensorbasiert, daß wir annehmen, der Mensch erbringe die geforderte Bildanalyseleistungen: In der Startposition der Inferenz ist ein Tier gesichtet, dessen Art jedoch nicht erkannt worden. Als Hypothesen werden angenommen, es handle sich um einen Albatross oder Pinguin oder Tiger oder Gepard. Die bei der Ableitung benutzten Regeln gehören alle der Regelbasis des Systems an. Man sieht, daß schon bei der Durcharbeitung der Hypothese "Tiger" die Fakten "Fleischfresser" und "Säuger" durch Vorwärtsverkettung erschlossen werden, obgleich letztlich ein Gepard gesehen wird (dieser Mechanismus ist in Bild 5 ausgelassen). Die ermittelten Fakten werden von der Inferenzmaschine in die Faktenbasis eingetragen und helfen später, die letzte und entscheidende Regel zu "triggern", wo "Wahrnehmung" und "Gedächtnis" zusammenhelfen.

3. Zur Infrastruktur von Expertensystemen

Expertensysteme müssen programmiert werden und auf geeigneten Maschinen laufen. Derlei Probleme rechnen wir zur Infrastruktur. Die fast ausschließlich benutzte Programmiersprache für die Erstellung von Expertensystemen ist LISP (/12/ bis /14/). LISP-Datenstrukturen sind aus einer einzigen Art von elementaren "Zellen" vernetzt zusammengesetzt. Die Handhabung der Datenstrukturen beruht auf nur fünf Grundoperationen. Moderne LISP-Systeme residieren in einer eigens für sie aufbereiteten Hardware, den LISP-Maschinen (/17/, /18/). Die Effizienz von LISP-Maschinen beruht auf drei Faktoren: Der virtuelle Speicherraum für die LISP-Zellen wird heute schon in Gigabyte veranschlagt. LISP-Maschinen beherbergen eine große Anzahl (evtl. mehr als 10000) ausgetesteter Standardfunktionen, ferner sehr mächtige Testhilfen. Die Arbeitsoberfläche für den LISP-Programmierer ist graphisch gestaltet - mit Hilfe von Maus und Fensterungstechnik. Diese Eigenschaften verleihen den LISP-Maschinen eine Leistungsfähigkeit, wie sie von keiner anderen Hard- und Softwareumgebung erreicht wird.

Auf der Basis der LISP-Maschinen erheben sich die eigentlichen Hilfsmittel für den Bau von Expertensystemen. Man unterteilt sie in Werkzeuge und Rahmensysteme (tools und shells). Die Werkzeuge haben Sprachcharakter, d.h. sie stellen dem Expertensystem-Designer sprachliche Konstrukte noch höherer Organisation zur Verfügung, als LISP sie besitzt. So ermöglichen LOOPS /19/ und OPS5 /20/ die vereinfachte und dadurch sicherere Organisation von Regelmengen und ihrer Auswertung durch Inferenzmaschinen. FLAVORS /21/ und SRL /22/ erlauben den hierarchischen Aufbau der Datenbasen von Expertensystemen.

Shells sind Leer-Rahmen, die mit einem bestimmten Dateninhalt gefüllt jeweils ein Expertensystem ergeben. Das bekannteste Rahmensystem ist das aus MYCIN (s. 1) abgeleitete EMYCIN, das den Bau einer ganzen Klasse von Expertensystemen ermöglicht /5/. Selbstverständlich werden viele Expertensysteme auch ohne tools oder shells unmittelbar in einer LISP-Umgebung erstellt.

Ein noch ganz anderes Kapitel des Expertensystembaus schlägt die KI-Sprache PROLOG auf, die oft in LISP implementiert wird und

sogar mit LISP "kreuzbar" ist (/23/, /1/). PROLOG enthält einen
eigenen Rückwärtsverkettungsalgorithmus und ist gut zur Beschreibung von Relationen geeignet. Auf PROLOG stützt sich vor allem die
japanische KI-Entwicklung /11/. Es gibt jedoch in PROLOG implementierte Expertensysteme (s. 4). Die Sprache ist aber im praktischen
Gebrauch noch schwerfällig und wird sich wohl erst in Verbindung
mit verbesserter Hardware wirklich entfalten.

Schließlich muß man zur Infrastruktur als weitere und sicher wichtigste Instanz die menschlichen KI-Experten zählen. Sie werden
auf Jahre hinaus empfindlich dünn gesät sein. Ohne ihre Heranbil-
dung und Mithilfe ist es jedoch praktisch nicht möglich, anspruchsvolle Expertensysteme zu entwickeln. Die Zusammenfassung
von Fachleuten für Mustererkennung und von solchen für Expertensystem in Teams ist ein zusätzliche Aufgabe.

4. Regelbasierung, Sensorbasierung, Mustererkennung

In diesem Abschnitt werde der Begriff des Expertensystems auf
gleichzeitig regel- und sensorbasierte Systeme eingeschränkt. Wir
nehmen also alle Komponenten des Schemas in Bild 2 - außer der
autonomen - als in der einen oder anderen Form notwendig existent
an. Die autonome Komponente darf selbstverständlich vorhanden
sein. Es gibt sie bei einer besonders interessanten Klasse von
Expertensystemen, nämlich bei den zur Steuerung von selbständigen
"Mobilen" dienenden.

Der Entwurf von Expertensystemen (im eingeengten Sinn dieses Ab-
schnitts) erfordert einen Brückenschlag von den Sensordaten zu den
Regeln: Sensordaten müssen in eine Form gebracht werden, die es mindestens einer Regel erlauben, zu "greifen" damit die Inferenzmaschine ihre Arbeit beginnen kann. Hat die Regel entsprechend Bild 4
die Form

$$A \longrightarrow K$$

und liegt ein Sensordatum s vor, so muß bei Vorwärtsverkettung die
prinzipielle Möglichkeit gegeben sein, daß ein geeignet transfor-
miertes Datum g(s) auf A "paßt". Bei Rückwärtsverkettung gilt eine

entsprechende Forderung für K. Da die Inferenzmaschinen der heute
bekannten bzw. vermutlich geplanten Expertensysteme mit Hilfe von
Algorithmen für Digitalrechner realisiert sind, verlangt der geforderte Passungs- oder Matchingprozeß den Vergleich von Bitmu-
stern in Digitalspeichern. Dabei können die Bitmuster beliebig
reich strukturiert und die Matching-Algorithmen beliebig aufwendig
sein. Insbesondere können die Bitmuster symbolische Ausdrücke
einer Sprache, z.B. des Aussagenkalküls, darstellen.

Folgen wir der Terminologie von /24/, so ist ein Muster eine Menge
von Funktionen fr, d.h. es ist

$$Q_r \xrightarrow{\ f_r\ } Z_r, \quad r = 1,\ldots,p$$

mit Quellen Qr und Zielen Zr. Im Fall einer einfachen Zeitfunktion
ist z.B.

$$T \xrightarrow{\ f\ } Z$$

wobei T ein Zeitintervall ist. Im allgemeinen wird man die Sensoren des Expertensystems so definieren oder restrukturieren können,
daß jeder Sensor genau einer Funktion f entspricht. Stellt man dem
Expertensystem die Aufgabe, Muster fr mit r=1,...,p zu klassifizieren oder zu analysieren, so wird das Expertensystem zum Muster-
erkennungssystem.

Jetzt verallgemeinern wir die oben eingeführte Funktion g(s), die
den Anschluß der Sensoren an die Inferenzmaschine ermöglicht. Es
ist ja vorstellbar, daß jeder Antezedent oder Konsequent einer Regel

$$A1\ \&\ \ldots\ \&\ An\ \longrightarrow\ K1\ \&\ \ldots\ \&\ Km$$

in komplizierter Weise von mehreren Sensoren abhängt. Wir führen
deshalb Funktionen

$$gl(f1,\ldots,fp),\quad l=1,\ldots,q$$

ein, die Muster fr (r=1,...,p) in (strukturierte) Bitmuster um-
setzen. Die Funktionen gl werden im allgemeinen sowohl Abtast- als
auch Vorverarbeitungsprozesse repräsentieren. Dann kann zu jedem

System	Lt	Kurzbeschreibung
B i l d a n a l y s e		
AIRID	25	Flugzeugidentifikation. Rahmensystem: KAS-Prospector. B. Entwicklungstendenz zu Realzeitsystem in der Zukunft.
Kim-System	26	Erkennung von artifiziellen Objekten in natürlichen Szenen. Datengesteuerte Bildsegmentierung. FB (MYCIN-Typ). Blackboard. Objektorientierung. LISP. Erste Implementierung.
Levine-System 1	27	Auswertung von Bildfolgen zur Analyse von Zellbewegungen (Pseudopodien-Kinetik) unter Umwelteinfluß. F. Im Einsatz.
Nazif-System	28	Automatische Segmentierung von Farbszenen. F. Konf.
Niemann-System	29	Auswertung einer Folge von 2D-Szintigrammen des bewegten Herzens. Automatische medizinische Diagnose. F. Prototyp vollständig implementiert.
I n s t r u m e n t i e r u n g		
ECESIS	30	Automatische Integration der Bordsysteme von bemannten Raumstationen. F. LISP. Werkzeug: FLAVORS. Simulator ausgetestet.
EPES	31	Bewältigung von Notsituationen im Flugzeug-Cockpit (z.B. Verlust des Kabinendachs). Parallelsystem. F. ZETA-LISP. Werkzeug: FLAVOR-basiert. In Entwicklung.
FOREST	32	Fehlerermittlung und Diagnose in Testausrüstungen. Berücksichtigung von multiplen Fehlern und Dejustierung. FB. Konf (MYCIN-TYP). PROLOG-Implementierung.
Message Trace Analyzer	33	Realzeit-Debugging von digitaler Hardware. FB. PROLOG-Implementierung.
Sztipanovits-System	34	Architektur für die Integration von Expertensystemen in "Intelligente Instrumente". System leitet den Anwender beim Messen. FRANZ-LISP + C + PASCAL. In Entwicklung.
M a s c h i n e n ü b e r w a c h u n g		
MELD	35	Diagnose elektromechanischer Systeme. FB (Metaregeln und untergeordnete Objektregeln). Konf. Werkzeug: OPS5. Erste Implementierung.
PICON	36	Prozeßüberwachung in Industrieanlagen (Auslegung für bis zu 20000 Meßstellen). FB. LISP, dann Compilation nach C. Anwendung in einer Raffinerie in Entwicklung.
PDS	37	Online-, Realzeit-Diagnose von Maschinenprozessen und deren Fehlfunktionen. Soll mehrere 100 Sensoren überwachen. Berücksichtigt unechte Messungen und Verschlechterung der Meßgenauigkeit. Zieht Schlüsse über Glaubwürdigkeit von Information. MYCIN-Typ. F. Werkzeug: SRL. FRANZ-LISP. In Testphase.
K r i s t a l l o g r a m m e		
CHRYSALIS	38	Molekülstrukturableitung aus Röntgenkristallogrammen durch Ermittlung einer Gipfelliste und eines Skeletts. Blackboard. Konf. In Entwicklung.
SU/P	39	Molekülstrukturableitung aus Röntgen-Kristallogrammen. Gleiche Technik wie /48/. INTERLISP. In Entwicklung.
N a v i g a t i o n		
EXPERT-NAVIGATOR	40	Automatische Navigation taktischer Flugkörper. Verarbeitung multisensorieller Navigationsdaten. Flugauftragplanung. Blackboard. LISP. Simulator ausgetestet.
Gilmore-System	41	Identifikation von Objekten in einer Szene. Ziel: Entwicklung autonomer Mobile. Konf. Forschung.
IMAS	42	Steuerung autonomer Landfahrzeuge auf der Basis symbolischer und bildlicher Daten und von Sensoren. PASCAL. Simulator ausgetestet.
S p e k t r a l a n a l y s e		
Chiou-System	43	Analyse von geologieorientierten Spektrogrammen (z.B. Pflanzenwuchs) aus Satelliten. Frühes Planungsstadium.
S p r a c h v e r s t e h e n		
SONEX	44	Phonetische Interpretation von Sprachsonogrammen (Matrizen von akustischen Daten). F. Konf. INTERLISP. In Entwicklung.
V e r t e i l t e S e n s o r i k		
Garvey-System	45	Evidenzsammlung über die Urheber von Signalen. Z.B. elektromagnetische verteilte Signalquellen im Ozean, Wetterdaten, Terrain. Spezieller Evidenz-Kalkül. F. Forschung.
INTERSENSOR	46	Analyse von Spektrogrammen aus Ketten von Unterwassermikrophonen. Interpretation von Schiffmotorgeräuschen. MYCIN-Typ. Blackboard. INTERLISP. In Entwicklung.
LITHO	47	Integration von Ölquellen-Messungen (logs: Z.B. Felsdichte, elektrischer Widerstand, Schallgeschwindigkeit, Radioaktivität). Rahmensystem: EMYCIN. 500 Regeln. In Entwicklung.
SU/X	48	Interpretation stetiger Signale aus vielen Sensoren (Wehrtechnik, Patientenüberwachung). Verfolgung des Schicksals von Energiepaketen, die auf bestimmten Frequenzen auftauchen. Blackboard. Konf. INTERLISP. Erste Implementierung.

Bild 9

Muster fr (r=1,...,p) ein Match eines Antezedenten oder Konsequenten
mit dem Wert (einem Bitmuster)

    gl(f1,...,fp)

einer geeignet konstruierten Funktion gl versucht werden. Sind
z.B. f1 bis f3 Rot-grün-blau-Verteilungen f(x,y) (/24/, S. 3), so
kann g(f1,f2,f3) die - letzten Endes als Bitmuster im Speicher
vorhandene - Aussage sein: "Linie ist offen" (/10/ bzw. /28/, S.
560). In diesem Fall schließt g eine komplizierte Operation an
bestimmten Pixelmengen ein. In anderen Fällen werden einige der gl
wesentlich einfacher gebaut sein und beispielsweise durch je vier
konsekutive Bytes gegebene ganzzahlige Meßwerte bedeuten.

In Bild 9 sind nun Kurzbeschreibungen von vierundzwanzig Systemen
aufgeführt, die alle als Mustererkennungs-Expertensysteme im obigen Sinn gelten können. Zu jedem System ist eine Literaturstelle
angegeben. Die Aufzählung umfaßt natürlich nur einen Teil der zur
Zeit existierenden, zugleich regelbasierten und mustererkennungs-
orientierten Systeme, deren Gesamtzahl sich von Jahr zu Jahr stark
vermehren wird. Die Systeme in Bild 9 sind zwar in Klassen "Bildanalyse" usw. zusammengefaßt, doch diese Einteilung ist in keiner
Weise eindeutig oder zwingend. Z.B. arbeiten /41/ bis /43/ ebenfalls mit Bildanalyse. Bei allen Systemen ist ein bestimmter
Fertigstellungrad angedeutet. Einige Abkürzungen bzw. Kennzeich-
nungen werden durchgehend verwendet: "F" bedeutet die Verwendung
von Forward Chaining, "B" die von Backward Chaining. "Konf." zeigt
die Benutzung eines Konfidenzmaßes irgendeiner Art an (s. Bild 4).
Bei MYCIN und seinen Abkömmlingen (/26/, /32/ usw.) z.B. bezeichnet die Konfidenz ein zwischen 0 und 1 liegendes Evidenzmaß,
welches das Vertrauen des Experten in die Schlüssigkeit einer
Regel wiedergibt. Die Angabe "Blackboard" in einer Kurzbeschrei-
bung belegt die Verwendung dieses Kommunikationsmittels durch das
System (s. 1 und Bild 1). Bei den meisten Systemen sind auch die
Implementierungssprache sowie Werkzeuge und Rahmensysteme genannt,
wobei natürlicherweise die LISP-Dialekte im Vordergrund stehen.

Die oben eingeführten Funktionen g (oder gl), die das Auslösen
(Triggern, Zünden) von Regeln ermöglichen, lassen sich für den
Fall der Systeme aus Bild 9 verhältnismäßig leicht wenigstens grob

klassifizieren: 1. Ein Bild oder eine bildartige Struktur (z.B. Kristallogramm) wird durch g soweit vorverarbeitet, daß g eine Objektqualität aussagt, z.B. "Objekt ist länglich" (woraus etwa durch /26/ auf die Existenz einer Straße geschlossen werden kann). Dies ist der Fall bei /25/, /26/, /28/, /38/, /39/, /41/ und /43/. Auch das anspruchsvolle System /42/ gehört hierher. Bei /27/ und /29/ wird das Prinzip auf Bildfolgen und Bewegungsvorgänge ausgedehnt. 2. Durch g wird ein Meßereignis konstruiert, das Aussagen über evtl. viele skalare Meßgrößen zusammenfaßt (/30/, /32/ bis /37/, /44/, /45/, /46/, /48/). Eine Komplizierung dieses Falls stellen Kurvendiskussionen dar /47/. 3. Durch g werden diskrete Ereignisse zusammengefaßt, die freilich sehr kompliziert sein können (s. z.B. /40/). Ein "einfaches" Beispiel ist der Verlust des Kabinendachs bei dem Notfallüberwachungssystem /31/.

Erfreulich stark unterscheiden sich die Systeme in der Art und Weise, wie sie ein Hauptproblem des Expertensystementwurfs angehen: Die geeignete Strukturierung sowohl der Steuerstrategie als auch der jeweiligen Fakten- bzw. Regelbasis (man erinnere sich an Bild 2). Ein Mittel, Effizienzverlust durch unstrukturierte Regelmassen zu vermeiden, ist die Auslösung bestimmter Klassen von Regeln durch global steuernde Regeln /28/ oder Metaregeln /35/.

Ein Begriff, der häufig wiederkehrt, ist der des Objekts im Sinn des objektorientierten Programmier-Paradigmas, wie es epochemachend durch die Sprache SMALLTALK eingeführt worden ist (/18/, /50/). Zwar geben nur /30/ und /31/ explizit an, daß sie sich des SMALLTALK-Abkömmlings FLAVORS /21/ bedienen, doch gewinnt folgendes Paradigma an Bedeutung: Von einer Mustermenge ausgehend wird die Existenz einer Menge von Objekten hypothetisiert. Der Zusammenhang zwischen Mustern und Objekten ist dabei gewöhnlich alles andere als eins zu eins. Das Vorgehen hat ein klassisches geisteswissenschaftliches Vorbild: Den Weg von Phänomenen zu Objekten. Auch scheinen ja Zentralnervensysteme Objekte aufgrund von Sensordaten zu konstruieren. Werkzeuge wie FLAVORS, LOOPS /19/ und künftige (FAIM-1, s. /51/) bieten nun den Vorteil, daß sie sowohl ein vollständiges Programmiersystem als auch ein Speicherkonzept bieten, wobei durch schrittweise (oder konkurrente) Objektkreierung Hierarchien oder Netze von Objekten entstehen, die dynamisch (sogar konkurrent) Botschaften austauschen können (was vor

allem Bewegungsvorgänge beherrschen hilft). Zum Stand der Kunst
s.a. /52/ und /53/.

Insgesamt läßt schon die Auswahl in Bild 9 auf eine intensive und
vielversprechende Forschung auf dem Gebiet der Mustererkennungs-
orientierten Expertensysteme schließen. Man beachte auch die Bibliographie /58/.

5. Aspekte der weiteren Entwicklung

Für grundsätzlich alle Expertensysteme gibt es eine Anzahl von
verschiedenen künftigen Entwicklungsrichtungen: Verbesserung der
Systemarchitektur, was z.B. effizientere Gestaltung der Wissenser-
werbsphase bei Berücksichtigung multipler Wissenquellen oder auch
noch besser strukturierte Auslegung der Wissensbasis bedeuten
würde. Eine andere Tendenz hat nicht die Vervollkommnung einzelner
Systeme zum Ziel, sondern die der Werkzeuge und Rahmensysteme.
Hierher gehört auch die Entwicklung praktisch brauchbarer PROLOG-
Interpreter und Compiler /50/. Auf einer dritten Achse liegen
jeweils leistungsfähigere Hardware-Trägersysteme, z.B. sehr schnelle LISP-Maschinen. Für viele Zwecke der Mustererkennung wären solche LISP-Maschinen nicht workstation-resident, sondern als kompakte
und robuste Einheiten, z.B. für den mobilen Betrieb, auszulegen
/54/. Ein weiteres Teilgebiet des Hardwaresektors, auf dem die
Interessen von Mustererkennung und Expertensystembau sich treffen,
ist durch die Unterbringung spezieller Funktionen in VLSI-Schalt-
kreisen gegeben. Beispiele sind Bildsensoren oder Digitalfilter,
aber auch ein Schaltkreis für sehr schnellen Vergleich von Zeichenketten, der Teil einer Inferenzmaschine sein könnte /51/,/55/.

Mit am wichtigsten ist die Parallelisierung von Funktionen an möglichst vielen Stellen von Expertensystemen. Hier gibt es eine weite
Forschung auf dem Gebiet der LISP- und PROLOG-Rechner in USA,
insbesondere jedoch im Rahmen der japanischen 5. Computergeneration, wo der Fortschritt allerdings langsamer vor sich geht, als
man ursprünglich gehofft hatte /11/.

Allein die vier genannten Entwicklungsachsen: Architektur, Werkzeuge und Rahmensysteme, Hardware und Parallelisierung, spannen einen weiten Entfaltungsraum auf. Noch wichtiger als sie sind jedoch Änderungen der Techniken der Wissensgewinnung im Expertensystem selbst. So unterscheidet man neuerdings zwischen "flacher" und "tiefer" Schlußweise (shallow and deep reasoning). Flaches Schließen liegt vor, wenn Regeln in naiver Weise benutzt werden, wie im Tiererkennungssystem in Abschnitt 1. Ähnlich würde der Flugzeugansprecher arbeiten /25/. Bei tiefem Schließen versucht man eine echte wissenschaftliche Theorie in das Expertensystem einzubauen und zu benutzen. So würde ein verbesserter Flugzeugerkenner vielleicht Aerodynamik benutzen, um aus der Flugweise eines Flugzeugs dessen Typ abzuleiten. Ein weiteres Programmierwerkzeug für KI, das sich auch mit dem objektorientierten Ansatz verbinden läßt, sind Zwangsbedingungen (constraints, /56/). Sie erlauben die Deklaration von Beziehungen zwischen Daten, insbesondere aber den Aufbau ganzer Constraint-Netzwerke aus elementaren Beziehungen. Durch "Constraint-propagation" können sich Datenänderungen in Constraint-Netzwerken fortsetzen, was nichts anderes als einen sehr leistungsfähigen speziellen Typus von Rechenprozessen darstellt. Schließlich wird neuerdings auch der Einbau von Simulatoren zum Zweck der Wissensgewinnung in Expertensysteme erwogen (s. /57/ in der nützlichen Bibliographie /58/).

Bedeutsam im Hinblick auf die Thematik dieses Aufsatzes sind neue KI-Ansätze innerhalb der Mustererkennung, insbesondere auf dem Gebiet der Bildanalyse /59/. Auch beginnt man sich ernsthaft an Strukturen zu orientieren, wie sie in tierischen Gehirnen auftreten. Man hofft auf diese Weise zu neuen und revolutionären Prozessormodellen zu gelangen (/60/ bis /62/). Überhaupt ist die gezielte Zusammenführung der Rechnerarchitekturentwicklung für Mustererkennung bzw. Wissensbasierung eine der vielversprechendsten Vorstoßmöglichkeiten in Richtung hochleistungsfähiger Expertensysteme.

Literatur

/1/   Nees, G.: Künstliche Intelligenz und Expertensysteme.
       Automatisierungstechnische Praxis atp. 27. Jahrgang,
       Heft 1/1985, S. 25-32.
/2/   Verity, J.W.: Learning to LISP. DATAMATION, Oct. 1982.

/3/   BUSINESS WEEK. Artifical Intelligence - The second
       computers age begins. March 8, 1982.

/4/   Infotech State of the Art Report, Machine Intelligence,
       Series 9, Number 3. Pergamon Infotech Limited, Maidenhead,
       Berkshire, England 1981.

/5/   Raulefs, P. Expertensysteme. In: Informatik-Fachberichte 59,
       Künstliche Intelligenz. S. 61-98. Hrsg. Bibel, W., Siekmann,
       J.H. Springer-Verlag, Berlin, Heidelberg, New York 1982.

/6/   Feigenbaum, F.A.: Expert Systems: Looking Back and Looking
       Ahead. In: Informatik-Fachberichte 33, GI - 10.
       Jahrestagung. S. 1-14. Hrsg. Wilhelm, R. Springer-Verlag,
       Berlin, Heidelberg, New York 1980.

/7/   Kramer, K.: XCON - Erfahrungen mit einem Expertensystem von
       Digital Equipment - Die unendliche Geschichte. die computer
       zeitung, 27. März 1985, S. 10-12.

/8/   Kreuder, C.: Künstliche Intelligenz - Aufbau eigener
       Expertensysteme erfordert User-freundliche Umgebungen.
       Computerwoche, 29. März 1985, S. 12-18.

/9/   Fox, M.S., Lowenfeld, S., Kleinosky, P.: Techniques for
       Sensor Based Diagnosis. Proc. Eigth IJCAI 1983, S. 158-163

/10/   Nazif, A.M., Levine, M.D.: Low Level Image Segmentation: An
       Expert System. IEEE Transaction on Pattern Analysis and
       Machine Intelligence, Vol. PAMI-6, No. 5, September 1984,
       S. 555-577.

/11/   Manuel, T.: Cautiously Optimistic Tone set for 5th
       Generation. Electronics Week, December 3, 1984, S. 57-63

/12/   Winston, P.H., Horn, B.K.P.: LISP. Addison-Wesley Publishing
       Co., 1981

/13/   Winston, P.H., Horn, B.K.P.: Common-LISP.
       Addison-Wesley Publishing Co., 1984

/14/   Stoyan, H., Görz, D.: LISP: Eine Einführung in die
       Programmierung. Springer-Verlag, Berlin, Heidelberg, New York
       1984

/15/   Winston, P.H.: Artificial Intelligence. 2nd Ed.
       Addison Wesley Publishing Co., 1984

/16/   Barr, A., Feigenbaum, E.A.: The Handbook of Artificial
       Intelligence, Vol. 1-3, Pitman Books Limited, London 1981

/17/   Myers, W.: LISP-Machines Displayed at AI-Conference.
       Computer, November 1982, S. 79-82

/18/   Hindin, H.J.: Special Report on Technology for Advanced

Workstations.

/19/ Bobrow, D.G., Stefik, M.: The LOOPS Manual (Preliminary
Version). Memo KB-VLSI-81-13 (working paper). Xerox
Corporation 1983

/20/ Schindler. M.: Expert Systems. Electronic Design, January 10,
1985, S. 113-134

/21/ Weinreb, D.: Moon, D., FLAVORS: Message Passing in the LISP-
Machine. In: LISP-Machine Manual. M.I.T., Combridge (Mass.)
1981

/22/ Wright, J.M., Fox, M.S.: SRL/1.5 User Manual. Robotics
Institute, Carnegie-Mellon University, Pittsburgh (Pa.) 1982

/23/ Ferguson, R.: PROLOG, A Step Toward the Ultimate Computer
Language. BYTE, November 1981, S. 384-405

/24/ Niemann, H.: Pattern Analysis. Springer-Verlag, Berlin,
Heidelberg, New York 1981

/25/ Aldridge, J.P.: AIRID - An application of the KAS/Prospector
expert system builder to airplane identification.
PROC. SPIE INT. SOC. OPT. ENG. (USA). CO: PSISDG. VOL. 485;
S. 73-79, 1984

/26/ Kim, J.H., Payton, D. W., Olin, K.E.: An Expert System for
Object Recognition in Natural Scenes. /49/, S. 170-175

/27/ Levine, D.M., Noble, P.B., Youssef M.Y.: A rule-based system
for characterizing blood cell motion. In: Image Sequence
Processing and Dynamic Scene Analysis. NATO ASI Series, Vol.
F2, T.S. Huang, Ed. Berlin, Germany: Springer-Verlag 1983.
S. 663-709

/28/ Nazif, A.M., Levine, M.D.: Low Level Image Segmentation: An
Expert System. IEEE Transactions on Pattern Analysis and
Machine Intelligence. Vol PAMI-6, No. 5, September 1984,
S. 555-577

/29/ Niemann, H., Bunke, H., Hofmann I., Sagerer, G.: Diagnostic
Inferences from Image Sequences - A Knowledge Based Approach.
/49/, S. 610-616

/30/ Dickey, F.J., Toussaint, A.L.: ECESIS: An Application of
Expert Systems to Manned Space Stations. /49/, S. 483-489

/31/ Anderson, B.M., Cramer, N.L., Lineberry, M., Lystad, G.S.,
Stern, R.C.: Intelligent Automation of Emergency Procedures
in Advanced Fighter Aircraft. /49/, S. 496-501

/32/ Finin, T., McAdams, J., Kleinosky, P.: FOREST - An Expert
System for Automatic Test Equipment. /49/, S. 350-356

/33/ Gupta, N.K., Seviora, R.E.: An Expert System Approach to Real
Time System Debugging. /49/, S. 336-349

/34/ Sztipanovits, J., Bourne, J.: Design of Intelligent
Instrumentation. /49/, S. 490-495

/35/ Thompson, T.F., Wojcik, R.M.: MELD: An Implementation of a
Meta-Level Architecture for Process Diagnosis, /49/,
S. 321-330

/36/ Moore, R.L., Hawkinson, L.B., Knickerbocker, C.G., Churchman,
L.M.: A Real Time Expert System for Process Control. /49/,
S. 569-576

/37/ Fox. M.S., Lowenfeld, S., Kleinosky, P.: Techniques for
Sensor-Based Diagnosis. Proc. Eight IJCAI 1983. S. 158-163

/38/ Engelmore, R., Terry, A.: Structure and Function of the
CHRYSALIS System. Proc. Fourth IJCAI 1979. S. 250-256

/39/ Nii, H.P., Feigenbaum, E.A.: Rule-Based Understanding of
Signals. Stanford Heuristic Programming Project Memo
HPP-77-7, Computer Science Department Report No. STAN-CS-77-
612. Computer Science Department, School of Humanities and
Sciences, Stanford University, August 11, 1977

/40/ Pisano, A.D., Jones, H.L.: An Expert Systems Approach to
Adaptive Tactical Navigation. /49/, S. 460-464

/41/ Gilmore, J.F., Spiessbach, A.J.: A Model Driven System for
Contextual Scene Analysis. Applications of Digital Image
Processing VI. San Diego, Ca., USA, 23-26 Aug. 1983.
PROC. SPIE INT. SOC. OPT. ENG. (USA). CO: PSISDG. Vol. 432,
1983, S. 262-268

/42/ Isik, C., Meystel, A.: Knowledge-Based Pilot for an
Intelligent Mobile Autonomous System. /49/, S. 57-63

/43/ Chiou, W.C. (Sr): Systems Architecture of a Remote Sensing
Expert System. 1983 IEEE Computer Soc. Workshop on Computer
Architecture for Pattern Analysis and Image Database
Management, Pasadena, USA, October 12-14, 1983, S. 248-250

/44/ Memmi, D., Eskenazi, J.M., Nguyen-Xuan, A.: Une systeme expert
pour la lecture de sonagrammes. Speech Communication 2 (July
1983), S. 234-236. North Holland Publishing Co. 1983

/45/ Garvey, T.D., Lowrance, J.D., Fischler, M.A.: An Inference
Technique for Integrating Knowledge from Disparate Sources.
Proc. Eight IJCAI 1983. S. 319-325

/46/ Maksym, J.N., Bonner, A.J., Dent, C.A., Hemphill, G.L.:
Machine Analysis of Acoustical Signals. Pattern Recognition,

Vol. 16, No. 6, 1983, S. 615-625

/47/ Bonnet, A., Dahan, C.: Oil-Well Data Interpretation Using Expert System and Pattern Recognition Technique. Proc. Eight IJCAI 1983, S. 185-189

/48/ Gleiche Literaturstelle wie /39/

/49/ The First Conference on Artificial Intelligence Applications. Sponsored by IEEE Computer Society. In Cooperation with American Association for Artificial Intelligence. Sheraton, Denver Tech Center. December 5-7, 1984

/50/ Schindler, M.: AI: Breeding the languages of tomorrow. Electronic Design, March 21, 1985, S. 94-122

/51/ Deering, M.F.: Architectures for AI. BYTE, April 1985, S. 193-206

/52/ Beckstein, C.: FORK - Flavor Based Environment for an Object Oriented Representation of Knowledge (Diplomarbeit). Institut für Mathematische Maschinen und Datenverarbeitung (IMMD) der Universität Erlangen-Nürnberg. Erlangen 1985

/53/ (Ohne Verf.): Expertensysteme - Vorboten einer neuen Technologie - Die Künstliche Intelligenz beherrscht die fünfte Computergeneration. Der GMD-Spiegel 1/85, März 1985

/54/ Corley, C.J., Statz, J. A.: LISP Workstation brings AI Power to a User's Desk. In /18/, S. 155-162

/55/ Yanilos, P.N.: A dedicates comparator matches symbol strings fast and intelligently. Electronics, December 1, 1983, S. 113-117

/56/ Steels, L.: Constraints as consultants. In: Progress in Artificial Intelligence. Editors: Steels, L., Cambell, J.A. John Wiley and Sons, 1985, S. 146-165

/57/ Cuena, J.: The Use of Simulation Models and Human Advice to Build an Expert System for the Defense and Control of River Floods. In: Proc. Eight IJCAI 1983, S. 246-249

/58/ Sriram, D.: A Bibliography on Knowledge-Based Expert Systems in Engineering. SIGART No. 89, July 1984, S. 32-40

/59/ Ballard, D.H., Brown, C.M.: Vision. BYTE, April 1985, S. 245-261

/60/ Hewitt, C.: The Challenge of Open Systems. BYTE, April 1985, S. 223-242

/61/ Feldman, J.A.: Connections. BYTE, April 1985, S. 277-284

/62/ Stevens, J.K.: Reverse Engineering the Brain. BYTE, April 1985, S. 287-299

Kritische Fragen zur Zauberformel "Expert Vision Systeme"

W. Kropatsch

Institut für Digitale Bildverarbeitung Graz

Bei der Übersendung des Manuskripts an den Verlag lag dieser Beitrag nicht vor.
Sollte er rechtzeitig vor Drucklegung noch eingehen, wird er in den Anhang mit aufgenommen.

SPEKTRENINTERPRETATION MIT FUZZY-SET-OPERATOREN
UND WISSENSGESTEUERTER MERKMALSGEWINNUNG

T. Blaffert

Philips GmbH Forschungslaboratorium Hamburg, Vogt-Kölln-Str. 30, D-2000 Hamburg 54

ZUSAMMENFASSUNG

Im Vortrag wird eine Anwendung der Mustererkennung für die Interpretation von Infrarotspektren vorgestellt. Das Interpretationsverfahren ist im Sinne von Expertensystemen strukturiert, d.h. die Repräsentation von Wissen wird von der Akquisitions- und Applikationskomponente getrennt. Die Besonderheit der Akquisitionsphase besteht in der automatischen Zusammenstellung der Trainingsmenge für die Mustererkennung. Die Wissensbasis ist als Netz in einer spezieller-/allgemeiner-Relation organisiert. In der Applikationsphase werden Substrukturen unter Anwendung von fuzzy-set-Operatoren gesucht und zur Gesamtstruktur kombiniert.

EINLEITUNG

Die Infrarotspektroskopie ist eine wichtige und häufig angewandte Analysemethode in der organischen Chemie. Die Absorptionslinien eines Infrarotspektrums entstehen durch die Anregung von Molekülschwingungen und sind charakteristisch für die im Molekül vorhandenen Substrukturen ($-CH_3$, $-CH_2-$, Benzolring etc., siehe Bild 1). Spezialisierte Chemiker können die Absorptionslinien eines Spektrums mit Substrukturen korrelieren und aus dieser Information auf die Gesamtstruktur schließen.

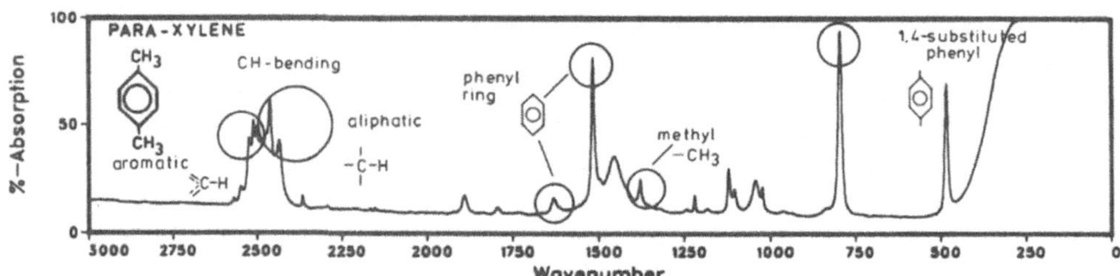

Bild 1: Charakteristische Schwingungen in einem Infrarotspektrum

Ein Expertensystem zur Interpretation von Infrarotspektren, bei dem die Erkennung von Substrukturen mit Regeln aus der Literatur durchgeführt wird, wurde von Woodruff [1] beschrieben. Das Expertensystem DENDRAL [2] schließt auf chemische Strukturen mittels Auswertung von Massenspektren. Beiden Expertensystemen ist gemeinsam, daß spektroskopisches Wissen für in der Chemie gängige Substrukturen (ca. 200 in [1]) in einem separaten Schritt (z.B. Meta-DENDRAL) akquiriert wird. Für die Spektreninterpretation sind aber mehr als 10000 Substrukturen sinnvoll, für die eine manuelle Wissensakquisition nicht mehr in Betracht kommen kann. Hier muß ein Mustererkennungsverfahren die "Regeln" finden, die dann für die Suche in einer geeigneten Struktur zu repräsentieren sind.

KONZEPT DES INTERPRETATIONSSYSTEMS

Das Konzept des hier beschriebenen Interpretationssystems EXPERTISE (Expert System
for Infrared Spectra Evaluation) folgt dem Aufbau von wissensbasierten Systemen. In
Bild 2 ist die Wissensbasis, die Akquisitions- und die Applikations-(Problemlö-
sungs-)komponente dargestellt. Die Trennung von Struktur- und Substrukturwissen
überlagert diese Dreiteilung, wobei das Strukturwissen aus einer Bibliothek von
Spektren mit den zugehörigen Strukturformeln besteht, und das Substrukturwissen aus
spektralen Merkmalen und Substrukturformeln aufgebaut ist.

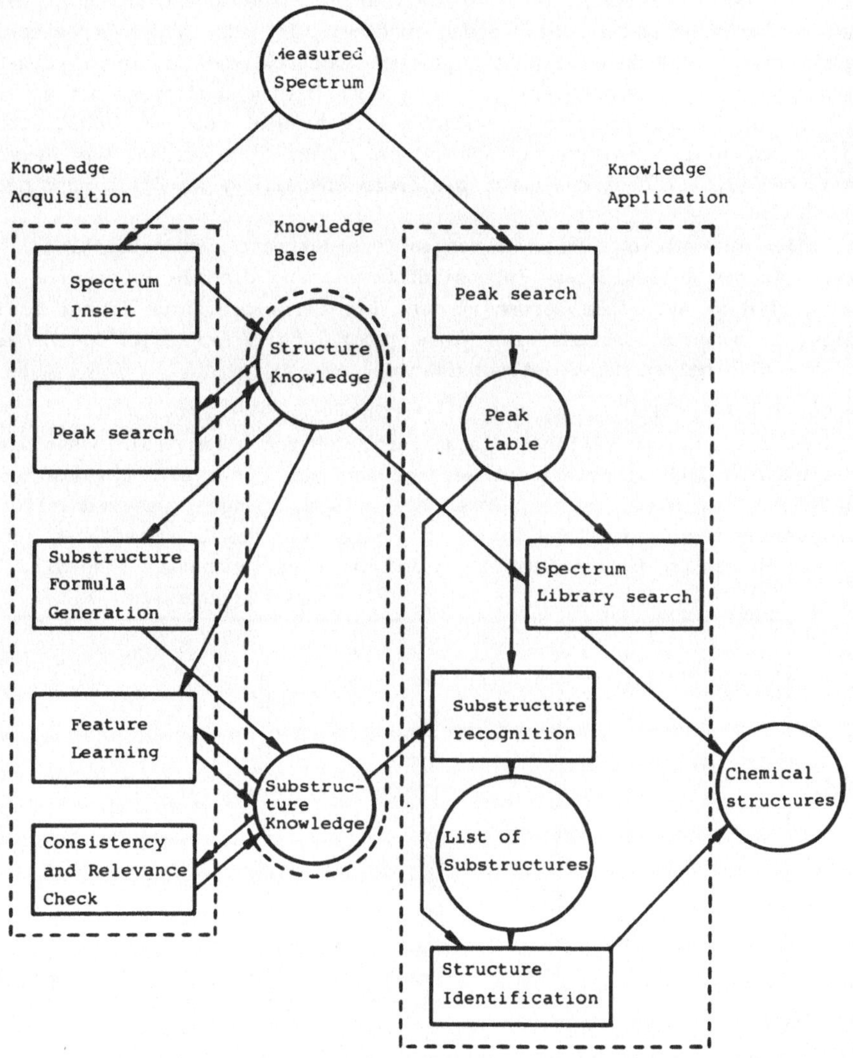

Bild 2: Konzept des Interpretationssystems

Die Erkennung von Spektrallinien in den Rohdaten und das Suchen von Spektren in einer Bibliothek ist vom Autor bereits beschrieben worden [3] und soll hier nicht behandelt werden. Es ist aber für das Folgende festzuhalten, daß die Tabellen mit Absorptionslinien die Eingangsdaten für den Lernalgorithmus und die Erkennung von Substrukturmerkmalen bilden. Aus den erkannten Substrukturen werden Strukturvorschläge generiert.

WISSENSAKQUISITION

In der Akquisitionsphase werden Spektren von chemischen Verbindungen, die eine bestimmte Substruktur besitzen, zu Trainingsmengen zusammengestellt und gemeinsame spektrale Merkmale gefunden. Dazu werden zunächst für jede in der Strukturwissensbasis vorhandene Gesamtstruktur alle möglichen Substrukturen mit einer vorgegebenen maximalen Anzahl von Atomen generiert (siehe auch Bild 4) und diese mit einem Rückwärtsverweis in die Substrukturwissensbasis eingetragen. Für jede Substruktur kann dann sofort auf alle Trainings-Linientabellen zugegriffen werden. Das Wissen über die chemische Struktur bestimmt damit die Zusammenstellung der Trainingsmenge.

Ein spektrales Merkmal von Substrukturen ist das Auftreten von Absorptionslinien in charakteristischen Wellenlängen-/Intensitätsbereichen, die als Intervalle I in einer Ebene (Bild 3) aufgefaßt werden können. Der Lernalgorithmus findet diejenigen Intervalle, in denen mindestens eine Linie jeder Tabelle vorliegt. Die Menge aller dieser Intervalle bildet das Substrukturmerkmal

$$S = \{I_i , i = 1..n\} . \tag{1}$$

Dieses nicht-statistische Verfahren garantiert, daß von allen Trainingsverbindungen die Substrukturen auch wiedererkannt werden. Außerdem führt eine physikalisch vorhandene Substruktur stets zu bestimmten Molekülschwingungen, was zwangsläufig das Auftreten bestimmter Absorptionslinien zur Folge hat. Das Lernverfahren ist daher auch aus dem Wissen um die Entstehung von Infrarotspektren heraus sinnvoll.

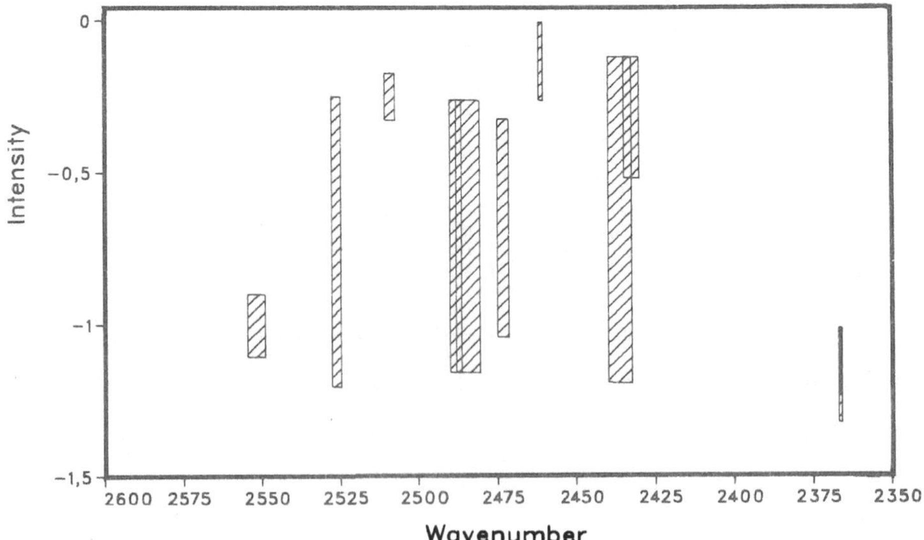

Bild 3: Gelernte Merkmalsintervalle (vgl. mit Bild 1)

WISSENSBASIS

Die Wissensbasis ist, wie in Bild 4 veranschaulicht, als ein Netz organisiert, in dem die Knoten die Substrukturen darstellen und die Kanten die Strukturunterschiede markieren. Es sind stets nur Knoten miteinander verbunden, die man durch Hinzufügen oder Fortlassen eines Atoms ineinander überführen kann. Dabei ist der Nachfolgerknoten mit der größeren Anzahl von Atomen eine Spezialisierung des Vorgängerknotens und umgekehrt (z.B. ist $-CH_3$ spezieller als $-CH_2-$, $-NH_2$ ist allgemeiner als $-C-NH_2$).

Diese spezieller-/allgemeiner-Relation zeigt sich auch in den spektralen Merkmalen wenn man fordert, daß zu jedem Intervall I_2 eines allgemeineren Strukturmerkmals S_2 mindestens ein Intervall I_1 aus dem spezielleren Strukturmerkmal S_1 existiert, daß in I_2 enthalten ist.

$$S_1 \text{ ist spezieller als } S_2 \iff \forall\, I_2 \epsilon S_2 \; \exists \; I_1 \epsilon S_1 \text{ mit } I_1 \subset I_2 \; . \tag{2}$$

Diese Definition der Spezialisierung stimmt mit den spektroskopischen Gegebenheiten überein, da zusätzliche Atome die Nachbarschaft der vorhandenen Atome genauer definieren und deshalb Molekülschwingungen genauer spezifiziert sind.

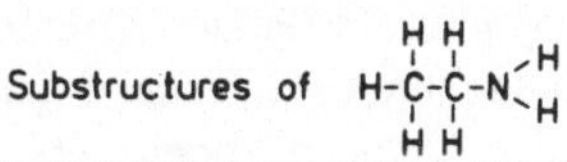

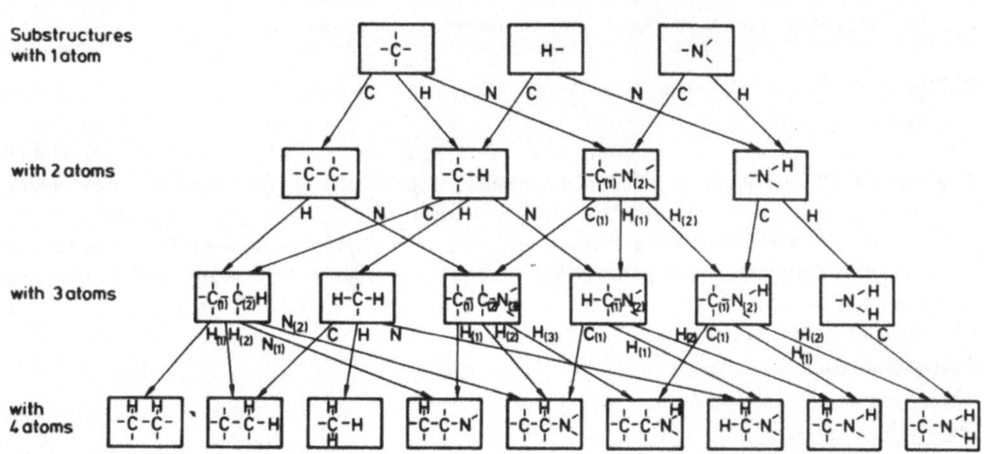

Bild 4: Organisation der Substrukturwissensbasis

WISSENSAPPLIKATION

In der Applikationsphase werden die Substrukturmerkmale der Netzknoten mit den Absorptionslinien einer unbekannten chemischen Verbindung verglichen, indem diese mit den Intervallen maskiert werden. Für eine positive Erkennung der Substruktur muß in jedem Intervall mindestens eine Linie liegen. Dies läßt sich formal mit dem Enthaltensein c_i von Absorptionslinien der Linientabelle $P = \{p_j, j=1..m\}$ des unbekannten Spektrums in einem Merkmalsintervall I_i beschreiben:

$$c_i = p_1 \in I_i \ v \ p_2 \in I_i \ v ... v \ p_m \in I_i \ ,$$
$$z = c_1 \wedge c_2 \wedge ... \wedge c_n \ . \tag{3}$$

Der Bool'sche Wert z gibt die Zugehörigkeit der Substruktur zur Menge der in der unbekannten Verbindung vorhandenen Substrukturen an.

Ungenauigkeiten in der Messung oder der Liniensuche werden nun durch Einführung von unscharfen Mengen (fuzzy sets [4]) berücksichtigt. Hierbei wird auf der Positions-/Intensitätsebene eine charakteristische Funktion $f_{I_i}(x)$ gebildet, die innerhalb eines Intervalls 1 beträgt und außerhalb des Intervalls kontinuierlich auf 0 abnimmt.

Die formale Beschreibung des Zugehörigkeitswerts z in (3) kann in der fuzzy-set-Terminologie beibehalten werden, es ist dabei lediglich die Konjunktion bzw. Disjunktion durch die min- bzw. max-Funktion über der charakteristischen Funktion f zu bilden, wobei c_i und z reelle Zahlen im Intervall $[0,1]$ werden:

$$c_i = max \ (f_{I_i}(p_1), \ f_{I_i}(p_2), \ ... \ , \ f_{I_i}(p_m)) \ ,$$
$$z = min \ (c_1, \ c_2, \ ... \ , \ c_n) \ . \tag{4}$$

Zur Errechnung aller Zugehörigkeitswerte werden die Knoten im Substrukturnetz in einer "depth-first"-Strategie durchlaufen. Die erschöpfende Suche im Netz kann vermieden werden, wenn an jedem Knoten, dessen Zugehörigkeitswert z unterhalb einer gewissen Schwelle t liegt, die Suche abgebrochen wird. Das Bewertungskriterium (4) garantiert, daß alle unberücksichtigten Substrukturen einen Zugehörigkeitswert $< t$ besitzen, wenn bei allen spezielleren Knoten auch die Substrukturmerkmale spezieller sind. Letzeres ist aber durch das Lernverfahren gegeben.

ERGEBNISSE

Erste exemplarische Untersuchungen über die Erkennungssicherheit von Substrukturen wurden an einer Substrukturwissensbasis von etwa 900 Substrukturen durchgeführt, die aus etwa 100 nicht-zyklischen Kohlenwasserstoffverbindungen mit und ohne Aminogruppe ($-NH_2$) generiert wurde. Die Substrukturen der Trainingsverbindungen wurden alle richtig erkannt, was eine Konsequenz des Lernalgorithmus ist. Die Substrukturen von Testverbindungen wurden zu 95% richtig erkannt. Von allen erkannten Substrukturen waren etwa 15% nicht in den Verbindungen enthalten, also fälschlicherweise erkannt. Die abgeschnittene Suche war bis zu 5mal schneller als die vollständige Suche.

REFERENZEN

[1] Woodruff, H., Smith, G., Computer Program for the Analysis of Infrared Spektra, Anal. Chem. 52, 2321 (1980)

[2] Buchanan, B., Feigenbaum, E., Dendral and Meta-Dendral, Art. Int. 11, 5 (1978)

[3] Blaffert, T., Unscharfe Mengen und Invertierte Suche – zwei Konzepte zur Identifizierung chemischer Verbindungen, VDE-Fachber. 35, 149 (1983)

[4] Zadeh, L.A., Fuzzy Sets, Inf. Contr. 8, 338 (1965)

SPEKTRENINTERPRETATION MIT FUZZY-SET-OPERATOREN
UND WISSENSGESTEUERTER MERKMALSGEWINNUNG

T. Blaffert

Philips GmbH Forschungslaboratorium Hamburg, Vogt-Kölln-Str. 30, D-2000 Hamburg 54

ZUSAMMENFASSUNG

Im Vortrag wird eine Anwendung der Mustererkennung für die Interpretation von Infrarotspektren vorgestellt. Das Interpretationsverfahren ist im Sinne von Expertensystemen strukturiert, d.h. die Repräsentation von Wissen wird von der Akquisi-
tions- und Applikationskomponente getrennt. Die Besonderheit der Akquisitionsphase
besteht in der automatischen Zusammenstellung der Trainingsmenge für die Mustererkennung. Die Wissensbasis ist als Netz in einer spezieller-/allgemeiner-Relation
organisiert. In der Applikationsphase werden Substrukturen unter Anwendung von
fuzzy-set-Operatoren gesucht und zur Gesamtstruktur kombiniert.

EINLEITUNG

Die Infrarotspektroskopie ist eine wichtige und häufig angewandte Analysemethode in

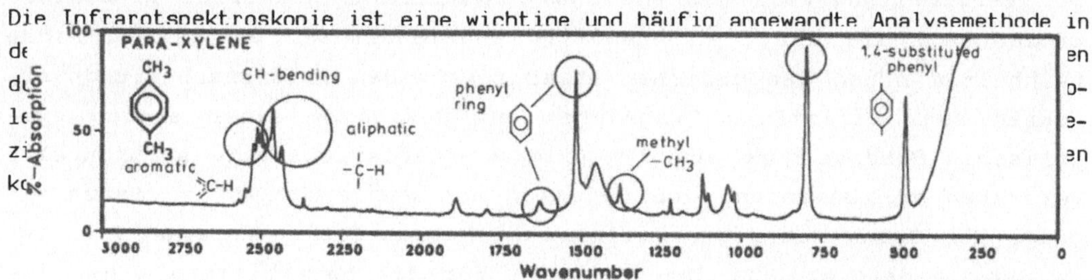

Bild 1: Charakteristische Schwingungen in einem Infrarotspektrum

Ein Expertensystem zur Interpretation von Infrarotspektren, bei dem die Erkennung
von Substrukturen mit Regeln aus der Literatur durchgeführt wird, wurde von Woodruff [1] beschrieben. Das Expertensystem DENDRAL [2] schließt auf chemische Strukturen mittels Auswertung von Massenspektren. Beiden Expertensystemen ist gemeinsam,
daß spektroskopisches Wissen für in der Chemie gängige Substrukturen (ca. 200 in
[1]) in einem separaten Schritt (z.B. Meta-DENDRAL) akquiriert wird. Für die Spektreninterpretation sind aber mehr als 10000 Substrukturen sinnvoll, für die eine
manuelle Wissensakquisition nicht mehr in Betracht kommen kann. Hier muß ein Mustererkennungsverfahren die "Regeln" finden, die dann für die Suche in einer geeigneten Struktur zu repräsentieren sind.

- einen Bewertungsteil zur Beurteilung von Verarbeitungs-Zwischener-
  gebnissen während der Adaption
- heuristisches Wissen über die Vorgehensweise bei der Adaption in
  Abhängigkeit der Beurteilungsergebnisse
- Wissen über das Vorhandensein, die Anwendbarkeit und die Auswahl
  von Verarbeitungsverfahren, sowie Wissen über deren Parameter

Eine weitere Anforderung ergibt sich aus dem Einsatz in einer industriellen Umgebung: Bei dem von uns angestrebten Einsatzbereich
gehen wir davon aus, dass die Bilddeutung selbst sehr schnell durchgeführt werden muss, während für die Adaption wesentlich mehr Zeit
zur Verfügung steht. Für die Untersuchung zur Realisierbarkeit eines
derartigen Systems wurde ein Vorschlag erarbeitet und in Form eines
Experimentalsystems aufgebaut.

2. Verarbeitungsteil

Der Verarbeitungsteil besteht aus einer Anzahl schneller Elementarprozeduren, die auf die Datenbasis angewendet werden können. Diese
beinhalten neben den üblichen standardmässigen Bildverarbeitungsver-
fahren sehr effiziente Prozeduren zur Gewinnung einer ersten symbolischen Beschreibung aus dem Bild und fehlertolerante strukturelle
Verfahren zur Gewinnung von Objekten aus der symbolischen Beschreibung. Der Graph der gegenwärtig realisierten Elementarprozeduren ist
in Abb. 1 dargestellt. Ein Beispiel für die Verarbeitung einer industriellen Szene ist in Abb. 2 wiedergegeben. Die Verarbeitung führt
über mehrere Stufen vom Original über eine Grauwertbildverarbeitung
zur Extraktion einer ersten symbolischen Beschreibung bestehend aus
Ecken und Kreisen. Mit Hilfe eines Relaxationsprozesses wird unter
Vorgabe eines Prototypen ein Winkel gefunden und dessen Lage erkannt. Die Adaption des Bilddeutungssystems wird dadurch erreicht,
dass in einer überwachten Lernphase zum einen der Gesamtalgorithmus
aus dem Pool von Elementarprozeduren konfiguriert wird und zum anderen die Parameter an die bildlichen Ausprägungen in einem Satz von
Referenzbildern angepasst werden.

3. Expertensystemteil

Um für die Bilddeutung und Adaption die benötigten Wissensquellen
zugänglich zu machen, wurde das System durch ein Expertensystemteil

ergänzt. Das Expertensystem enthält das Wissen über die Strategie zur Konfiguration des Verarbeitungsteils, das relevante Wissen über den Objektbereich und die vorhandenen Verarbeitungsverfahren in expliziter Form. Beispiele für Formulierung von Wissensinhalten über die Elementarprozeduren als Knoten in einem semantischen Netz sind in Abb. 3 und von Wissensinhalten über die Strategie des Adaptionsvorganges in Form von Produktionsregeln sind in Abb. 4 wiedergegeben.

4. Ergebnisse

Zum gegenwärtigen Zeitpunkt sind etwa 200 Einträge entsprechend ca. 40 Knoten des semantischen Netzes und etwa 60 Produktionsregeln incl. Metaregeln realisiert worden. Ein Beispiel für eine Parameteradaption zur Ecken- und Kreisfindung ist in Abb. 5 wiedergegeben. Die Rechenzeit betrug auf einer VAX 11-780 etwa 20 CPU-Minuten, wobei ca. 10% der Zeit auf das Expertensystem und ca. 90% der Zeit auf die Bildverarbeitung entfielen.

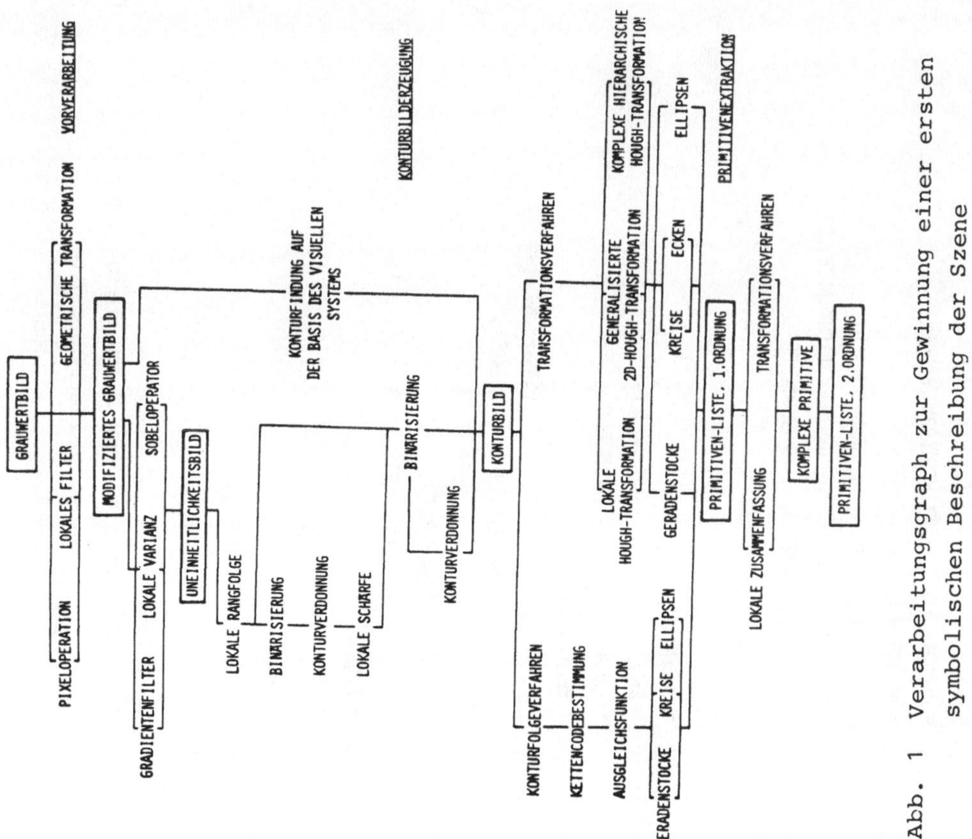

Abb. 1 Verarbeitungsgraph zur Gewinnung einer ersten symbolischen Beschreibung der Szene

```
* BEGINN
* NAME              (GRADIENTENFILTERUNG)
* GRUPPE            (ELEMENTARPROZEDUREN)
* RELATIONEN
          ((EINGANG        GRAUWERTBILD)
           (AUSGANG        UNEINHEITLICHKEITSBILD)
           (PARAMETER      G-PARAMETER-1))
* ENDE


* BEGINN
* NAME              (G-PARAMETER-1)
* GRUPPE            (PARAMETER)
* RELATIONEN
          ((TYP            FENSTERGRÜSSE)
           (WERTEBEREICH   DISKRET)
           (AKTUELLER-WERT  7.)
           (DEFAULT-WERT    7.)
           (MÖGLICHE-WERTE  9. 7. 5. 3.))
* ENDE
```

Abb. 3 Beispiel der Formulierung von
        Wissensinhalten über die
        Elementarprozeduren

```
* BEGINN
* NAME              (REGEL-101)
* GRUPPE            (REGELN)
* RELATIONEN
          ((KONTEXT ADAPTION-ECKENFINDUNG)
           (PRIORITÄT  10.))

* BEDINGUNGSTEIL

          (FOR_ALLE  X,Y  FOR_DIE_GILT
          (ADAPTION-ECKENFINDUNG ERFORDERT_ELEMENTARPROZEDUREN  X)
          (X  HAT_PARAMETER  Y))

* AKTIONSTEIL

          ((COPY DEFAULTWERT_VON  Y  ZU  AKTUELLER-WERT_VON  Y))

* BESCHREIBUNG

      WENN  1) DIE PARAMETER ZUR ECKENFINDUNG ADAPTIERT
              WERDEN SOLLEN

      DANN  1) WÄHLE FOR DIE AKTUELLEN WERTE DER PARAMETER
              ALS ANFANGSWERTE DIE DEFAULTWERTE

* ENDE
```

Abb. 4 Beispiel der Formulierung von
        Wissensinhalten über die Strategie
        des Adaptionsvorganges

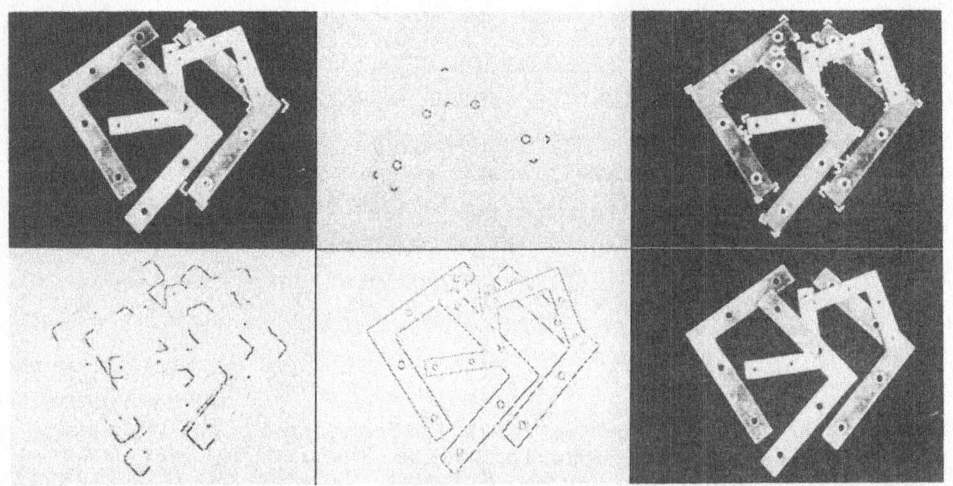

Abb. 2   a) Original, b) Konturen, c) Schärfe,
d) erkannte Ecken und Kreise, e) Prototyp,
f) aus (d) unter Vorgabe von (e) gefundener Winkel

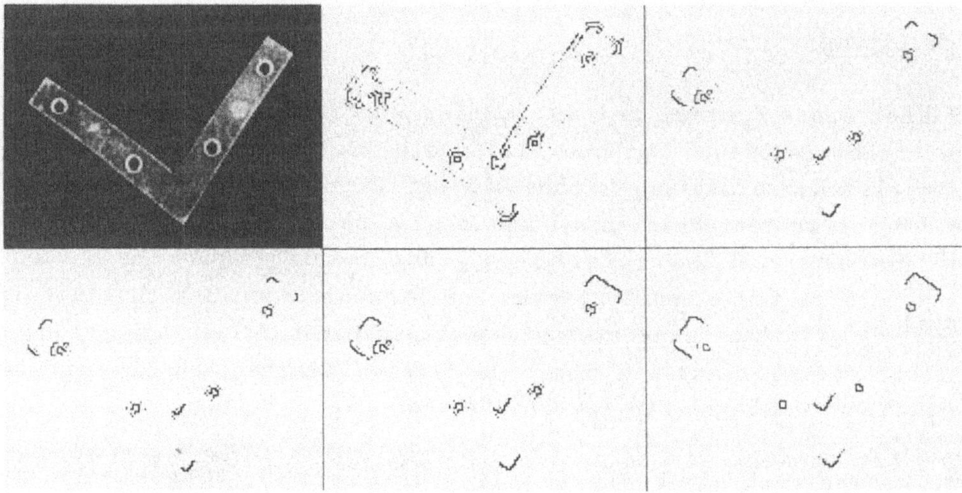

Abb. 5   a) Original; Ergebnis der Adaption nach
b) 1, c) 9 , d) 18, e) 39, f) 53
Operationsschritten

SCHNELLE PRÄSELEKTION VON WÖRTERN
AUS KONTINUIERLICH GESPROCHENER SPRACHE

E. Günter Schukat-Talamazzini, Stefan Heunisch
Lehrstuhl für Informatik 5 (Mustererkennung)
Universität Erlangen - Nürnberg
Martensstraße 3   8520 Erlangen

ZUSAMMENFASSUNG: Das Fehlen jeglicher Information über Wortgrenzen im Sprachsignal ist ein charakteristisches Problem bei der Erkennung fließend gesprochener deutscher Sprache. Der an unserem Institut realisierte Modul zur Generierung von Worthypothesen aus einem nach Lauten klassifizierten und segmentierten Sprachsignal benötigt diese Information nicht. Lexikon und gesprochene Äußerung werden durch bewertete, positionierte Lauttripel repräsentiert. Das Lexikon wird in eine assoziative Datenstruktur transformiert, bei der Lauttripel als Schlüsselinformation dienen. Ist eine aus der gesprochenen Äußerung extrahierte solche Lautfolge Bestandteil eines Lexikonwortes, werden Position und Bewertung in einem Sprachbeschreibungsbild festgehalten. Eine positionell konsistente Häufung von Einträgen für ein Wort führt zur Generierung einer Worthypothese.

1. Einleitung

Im Rahmen eines Systems zum automatischen Verstehen kontinuierlich gesprochener deutscher Sprache bildet die Worterkennung die Schnittstelle zwischen akustisch - phonetischer Verarbeitung des Sprachsignals und der weiterführenden syntaktischen, semantischen und pragmatischen Analyse /1, 2/. Zur Initiierung des Verstehensprozesses müssen in dem nach Lauten klassifizierten und segmentierten Sprachsignal die mutmaßlich gesprochenen Wörter eines vorgegebenen Vokabulars gefunden, positioniert und bezüglich ihrer lautlichen Verträglichkeit mit den hypothetisierten Segmenten bewertet werden.

Im folgenden wird ein Worterkennungsverfahren /3/ vorgestellt, das robust gegenüber unzuverlässiger phonetischer Erkennung ist, keine Kenntnis der akustisch im allgemeinen nicht realisierten Wortgrenzen voraussetzt, Inkorporation linguistischen Wissens über Phänomene artikulatorischer Variation gestattet und für die Wortpräselektion auch aus großen Lexika unter Realzeitbedingungen geeignet scheint. Einen Teil des Grundprinzips liefert die Konstruktion eines Postprozessors

zur Fehlerkorrektur in der optischen Zeichenerkennung (OCR,/4/) : eine
vorliegende, evt. fehlerbehaftete Symbolkette wird demjenigen Lexikonwort zugeordnet, mit dem es die meisten konsekutiven Buchstabentripel
gemeinsam hat. Durch die Wahl einer assoziativen Datenorganisation,
die jedes Wort durch alle seine Trigramme adressierbar macht, gelangt
bei der Klassifikation eines Testmusters nur ein Bruchteil der Ge-
samtwortmenge zur Verarbeitung.

2. Lösungsansatz

Im Rahmen der Worterkennung aus Lautsegmenten verwenden wir als Einheiten Lauttripel, das sind Gruppen von drei aufeinanderfolgenden
Phonemen innerhalb eines in einer Lautumschrift dargestellten Wortes.
Da die gesprochenen Wörter nicht isoliert vorliegen, berücksichtigen
wir außer der Zahl übereinstimmender Lautfolgen auch deren Reihenfolge
und Stellung im Signal. Die erhebliche Fehlerbehaftung der Eingangsdaten erfordert fehlertoleriernde Maßnahmen. Pro Segment stehen mehrere nach ihrer Zuverlässigkeit gestaffelte Alternativen zur Verfügung. Klassifikationsfehler werden in ihren Konsequenzen entschärft,
vergröbert man die lautliche Darstellung auf wenige Oberklassen /5/.
Segmentierungsfehler werden überbrückt, läßt man neben streng konsekutiven Lautfolgen auch Positionsvarianten zu, die wir als gespreizte
Lauttripel bezeichnen (Abb. 1).

Fehlerart	Lexikonwort	gem. Lauttripel	Lauthypothesenfolge
Einfügung:	DAMIT	DAM	... D A N M I T ...
Auslassung:	DAMIT	AMT	... D A M T ...
Fehlklass.:	DAMIT	DMI	... D O M I T ...

Abb. 1 Überbrücken von Fehlern durch Spreizung

```
< DAM  1  1.0 > , < AMI  2  1.0 > , < MIT  3  1.0 > ,
< DAI  1  0.5 > , < AMT  2  0.5 > ,
< DMI  1  0.5 > , < AIT  2  0.5 > ,
```

Abb. 2 Darstellung des Wortes DAMIT

3. Transformation des Aussprachelexikons

Ein Lexikonpräprozessor erstellt aus einem Aussprachelexikon eine assoziative Datenstruktur, bei der Phonemtripel als Schlüssel dienen. Jedes Lexikonwort läßt sich als eine Relation mit Elementen der Form < Lauttripel, POS_W, BEW_W > darstellen (Abb. 2), dabei bezeichnet POS_W die Position des Lauttripels im Wort und BEW_W den Grad seiner Zugehörigkeit zum Wort, den man insbesondere für gespreizte oder Aussprachevarianten repräsentierende Lauttripel als niedriger annehmen kann. Das Lexikon wird demnach durch eine Relation mit Elementen < Wort, Lauttripel, POS_W, BEW_W > repräsentiert. Durch Invertierung erhält man zu jedem Lauttripel alle Lexikonwörter, in denen es enthalten ist, mit Angabe seiner Position und Bewertung. Die codierten Lauttripel werden mittels einer Hashfunktion auf eine Indextabelle verteilt, Zeiger verweisen auf den zugehörigen Block mit lexikalischer Information.

4. Generieren eines Sprachbeschreibungsbildes

Das Fehlen jeglicher Wortgrenzeninformation bedingt die Betrachtung einer mehrere Wörter umfassenden Folge von Lautsegmenten. Diese läßt sich auf die gleiche Weise wie ein Lexikonwort als Relation mit Elementen < Lauttripel, POS_S, BEW_S > darstellen. Lauttripel werden unter Berücksichtigung aller Kombinationen alternativer Lauthypothesen gebildet, POS_S ist deren Position im Satz, die Bewertung BEW_S errechnet sich aus den gegebenen Zuverlässigkeiten der beteiligten Lauthypothesen. Zu jedem Lauttripel können die an dessen Satzposition möglicherweise gesprochenen Wörter direkt aus dem Lexikon ermittelt werden. Da für eine Worthypothese im allgemeinen mehrere in Position und Reihenfolge korrespondierende hochbewertete Übereinstimmungen zwischen Lexikonwort und Äußerung nötig sind, werden Positionen und Bewertungen übereinstimmender Lauttripel zunächst in einer Mischrepräsentation von Lauthypothesen und Aussprachelexikon, dem Sprachbeschreibungsbild (SBB), gespeichert. Liefert das Lexikon die Information, daß ein an Position POS_S aus dem Testmuster mit Sicherheit BEW_S gewonnenes Lauttripel im Referenzwort w an Position POS_W mit Bewertung BEW_W enthalten ist, wird das Produkt der Bewertungen an der Stelle $SBB(w,POS_S)$ und POS_W an die entsprechende Position in einer Variante des SBB (PBB) eingetragen. $SBB(w,j)$ beinhaltet also den phonetischen Affirmationsgrad des Testsatzsegmentes j für das Referenzwort w.

5. Wortschattensuche

Die abschließende SBB-Interpretation sucht wortweise Häufungen hoher
Einträge (Wortschatten). Zur Analyse einer Zeile des SBB bildet man an
jeder Position über einem der jeweiligen Wortlänge angemessenen Fenster das arithmetische Mittel. Worthypothesen werden dort generiert,
wo diese Werte relative Maxima annehmen. Position und Zuverlässigkeit
der Worthypothese entsprechen dem Ort und Wert des Maximums. Die
Bewertung eines durch Zufallstreffer entstandenen Wortschattens wird
herabgesetzt, gewichtet man bei der Bildung des arithmetischen Mittels
Positionsabweichungen.

6. Experimentelle Ergebnisse

Mit der vorgestellten Methode können, da Lauttripel als Wortmerkmale
verwendet werden, zweilautige Wörter nicht erkannt werden. Dies ist
leicht zu verschmerzen, da sie aufgrund geringer phonetischer Signifi-
kanz bei hoher Verschleifungsanfälligkeit ohnehin unsichere Kandidaten
in der Worterkennung sind /6/. Die zur Performanzverbesserung eingesetzten Strategien haben den Nebeneffekt, daß sie Information verwi-
schen. Lautoberklassenbildung und die Einbeziehung gespreizter Lauttripel führen zwar zu einer höheren Erkennungsrate der gesprochenen
Wörter, gleichzeitig aber zu deutlich mehr Hypothesen und damit
schlechterer Ausbeute. Eine Verringerung der anfangs 37 Phonemklassen
auf die Hälfte ist unbedingt erforderlich, um die gröbsten Klassifika-
torfehler zu kompensieren. Versuche wurden mit 18, 12, 9 und 6 Phonemklassen durchgeführt. Die Anzahl erkannter Wörter steigt bei einer
Mehrproduktion von Hypothesen von ca. 55% auf 65%. Entsprechende
Resultate erhält man, wenn man auf der Basis von 18 Phonemklassen
gespreizte Lauttripel einbezieht. Eine Kombination beider Strategien
steigert zwar die Erkennungsrate auf über 70%, der entstandene Informationsverlust ist aber bei 6 Phonemklassen und gespreizten Lauttri-
peln so groß, daß Hypothesenzahl und zeitlicher Aufwand überhand
nehmen. Die Beschränkung auf reihenfolgekonsistente Wortschatten
bringt wie erwartet nochmals eine geringfügige Performanzverbesserung.
Eine günstige Kombination, deren Ergebnis in Abb. 3 (durchgezogene
Linie) angegeben ist wählt 9 Phonemklassen und bezieht nur auf Lexi-
konebene gespreizte Phonemtripel mit ein. Zum Vergleich gibt die
gestrichelte Linie das Resultat eines Worterkenners an, der auf dem
Markov-Modell beruht.

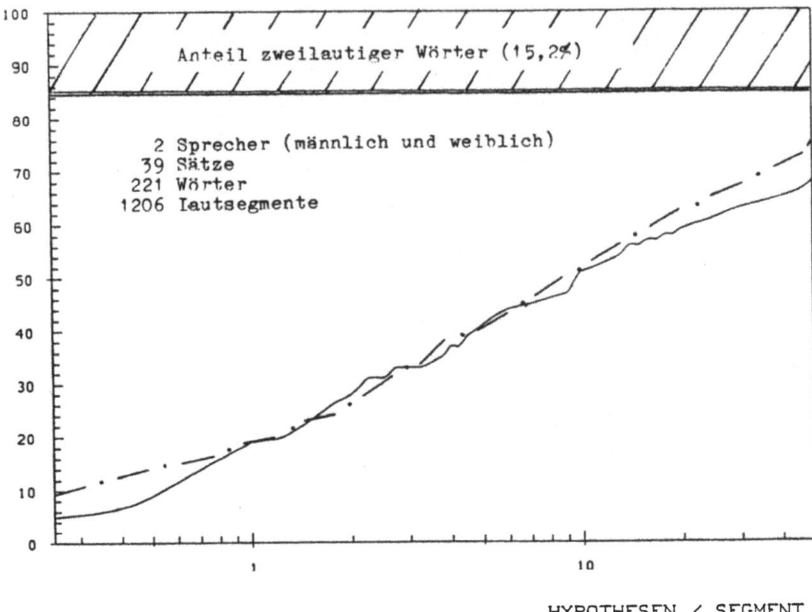

Abb. 3   Erkennungsrate bei vorgegebener Hypothesenzahl

Der entscheidende Vorteil der vorgestellten Methode liegt in der Geschwindigkeit. Eine Laufzeitsimulation ohne Zugriff auf sekundäre Medien ergab bei der Analyse eines durchschnittlich langen Satzes (30 Segmente) und einer Lexikongröße von über 1500 Wörtern auf einer PDP 11/34 eine Verweilzeit von nur 27 Sekunden.

[1] Niemann, H., Brietzmann, A., Hein, H.-W., Muehlfeld, R., Regel, P., Schukat, G., A System for Understanding Continuous German Speech, Information Sciences, Vol.3, S.87 (1984)
[2] Niemann, H., Brietzmann, A., Muehlfeld, R., Regel, P., Schukat, G., The Speech Understanding and Dialog System EVAR, NATO ASI New Systems and Architectures for Automatic Speech Recognition and Synthesis, Bonas 2.-14.7.1984, to appear
[3] Heunisch, S., System zur Leistungsanalyse einer Klasse von n-Gramm - Methoden zur Worthypothesengenerierung, Studienarbeit am Lehrstuhl f. Informatik 5 (Mustererkennung), FAU Erlangen-Nbg. (1985)
[4] Kohonen, T., Reuhkala, E., A Very Fast Associative Method for the Recognition and Correction of Misspelt Words, Based on Redundant Hash Adressing, Proc. 4th IJCPR, S.807 (1978)
[5] Fischer, H., Lautoberklassenbildung mit informationstheoretischen Methoden, Diplomarbeit am Lehrstuhl f. Informatik 5 (Mustererkennung), FAU Erlangen-Nbg. (1984)
[6] Woods, W., Motivation and Overview of BBN Speechlis, an Experimental Prototype for Speech Understanding Research, IEEE Trans. ASSP, Vol.23, S.2 (1975)

Worthypothesengenerierung im Projekt SPICOS

H. Höge, E. Marschall, O. Schmidbauer, R. Sommer
Siemens AG, ZT ZTI INF 11
8000 München 83

Zusammenfassung

Die akustische Komponente einschließlich der Worthypothesengenerierung
in einem System zur Erkennung fließender Rede wird beschrieben. Das
Sprachsignal wird explizit in Konsonantencluster und Vokalkerne segmentiert. In einem bottom-up Ansatz liefert der Klassifikator Phonemclusterhypothesen, aus denen in der nächsten Stufe eine Liste von
Worthypothesen generiert wird. Dies geschieht unter Rückgriff auf ein
phonologisches Netzwerk, in dem relevante phonologische Phänomene wie
Intra- und Interwortverschleifungen, alternative Segmentierungen u.a.
berücksichtigt sind. Erste Tests mit einem ca. 1000 Vollformen umfassenden Lexikon zeigen, daß der Umfang der auf den verschiedenen Ebenen
generierten Hypothesen klein genug bleibt, um von den nachfolgenden
Modulen bearbeitet werden zu können.

I. Einleitung

Gegenstand des Siemens-Philips-Projekts SPICOS ist der Aufbau eines
sprachverstehenden Systems, wobei im Dialog mit der Maschine eine
Datenbankabfrage ermöglicht werden soll. Die wesentlichen Komponenten
des Systems sind akustische Analyse, linguistische Analyse, Dialog-
steuerung, Datenbankabfrage und Sprachgenerierung. Der Datenbankbe-
reich umfaßt Fragen zu Dokumenten (Verfasser, Datum, Überschrift,...),
wobei von einem Wortlexikon mit ca. 1000 Vollformen und von 200 Bei-
spielsätzen ausgegangen wird.

Der Beitrag befaßt sich mit einem silbenorientieren Ansatz zur akustischen Beschreibung fließend gesprochener Sprache /1/. (In SPICOS werden auch andere Ansätze verfolgt /2/.) Das Sprachsignal wird explizit
in initiale Konsonantencluster (ICC), vokalische Bereiche (SN = Syl-
labic Nucleus) und finale Konsonantencluster (FCC) zerlegt, wobei alternative Segmentierungen zwischen ICC und FCC erlaubt sind. Aus der
Klassifikation der Segmente ergeben sich gewichtete Hypothesen über
Phonemcluster (PCH)

Aufgabe der Worthypothesengenerierung ist die Abbildung der Phonemclusterhypothesen auf eine Liste von Worthypothesen (WHL) des Wort-
lexikons mit dem Ziel, daß die Anzahl der Worthypothesen gering ist
und sich das richtige Wort unter den Worthypothesen befindet.

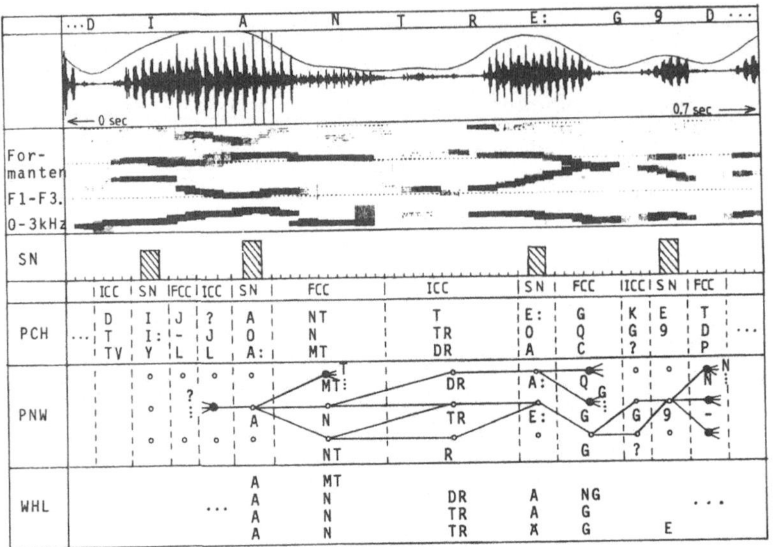

Bild 1: Generierung von PCH und WHL im Beispiel "...die Anträge, die..."

Um bei der Rekonstruktion der Wortfolge aus den ICC-, SN-, FCC-Hypothesen Phänomene wie Intra-, Interwortverschleifungen und alternative FCC-ICC-Segmentierungen zu berücksichtigen, wird das Wortlexikon in Form eines phonologischen Netzwerkes (PNW) repräsentiert.

II. Variable Segmentierung im ICC-SN-FCC Raster

Bei dem hier vorgestellten Konzept, das eine Sprechgeschwindigkeit von 4-10 Silben/sec. toleriert, werden speziell die Gegebenheiten bei fließender Rede, wie variable Silbengeschwindigkeit und unexakte Silbifizierung, berücksichtigt.

Inter- und Intrawortverschleifungen werden im Segmentinventar berücksichtigt, was vor allem eine Zunahme des FCC Inventars bedeutet; ausserdem werden silbische Konsonanten in die Segmentgruppe "SN" aufgenommen. Konsonantencluster (CC) werden für drei SN-Kontexte (Artikulationsstelle: hinten, neutral, vorne) bereitgehalten. Die Aufhebung des harten Segmentrasters wird durch die Einführung von alternativen Silbengrenzen zwischen FCCs und ICCs und zusätzlich durch die Gewichtung von SN mit Wahrscheinlichkeiten bewirkt. SN mit geringen Wahrscheinlichkeiten können übersprungen werden. Daraus resultiert ein gelockertes Segmentraster, das den oft mehrdeutigen Verhältnissen bei fließender Rede Rechnung trägt (siehe Bild 2). Um fließende Sprache in sinnvolle phonetische Einheiten segmentieren zu können, muß bereits während der Segmentierungsphase umfangreiches akustisch-phonetisches

Wissen eingesetzt werden. Die exakte Bestimmung der Segmentgrenzen erfolgt in zwei Stufen: Zuerst werden gewichtete Hypothesen für Silbenkerne (SN) und die darin enthaltenen vokalähnlichen Laute aufgestellt.
Im zweiten Schritt werden grobe phonetische Klassen GPC = {Pause, Fri-
kativ, Nasal, Vokal} in den CC ermittelt. Regeln, die die Konsistenz
der GPCs in den CC mit den im Referenzlexikon enthaltenen Segmenten
überprüfen, werden zum genauen Setzen der Segmentgrenzen (in Bereichen
minimaler Koartikulation) eingesetzt.

In der Trainingsphase wird handgelabeltes Material zur Erzeugung von
Referenztemplates verwendet. Zur Generierung der PCH werden CC-Testseg-
mente mittels dynamischer Programmierung nur mit solchen Referenztemplates verglichen, die bezüglich der GPC konsistent sind. Die PCH für
SN werden bereits während der vorangehenden Segmentierung ermittelt.

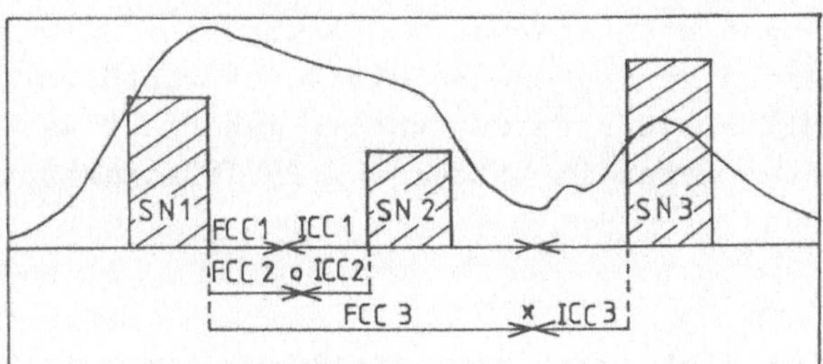

Bild 2: Variables ICC-SN-FCC Raster

Vorläufige Tests mit 40 natürlich gesprochenen Sätzen zweier männ-
licher Sprecher mit ca. 600 enthaltenen Silbenkernen zeigen eine korrekte Detektion der Silbenkerne in 96% der Fälle.

III. Netzgenerierung

Ausgehend von einer phonetischen Wortbeschreibung (Standardaussprache,
44 Phoneme) werden regelbasiert für jedes Wort Variationen, die durch
Innerwortverschleifungen /3/ und alternative FCC-ICC-Segmentierungen
entstehen, in eine ICC-SN-FCC-Darstellung gebracht und in ein phonologisches Netzwerk (PNW) eingetragen. Jeder Knoten stellt eine phonetische Einheit (ICC, SN, FCC) dar, die gerichteten Kanten zeigen einen
Weg vom Wortanfang zum Wortende an. Die wortübergreifenden Verschleifungen werden durch zusätzliche Kanten zwischen Wortende- und Wortan-
fangsknoten regelbasiert generiert. Hierbei müssen i.a. neue Knoten,
welche die Verschleifung des FCC-Elementes des Wortendes mit dem ICC-
Element von Wortanfängen beschreiben, eingefügt werden. Dies hat zur
Konsequenz, daß nicht mehr nur einzelne Graphen für jedes Wort exi-

stieren, sondern daß das gesamte Wortlexikon in einem einzigen Netzwerk repräsentiert wird. Die angewendeten phonologischen Regeln sind
vom Typ /3/:
Phonemsequenz X ---> Phonemsequenz Y/Linkskontext ___ Rechtskontext
d.h. die Phonemsequenz X wird im Kontext durch die Phonemsequenz Y
ersetzt.
Einen Ausschnitt aus dem phonologischen Netzwerk zeigt Bild 1. Hierbei
sind sowohl ein Teil der Intra- und Interwortverschleifungen als auch
ein Teil der alternativen Segmentierungen für das Wort "Anträge" zu
erkennen. Die Kanten des Netzwerkes sind bewertet, so daß es möglich
ist, die Häufigkeit des Auftretens vom Standard abweichender phonolo-
gischer Phänomene zu berücksichtigen. Die Datenstruktur "phonologisches Netzwerk" liegt auch in Form von Listen in editierbarer Form
vor, so daß Korrekturen an dem Netzwerk angebracht werden können.

Tests mit einem, 1000 Vollformen umfassenden, Lexikon zeigen, daß auf
Grund von Innerwortverschleifungen und alternativen Segmentierungen im
Mittel für jedes Wort 11 Varianten entstehen und daß durch wortüber-
greifende Verschleifungen im Mittel 10 neue Endeknoten generiert werden müssen. Jeder neue Endeknoten zeigt im Mittel auf 25 Anfangsknoten.

IV. Der Parser

Die Worthypothesengenerierung erfolgt durch eine Abbildung der Folge
von Phonemclusterhypothesen auf eine Folge von Cluster im phonologischen Netzwerk, die in einem aktuellen Netzwerk abgespeichert werden
(Bild 3).

Die Abbildung beruht auf den Prinzipien

P1: Eine Phonemclusterhypothese PC(n+1) zum Zeitschritt (n+1) wird
    einem potentiellen Phonemcluster im PNW zugeordnet, falls beide
    Cluster identisch sind und falls PC(n+1) dem zugeordneten Phonem-
    cluster im aktuellen Netzwerk zeitlich nachfolgt (harter Parser).

P2: Zu jedem Zeitschritt erfolgt eine Suche der zuordbaren Phonem-
    cluster (Echtzeitbedingung, breadth first).

Prinzip P1 erfordert, daß sich die ergebenden Worthypothesen zeitlich
lückenlos aneinanderreihen müssen. Damit sich unter den Worthypothesen
immer die gesprochene Worthypothese befindet, müssen alle relevanten
Aussprachevarianten im phonologischen Netzwerk codiert und das richtige Cluster unter den Phonemclusterhypothesen vorhanden sein. Zur Realisierung von Prinzip P2 werden die zugeordneten Cluster in einem aktuellen Netzwerk, das mit dem phonologischen Netzwerk verzeigert ist,

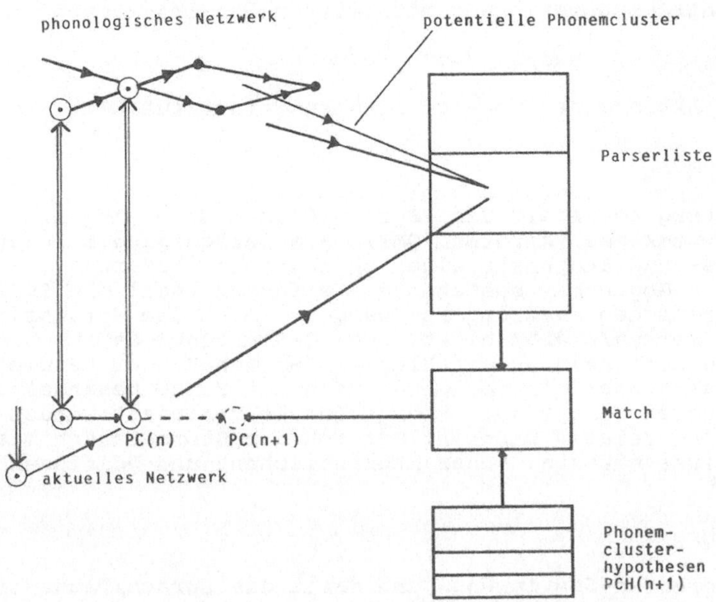

<u>Bild 3:</u> Funktionsweise des Parsers, ⊚ zugeordnete Phonemcluster

verwaltet (Bild 3). Hierbei werden zu jedem Schritt (n+1) die zugeordneten Cluster an dieses Netz angehängt und bei gemeinsamen Wortgrenzen
zusammengefaßt. Nicht weiterführbare Pfade werden gelöscht. Zur effizienten Gestaltung dieser Parserfuktionen wurde eine Rückwärts- und
Vorwärtsverzeigerung im aktuellen Netzwerk gewählt. Der Parser arbeitet mit einer Liste, in der zu jedem Schritt n+1 alle potentiellen
Nachfolgecluster der Cluster PC(n) enthalten sind. Erste Ergebnisse
zeigen, daß bei 10 angebotenen Phonemclusterhypothesen pro Zeitschritt
für jedes richtige Wort ca. 30 Worthypothesen generiert werden. Hieraus wird deutlich, daß der gewählte bottom-up Ansatz bis zur Wortebene
auf handhabbare Datenmengen führt.

V. Literatur

/1/   G. Ruske, "On the Usage of Demisyllables in Automatic Speech-
      recognition", Proc. EURASIP, Erlangen 1983

/2/   A. Noll, "Explizite Segmentierung kontinuierlicher Sprache auf
      der Basis datenorientierter Wortuntereinheiten", in diesem Band

/3/   R. Mühlfeld, private Mitteilung 1985

Sprachgrenzenbestimmung mit Polynomklassifikatoren

Harald Katterfeldt

AEG Aktiengesellschaft, Forschungsinstitut Ulm

Zusammenfassung

Dieser Beitrag behandelt die Sprach/Pausen-Erkennung mittels Quadrat-
mittel-Polynomklassifkatoren (QMK) als Teilaufgabe bei der Bestimmung
der Anfangs- und Endpunkte einer sprachlichen Äußerung (engl. endpoint
detection). Gegenüber bestehenden Verfahren soll die Empfindlichkeit
bei Störgeräuschen verringert werden. Aus dem Sprachsignal werden
taktweise Merkmale abgeleitet, der QMK erzeugt daraus eine Schätzung
für die Zugehörigkeit zu den Klassen "Sprache" oder "Pause", eine sog.
Sprach/Pause-Kontur. Im folgenden wird die Frage behandelt, ob Polynomklassifikatoren derart auf Störgeräusche trainiert werden können, daß
die Schätzung relativ unbeeinflußt von dem Störgeräusch bleibt. Es werden Ergebnisse mit sog. "charakteristischen" und "diffusen" Störsignalen gezeigt.

1. Einleitung

Die Sprachgrenzen-Bestimmung und damit die Sprach/Pause-Erkennung ist
bei vielen Anwendungen der Sprachsignalverarbeitung, z.B. Spracherkennung und Sprachcodierung bei niedrigen Bitraten, von großer Bedeutung.
Ein solches System besteht in der Regel aus zwei Stufen (Bild 1). In
der ersten Stufe wird aus dem einkommenden Sprachsignal eine Sprach/
Pause-Kontur erzeugt. In der zweiten Stufe werden aus dieser Kontur
der Anfangspunkt und der Endpunkt der Äußerung mit Hilfe von Schwell-
werten und plausiblen Regeln, die z.B. die minimale und die maximale
Wortlänge berücksichtigen, bestimmt.

Eine einfache Form der Sprach/Pause-Kontur ist der Verlauf der Energie
über der Zeit (Energiekontur, siehe Bild 2). Diese ist für die vorlie-

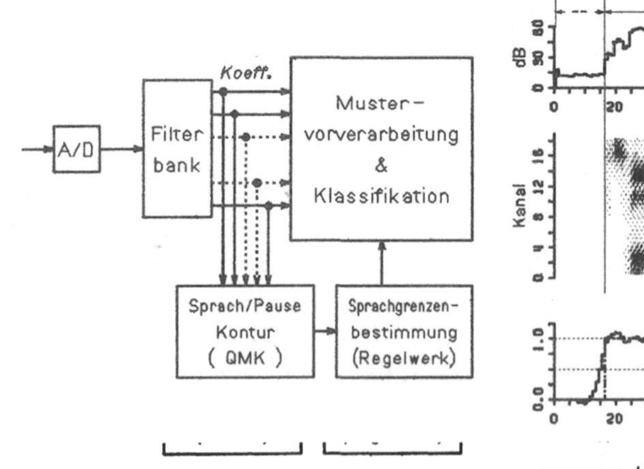

Bild 1:
Aufbau des Sprachgrenzen-Detektors
bei einem Spracherkenner

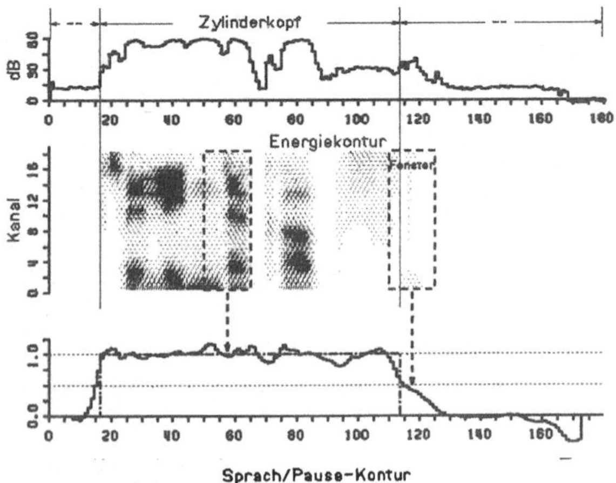

Bild 2: Energiekontur, Spektrogramm und Sprach/
Pause-Kontur der Äußerung "Zylinderkopf"

gende Aufgabe jedoch nur dann geeignet, wenn am Mikrofoneingang nur das ungestörte Sprachsignal auftritt. Bei Hintergrundgeräuschen ist es problematisch, anhand der Energiekontur auf das Vorhandensein von Sprache und deren genaue Endpunkte schließen zu wollen.

Im folgenden wird der Ansatz verfolgt, mit einem Polynomklassifikator über das laufende Sprachsignal Sprach/Pause-Schätzungen durchzuführen und die Kontur dee Schätzwerte für die Klasse "Sprache" als Sprach/Pause-Kontur zu verwenden. Wenn der QMK auf das Störsignal trainiert wurde, d.h. wenn es in geeigneter Zusammensetzung in der Lernstichprobe enthalten war, dann sollte die Sprach/Pause-Schätzung eine Kontur ergeben, deren Verlauf nur vom Sprachsignal und nicht vom Störsignal beeinflußt wird. Hier wird nur die Erzeugung der Sprach/Pause-Kontur behandelt, nicht jedoch das folgende Regelwerk.

2. Der Ansatz zur Erzeugung der Sprach/Pause-Kontur

Als Merkmale dienen dem QMK die spektralen Komponenten des Sprachsignales innerhalb eines gleitenden Zeitfensters. Bild 2 erläutert den Vorgang. Das Fenster wird mit einem festen Zeittakt über das Sprachsignal geschoben und alle 10 ms aus der Folge der Schätzungen für die Klasse "Sprache" eine eindimensionale Sprach/Pause-Kontur erzeugt. Diese Kontur liegt im Idealfall während der Pausen bei dem Wert Null und während der sprachlichen Äußerungen bei Eins. Ein ähnlicher Ansatz wurde bereits zur Segmentierung von Einzelwörtern aus Wortgruppen /2/ und von Lauten verwendet /3/.

Für das Training des Klassifikators wurde eine Lernstichprobe handsegmentiert, d.h. jeder Zeittakt zwischen Wortanfang und Wortende als "Sprache" und außerhalb der Wörter als "Pause" gekennzeichnet. Jedem Merkmalssatz (Fenster) wurde die Klasse des mittleren Zeittaktes zugeordnet. Das Zeitfenster wurde bei diesem und den folgenden Beispielen so breit gewählt (150 ms), daß es die kurzen Pausen bei Plosiven innerhalb der Wörter überbrückt. Wenn die Merkmale der Fenstermitte auf "Pause" deuten, kann der QMK anhand der Merkmale in den seitlichen Bereichen des Fensters erkennen, daß es sich nur um eine kurze Plosivpause handelt, die der Klasse "Sprache" zuzuordnen ist. Damit treten in der Lernstichprobe keine Widersprüche (ähnliche Mermalssätze unterschiedlicher Klassen) auf, wenn man den Bereich zwischen Wortanfang und Wortende der Einfachheit halber einheitlich als "Sprache" segmentiert. Bild 2 zeigt, daß auf diese Weise die Plosive von der Sprach/Pausen-Kontur überbrückt werden. Dieses erleichtert die Aufgabe des folgenden Regelwerkes, weil keine Regeln für derartige Kontureinbrüche vorgesehen werden müssen. Als weiterer Grund ist anzufügen, daß das

Fenster länger sein muß als die Dauer der Störsignale, die der QMK anhand des Zeitverlaufes erkennen können soll.

Die große Zahl der Merkmale im Fenster (15 Zeittakte * 18 Spektralwerte) wurde duch eine DCT entlang der Frequenzachse (mel frequency Cepstrum, 8 Koeff.) und eine Hauptachsentransformation über das resultierende zweidimensionale Zeit-Cepstrum-Muster auf 20 Merkmale reduziert. Aus diesen 20 Merkmalen entsteht durch einen vollständigen quadratischen Ansatz ein sekundärer Merkmalvektor der Länge 230.

Der QMK wird auf eine spezielle Störung trainiert, indem der Lernstichprobe eine geeignete Menge von Sprachsignalen mit dieser Störung zugemischt wird. Dieser statistische Ansatz bietet den Vorteil, daß man die Störsignale nicht unbedingt näher untersuchen oder gar analytisch beschreiben muß. Sie müssen lediglich in geeigneter Zusammensetzung in der Lernstichprobe enthalten sein.

Die prinzipielle Leistungsfähigkeit des Ansatzes wurde am Beispiel von charakteristischen und diffusen Störsignalen untersucht.

3. Versuche mit charakteristischen und diffusen Störsignalen

Als Beispiel für charakteristische Störgeräusche wurden Signale gewählt, die für Telephonkanäle typisch sind: Amtstöne ("besetzt", Dauerton "frei" und Impulsfolge "Nebenstelle frei") und Wählimpulse. Diese Signale können dem Nutzsignal durch Nebensprechen überlagert werden. Die Amtstöne haben ein ausgesprochen charakteristisches Spektrum, zeitlich sind sie gegenüber dem Sprachsignal nahezu stationär (Bild 3). Die Wählimpulse dagegen zeichnen sich durch ihren typischen Zeitverlauf aus, das Spektrum ist fast weiß (Bild 4).

Die beispielhaften Störsignale wurden isoliert aufgenommen und im Rechner zum ungestörten, handsegmentierten Sprachsignal addiert. Die "ungestörte" Stichprobe bestand aus 120 Äußerungen eines Sprechers, insgesamt etwa 16000 Merkmalssätzen (Zeittakten). Diese Stichprobe wurde einmal mit den oben erwähnten Amtstönen (Amtston-Stichprobe) und einmal mit den Wählimpulsen überlagert (Wählgeräusch-Stichprobe). Das S/N betrug jeweils 15 dB, gemessen von Spitze zu Spitze. Die Sprach/Pausen-Segmentierung wurde von der ungestörten Stichprobe übernommen. Damit wurde die Schwierigkeit umgangen, eine gestörte Stichprobe manuell segmentieren zu müssen.

Bild 3 zeigt ein Beispiel für die Überlagerung des Sprachsignales mit Impulsen des "Besetzt"-Signales. In der Energiekontur und dem Spektrogramm sind drei dieser Impulse zu erkennen. Bei entsprechend trainiertem QMK beinflussen sie die Sprach/Pause-Kontur praktisch nicht.

Dem QMK der unteren Kontur sind diese Störungen unbekannt, er ordnet sie der Klasse "Sprache" zu.

Bild 4 zeigt ein entsprechendes Beispiel für Störungen durch typische Wählimpulse. Sie treten in der Energiekontur deutlich in Erscheinung, die Sprach/Pausen-Kontur des darauf trainierten Klassifikators ist aber ähnlich wenig beeinflußt wie beim vorigen Beispiel. Für den untrainierten QMK gilt das gleiche wie bei Bild 3.

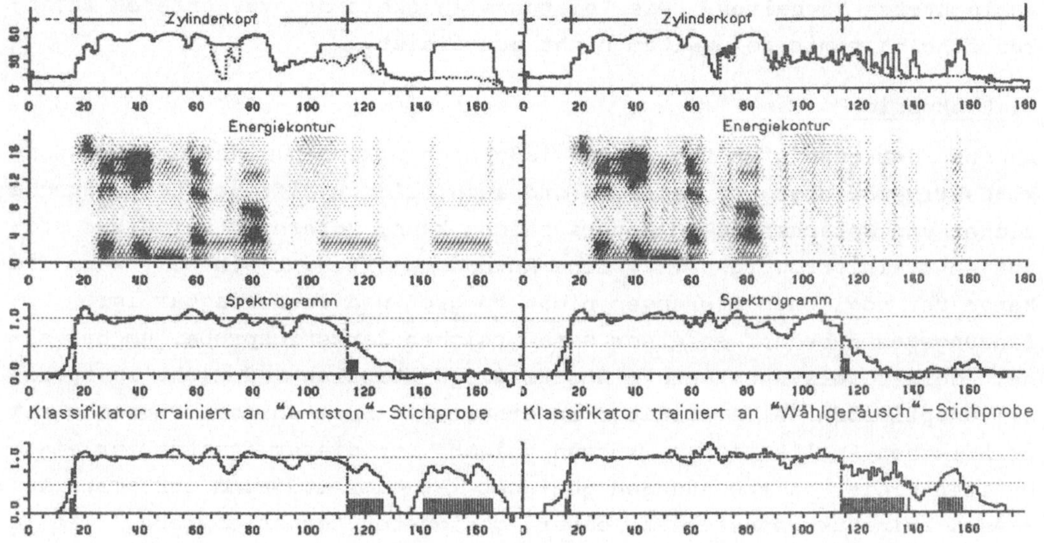

Bild 3: Einfluß von Amtsgeräuschen

Bild 4: Einfluß von Wählimpulsen

Weitere Untersuchungen zeigten, daß bei schmalem Zeitfenster die stationären Teile der Amtstöne, nicht aber die relativ weißen Impulsflanken (Bild 3, Takt 124, 144, 164) und nicht die Wählimpulse sicher klassifiziert werden. Wie bereits erwähnt, kann der QMK ein Störsignal mit charakteristischem Zeitverlauf nur erkennen, wenn der bewußte Zeitverlauf kürzer als sein Fenster ist.

Als Beispiel für diffuse Störgeräusche wurde das Umgebungsgeräusch einer Werkhalle mit verschiedenem S/N zwischen 10 und 30 dB zugemischt. In Bild 5 sind die Konturen für starke und schwache Zumischung gezeigt. Auch bei hohem Störpegel wird die Sprachpause relativ sicher angezeigt, Probleme bereiteten hier jedoch die schwachen, stimmlosen Laute ("pf" am Wortende). Mit steigendem Störpegel wurden sie zunehmend von dem Störsignal überdeckt und vom Klassifikator der Pause zugeordnet. Die lauten, stimmhaften Bereiche dagegen wurden stets sicher erkannt. Für einen Ganzwort-Spracherkenner ist dieses Fehlerverhalten durchaus tolerierbar, zum Ausgleich können die Wortgrenzen vom Regelwerk etwas weiter außerhalb angeordnet werden. Wichtiger ist, daß während der Pausen nicht fälschlicherweise auf "Sprache" erkannt wird.

Die gezeigten Konturen stammen von Klassifikatoren, die mit den 16000 Merkmalssätzen der jeweiligen ungestörten oder gestörten Stichprobe trainiert worden sind. QMK's, die mit mehreren dieser Stichproben unterschiedlicher Störsignale trainiert wurden, zeigten nur unwesentlich schlechteres Verhalten. Die Leistungsfähigkeit des verwendetet Ansatzes scheint somit bei weitem nicht ausgereizt.

4. Diskussion

Anhand der gezeigten Beispiele läßt sich erkennen, daß der Polynomklassifikator charakteristische und auch relativ diffuse Störgeräusche sicher von Sprachsignalen unterscheiden kann, sofern er auf diese Störungen trainiert worden ist. Eine Anwendung ist dann sinvoll, wenn die Menge der möglichen Störungen nicht zu groß und vorhersagbar ist. Erfahrungsgemäß bedarf es einer umfangreichen Lernstichprobe, um bei einem derart leistungsfähigen Ansatz einen stabilen und nicht zu speziell adaptierten Klassifikator zu erhalten. Erst weitere Versuche mit praktischen Applikationen können zeigen, ob dieser Ansatz für einen breiten Kreis von Anwendungen geeignet ist oder aufgrund des hohen Aufwandes beim Zusammenstellen einer geeigneten Lernstichprobe, die ja alle möglichen Störgeräusche und sonstigen Randbedingungen erfassen soll, nur für spezielle Fälle in Frage kommt.

Literaturhinweise:

/1/ Schürmann, Jürgen:
Polynomklassifkatoren
Oldenbourg-Verlag,
München 1977

/2/ R. Zelinski, F. Class
A Segmentation Algorithm
for Connected Word Recognition Based on Estimation Principles.
IEEE, ASSP-31, No. 4,
August 83, S. 818-827

/3/ F. Class, E. Mandler,
R. Zelinski
Explizite Segmentierung
von kontinuierlicher
Sprache mit Methoden
der Regressionsanalyse.
5. Aachener Kolloquium,
Aachen, Sept. 84
Konf.-Band Seite 101-104.

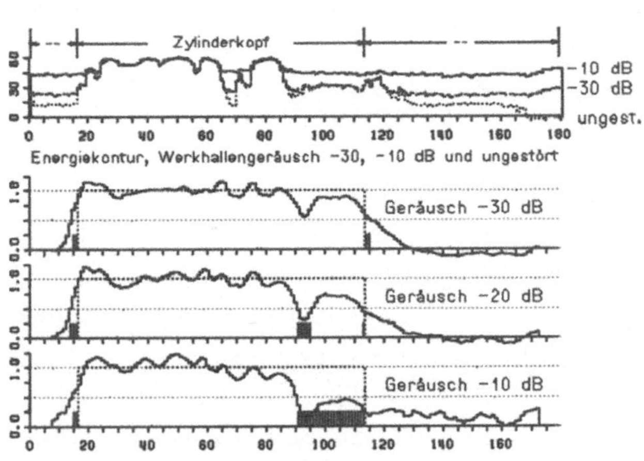

Bild 5: Sprach/Pause-Konturen für Beispiele aus der "Werkhallen"-Stichprobe

Einsatz des DIRMU - Multiprozessorsystems
in der Mustererkennung

Dieter Jäpel, Erik Maehle und Klaus Wirl

Universität Erlangen-Nürnberg
Institut für Mathematische Maschinen und Datenverarbeitung

Zusammenfassung

Im vorliegenden Beitrag wird der Einsatz des DIRMU-Multiprozessorsystems für Aufgaben
aus der Mustererkennung erörtert. Der Einsatz dieses konfigurierbaren Multiprozessorsystems ist überall dort sinnvoll, wo Spezialprozessoren zur Steigerung der Verarbeitungsleistung deshalb nicht eingesetzt werden können, weil die vorliegende Aufgabe zu
komplexe Struktur hat. Das System wurde zur Berechnung numerischer Merkmale aus digitalisierter Sprache, zur Medianfilterung großer Bilder und zur Konturfindung in
nuklearmedizinischen Bildfolgen eingesetzt. In allen drei Fällen wurden durch pro-
blemangepasste Strukturen gute Werte für Speedup und Effizienz erreicht. Zum Beispiel
konnte bei der Medianfilterung auf einem 128x128 Bild mit acht DIRMU-Bausteinen ein
Speedup von 7.4 gemessen werden.

1. Einleitung

Konventionelle Rechner sind häufig nicht leistungsfähig genug, um den Anforderungen
aus dem Bereich Mustererkennung gerecht werden zu können. Aus diesem Grund hat man
frühzeitig damit begonnen, für diese Probleme, z.B. für die Bildvorverarbeitung,
neue, geeignete Rechnerstrukturen zu suchen, mit deren Hilfe der Bedarf an Rechen-
leistung befriedigt werden könnte. Dies führte zu einer Flut von Entwicklungen von
Spezialprozessoren und Spezialrechnern, deren Einsatz heute typisch ist /1/.
Ein Nachteil dieser Systeme ist, daß sie immer nur für ein eng eingegrenztes Anwen-
dungsgebiet geeignet sind. Als eine Alternative für den Einsatz dieser Spezialprozessoren wird im vorliegenden Beitrag deshalb die Verwendung eines Baukastens zum Aufbau
von dedizierten Multiprozessorsystemen vorgeschlagen, mit dessen Hilfe eine modulare
Leistungssteigerung gemäß den Anforderungen der zu lösenden Aufgabe erreicht werden
kann.
Das DIRMU Multiprozessor-Baukastensystem (**DI**stributed **R**econfigurable **MU**ltiprocessor
Kit), das an der Universität Erlangen entwickelt wurde, erlaubt den Aufbau von
speichergekoppelten dedizierten Multiprozessorkonfigurationen /2,3/. Ein DIRMU-
Baustein besteht aus einem Prozessor-Modul und einem Multiport-Speicher. Über steckbare Verbindungen kann ein Prozessor-Modul mit einer begrenzten Anzahl von Speichern
verbunden werden. Die Zielkonfiguration kann aus beliebig vielen DIRMU Bausteinen
bestehen. Die Auswahl einer speziellen Konfiguration für eine gegebene Anwenderaufgabe hängt dabei sowohl von der gewünschten Verarbeitungsleistung als auch von den
Anforderungen an die Zuverlässigkeit und die Verfügbarkeit des Systems ab. Die Verarbeitungsleistung läßt sich durch Parallelarbeit mehrerer Bausteine erhöhen (Serien-
Parallel-Zerlegung der Anwenderaufgabe); Zuverlässigkeit und Verfügbarkeit können
durch redundante, fehlertolerante Konfigurationen gesteigert werden.

2. Das DIRMU Multiprozessor Baukastensystem

2.1 Hardware Architektur

Der Aufbau eines DIRMU-Bausteins ist in Abb.1 dargestellt. Der P-Modul enthält ausser
dem Prozessor selbst (8086 Mikroprozessor mit 8087 Coprozessor) nur ihm zugänglichen
Privatspeicher (derzeit 320 kB RAM und 16kB PROM) sowie E/A-Schnittstellen (für
Terminals, Drucker etc.). Programmcode und private Daten liegen stets im Privatspeicher innerhalb des P-Moduls. Mehreren Prozessoren gemeinsam zugängliche Daten
werden im M-Modul (Multiportspeicher mit 64 kB RAM) abgelegt. Jeder Prozessor kann
auf seinen eigenen Multiportspeicher wortweise (16 Bit) über P-Port 0 und M-Port 0
zugreifen. Sofern einer der übrigen P-Ports mit einem M-Port eines anderen Bausteins
verbunden ist (steckbare Kabelverbindung), hat der Prozessor auch Zugriff auf diesen
Speicherbereich. Die Zugriffsgeschwindigkeit auf die benachbarten M-Module ist die
gleiche wie auf den eigenen, lediglich der Adressbereich ist ein anderer.

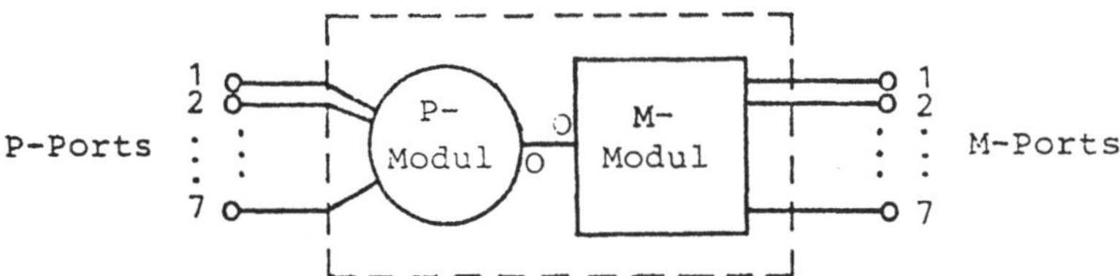

Abb. 1 : DIRMU - Baustein

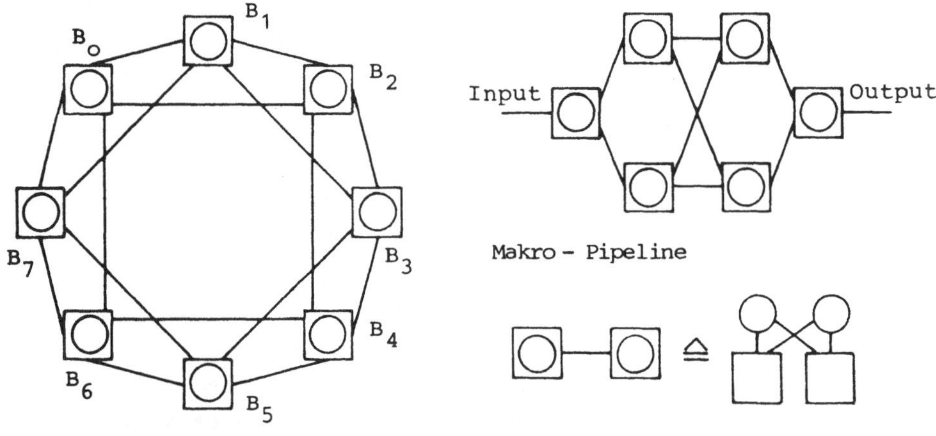

Ring (teilvermascht)

Abb. 2 : Zwei typische DIRMU Beispielkonfigurationen

Abb.2 zeigt zwei typische Beispiele für Multiprozessorkonfigurationen, die mit DIRMU
Bausteinen aufgebaut werden können. Die gezeigte Ringkonfiguration mit acht Bausteinen wurde für die im folgenden beschriebenen Anwendungen aus der Bildverarbeitung
verwendet, die allerdings mit einem einfachen Ring aus bis zu acht Prozessoren aus-
kommen. Die zusätzlichen Verbindungen erlauben fehlertolerantes Verhalten. Man überzeugt sich leicht, daß z.B. bei Ausfall von zwei beliebigen Prozessoren immer noch

ein einfacher Ring der Länge sechs konfigurierbar ist.

Die Anzahl von Bausteinen in einer DIRMU-Konfiguration ist prinzipiell beliebig. Begrenzt ist lediglich die maximale Anzahl von Nachbarn jeweils eines Bausteins (derzeit auf sieben). Damit lassen sich eine Vielzahl von Konfigurationen mit begrenzten Nachbarschaften (z.B. Felder, Würfel, Bäume, Pyramiden) mit DIRMU aufbauen und erproben.

2.2 Betriebssystem und Programmierumgebung

Die Software-Entwicklung erfolgt auf dem DIRMU-Baustein selbst im Monoprozessorbetrieb unter dem Betriebssystem CP/M-86. Als Programmiersprache (sowohl Anwendungs- als auch Systemprogrammierung) wurde bisher fast ausschließlich MODULA-2 eingesetzt. Parallele Programme für DIRMU bestehen aus einer Menge kooperierender Prozesse, die nebenläufig auf den vorhandenen Prozessoren ablaufen und über den Multiportspeicher miteinander kommunizieren. Ein verteilter Lader erlaubt dem Benutzer, das parallele Programm von einem Baustein (dem MASTER) aus in die gesamte Konfiguration zu laden, zu starten und zu bedienen. I.a. werden alle E/A-Vorgänge über den MASTER abgewickelt, die übrigen Bausteine kommen ohne Peripherie aus.

3. Anwendungen in der Mustererkennung

Das DIRMU Baukastensystem soll nun dazu verwendet werden, typische Aufgabenstellungen aus der Mustererkennung zu lösen. Das Ziel ist einerseits eine höhere Verarbeitungsleistung, um den Durchsatz für die Zwecke der Mustererkennung zu steigern, andererseits aber auch eine möglichst effiziente Nutzung der eingesetzten Prozessorleistung. Als geeignete Maßzahlen für diese Größen werden Speedup und Effizienz angegeben. Der Speedup errechnet sich als Verhältnis aus der Laufzeit des Monoprozessorprogramms und des parallelen Programms. Teilt man den Speedup durch die Zahl der verwendeten Prozessoren, so erhält man als Maßzahl für die mittlere Ausnutzung der Bausteine die Effizienz. Der Anwender ist daran interessiert, möglichst hohen Speedup und möglichst hohe Effizienz bei möglichst geringem Programmieraufwand zu erreichen. Dieses Ziel kann erreicht werden, wenn eine Aufgabe klar erkennbar parallel ausführbare Teile aufweist. Der DIRMU-Baukasten erlaubt es, diesen Teilen jeweils einen Prozessor zuzuordnen und dann eine Verbindungsstruktur zu konfigurieren, welche die benötigten Kommunikationswege bereitstellt.

3.1 Berechnung numerischer Merkmale aus digitalisierter Sprache

In /4/ wird ein Algorithmus vorgestellt, welcher aus digitalisierter Sprache Lautsymbole berechnet. Eine wichtige Komponente des dort angegebenen Verfahrens ist die Klassifikation von Zeitfenstern in phonetische Klassen. Diese Klassifikation benötigt Merkmale, deren Berechnung sehr rechenzeitaufwendig ist. Für jedes Zeitfenster müssen nacheinander folgende Berechnungsschritte durchgeführt werden:

1. Berechnung des mittelwertfreien Zeitsignals
2. Gewichtung des Zeitsignals mit einem Hammingfenster
3. Berechnung der Autokorrelationsfunktion
4. Berechnung der Linear-Prediction-Koeffizienten
5. Berechnung des geglätteten Frequenzspektrums
6. Berechnung von 17 numerischen Parametern aus dem Spektrum

Die Abfolge der Berechnungsschritte legt die Parallelisierung des Verfahrens über eine Verarbeitungspipeline (Makropipeline) nahe. Im Rahmen einer Studienarbeit /5/ wurde eine Verarbeitungspipeline mit drei Stufen aufgebaut. Die Verarbeitungsschritte wurden so zusammengefaßt, daß die drei Verarbeitungsstufen möglichst gleichmäßig belastet werden. Dazu wurden die Laufzeiten der Teilprogramme ausgemessen und anschliessend die Berechnungsschritte zu Tasks zusammengefaßt. Das Resultat zeigt Tabelle 1.

Berechnungsschritt	1 2	3 4	5	6
Laufzeit	62 ms	176 ms	286 ms	172 ms
Tasks	238 ms		286 ms	172 ms

Tabelle 1 : Laufzeiten der Berechnungsschritte

Die Laufzeit für die Multiprozessorversion betrug 286 ms, entsprach also genau der Bearbeitungszeit der rechenintensivsten Task. Hieraus errechnet sich der Speedup zu 2,44 und damit die Effizienz zu 81,4%. Hierin spiegelt sich wider, daß die Berechnung der Operation mit maximalem CPU-Zeit-Bedarf das Verhalten der Makropipeline bestimmt. Die Datenübergabe zwischen den Stationen der Makropipeline erfolgt durch Kopieren in den Multiportspeicher. Für diesen Zweck stehen zwei Prozeduren SEND und RECEIVE zur Verfügung, welche auch die Synchronisation benachbarter Stationen in der Makropipeline übernehmen.

3.2 Medianfilterung großer Bilder

Bei der Medianfilterung /6/ handelt es sich um eine nichtlineare Operation auf Bildern, die mit den üblichen Signalprozessoren nicht ausgeführt werden kann. Die Operation wird durchgeführt, indem für jeden Bildpunkt der zugehörige Grauwert durch den Median der Grauwertverteilung in einer lokalen Umgebung ersetzt wird.
Die Parallelisierung dieser Aufgabenstellung besteht in der Aufteilung des Bildes auf mehrere Rechner. Dazu wird das Bild in Streifen zerschnitten. Jeder Prozessor arbeitet in dem ihm zugeteilten Streifen. Benachbarte Streifen werden benachbarten Prozessoren zugeteilt. Die DIRMU-Konfiguration besteht also aus einer Kette von Bausteinen, die zum Zwecke der Synchronisation zu einem Ring geschlossen wird. Arbeitet ein Prozessor am Rand des ihm zugeteilten Streifens, so ragt die zur Berechnung benötigte Umgebung in den Nachbarstreifen. Deshalb müssen zumindest die Ränder der Streifen im Multiportspeicher abgelegt werden.
Die Bausteine in einem Ring sind funktionell nicht gleichwertig. Der aktuell benutzte Ring wird von einem MASTER-Baustein gesteuert, welcher in der Konfigurations-

phase festgelegt wird. Der MASTER übernimmt alle E/A-Vorgänge und steuert die Synchronisation des Ringes. Alle anderen Bausteine im Ring sind SLAVE-Bausteine. Sie besitzen keine Peripherie und erhalten ihre Streifen über den MASTER.

Die Parallelversion des Algorithmus erlaubt das Experimentieren mit bis zu acht parallel arbeitenden Prozessoren /7/. Tabelle 2 gibt die Laufzeiten, Speedup und Effizienz an, die bei der Filterung eines 128x128 Zufallsbildes mit einem 9x9-Median erzielt werden konnten.

Prozessorzahl	1	2	3	4	5	6	7	8
Laufzeit (sec)	31.5	16.0	10.7	8.0	6.5	5.4	4.9	4.0
Speedup	1.0	1.96	2.93	3.91	4.87	5.82	6.47	7.73
Effizienz in %	100	98.1	97.9	97.7	97.5	97.0	92.4	96.7

Tabelle 2 : Laufzeiten, Speedup und Effizienz bei der Medianfilterung

3.3 Kontursuche in nuklearmedizinischen Bildfolgen

In einer Folge von Bildern, die zu einem Herzschlag gehören, soll die Ausdehnung des linken Ventrikels durch seine Umrandung markiert werden. Für jedes Bild der Folge wird hierzu in der Polarkoordinatendarstellung mit Hilfe der dynamischen Programmierung eine Gerade gesucht. Das Urbild dieser Geraden ist ein Kreis, welcher den linken Ventrikel umfährt. Zuzüglich zur Auswertung der Bilder der Folge muß für die Bestimmung von Startwerten ein Summenbild berechnet und verarbeitet werden /8/.

Eine geeignete Parallelisierung des Problems wird dadurch erreicht, daß die Bilder der Folge in verschiedenen Prozessoren bearbeitet werden. Das parallele Programm ist so konzipiert, daß es auf einem DIRMU-Ring mit beliebig vielen Prozessoren arbeiten kann. Die Art der Parallelisierung begrenzt die Zahl der Prozessoren auf die Zahl der Bilder in der Folge /9/. Die Leistungdaten für diesen Algorithmus in Abhängigkeit von der Prozessorzahl gibt Tabelle 3 wieder. Als Daten diente eine Folge aus 12 Bildern der Größe 64x64. Die Schwankungen in der Effizienz bei "hohen" Prozessorzahlen sind auf die ungünstige Verteilung der Bilder auf die zur Verfügung stehenden Prozessoren zurückzuführen.

Prozessorzahl	2	3	4	5	6	7	8
Laufzeit (sec)	154.8	109.6	87.0	68.5	64.5	45.9	45.9
Speedup	1.88	2.65	3.34	4.24	4.50	6.32	6.32
Effizienz in %	93.8	88.3	83.4	84.8	75.1	90.3	79.0

Prozessorzahl	9	10	11	12	13
Laufzeit (sec)	45.9	45.9	45.9	41.6	23.3
Speedup	6.32	6.32	6.32	6.97	12.50
Effizienz in %	70.3	63.2	57.5	58.1	96.2

Tabelle 3 : Laufzeiten, Speedup und Effizienz bei der Kontursuche in Bildfolgen

4. Schlußbemerkung

Die Anwendungen zeigen, daß Parallelisierung einfach und effizient sein kann. Im DIRMU-Baukastensystem findet man ein geeignetes Hilfsmittel, Multiprozessorkonfigurationen für spezielle Anwendungen aufzubauen und zu betreiben.

Literatur

/1/ M.Engel, P.Nitezki: Workshop "Parallele Rechnerarchitektur für die Mustererken-
    nung und Bildverarbeitung". Forschungsbericht DV84-006 des BMFT
/2/ W.Händler, H. Rohrer: Gedanken zu einem Rechner-Baukastensystem. Elektronische
    Rechenanlagen 22/1, 3-13, 1980
/3/ W.Händler, E.Maehle, K.Wirl: DIRMU Multiprocessor Configurations. erscheint in
    Proc. 1985 Conf. on Parallel Processing, St. Charles, 1985
/4/ P.Regel: A Module for Acoustic-Phonetic Transscription of Fluently Spoken German
    Language. IEEE Trans. Acoustics, Speech and Signal Processing, vol. ASSP-30/3,
    440-450, Juni 1982
/5/ W.Schubert, M.Wiendl: Parallel-Serien-Zerlegung eines Programms zur Sprachsignal-
    verarbeitung für DIRMU-Multiprozessor-konfigurationen. Studienarbeit am IMMD 3,
    Erlangen 1984
/6/ G.J.Yang, T.S.Huang: Median Filters and their Application to Image Processing.
    Technical Report TR-EE 80-1, School of Electrical Engineering, Purdue University,
    Purdue 1980
/7/ M.Reindl: Parallele Bildverarbeitung auf dem DIRMU-Multiprozessorsystem: Median
    Filter und Erosion/Dilatation Konturpunktdetektor. Studienarbeit am IMMD 3,
    Erlangen 1985
/8/ H.Bunke et al.: Smoothing, Thresholding and Contour Extraction in Images from
    Gated Blood Pool Studies. Proc. 1st IEEE Int. Symp. on Medical Imaging and Image
    Interpretation ISMIII '82, 146-151
/9/ B.Hauer: Konturfindung in nuklearmedizinischen Bildern auf dem DIRMU-Multiprozes-
    sorsystem. Diplomarbeit am IMMD 3, Erlangen 1985

Konzeption einer neuen
Ada*-Programmier-Umgebung
für die Bildfolgenauswertung

Helmut Faasch und Volker Haarslev

Universität Hamburg, Fachbereich Informatik
Schlüterstraße 70, 2000 Hamburg 13

Kurzfassung

Es wird ein Entwicklungswerzeug für den Entwurf einer Ada-Programmierumgebung zur Auswertung von Bildfolgen vorgestellt. Diese Umgebung unterstützt die Erstellung von ergonomischen Experimentalsystemen und basiert auf einem objektorientierten Ansatz. Sie bietet dem Entwickler einen Mechanismus zur konsistenten Systementwicklung mithilfe generischer Programmabstraktionen und eine universelle, direktmanipulative Schnittstelle, die eine objektorientierte Interaktion ermöglicht.

1. Einleitung

Systeme für die Bildverarbeitung sind komplexe Programmsysteme, die oft durch Mitarbeit zahlreicher Autoren entstehen (beispielsweise das MORIO-System [*Dreschler & Nagel 82, Dreschler-Fischer et al. 83*]). Auf diese Weise gewachsene Systeme berücksichtigen nur selten konsequent ergonomische Prinzipien für die Systemgestaltung und die Benutzerschnittstelle (siehe auch [*Maaß 84*], Seite 32 ff). Ausgehend von dieser Beobachtung soll hier ein Entwicklungswerkzeug für den Entwurf einer Programmier-Umgebung basierend auf der Programmiersprache Ada zur Auswertung von Bildfolgen vorgestellt werden.

Um die Suche nach einer neuen Konzeption für Experimentalsysteme in der Bildfolgenauswertung zu motivieren, ist es wichtig die typischen Eigenschaften dieser Systeme herauszustellen.

• Es handelt sich um interaktive Systeme, die dem Benutzer eine möglichst umfangreiche und detaillierte Überwachung und Beeinflussung des Verarbeitungsablaufs gestatten.

• Es ist sinnvoll den Arbeitsablauf von der Bildquelle bis zum Endprodukt in mehrere Arbeitsschritte zu zerlegen. Die dabei auftretenden Fragen sind:

1. In welche Schritte zerlege ich den Arbeitsablauf ?
2. Welche Algorithmen realisieren einen Arbeitsschritt ?
3. Mit welchen Parametern arbeitet ein Algorithmus optimal ?

• Im experimentellen Stadium werden universelle Rechenanlagen und kaum Spezialprozessoren eingesetzt, wodurch viele Algorithmen in ihrer Ausführung sehr zeitintensiv sind. Daher ist es wichtig, den Arbeitsablauf verfolgen und in ihn eingreifen zu können, so daß eine falsche Wahl von Ausgangsdaten oder offensichtliche Fehler im Algorithmus gegebenenfalls früh erkannt werden.

• Die Anfangsdaten sowie die Ergebnisse vieler Verarbeitungsschritte lassen sich sinnvoll graphisch darstellen und helfen dadurch dem Experimentierenden, sich ein Bild von der Wirkungsweise seines Algorithmus' zu machen.

• Es werden umfangreiche Datenmengen unterschiedlicher Strukturen verarbeitet, erzeugt und verwaltet. Die Zugriffe auf einen Datensatz orientieren sich häufig auch an der Struktur der Daten. So ist es von Bedeutung, in Bildern auf rechteckige Ausschnitte unterschiedlicher Größe zugreifen zu können. Wichtig ist es, auch die Beziehungen der Datensätze untereinander zu kennen und deren Entstehungsgeschichte rekonstruieren zu können.

• Bildauswertesysteme arbeiten mit einer komplexen Peripherie. Die Verkopplung der Geräteumgebung mit den Rechnern bzw. das Einfügen neuer Geräte in das existierende System erfordert viel Programmieraufwand.

---

*Ada ist eine registrierte Handelsmarke der US-Regierung (Ada Joint Program Office)

• An den meisten Entwicklungen und Erweiterungen sind mehrere Autoren beteiligt.

2. Konzepte zur Interaktionsgestaltung

Der erfolgreiche Entwurf einer Benutzerschnittstelle für ein System setzt voraus, daß ein konzeptuelles Modell formuliert wird, das der zukünftige Benutzer von einem System hat. Dieses *konzeptuelle Modell* wird dabei folgendermaßen definiert [*Smith et al. 82*].

> Es besteht aus einer Menge von Konzepten, die eine Person bildet, um das Verhalten eines Systems zu erklären. Dabei ist es unabhängig, ob es sich bei diesem System um einen Rechner, ein physikalisches oder ein hypothetisches System handelt. Dieses vom Benutzer entwickelte Modell erlaubt ihm, ein System zu verstehen und mit dem System zu kommunizieren.

Dieses konzeptuelle Modell von einem System wird hauptsächlich durch dessen Interaktionsnormen geprägt. Es kann deshalb auch als *Systemmodell* bezeichnet werden [*Maaß 84*].

Bei der Arbeit des Benutzers mit Experimentalsystemen zur Auswertung von Bildfolgen spielen die dort verwendeten Geräte eine wichtige Rolle. Sie bilden einen Vorrat an Werkzeugen, aus denen ein Benutzer die zur Durchführung seines Experimentes notwendigen Geräte auswählt. Diese Geräte sind dann ein Bestandteil seines Experimentalsystems. Dieses besteht weiterhin aus einem Programmsystem, dessen Aufgabenspektrum beispielsweise von der Bildvorverarbeitung bis hin zur 3D-Modellierung von Objekten reicht. Ein dieses Aufgabengebiet umfassendes System wird deshalb in natürlicher Weise aus Komponenten bestehen, die jeweils eine Teilaufgabe des Gesamtsystems realisieren. Die Interaktion des Benutzers mit dem System findet auf der Basis der vorhandenen Komponenten statt.

Das Gesamtsystem stellt sich als eine Komposition aus *Interaktionskomponenten* dar. Als Interaktionskomponenten werden u.a. periphere Geräte, die Datenverwaltung und Programmkomponenten verstanden.

Es lassen sich zwei Ziele bei der Interaktion unterscheiden. Das erste Ziel der Benutzerinteraktion ist das Gewinnen von Information. Diese teilt sich auf in Information über den Systemzustand und über die Handhabung (Hilfestellung) des Systems. Das zweite Ziel der Interaktion ist die Steuerung des Systems. Dabei werden der Ablauf, der Datenfluß und die Systemparameter beeinflußt.

Zur Konstruktion einer allgemeinen interaktiven Schnittstelle werden die folgenden Konzepte verwendet [*Haarslev 85*]:

• *Visuelle Darstellung des Systems.* Der Benutzer erhält während seiner Arbeit ständig eine graphische Darstellung des Bildfolgenauswertesystems. Diese Darstellung soll den Vorgang der Bildung eines Systemmodells unterstützen. Sie dient weiterhin dazu, den Handlungskontext sowie die Auswirkungen der Interaktion auf das System aufzuzeigen.

• *Komponentendarstellung.* Die Interaktionskomponenten werden zusammen mit ihrem Zustand visuell dargestellt. Die Art der Darstellung kann vom Benutzer durch eine hierarchische Strukturierung gesteuert werden. Dafür werden *virtuelle Komponenten* eingeführt, die als eine Zusammenfassung von Komponenten anzusehen sind.

• *Objektorientierte Interaktion.* Während der Interaktion des Benutzers mit dem System soll deutlich werden, mit welcher Komponente er kommuniziert oder welche Datenstrukturen er manipuliert. Diese Form der Interaktion soll sich an dem Objektbegriff orientieren. *Objekte* können sowohl Interaktionskomponenten als auch zu manipulierende Datenstrukturen sein. Die Interaktion des Benutzers mit dem System findet immer auf der Basis der dort vorhandenen Objekte statt. Die Bindung der Interaktionsmöglichkeiten an Objekte erlaubt eine den Problemen adäquate Dialogführung. Sie verhindert unnötige Abhängigkeiten der Objekte untereinander und gestattet eine flexible Anpassung des Systems durch eine Änderung seiner Objekte. Diese objektorientierte Interaktion sollte gleichzeitig visuell unterstützt werden, indem der Benutzer eine graphische Darstellung dieser Objekte erhält. Es empfiehlt sich die Verwendung von Fenstertechniken, um die Dialogführung mit Objekten zu erleichtern und optisch hervorzuheben.

• *Objektgebundener Kontext.* Der Handlungskontext der Interaktion wird an die betroffenen Objekte gebunden und nicht an den globalen Ablauf des Systems. Der Benutzer kann den Dialog mit einem Objekt jederzeit unterbrechen, um einen Dialog mit einem anderen Objekt aufzunehmen oder fortzuführen. Der Kontext bleibt bei einer Unterbrechung solange erhalten, bis der einmal begonnene Interaktionsvorgang durch den Benutzer abgeschlossen wird. Der Benutzer kann damit seine Dialogführung nach der Aufgabenstellung und den anfallenden Ereignissen richten. Er ist nicht an eine vom System vorgegebene Reihenfolge gebunden.

• *Direkte Manipulation.* Das Konzept der objektorientierten Interaktion sollte gleichzeitig durch die Fähigkeit der direkten Manipulation von Objekten [*Shneiderman 83*] unterstützt werden. Die Interaktion findet nicht mittels vorgegebener Frage-Antwort Schemata oder durch eine an einer komplexen Syntax orientierten Kommandoschnittstelle statt, sondern bietet dem Benutzer ein Eingreifen durch physische Aktionen. Diese äußern sich in der Auswahl und Bewegung von visuell dargestellten Objekten oder durch Drücken speziell markierter Tasten. Als Zeigeinstrumente können eine "Maus", Rollkugel, Lichtgriffel o.ä. verwendet werden. Die Manipulation durch den Benutzer ist als direkt anzusehen, da er das System durch eine Veränderung der dargestellten Objekte aktiv beeinflussen und die Auswirkungen seiner Aktionen sofort betrachten kann. Die Benutzerinteraktion findet verstärkt nach der Devise statt: *mehr agieren, weniger reagieren.*

• *Zustandsfreie Interaktion.* Bei den meisten interaktiven Systemen ist die Art und Form der Interaktion an bestimmte Modi gebunden. Ein solcher Modus kann folgendermaßen definiert werden [*Smith et al. 82*]:

> Ein *Modus* (mode) eines interaktiven Systems ist ein Zustand der Benutzerschnittstelle, der für einen bestimmten Zeitraum anhält, mit keinem bestimmten Objekt verbunden ist und nur einer anderen Form der Interpretation der Benutzereingaben dient.

Im weiteren soll ein Modus auch als Zustand bezeichnet werden.

Eine der häufigsten Fehlerursachen bei dem Umgang der Benutzer mit interaktiven Systemen bilden derartige Zustände. Die Benutzer befinden sich oft in Situationen, in denen ihnen der momentane Zustand der interaktiven Schnittstelle unbekannt ist oder falsch interpretiert wird. Die Folgen eines solchen Irrtums äußern sich in einer von dem Benutzer nicht erwarteten Interpretation seiner Eingaben.

Bei Bildverarbeitungssystemen ist im Gegensatz zu Texteditoren das Erreichen von bestimmten Modi kaum oder gar nicht vom Benutzer steuerbar. Die Interaktion mit dem Bildverarbeitungssystem kann meistens nur dann erfolgen, wenn sich die Kommandoschnittstelle als eingabebereit meldet. Aus diesen Gründen soll eine Benutzerschnittstelle gefordert werden, die auf dem Prinzip der zustandsfreien (modeless) Interaktion basiert.

• *Reaktionsbereitschaft.* Zur Unterstützung der zustandsfreien Interaktion muß die Benutzerschnittstelle ständig bereit zur Kommunikation mit dem Benutzer sein. Die Interaktion mit dem System ist jederzeit möglich und nicht mehr an bestimmte Zustände gebunden. Auf Benutzereingaben sollte die Schnittstelle immer sofort reagieren. Diese Reaktion dient als Bestätigung der Eingaben des Benutzers. Die Rückmeldung sollte in Form einer graphischen Darstellung erfolgen, die von dem Benutzer eindeutig identifiziert werden kann. Als Grundgebot für die Interaktion hat zu gelten: *Niemals eine Benutzereingabe ohne eine (graphische) Rückmeldung des Systems.*

• *Konsistenz.* Für das Verständnis eines Benutzers von einem System ist die Konsistenz der interaktiven Schnittstelle ein wichtiges Kriterium. Diese Konsistenz garantiert dem Benutzer, daß er ihm bekannte Interaktionsmechanismen unabhängig von der aktuellen Situation immer gleichartig anwenden kann. Die Forderung der Konsistenz gehört zu denen, die am schwersten zu realisieren sind. Die Konsistenz hat aber nicht nur für die Form der Operationen sondern auch für die Ein- bzw. Ausgabe während der Interaktion zu gelten. Für den Bereich der Bildfolgenauswertesysteme, die durch die Mitarbeit zahlreicher Autoren entstehen, ist eine allgemeine Schnittstelle zu fordern, die Standardoperationen und -strukturen zur konsistenten Interaktionsführung anbietet.

• *Einfachheit.* Ein System ist benutzerfreundlicher, d.h. leichter handhabbar und kontrollierbar, wenn seine Schnittstelle einfach zu benutzen ist. Bei einer einfachen Schnittstelle hat es der Benutzer leichter, sich ein Systemmodell zu bilden. Diese Eigenschaft der einfachen Handhabung darf aber nicht auf Kosten der Funktionalität und der Fähigkeiten der Benutzerschnittstelle erreicht werden. Dabei hat die folgende Devise zu gelten: *einfache Aufgaben sollten leicht durchführbar sein, komplexe Aufgaben müssen möglich sein.*

Alle bekannten Bildverarbeitungs- und Bildauswertesysteme besitzen keine Benutzerschnittstelle, die die oben aufgestellten Konzepte zur Interaktionsgestaltung berücksichtigt [*Haarslev 85*]. Deshalb befindet sich ein Werkzeug in der Entwicklung, welches diese Konzepte befolgt und im Rahmen einer Ada-Programmierumgebung eine allgemeine interaktive Schnittstelle für Bildauswertesysteme zur Verfügung stellt. Diese Schnittstelle basiert insbesondere auf dem Konzept der objektorientierten Interaktion und bietet dem Benutzer die Möglichkeit zur direkten Manipulation des visuell dargestellten Systems.

Eine Prototyp-Version befindet sich in der Entwicklung. Der Benutzer erhält eine ständige graphische Darstellung des Systems, die sich an der Zerlegung in Interaktionskomponenten orientiert. Zur Interaktion werden Mehrfachfenstertechniken und Zeigeinstrumente wie Rollkugel oder "Maus" verwendet. Als Ausgabegerät steht ein hochauflösendes Farbrastergraphik-System zur Verfügung.

3. Objektorientierte Systemgestaltung

Die Komplexität von Experimentalsystemen in der Bildverarbeitung wirft die Frage auf, welche Formulierungsmöglichkeiten notwendig sind, um sie so transparent zu gestalten, daß sie nicht nur gut wartbar bleiben sondern auch leicht erweiterbar sind und dem Benutzer eine übersichtliche Experimentalumgebung bieten. Das Ziel dieser Systemgestaltung ist, ein logisches Modell zu erstellen, das es dem Benutzer erleichtert, sich selbst ein Modell vom System, dessen Möglichkeiten und dessen Zustand zu machen [*Faasch 85*].

Ein System, das über eine objektorientierte Interaktion verfügt und zugleich modifizierbar und erweiterbar sein soll, ist ohne eine entsprechende Systemgestaltung nur schwer denkbar. Die Objekte, mit denen ein Benutzer kommuniziert, müssen natürlich auch in der Struktur des Programms erkennbar sein. Hierfür sollten die Arbeitsweisen der methodischen Programmentwicklung (Software Engineering) auf den Bereich der Bildverarbeitung angewendet werden [*Tanimoto 82*].

Ein effizientes Arbeiten mit Experimentalsystemen der Bildverarbeitung wird sicher dann erleichtert, wenn die Anwender von administrativen Aufgaben wie Datenhaltung, speziellen Zugriffsformaten auf Daten, Programmieren von Parameterabfragen und Kommandointerpretierern sowie der Überwachung der Datenkompatibilität befreit werden. Ein System wird sicherer, durchschaubarer und leichter wartbar wenn ein Werkzeug existiert, das die Konstruktion, Modifikation und Erweiterung des Systems unterstützt und dadurch für eine einheitliche Struktur sorgt [*Brumfitt 84*].

Gliedert man ein Experimentalsystem in die Komponenten Datenhaltung, verarbeitende Komponenten und darstellende Komponenten, so läßt sich für die Systemgestaltung ein objektorientierter Ansatz formulieren. Ein solcher Ansatz ist durch einen hohen Grad an Abstraktion geprägt. Daten, logische und physikalische Geräte sowie Programmsegmente treten als abstrakte Strukturen auf, die eine Manipulation nur innerhalb ihres geschützten Bereiches zulassen. Ausprägungen dieser abstrakten Strukturen sind dann die Objekte dieses Ansatzes. In dem hier vorgestellten Konzept sind die Datenhaltungen, die verarbeitenden Komponenten und die darstellenden Geräte die Objekte mit denen die Interaktion in Verbindung tritt.

Seit einiger Zeit wird im Arbeitsbereich Kognitive Systeme (KOGS) mit der Programmiersprache Ada gearbeitet. Es wird untersucht, in welchem Ausmaß sich die Sprache für die Bildfolgenauswertung eignet [*Faasch et al. 85*]. Ada verfügt über gute Möglichkeiten, einen objektorientierten Ansatz zu realisieren [*Buzzard & Mudge 85*]:

• **Pakete** trennen durch die Unterteilung in Spezifikation und Rumpf die logische Schnittstelle von der Implementation;

- Private Datentypen verhindern das Manipulieren von Datenobjekten außerhalb der Einheit, die den Typ des Datenobjektes deklariert;

- Generische Einheiten erlauben es, eine abstrakte Form von Paketen und Unterprogrammen zu formulieren.

Generische Einheiten in Ada sind Programmschablonen, die durch Datenobjekte, Datentypen und Unterprogramme parametrisiert sein können. Das hier vorgestellte Werkzeug zur Systemgestaltung besteht hauptsächlich aus komplexen generischen Einheiten mit Hilfe derer sich ein Anwender durch Besetzen der Parameter eine flexible Experimentalumgebung schafft.

Die Objekte der Programmabstraktion "Verarbeitende Komponente" werden erzeugt, indem die Parameter ihrer Schablone entsprechend besetzt werden. Der Benutzer spezifiziert den Typ der Eingangs- und Ausgangsdaten der Komponente, den von ihm programmierten Algorithmus in Form einer Prozedur und den Parametersatz, der diesen Algorithmus steuert. Die dabei entstehende Ausprägung ist ein verarbeitendes Objekt, das sich konsistent in das System einfügt. Es existieren Programmabstraktionen, deren Ausprägung automatisch für eine lokale Parallelverarbeitung sorgen. Der Benutzer braucht sich bei ihrer Verwendung weder um die Verteilung der Bereiche auf die Prozessoren noch um deren Synchronisation zu kümmern.

Durch Besetzen des Parameters "Datentyp" der Datenhaltungsschablone entsteht eine vollständige Datenhaltung für diesen Datentyp sowie die Möglichkeit, Datenpfade zwischen verarbeitenden Komponenten zu erzeugen.

An der Entwicklung eines komplexen Bildverarbeitungssystems für die Auswertung von Stereo-Bildfolgen im Rahmen dieser Ada-Programmierumgebung wird gearbeitet [*Dreschler-Fischer & Haarslev 85*].

Literatur

Brumfitt 84: Environments for image processing algorithm development, P.J. Brumfitt, Image and Vision Computing, Vol. 2, No. 4, 1984, pp. 198–203.

Buzzard & Mudge 85: Object-Based Computing and the Ada Programming Language, G.D. Buzzard, T.N. Mudge, Computer, Vol. 18, No. 3, March 1985, pp. 11–19.

Dreschler & Nagel 82: Volumetric Model and 3D-Trajectory of a Moving Car Derived from Monocular TV Frame Sequences of a Street Scene, L. Dreschler, H.-H. Nagel, Computer Graphics and Image Processing, Vol. 20, 1982, pp. 199–228.

Dreschler-Fischer et al. 83: Lernen durch Beobachtung von Szenen mit bewegten Objekten: Phasen einer Systementwicklung, L.S. Dreschler-Fischer, W. Enkelmann, H.-H. Nagel, 5. DAGM-Symposium Karlsruhe, 11.–13. Oct. 1983, H. Kazmierczak (Hrsgb.), Mustererkennung, VDE-Fachberichte, VDE-Verlag Berlin Offenbach, 1983, pp. 29–34.

Dreschler-Fischer & Haarslev 85: Konzeption für ein Bildverarbeitungssystem zur Lösung des Korrespondenzproblems bei Stereo-Bildfolgen im Rahmen einer komfortablen ADA-Programmierumgebung, L.S. Dreschler-Fischer, V. Haarslev, Robotersysteme, Vol. 1, 1985, pp. 29–34.

Faasch 85: Systemgestaltung einer Experimentalumgebung für die Bildverarbeitung in Ada, H. Faasch, Universität Hamburg, Fachbereich Informatik, 1985 (in Vorbereitung).

Faasch et al. 85: Erfahrungen mit dem Ada-HH Übersetzer, H. Faasch, V. Haarslev, H.-H. Nagel, Universität Hamburg, Fachbereich Informatik, Ada-HH Compiler Projekt, Abschlußbericht zum DFG-Forschungsvorhaben, Mai 1985.

Haarslev 85: Interaktion in Systemen zur Bildfolgenauswertung basierend auf einem objektorientierten Ansatz, V. Haarslev, Universität Hamburg, Fachbereich Informatik, 1985 (in Vorbereitung).

Maaß 84: Mensch-Rechner-Kommunikation — Herkunft und Chancen eines neuen Paradigmas, S. Maaß, *Dissertation*, Universität Hamburg, Fachbereich Informatik, Juli 1984. Auch erschienen als FBI-HH-B-104/84.

Shneiderman 83: Direct Manipulation: A Step Beyond Progamming Languages, B. Shneiderman, Computer, Vol. 16, No. 8, Aug. 1983, pp. 57–69.

Smith et al. 82: Designing the Star User Interface, D.C. Smith, C. Irby, R. Kimball, B. Verplank, Byte, Vol. 7, No. 4, April 1982, pp. 242–282.

Tanimoto 82: Advances in Software Engineering and their Relations to Pattern Recognition and Image Processing, S.L. Tanimoto, Pattern Recognition, Vol. 15, No. 3, 1982, pp. 113–120.

A DYNAMICALLY PROGRAMMED BLOOD VESSEL ENHANCING OPERATOR FOR PICTURE SEGMENTATION

W.J. Dallas

Philips GmbH Forschungslaboratorium Hamburg, Vogt-Koelln-Str. 30, D-2000 Hamburg 54

ABSTRACT

The enhancement of blood vessel contrast by image processing techniques is an important topic in which much effort has been invested. Most techniques enhance either the picture contrast (global or local) or high frequency details. The method we describe here deviates from these approaches in that it attempts to directly enhance the property of line-likeness.

The vessel enhancement is of interest not only for visual presentation but also for picture segmentation, structure skeletonization, and machine analysis.

INTRODUCTION

In X-ray angiography an X-ray contrast agent is injected into a part of the vascular system in order to enhance the photographic contrast of the blood vessels in the recorded images. In order to minimize the necessitated X-ray dose and the amount of injected contrast agent, one may do post-exposure digital image enhancement.

There are two types of enhancement which can be of interest. The visibility enhancement of small vessels which may be invisible on the original radiograph, and form enhancement of visible vessels, e.g., the enhancement of narrowed vessels or stenoses. The method described in this report applies to the first of these enhancement tasks: the visibility enhancement of small vessels. Dynamic optimization [1,2] is used to perform this enhancement on the basis of the line-likeness of the structure in a region surrounding the point of interest.

There is a natural extension of this enhancement algorithm to a segmentation algorithm which is most easily explained in terms of fuzzy set theory [3,4].

In the remainder of this paper we will give a brief explanation of dynamic programming as it is applied to the problem defining line-likeness. Next, the enhancement procedure is discussed. Following is a brief selection of terms from fuzzy-set theory. Finally the segmentation aspects and extensions of the algorithm are discussed.

DYNAMIC OPTIMIZATION

This method, also known as dynamic programming and sequential optimization, is for finding paths which are optimal according to cumulative merit functions. The principle of operation is the following. Each point of the matrix in which the path is to be found is assigned three values: the incremental merit, the cumulative merit, and a pointer to the previous point on the possible path. The path is constrained so that it will not double back on itself by constraining the values pointer can take on. The cumulative-merit-value- and pointer-arrays are filled by moving in the constrained direction. This filling occurs along a wave-front.

In our case the incremental merit is the grey-value in the window. The cumulative merit is the sum of all previous grey-values on the path. The constraint on the pointer is that it must point to the left (or up), and only to the same row or up one or down one row. The wave-front motion is to the right (or down).

Once the arrays have been filled the path is found recursively using the pointer array. The wavefront at the end of the matrix which is to be traversed contains the highest cumulative merits. From all of these the best cumulative merit is selected. This is the arrival point of the path. The pointer at this point points to the point on the path in the next to last position of the wavefront. For this point the pointer points to the next previous. And so-on. Thus all points on the optimal path are found.

THE SMALL VESSEL ENHANCING KERNAL

We wish to enhance points in the picture which lie on small blood vessels. To accomplish this we do the following : for each point in the picture a neighborhood is investigated, it is determined if an arc (a portion of a path) traverses this neighborhood and passes through the point, if this is the case then the contrast at this point is enhanced relative to the neighborhood.

The function of the kernal can be divided into three parts.

1. Find the most intense path passing through the window
   surrounding the point under investigation.

2. Determine whether the point lies on this path.

3. If it does, then enhance the contrast of this point relative to its surroundings using the local contrast of the
   path to set the amount of enhancement.

The most intense path is found using dynamic optimization. It is assumed that the path runs either left-right, or up-down: both possibilities are calculated and the better is selected.

Determining whether the point at the center of the window is on the path is simply done by looking into the proper column (row) of the path to see if the point listed there is the center point.

If the center point was on the path then the average grey-value in the window is subtracted from the per point average cumulative merit (integrated grey-value) and the contrast enhancement is a multiplicative factor proportional to this value.

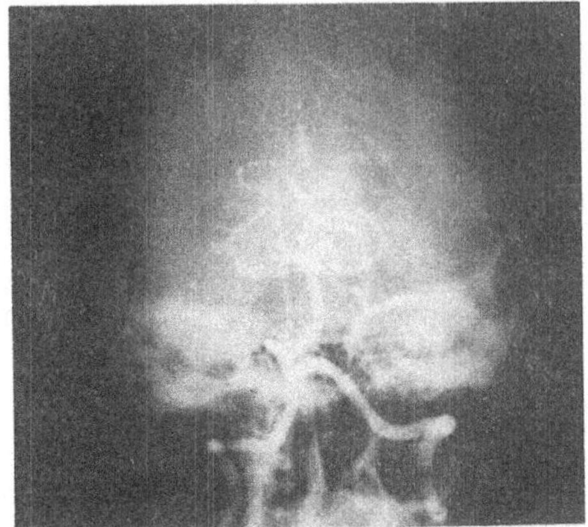

Figure 1: Unprocessed Cerebral Angiogram

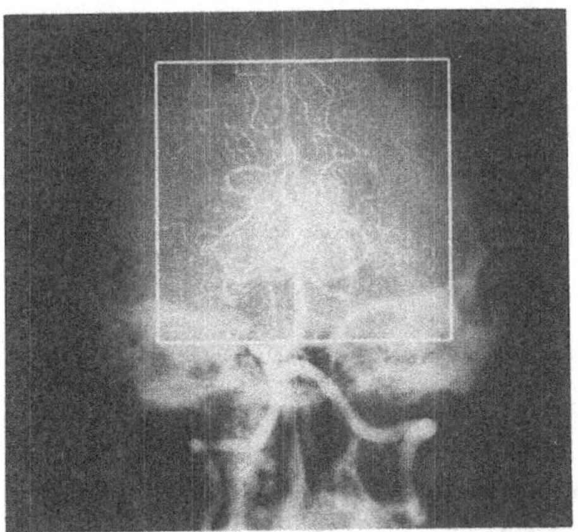

Figure 2: Grey-Level Stretching Applied

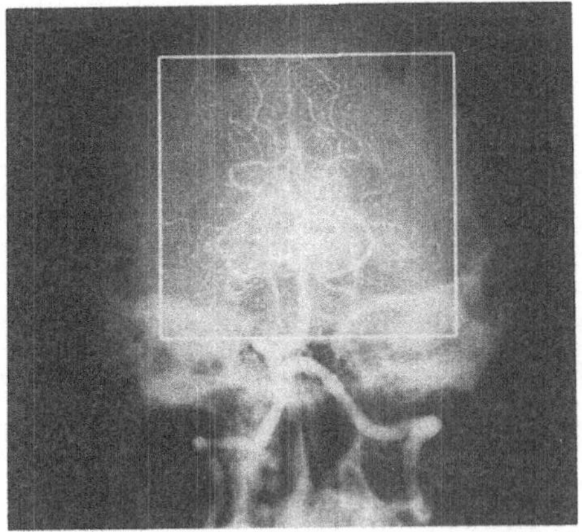

Figure 3: Dynamically Optimized Vessel Enhancement **Applied**

rierbar, zum Ausgleich können die Wortgrenzen vom Regelwerk etwas weiter außerhalb angeordnet werden. Wichtiger ist, daß während der Pausen nicht fälschlicherweise auf "Sprache" erkannt wird.

Die gezeigten Konturen stammen von Klassifikatoren, die mit den 16000 Merkmalssätzen der jeweiligen ungestörten oder gestörten Stichprobe trainiert worden sind. QMK's, die mit mehreren dieser Stichproben unterschiedlicher Störsignale trainiert wurden, zeigten nur unwesentlich schlechteres Verhalten. Die Leistungsfähigkeit des verwendetet Ansatzes scheint somit bei weitem nicht ausgereizt.

4. Diskussion

Anhand der gezeigten Beispiele läßt sich erkennen, daß der Polynomklassifikator charakteristische und auch relativ diffuse Störgeräusche sicher von Sprachsignalen unterscheiden kann, sofern er auf diese Störungen trainiert worden ist. Eine Anwendung ist dann sinvoll, wenn die Menge der möglichen Störungen nicht zu groß und vorhersagbar ist. Erfahrungsgemäß bedarf es einer umfangreichen Lernstichprobe, um bei einem derart leistungsfähigen Ansatz einen stabilen und nicht zu speziell adaptierten Klassifikator zu erhalten. Erst weitere Versuche mit praktischen Applikationen können zeigen, ob dieser Ansatz für einen breiten Kreis von Anwendungen geeignet ist oder aufgrund des hohen Aufwandes beim Zusammenstellen einer geeigneten Lernstichprobe, die ja alle möglichen Störgeräusche und sonstigen Randbedingungen erfassen soll, nur für spezielle Fälle in Frage kommt.

Literaturhinweise:

/1/ Schürmann, Jürgen:
Polynomklassifkatoren
Oldenbourg-Verlag,
München 1977

/2/ R. Zelinski, F. Class
A Segmentation Algorithm
for Connected Word Recognition Based on Estimation Principles.
IEEE, ASSP-31, No. 4,
August 83, S. 818-827

/3/ F. Class, E. Mandler,
R. Zelinski
Explizite Segmentierung
von kontinuierlicher
Sprache mit Methoden
der Regressionsanalyse.
5. Aachener Kolloquium,
Aachen, Sept. 84
Konf.-Band Seite 101-104.

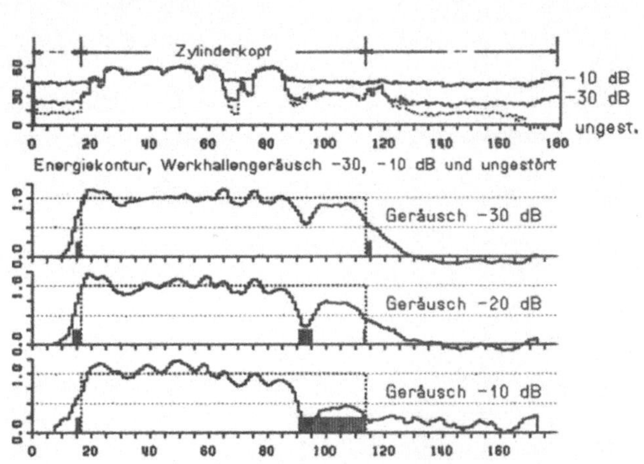

Bild 5: Sprach/Pause-Konturen für Beispiele aus der "Werkhallen"-Stichprobe

DIFFICULTIES

There are some cautions that should be noted when applying this approach. The first
is that there are many possibilities for determining membership values and fuzzifi-
cation functions, these choices have a crucial influence on the results. Second,
noise is clearly a problem since it makes the decisions more difficult; it can have
a particularly irritating cosequence when using the approach we have described
- random noise can be converted into noise with line-like structure.

CONCLUSIONS

We have described a method of enhancing the line-like structures in images and applied this method to enhancing the images of small vessels in X-ray angiograms. The
method appears to be quite effective though immature. Future work needs be invested, especially in reducing the amount of spurious enhancement.

REFERENCES

[1] Bellman, R. "Dynamic Programming", Princeton University Press, Princeton N.J.
    1957.
[2] Kuhn, M.H. and Tomaschewski, H.H. " Improvements in Isolated Word Recognition",
    IEEE Trans. Acoustics, Speech, and Signal Processing, vol. ASSP-31 (1983) 157:
    Ney, H., Geppert, R., Mergel, D., Noll, A., Piotrowski, H., Schwartau, P., and
    Tomaschewski, H. " Statistical modelling and dynamic programming in speech re-
    cognition", Sprache und Datenverarbeitung 1/2 (1984) 17.
[3] Zadeh, L.A. "Fuzzy Sets", Inf. Contr., 388 (1965)
[4] Blaffert, T. " Unscharfe Mengen und Invertierte Suche - zwei Konzepte zur Iden-
    tifizierung von chemischer Verbindungen", VDE-Fachber. 35 (1983) 149

Ön-line Bildverarbeitung am Transmissionselektronenmikroskop
zur Differenzierung pathologisch veränderter Schilddrüsenzellkerne
mittels einer Texturanalyse

A.Kriete, R. Schäffer, H.Harms, H.M.Aus   *
Biomedizinisches Bildverarbeitungslabor des SFB 105 ,
Institut für Virologie und Pathologisches Institut
D - 8700 Würzburg, Bundesrepublik Deutschland

Zusammenfassung

Es wird eine on-line Texturanalyse am TEM zur Beurteilung von Chroma-
tinstrukturen in Schilddrüsenzellkerne vorgestellt. Die Analyse
detektiert, in Form und Aussage einem Modell der physiologischen Optik
entsprechend, charakteristische Punkte in der zweiten Ableitung der
Bildfunktion. Die statistische Bewertung dieser Punkte ermöglicht
eine automatisierte Differenzierung von pathologisch veränderten Zellkernen.

1. Einleitung

Die bisherige morphologische Analyse am konventionellen Transmissionselektronenmikroskop beschränkt sich durch die Benutzung interaktiver
Systeme auf die Erhebung einfacher Parameter wie Fläche, Umfang und
Form. Es gibt jedoch eine Reihe pathologisch aussagekräftiger Strukturen, deren Komplexität eine interaktive Analyse ausschließt. Da
durch eine Struktur- oder Texturanalyse am Lichtmikroskop gezeigt
werden konnte, das die Analyse der Chromatinverteilung von Zellkernen
eine automatisierte Differenzierung zuläßt, wird eine solche Analyse
an neoplastisch veränderten Kernen der Schilddrüse im ultrastrukturellen Bereich erprobt. Das am TEM direkt erfaßte Bild wird digital
abgespeichert und weiterverarbeitet.

2. Aufgabenstellung

Die Randbedingungen und Ziele für eine Texturanalyse an elektronenmikroskopischen Bildern lassen sich wie folgt zusammenfassen:

1) Die Aufnahme und Verarbeitung der Bilder erfolgt on-line an einem
Transmissionselektronenmikroskop. Zur Bilderfassung werden Low-
Light-Level-TV-Kameras eingesetzt, die das auf einem Szintillator
abgebildete TEM-Bild abtasten. Die digitalisierten Bilder sind durch
verschiedene Einflüsse des Aufnahmesystemes gestört. Die Strahlen-
empfindlichkeit der Objekte erlaubt nur geringe Stromdichten und führt
an den empfindlichen Bildaufnahmesystemen neben dem Verstärkerrauschen
zur Abbildung des Quantenrauschens (Single-Electron-Noise). Da auch
der Kontrastumfang im TEM in der Regel geringer als beim Lichtmikroskop ist, hat dies ein geringes Signal-Rausch-Verhältnis von nur
20-30 dB zur Folge.

---

* Teilweise unterstützt von der Deutschen Forschungsgemeinschaft
  und dem Bundesministerium für Forschung und Technologie

2)Es sollen zytologische Strukturen innerhalb von tumorveränderten
Zellkernen analysiert werden. Die Präparate sind mit den üblichen
elektronenmikroskopischen Methoden der Fixierung und Schwermetall-
kontrastierung gefertigt. Die Untersuchung wird auf den unteren
elektronenmikroskopischen Vergrößerungsbereich beschränkt, bei dem Änderungen in der Massendicke einen Streuabsorptionskontrast bewirken.

3)Strukturen im Zellkern werden im wesentlichen durch die spezifische
Schwermetallanlagerung an die chromosomalen Substanzen im Kern
bestimmt. Die Quantifizierung dieser Strukturen und Differenzierung
von Veränderungen wäre somit ein wichtiger Parameter zur Untersuchung
des Krankheitsbildes im ultrastrukturellen Bereich. Die mathe-
matischen Kriterien sollen mit den Aussagen des menschlichen Beob-
achters vergleichbar sein.

Durch diese Bedingungen wird die Auswahl gebräuchlicher Algorithmen
zur Texturanalyse eingeschränkt. Es hat sich gezeigt, das sich tumor-
veränderte Strukturen selten durch Texturunterschiede in der ersten
Ordnung auszeichnen, d.h. die Bewertung der Texturen aus orts-
unabhängigen Grauwerthistogrammen, nicht ausreicht. Bekannte Methoden
zur Bewertung von Texturen zweiter und höherer Ordnung aus der Analyse
der örtlichen Grauwertinformation sind durch das niedrige Signal-
Rausch-Verhältnis ausgeschlossen. Auch ein Gradientenverfahren mit
einem Konturfolgealgorithmus führt bei geringen Kontrasten und
Rauschen zu keinen sinnvollen Aussagen. Zwar läßt sich durch Setzen
von Schwellen eine gewisse Verbesserung erreichen, bestimmte Strukturen jedoch dann nicht mehr bewertet, wie Abbildung 1 zeigt.
Andererseits hat sich die statistische Bewertung der Konturlinien nach
Verteilung und Dichte als sehr effizient für die Beurteilung zyto-
logischer Strukturen erwiesen (1).

Es liegt nahe, das Prinzip aus Konturendetektion und sich anschließender statistischer Bewertung für eine Texturanalyse an elektronenmikroskopischen Bildern beizubehalten, jedoch der Strategie des visuellen Texturempfindens zu folgen. Dies erscheint in sofern sinnvoll,
da das visuelle System des Menschen einerseits in der Lage ist, durch
adaptives Verhalten auch bei niedrigen Leuchtdichten Strukturen zu
erkennen und zu beurteilen, andererseits ist zu erwarten, das die
hieraus abgeleiteten Kriterien mit dem visuellen Empfinden vergleichbar sind.

3. Das Modell des visuellen Konturempfindens

Bei der Untersuchung und Beschreibung des visuellen Texturempfindens
gibt es zwei sich ergänzende Ansätze, die im folgenden kurz referiert
werden sollen. Der erste, allgemeinere Ansatz, geht von den Kennt-
nissen der physiologischen Vorgänge bei der Informationsaufnahme aus.
Er berücksichtigt die laterale Hemmung in der Retina und die
Organisation rezeptiver Felder (2,3,4) und den sich daraus ergebenden
konturanhebender Bandpaßcharakter des visuellen Systems. Es lassen
sich hieraus Aussagen über diejenigen Bildinhalte ziehen, die bei dem
Texturempfinden bewertet werden. Diese als "Primitives" bezeichneten
Bildinhalte sind Zero-Crossings, Extrema und Sattelpunkte in der
zweiten Ableitung der Bildfunktion (2,3,4).

Der zweite Ansatz versucht anhand von synthetischen Bildern die
Texturwahrnehmung zu untersuchen. Daraus ergibt sich, daß die visuelle Texturwahrnehmung beim unmittelbaren Erkennen im Sinne einer
parallelen Verarbeitung in der Lage ist, Texturunterschiede in erster
und zweiter Ordnung zu differenzieren. Texturen, die sich nur in der
dritten Ordnung unterscheiden, können erst durch genaues Betrachten
und verfolgen der Bildstrukturen im Sinne einer seriellen Verarbeitung
erkannt werden. Das visuelle System erkennt und differenziert
statistisch in drei verschiedenen Grundelementen (Textons) die Textur:
1)Farbe, 2)Bildsegmente unterschiedlicher Form und Ausdehnung
(elongated blobs) und 3)Begrenzungspunkte (terminators) (5,6).

Einige der hier referierten Aussagen über das visuelle Texturempfinden
sind von verschiedenen Autoren benutzt worden, um das Texturempfinden
des visuellen Systems als Vorbild für ein bildanalytisches Vorgehen zu
wählen. Dabei stand bisher die Analyse der Zero-Crossings im Vordergrund (7,8). Hierauf aufbauend wird vorgeschlagen, neben den
Nulldurchgängen auch weitere charakteristische Punkte in der zweiten
Ableitung der Bildfunktion zu einer statistischen Auswertung heranzuziehen, da damit neue Aspekte in eine Texturanalyse eingebracht
werden können.

4. Methode

Der Bandpaßcharakter des visuellen Systems kann im Rechner durch die
Subtraktion zweier unterschiedlich tiefpaßgefilterter Bilder hergestellt werden (Abb.2 b). Es stellt sich die Frage, welche Strukturen
gezielt bewertet werden sollen. Durch Analyse der Entropie unterschiedlich großer Koppelfelder kann vor der Texturanalyse abgeschätzt
werden, in welchem Bereich des Ortsfrequenzspektrums die zu untersuchenden Strukturen in ihrem Ordnungszustand differieren (9,10). Mit
dieser Systematik kann ein geeigneter Filter ausgewählt werden. Neben
den Zero-Crossings werden diejenigen Nulldurchgänge besonders gekennzeichnet, die die Eigenschaft eines Sattelpunktes besitzen. Es folgt
dann die Analyse lokaler Minima- und Maximaverläufe und ihrer Anfangs-
und Endpunkte. Die detektierten Punkte werden zusammen mit einer
Kernmaske in eine Featuremap übertragen und statistisch nach Dichte
und Varianz bewertet (10).

5. Anwendungsbeispiel und Diskussion

Es wurden mit der Methode 720 Schilddrüsenzellkernen von 12 Patienten
analysiert. wobei pathologisch in normales Gewebe, gutartiger Tumor
(Adenom) und zwei bösartigen Neoplasien (follikuläres und papilläres
Karzinom) unterschieden werden kann.

Die Wirksamkeit und Aussagekraft der verwendeten Methodik wird an
einem Beispiel in Abbildung 1 erläutert. Dabei wird das Bild eines
normalen Zellkernes dem eines pathologisch veränderten Kernes gegenübergestellt. Es hat sich für die Aufgabenstellung durch Analyse der
Entropie von Koppelfeldern erwiesen, daß Boxcarfilter durch die Bewertung grober Bildstrukturen signifikante Differenzen erbringen. In
diesem Bereich ist der Ordnungszustand der Kernstrukturen besonders
unterschiedlich.

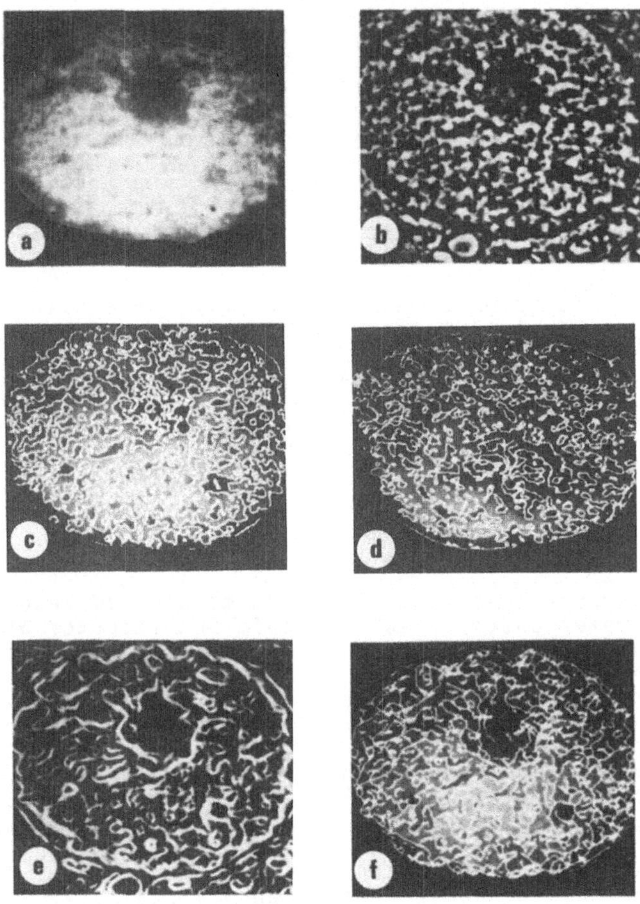

<u>Abb.1</u> : Beispiele für die Verarbeitung elektronenmikroskopischer
Aufnahmen: a) gescannter Zellkernes mit 256x256 Bildpunkten,
b) das Differenzbild aus zwei Boxcarfilterungen der Größe
Größe 3x3 und 7x7. Dieses Bild entspricht näherungsweise
der zweiten Ableitung der Bildfunktion, aus der in c) die
Nullstellen detektiert sind. Zum Vergleich ist ein
pathologisch veränderter Zellkern in d) gegeben.
Das Texturlinienbild in f) wurde nach Median (7x7)-Filterung
aus einem Konturfolgealgorithmus des Gradientenbildes in e)
gewonnen.

Die detektierten Zero-Crossings weisen einen überwiegend geschlossenen
Linienverlauf auf. Es werden dabei Gebiete unterschiedlicher Form und
Orientierung segmentiert, die sich in einem bestimmten Grauwertumfang
auszeichnen und mit dem Begriff des Textons vereinbar sind. Dabei
zeigen sich insbesondere an dem mittleren Abstand zur Beurteilung der
Texturfeinheit (Abb.1 c und d) und der Varianz dieser Abstände zur
Beurteilung der Homogenität deutliche Unterschiede zwischen beiden
Neoplasien. Durch Bewertung der Abstände der Extrema kann die Kanten-
ausdehnung beurteilt festgestellt werden. Die Dichten der bewerteten
Nulldurchgänge und die Extrema sind ähnlich, da zwischen einem Maximum
und einem Minimum ein Nulldurchgang besteht. Die Auswertung und der
Vergleich der Varianzen kann jedoch abweichende Ergebnisse bringen, da
die Kantenausdehnung individuellen Schwankungen im Bild unterliegt.
Die Anzahl der Anfangs- und Endpunkte erlaubt eine Aussage über die
Geschlossenheit im Strukturaufbau. Das Auftreten von Sattelpunkten
weist auf eine besondere Form des Kantenverlaufes hin. An glatten
Bildstrukturen, wie den Chromatinschollen der Karzinome werden viele,
an schroffen, treppenförmigen Strukturen eine gderingere Anzahl von
Sattelpunkten registriert. Setzt man die Anzahl der Sattelpunkte in
Relation zu den Zero-Crossings, so ergibt sich ein weiterer
signifikanter Parameter zur Differenzierung.

Mit der gezeigten Analyse konnten statistisch signifikante Unterschiede in der Chromatinstruktur zwischen normalen Zellkernen
(Restparenchym), Adenomen (gutartiger Tumor), follikulären Karzinomen
und papillären Karzinomen gefunden werden, die mit ähnlichen Erhe-
bungen am Lichtmikroskop korrelieren. Die Analyse zeigt sich einem
Gradientenverfahren mit Konturfolgealgorithmus insbesondere dann überlegen, wenn der Signal-Rausch-Abstand gering ist.

Literatur
(1) Harms H.: Neue Verfahren in der Bildverarbeitung, insbeson-
     dere in der lichtmikroskopischen Zellbildklassifizierung.
     Dissertation, Universität Bremen (1983)
(2) Marr,D.: Vision. Freeman, San Franzisco (1981)
(3) Brady,M.: Computer Vision. Prentice Hall, New Yersey (1982)
(4) Watt R.J.; Morgan M.J.: The recognition and representation
     of edge blur:Evidence for spatial primitives in human vision.
     Vis.Res. 23,12:1465 (1983)
(5) Julesz,B.: Experiments in the visual perception of texture
     Scientific American, 232,4:34 (1975)
(6) Julesz,B.: Textons, the elements of texture perception and
     their interactions. Nature, 290:91 (1981)
(7) Geuen, W.; Widzgowski,E: A simple edge detection algorithm
     on the basis of visual contour perception. Proc. 6th.Int.
     Conf.Patt.Recog., München (1982)
(8) Korn,A;Schönbein R.: Formmerkmale und deren statistische
     Verteilung zur Texturbeschreibung in verschiedenen Ortsfrequenz-
     bereichen, VDE-Fachberichte 35, VDE-Verlag, Berlin (1983)
(9) Reinhardt, E.R., Sträßle, G.: Die Beurteilung von Bildver-
     arbeitungsprozessen mit informationstheoretischen Maßen.
     DFG-Kolloquium Digitale Signalverarbeitung, Göttingen (1981)
(10) Kriete,A.: On-line Bildanalyse am TEM zur Beschreibung
     struktureller und elementarer Eigenschaften biologischer
     Dünnschnitte. Dissertation, Univ. Bremen, in Vorbereitung

Synthese und Analyse von Gewebeschnitten

Ch. Spagl, W. Abmayr, E. Schäffer, W. Gössner

GSF Neuherberg

Bei der Übersendung des Manuskripts an den Verlag lag dieser Beitrag nicht vor.

Sollte er rechtzeitig vor Drucklegung noch eingehen, wird er in den Anhang mit auf-

genommen.

Eine neue Heuristik für die 3D-Rekonstruktion
medizinscher Bildsequenzen mittels Triangulation

U. Tiede, F. R. P. Boecker, G. Witte*, K. H. Höhne

Institut für Mathematik und Datenverarbeitung
in der Medizin und Radiologische Klinik (*)
Universitäts-Krankenhaus Eppendorf
D-2000 Hamburg 20

Kurzfassung

Es wird eine neue Heuristik zur 3D-Rekonstruktion komplexer medizinischer Objekte (z. B. des menschlichen Schädels) aus 2D-Schnittbildsequenzen mittels Triangulation vorgestellt. Das Verfahren arbeitet ohne Interaktion und eignet sich deshalb auch für große Datenmengen. Für den optischen Vergleich diente die Voxel-Methode als Referenz.

Einleitung

In der Medizin werden häufig Schichtbilder angefertigt, um Informationen über die 3-dimensionale Struktur eines Objekts zu gewinnen, z. B. Computer-Tomogramme (CT) und in zunehmendem Maße Kernspin-Tomogramme (MRI) für den makroskopischen Bereich (Skelettstrukturen) sowie Mikrotomschnitte für mikroskopische Aufnahmen (Gewebestrukturen). Der Arzt erzeugt dabei in seiner Vorstellung ein 3D-Objekt aus der 2D-Schnittbildsequenz. In den letzten Jahren wurden hierfür Verfahren entwickelt, die die 3D-Rekonstruktion im Rechner durchführen und mit Computer-Graphik-Methoden 2D-Projektionen der 3D-Objekte erzeugen. Dadurch wird die Interpretation der Strukturen erleichtert und auch dem radiologisch nicht geschulten Arzt zugänglich gemacht.

Um die in der 2D-Sequenz implizit enthaltene räumliche Information, z. B. die Position des Scan-Tisches, auch explizit zu visualisieren, muß die zwischen aufeinander folgenden Schnittbildern fehlende Information interpoliert werden. Zwei sehr unterschiedliche Ansätze haben sich aus der Entwicklung abgehoben und einen größeren Verbreitungskreis gefunden. Zum einen die 'Voxel'-Methode /1-3/, die die 3D-Oberfläche eines Objektes aus den quadratischen Oberflächenelementen kleiner kubischer Volumenelemente gleicher Größe erzeugt (Abb. 1). Die fehlenden Zwischenschichten werden durch lineare Interpolation generiert. Der zweite Ansatz interpoliert die Objektoberfläche durch angepaßte Polygonzüge, insbesondere durch Dreiecke /4/. Dieser Vorgang wird als Triangulation bezeichnet und ist in Abb. 2 schematisch dargestellt.

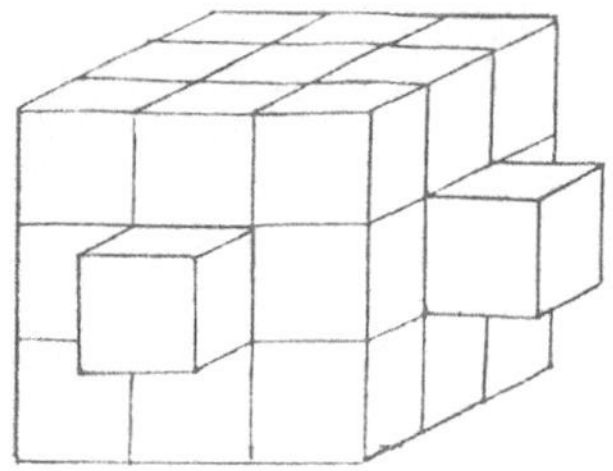

Abb. 1: Oberfläche aus Voxeln

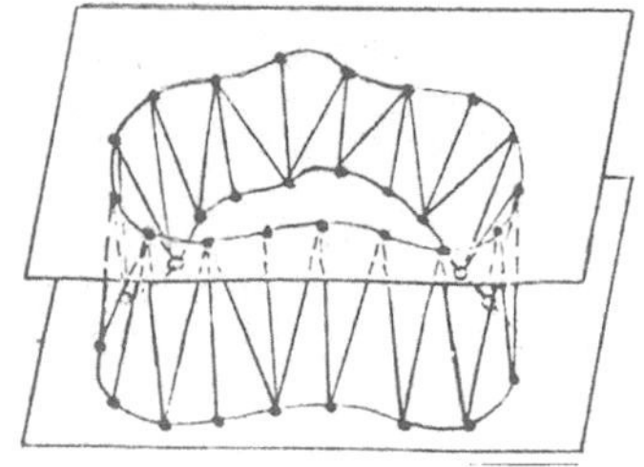

Abb. 2: triangulierte Konturen

Während bei der Voxel-Methode immer eine Oberfläche gefunden werden kann, deren Exaktheit nur durch die Qualität der Segmentierung und des Schichtabstandes bestimmt ist, erfordert die Triangulation Heuristiken zur Bestimmung der Oberfläche, da eine eindeutige Zuordnung der Polygonkanten nicht immer möglich ist. Die Oberflächenrepräsentation durch Dreiecke erlaubt jedoch die Anwendung der in der Computer-Graphik entwickelten Darstellungsalgorithmen, wie z. B. Glanzlichter, mehrere Lichtquellen, Schattenwurf usw. Die prinzip-bedingte Mehrdeutigkeit der Dreiecksanordnung könnte durch Benutzerinteraktion korrigiert werden. Bedenkt man aber, daß eine Oberfläche aus mehreren 10000 Dreiecken bei über 100 Schichten bestehen kann, so erscheint eine manuelle Steuerung schon wegen des erforderlichen Zeitaufwandes nicht akzeptabel.

Ziel dieser Arbeit war es deshalb, eine Triangulationsstrategie zu entwickeln, die auch komplexe Strukturen, wie etwa den menschlichen knöchernen Schädel (Abb. 3) mit vertretbarer Rechenzeit automatisch rekonstruieren kann, wobei die Genauigkeit der erzeugten Oberfläche mit der der Voxel-Methode vergleichbar sein sollte.

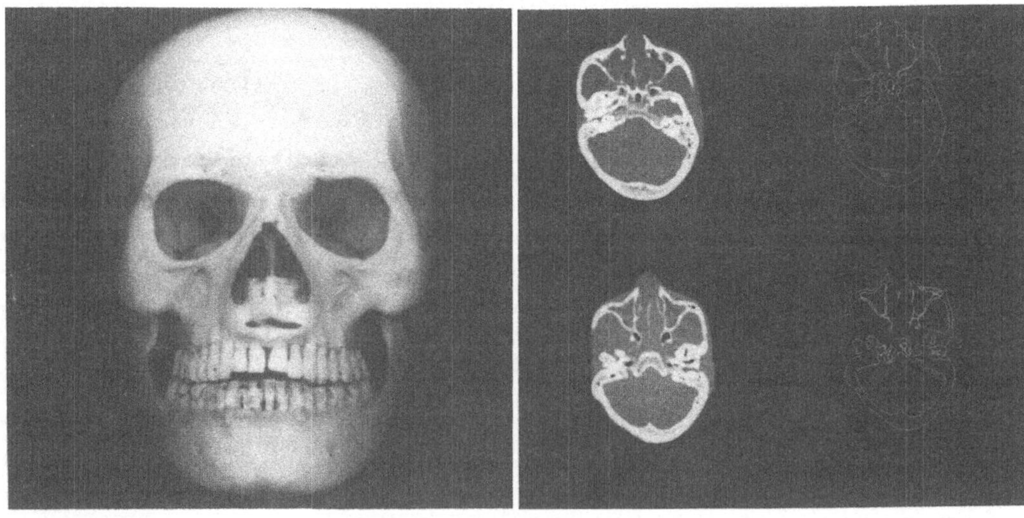

Abb. 3: Schädel: Fotographie

Abb. 4: CT´s und Knochen-Konturen

Methode

Als Heuristiken für die Triangulation sind globale Kriterien wie Oberflächenminimierung, Volumenmaximierung und Glattheit /5,6/ oder auch lokale Größen wie die Polygonkantenlänge /7/ entwickelt worden. Vom in /7/ genannten Ansatz ausgehend wurde eine neue Strategie entwickelt, die ohne Interaktion auch komplizierte Strukturen rekonstruieren kann. Die beiden wichtigsten Schritte des Verfahrens sollen kurz erläutert werden.

1. Zu jedem Kontur-Punkt der einen Ebene wird mit der Euklidschen Abstandsfunktion der nächstgelegene Kontur-Punkt auf der benachbarten Ebene ermittelt. Die gleiche Berechnung erfolgt nochmals in umgekehrter Richtung, so daß für alle Kontur-Punkte ein korrespondierender Punkt auf der jeweils anderen Ebene existiert. Liegt nun eine bijektive Korrespondenz zwischen zwei Punkten vor, so bilden diese beiden Punkte eine "gesicherte" Dreieckskante. Abb. 5a zeigt ein Beispiel mehrerer Konturen, die durch gesicherte Dreieckskanten verbunden sind.

2. Zwischen je zwei gesicherten Kanten werden die fehlenden Dreieckskanten symmetrisch erzeugt, wodurch eine gleichförmige Anordnung der Dreiecke erreicht wird. Abb. 5b zeigt eine vollständige Triangulation.

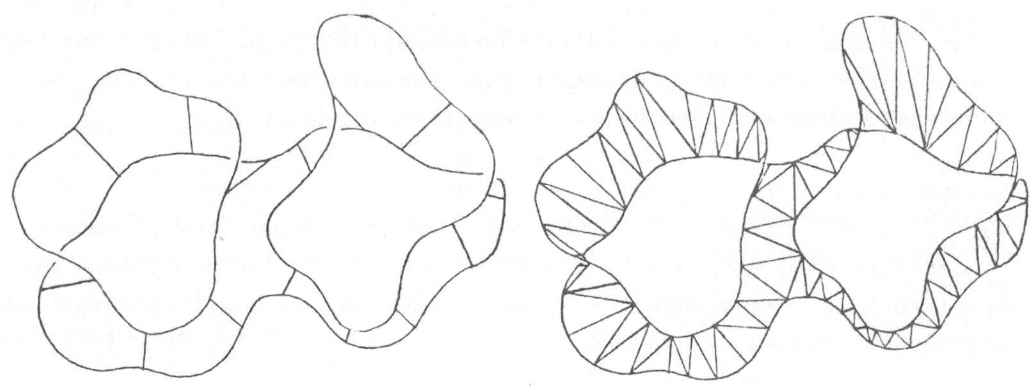

a   b

Abb. 5: "gesicherte" Kanten (a), vollständige Triangulation (b)

Eine wesentliche Eigenschaft dieser Methode besteht in der automatischen Erkennung von Verzweigungen einer Kontur in mehrere andere sowie der Lokalisierung des Übergangs zwischen den Konturen. Eine Verzweigung liegt vor, wenn zwei aufeinanderfolgende gesicherte Dreieckskanten der Kontur einer Ebene auf mehrere Konturen der anderen Ebene verweisen. Das Verfahren bietet mehrere Vorteile. Zum einen werden um so mehr gesicherte Dreieckskanten erzeugt, je weniger die Konturen voneinander abweichen, wodurch die unvermeidbare Mehrdeutigkeit auf stark voneinander abweichende Kontur-Bereiche beschränkt wird. Im Gegensatz zu den anderen Verfahren werden die Konturen nur abschnittsweise in den Bereichen trianguliert, die als "gesichert" erkannt worden sind, so daß keine Nachbehandlung im Fehlerfall erforderlich ist. Die Zeitkomplexität für den ersten Schritt beträgt nur 2 * m * n, wenn die Ebenen m bzw. n Kontur-Punkte enthalten, so daß selbst große Datenmengen mit mehreren tausend Punkten in vernünftigen Zeiten berechnet werden können.

Ergebnisse

Abb. 4 zeigt zwei der über 130 Computer-Tomogramme des Schädels aus Abb. 3 mit den extrahierten Knochen-Konturen. Anhand der Konturen läßt sich erkennen, daß die Oberflächen-Interpolation beliebig komplex sein kann. Die 3D-Rekonstruktion wurde zunächst unter Verwendung aller CT-Aufnahmen gemacht, um ein Maß für die erreichbare Genauigkeit aufzuzeigen. Eine Sequenz mit mehr als 80 bis 90 Aufnahmen ist im Routine-Betrieb jedoch wegen der Strahlenbelastung und der Akquisitionszeiten nicht realisierbar. Als Schattierungsalgorithmus wurde eine reine Tiefen-Schattierung /8/ gewählt, d. h. der Grauwert ist nur von der Entfernung des Oberflächenpunktes zur Lichtquelle (hier mit dem Betrachterstandort identisch) abhängig. Diese für die Voxel-Methode gängigste Darstellungsart erlaubt den direkten optischen Vergleich beider Rekonstruktionsverfahren. Abb. 6 zeigt die rekonstruierte Oberfläche mit der Voxel-Methode (a) und der Triangulation (b). Es sind nur geringfügige Unterschiede zwischen den Darstellungen erkennbar. Dieses ändert sich aber, wenn der Schichtabstand größer wird. Für die Abb. 7 wurde nur die Hälfte aller Schnittbilder verwendet. Bei der Voxel-Methode (a) erscheint die Oberfläche kantiger, da die lineare Interpolation der fehlenden CT-Bilder zu ungenau ist. Die Triangulation erzeugt dagegen auch mit weniger Schnitten eine homogene Oberfläche, die der in Abb. 6b gezeigten mit maximaler Auflösung sehr nahe kommt.

Die Oberfläche aus Abb. 7b besteht aus über 90000 Dreiecken und benötigte etwa 10 Minuten CPU-Zeit (Pascal-Programmierung) auf einer VAX-11/780.

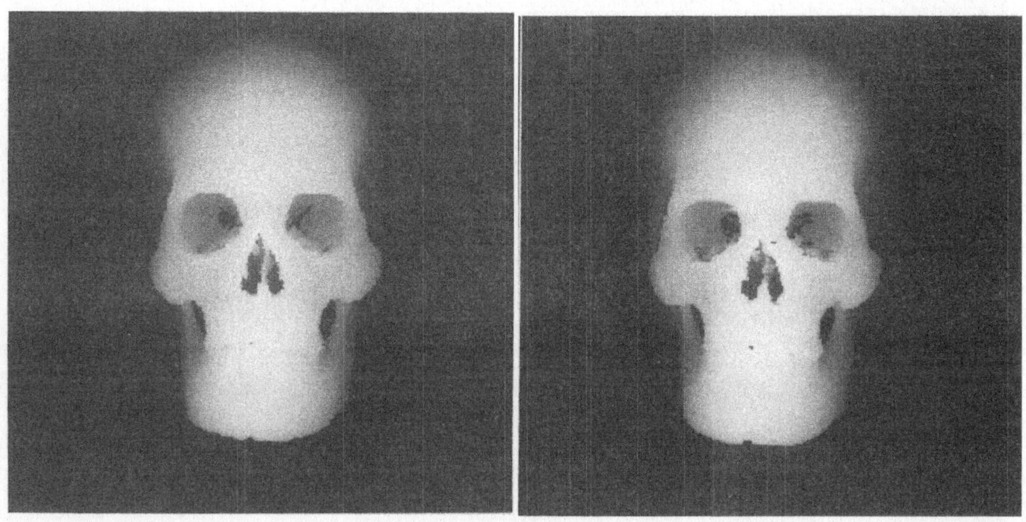

a   b

Abb. 6: maximale Auflösung: Voxel-Methode (a), Triangulation (b)

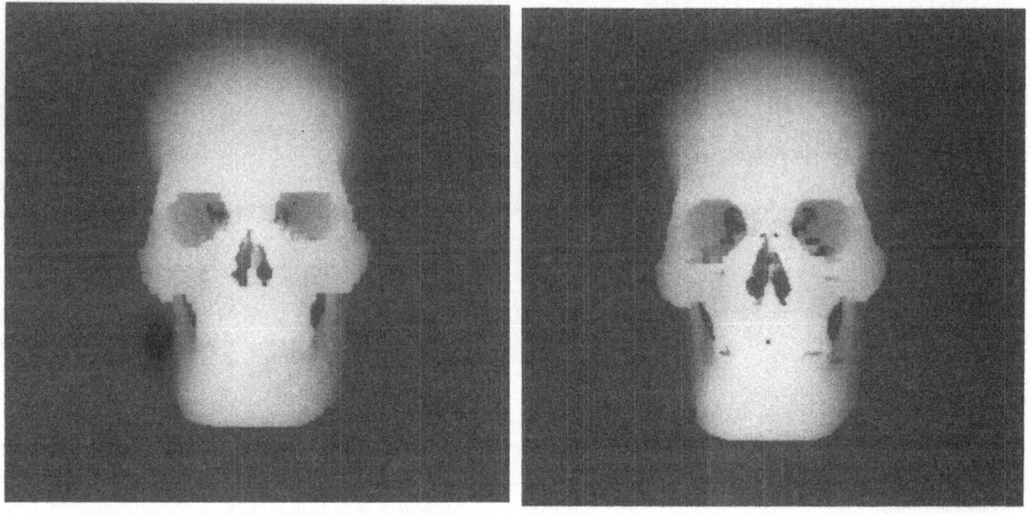

a   b

Abb. 7: halbe Auflösung: Voxel-Methode (a), Triangulation (b)

Einflüsse von "Moving-window"-Verfahren auf Texturdiskriminanzeigenschaften in Echokardiogrammen

A. de A. Araujo, W. Kubalski, P. Jensch, W. Ameling
Rogowski-Institut für Elektrotechnik, RWTH Aachen

Die Anwendung von Texturanalyseverfahren zur Gewebedifferenzierung stößt in der Echokardiographie vielfach deswegen auf Schwierigkeiten, weil starke Abhängigkeiten der Texturkenngrößen von meßtechnischen Randbedingungen bestehen. Einflüsse, wie z.B. die Lage des Objektes im Ultraschallfeld, die Kalibrierung des Scanners und kardialer Zyklus bewirken Änderungen in den Texturparametern, die über die dominieren, die durch gewebespezifische Zusammenhänge hervorgerufen werden. Texturvergleiche von Echokardiogrammen während verschiedener kardialer Phasen haben jedoch gezeigt, daß auftretende Variationen in der Textur geeignet sind, Rückschlüsse auf die Vitalität der betrachteten Bereiche zuzulassen. Zur Verbesserung des Klassifikationsprozesses wurden verschiedene Vorverarbeitungsverfahren nach dem Moving-window-Prinzip eingesetzt, und deren Einflüsse untersucht.

Problematik

Echokardiogramme enthalten aufgrund physikalischer Eigenschaften des Ultraschalls neben morphologischen Größen auch indirekte Informationen über anatomische und akustische Parameter des beschallten Organs. Gewebs- und Funktionsanomalien sind häufig durch mehr oder weniger starke Abweichungen in diesen Parametern und deren funktionellen Beziehungen gekennzeichnet. Ziel ist es nun, mit Hilfe der Texturanalyse diese in Ultraschallbildern enthaltenen Informationen qualitativ und quantitativ zu erfassen.

Eine quantitative Auswertung von Echokardiogrammen wird beeinflußt sowohl durch anatomische Gegebenheiten beim Patienten als auch durch meßtechnische Randbedingungen /2/. Einflußgrößen, wie Lage des beschallten Organteils im Ultraschallfeld des Transducers, Kalibrierung und zeitabhängige Verstärkung des Scanners und Abhängigkeit der Reflexionscharakteristik des Herzmuskels von der kardialen Phase erzeugen in den Texturkenngrößen größere Variationen als Einflußgrößen gewebsspezifischer Art wie z.B. die akustischen Parameter. Infolgedessen ist die Klassifizierung bei Verwendung von absoluten Klassifizierern nur unter gut kontrollierten technischen Randbedingungen möglich. Die Verwendung lernfähiger Klassifikationssysteme erscheint vom Aufwand her zu groß und auch nur sinnvoll, wenn nicht andere Möglichkeiten zur Verfügung stehen. Die Reproduzierbarkeit der Aufnahmebedingungen bleibt dabei jedoch nach wie vor von Patient zu Patient unterschiedlich.

Ein praktikabler Ansatz zur Umgehung dieser Einflüsse bietet sich in einer neuen Methode, der sogenannten Texturdifferenzmethode, an. Sie zieht nicht mehr die absolute Textur mit ihren nahezu unvermeidlichen Schwankungen zur Beurteilung des pathologischen Zustands von interessierenden Objektbereichen heran, sondern wertet vielmehr die Änderungen der Textur im kardialen Zyklus zwischen Diastole und Systole als Funktional für den Zustand des Herzmuskels aus. Dieser Idee liegt also die Hypothese zugrunde, daß sich in pathologischen Bereichen wegen verminderter Kontraktionsfähigkeit Texturunterschiede abgrenzen gegenüber solchen in normal kontrahierenden Bereichen. Ist eine Trennung durchführbar, so gibt sie auch Hinweise über die Größe eines auffälligen Gebietes. Aufgrund der Differenzbildung wird erwartet, daß meßtechnische Einflüsse eliminiert werden.

Gegenstand der Betrachtung ist nun die Vitalität der Textur im kardialen Zyklus. Für eine Reproduzierbarkeit gelten folgende

Annahmen:
- die Kalibrierung des Ultraschallscanners ist während eines kardialen Zyklus konstant,
- das Ultraschallfeld ist im interessierenden Bereich der Herzmuskel-Bewegung konstant,
- anatomisch relevante Gebiete verändern ihre Lage im Ultraschallfeld nur geringfügig,
- die Veränderungen der Textur im kardialen Zyklus ist ein Maß für die Vitalität der betrachteten Bildbereiche.

Testreihen unter Verwendung einfacher Texturkenngrößen haben an Echokardiogrammen bereits gute aber noch keine vollständige Diskriminierung zwischen pathologischen und nicht pathologischen Objektbereichen ergeben /1/. Aus diesem Grund wurden verschiedene Vorverarbeitungsverfahren auf ihre Eignung zur Verbesserung des Diskriminanzverhaltens untersucht.

Methode

Am Beispiel des Diskriminanzproblems Thrombus-Septum wurde eine Stichprobe von 80 Objekten (40 korrespondierende diastolische und systolische Bildausschnitte) mit gesicherter Diagnose für unterschiedliche Bildvorverarbeitungsverfahren untersucht. Um den Einfluß einer Filterung als Vorverarbeitung auf die Diskriminierbarkeit der Bildausschnittgruppen (Thrombus, Septum) beurteilen zu können, wurde nach stets gleichem Verfahren der Merkmalraum erhoben und klassifiziert. Durch Vergleich der Klassifikationsergebnisse mit den gesicherten Diagnosen kann die Güte des Filters bezüglich des Diskriminanzproblems bestimmt werden.

Klassifikationsverfahren:

Die Objektmenge der 80 Bildausschnitte wird aufgeteilt in zwei Objektmengen einander korrespondierender diastolischer und systolischer Bildausschnitte (Bilder 1,2 und 3). An beiden Objektmengen werden bei Wahl gleicher Texturparameter (insgesamt 19 Kenngrößen f_j, $1(j)19$, der Grauwertstatistik erster und zweiter Ordnung - Amplitudenhistogramm, Grauwertdifferenzverteilung und Verbundverteilung mit spezifischen Kenngrößen wie z.B. Momente, Energie, Dynamik, Entropie, Grenzwerte, Informationsmaße) die Merkmalräume M_d und M_s für die Herzphasen diastolisch und systolisch

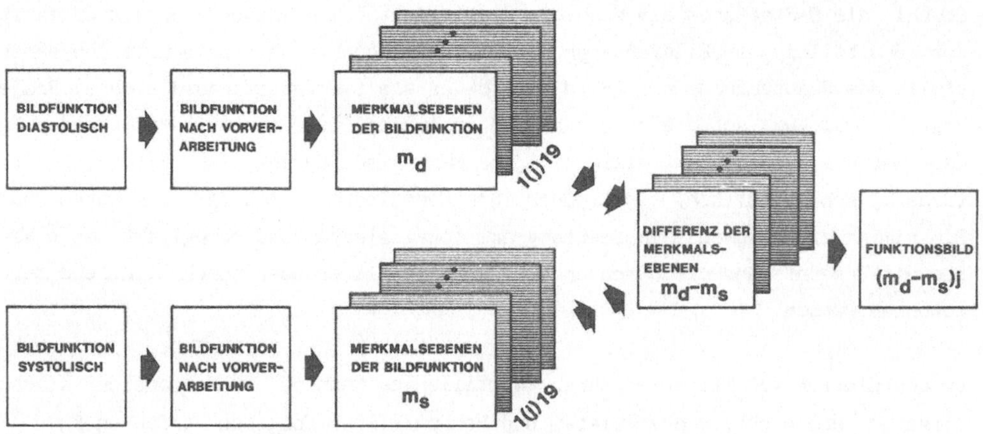

Bild 1 Prinzip der Texturdifferenzmessung in Echokardiogrammen

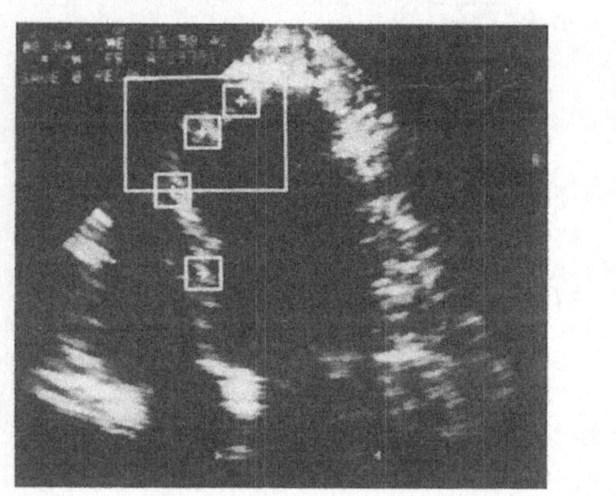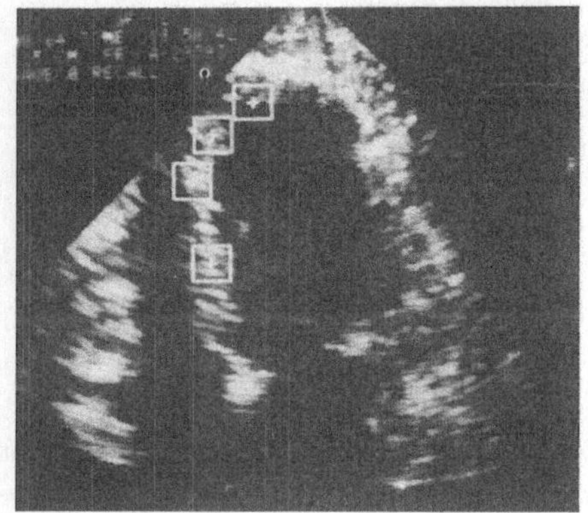

Bild 2 Querschnittsbilder (links = Diastole; rechts = Systole)
(kleine Fenster: Auswertebezirke;
großes Fenster: Ausschnitt für Funktionsbild)

ermittelt. Um die Diskriminanz der Objektgruppen zu verbessern, wird die Texturdifferenzmethode berücksichtigt, nach der die Texturveränderung der korrespondierenden Bildausschnitte durch Differenzbildung M_d - M_s erfaßt wird.

Zur Klassifikation des Merkmalraums M_d - M_s wird die schrittweise lineare Diskriminanzanalyse angewandt. Dabei zeigt die U-Statistik als Maß der Diskriminierbarkeit des Merkmalraums die Trennbarkeit der Objektgruppen an. Die Kontingenztabelle (Bild 3) zeigt die Klassifikationsleistung der aus den signifikanten Merkmalen linear berechneten optimalen Diskriminanzfunktionen.

Sowohl die U-Statistik als auch die Kontingenztabelle eignen sich als Gütekriterien zur Beurteilung der Bildvorverarbeitung. Ein quantitatives Beurteilungskriterium stellt das Scattergramm dar (Bild 4), da es als (varianzstandardisierte) Projektion des Merkmalraums auf die ersten beiden optimalen Diskriminanzfunktionen den Zustand des Merkmalraums charakterisiert; jede Merkmalsdifferenz der Bildausschnittpaare (diastolisch-systolisch) ist durch ihre Koordinaten (realisierten Werte auf den Diskriminanzfunktionen) im Scattergramm lokalisierbar und ermöglicht somit Verglei-che mit Ergebnissen, die durch anders gewählte Filter oder durch klinische Befundung gewonnen wurden.

Um den Einfluß von Filterverfahren beurteilen zu können, wurden aus der Klasse der linearen und nichtlinearen Tief- und Hochpaßfilter folgende Verfahren F_j, $1(j)19$, angewandt /3/:

<table>
<tr><td>

1 ungewichtete Mittelung aller
   Nachbarpixel
2 Median-Filter
3 Rank-Filter
4 Mittelung der k-änlichsten
   Nachbarpixel
5 Glättung durch homogenste
   Nachbarschaft
6 Glättung nach dem Facetten-Modell
7 Glättung durch Nachbarpixel
   bei beschränkter Streuung
8 Summe absoluter Differenzen aus
   Sub-Masken

</td><td>

 9 Mittelwert absoluter Differenzen
   aus Sub-Masken
10 Min-Max-Filter
11 Umwandlung in nächstliegenden
   Extremwert
12 Gratientengesteuertes Glättungs-
   verfahren
13 Roberts-Gradient
14 Laplace-Operator
15 Sobel-Operator
16 Kompaß-Gradient (Prewitt-Maske)
17 Kompaß-Gradient (Kirsch-Maske)
18 Kompaß-Gradient (3-level simple mask)
19 Kompaß-Gradient (5-level simple mask)

</td></tr>
</table>

Jeder einzelne Bildpunkt des gefilterten Bildes entsteht unter Berücksichtigung der Filtervorschrift aus den Bildpunkten eines kleinen Fensters, das über das gesamte Bild verschoben wird (Moving-window-Verfahren). Grauwerttransformation wurden immer dann angewandt, wenn Normierungen erforderlich waren.

Nach Wahl des optimalen Filters wurde das beschriebene Klassifikationsverfahren von einzelnen festen Bildausschnitten erweitert zur automatischen Klassifikation von ortsveränderlichen Bildausschnitten. Hierdurch erfolgt die Bearbeitung eines gesamten Bildbereiches, was zu Merkmalsebenen führt, deren Differenz (Bild 1) als Grauwertinformation interpretiert ein neues Bild, das Funktionsbild (Bild 5) zur Visualisierung von Texturunterschieden definiert.

	S	T			S	T	
S	18	2	U-Statistik =	S	20	0	U-Statistik =
T	2	18	0.36121	T	0	20	0.19436

Bild 3 Kontingenztabellen (links = für Filter F_2; rechts = für Filter F_8)
(S = Septum, T = Thrombus)

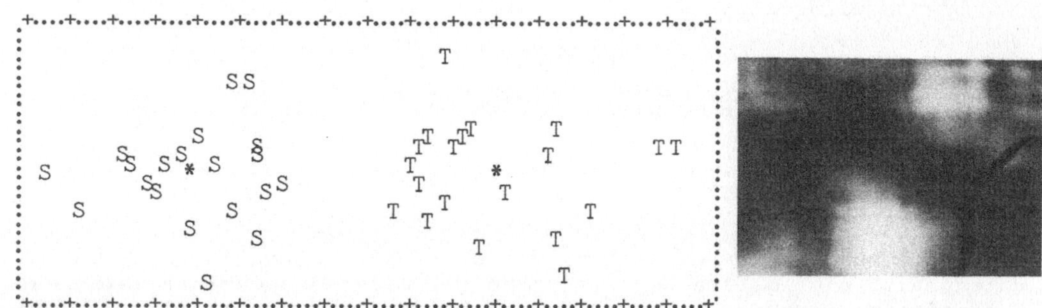

Bild 4 Kanonische Darstellung der
Texturdifferenz
(S = Septum, normales Gewebe,
T = Thrombus, * = Gruppenmittelpunkte)

Bild 5 Funktionsbild
zu Filter F8

Ergebnisse

Als Basisbilder für alle Auswertungen wurden zum einen Originalbilder und zum anderen durch einen Histogrammausgleich normierte Bilder verwendet. Die Anwendung aller Vorverarbeitungsverfahren auf den Bilddatenbestand (10 unabhängige Bildpaare diastolisch und systolisch) führte zu insgesamt 38 Scattergrammen bzw. Kontingenztabellen und mehreren Funktionsbildern (Auszug: Bilder 3,4 und 5). Unter Berücksichtigung der klinischen Befundung ließ sich aus dem Gesamtergebnis erkennen, daß Gebiete mit einem Thrombus nur geringe oder keine Texturänderungen aufweisen und daß diese Gebiete selbst nahezu starr sind. Größere Texturänderungen ergaben sich in Gebieten mit Normalgewebe, die sich auch durch eine große Kontraktilität auszeichneten. Das beste Klassifikationsergebnis lieferte das Filterverfahren F8 (Summe absoluter Differenzen aus Sub-Masken). Dieses Filter bewertet die absolute Grauwertdifferenz aller Bildpunkte des Auswertefenster bezüglich des zentralen Bildpunktes. Es ist besonders empfindlich auf Amplitudenänderungen. Da wegen eines kurzen zeitlichen Abstands zwischen diastolischem und systolischem Bild die Randbedingunen bei der Beschallung und Bildregistrierung als konstant angesehen werden können, ergibt sich hieraus eine Bestätigung der Hypothese, d.h. ein konkreter Hinweis auf kontraktionsabhängige Texturänderungen.

Literatur

/1/ Ameling, W.
Digitale Bildverarbeitung und Echokardiographie - 3D-Rekonstruktion
und Texturanalyse, Symposium Echokardiographie, Mainz 1985

/2/ Collins, S.M., Skorton, D.J., Prasad, N.V., Olshansky, B.O., Bean, J.A.
Image Texture in Two Dimensional Echocardiography. Proc. IEEE Computers
in Cardiology, 1983 Aachen, pp. 113-116

/3/ Araujo, A.
Image Enhancement Program CONV,
Rogowski-Institut für Elektrotechnik, Interner Bericht 1985

Eine Methode zur Bestimmung korrespondierender Punkte für die
Registrierung von Schnitten aus Volumendaten

Frank Ade
ETH Zürich, Institut für Kommunikationstechnik
ETH-Zentrum, Gloriastr. 35, CH-8092 Zürich

1. Einleitung

Die Bestimmung von Grenzflächen, von 3-D-Texturmassen etc. aus Volumendaten setzt eine genaue Registrierung der meist sequentiell gewonnenen
Querschnitte voraus. Bei NMR- oder CT-Daten ist diese Bedingung gewöhnlich in ausreichender Näherung von selbst erfüllt, ebenso bei Bildfolgen, wie sie beim Durchfokussieren mit einem Lichtmikroskop anfallen.
Bei Sequenzen von EM-Aufnahmen von Mikrotomschnitten ist dies dagegen
oft nicht der Fall. Als Folge der Präparation unterscheiden sich Bilder
aus solchen Sequenzen gewöhnlich nicht nur durch Translation und starre
Rotation voneinander, sondern durch allgemeinere Verzerrungen. Dies
verlangt eine grosse Zahl korrespondierender Punkte zur Berechnung einer geeigneten Korrektur-Transformation für ein Bild eines Bildpaares.

Oberflächen dreidimensionaler Körper hinterlassen in den Schnitten Spu-
ren in Form von Kanten oder Linien. Da diese Oberflächen im allgemeinen
nicht senkrecht auf der Schnittebene stehen, liegen die Kanten oder Linien in aufeinanderfolgenden Schnitten tatsächlich an verschiedenen Orten. Es ist daher grundsätzlich nicht statthaft, sie über Korrelation
lokaler Subfenster in den beiden Schnitten zur Berechnung lokaler Verschiebungsvektoren zu verwenden. Man muss diese vielmehr auf andere
Weise bestimmen.

2. Bildmaterial

Ein aktuelles Thema der immunologischen Forschung ist die Aufklärung
der Rolle verschiedener Zelltypen der Haut im menschlichen Immunsystem
[1]. Funktion und Herkunft der nach ihrem Entdecker benannten Merkel-
Zelle (1875) ist jedoch bis heute unbekannt. Die Dermatologen erwarten
von einer 3-D-Darstellung dieser Zelle, insbesondere des Zellkerns und
der Zell-Organellen neue Erkenntnisse. In Zusammenarbeit mit dem Institut für Immunologie und Virologie des Universitätsspitals Zürich soll
eine solche 3-D-Darstellung aufgrund von ca. 300 Elektronen-Mikroskop-
Aufnahmen (Vergr. 36000fach), die in Form von Negativen 70 x 80 mm vorliegen, versucht werden. Die Negative werden auf einem Optronics-Trom-
mel-Scanner mit 100 um Fenstergrösse (=Schrittweite) abgetastet.

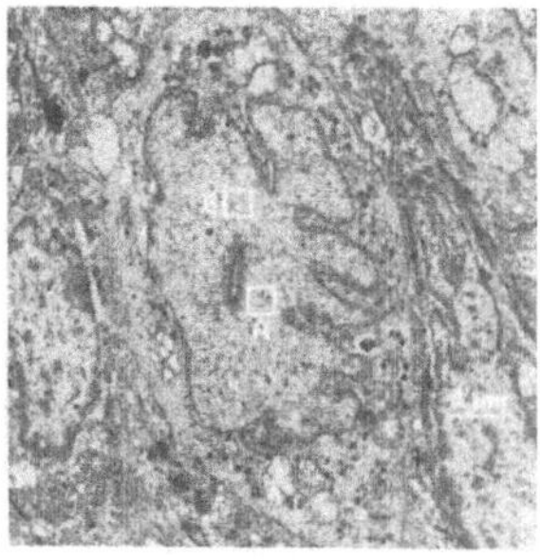

Fig. 1

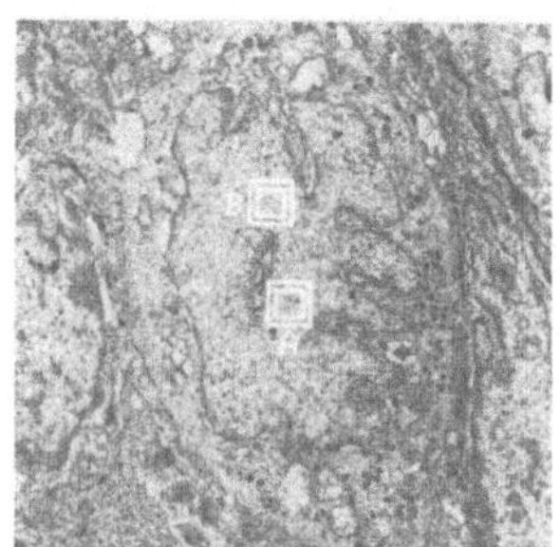

Fig. 2

Bei dieser Wahl entspricht der Raster-Schrittweite in Wirklichkeit eine
Distanz von 25 nm. Der Abstand zweier Schnitte beträgt ca. 20 nm. Damit
ist der Datensatz einigermassen isotrop aufgebaut.

Fig. 1 und Fig. 2 zeigen den interessierenden Teil zweier aufeinanderfolgende Schnitte aus der Umgebung des grössten Durchmessers der Zelle.
Der Kern zeigt eine charakteristische Textur und hebt sich gut vom um-
gebenden Zytoplasma ab. Typisch für die Merkel-Zellen sind die zahlreichen dunklen Körner, die sich auf einer Zellseite häufen. Im Zytoplasma
befinden sich auch diverse Einschlüsse, deren Umrisse sich von Schnitt
zu Schnitt recht stark verändern, was den weiter oben erwähnten Punkt
illustriert.

3. Registrierung

Die 3-D-Darstellung der Zelle setzt eine gute Registrierung der Schnitte untereinander voraus. Es gibt noch einen weiteren Grund für diese
Forderung. In [2] und [3] wurde gezeigt, dass sich die Methode der Eigenfilter (Anwendung der Karhunen-Loève-Darstellung auf Texturen) gut
zur Beschreibung zweidimensionaler Texturen eignet. Wir werden versuchen, auch bei der 3-D-Segmentierung der Zelle Textur-Merkmale einzusetzen, welche in diesem Falle mithilfe von Eigenfiltern der Grösse
3 x 3 x 3 gewonnen werden. Eine fehlende Registrierung der Schichten
gegeneinander führt zu einer Störung der dreidimensionalen Textur, was
sich bei der Eigenvektorextraktion in einer Abnahme der Unterschied-
lichkeit der Eigenwerte äussern wird.

Da Korrelation ausgeprägter Kanten und Linien wegen der schrägen Lage
im Raum der sie verursachenden Oberflächen ausscheidet, muss man nach
anderen Besonderheiten der Zelle Ausschau halten, für die dieser Ein-
wand nicht zutrifft. In den Zellen findet man dunkle Kreisscheibchen,
die von angeschnittenen, kugelförmigen Zellbestandteilen herrühren. Die
Mittelpunkte der entsprechenden Kreisscheibchen sind geeignete korrespondierende Punkte, falls sie in mindestens zwei Schnitten vorhanden
sind. Leider sind sie sehr ungleichmässig über die Fläche eines
Schnitts verteilt, sodass mit ihnen allein eine geometrische Korrektur-
transformation noch nicht bestimmt werden kann.

Mit der Entropiemethode wird nun eine Methode vorgestellt, die es auch
bei lokalen Subfenstern, bei denen solche Besonderheiten in den Schnitten fehlen, gestattet, Verschiebungsvektoren zu berechnen.

4. Ein Entropiemass als Kriterium für optimale Registrierung

Dieses Verfahren geht davon aus, dass bei Vorliegen einer mindestens
zwei Schichten umgreifenden Struktur bei Verschiebung der einen gegen
die andere Schicht der Zusammenhang der Struktur gestört wird. Da die
Struktur zweidimensionaler Texturen mit der Methode der Eigenfilter
optimal darstellbar ist, liegt es nahe, diese Methode auch zur Charakterisierung des Zusammenhangs von Strukturen in drei Dimensionen einzusetzen. Watanabe hat gezeigt [4], dass mithilfe der Eigenwerte einer
Karhunen-Loève-Entwicklung ein Entropiemass definiert werden kann. In
einer neueren Arbeit [5] zeigt er, dass viele Algorithmen der Mustererkennung als Anstrengungen zur Minimierung einer geeignet definierten
Entropie gedeutet werden können. Begrifflich ist das etwas Anderes als
die Korrelation, die im Prinzip ein "template matching" ist, also
die Suche nach der grösstmöglichen Ähnlichkeit zwischen einem Muster
in einem verrauschten Signal und einem "template". Bei der Entropie
steht dagegen die Überprüfung der Möglichkeit der Strukturierbarkeit
von zwei oder mehr Teilen im Vordergrund; die Suche nach Ähnlichkeit
erscheint als trivialer Spezialfall davon.

Schicht 2

Schicht 1

Fig. 3

Aus den Grauwerten der Voxel von zwei direkt übereinander liegenden,
z.B. 3 x 3 Voxel grossen Nachbarschaften aus den beiden zu registrie-
renden Subfenstern wird ein 18-komponentiger Messwertvektor gebildet
(Fig. 3). Die Korrelationen zwischen allen möglichen Paaren von Komponenten dieses Vektors enthalten einen grossen Teil der Information über
die Struktur. Durch Training in einem gewissen Makrofenster von z.B.
30 x 30 Pixeln kann eine Schätzung der 18 x 18 grossen Kovarianzmatrix
erhalten werden. Texturen werden gewöhnlich als Realisierungen von homogenen stochastischen Zufallsprozessen aufgefasst. Zur Überprüfung der
Homogenität würde man relativ grosse Gebiete benötigen. Diese Forderung
stösst sich in der Praxis mit dem Wunsch nach möglichst hoher Auflösung
der Textur-Charakterisierung, die kleine Fenster verlangt. Immerhin
kann man aus dieser Diskussion festhalten, dass in den verwendeten Fen-
stern keine "einmaligen" Ereignisse wie Kanten etc. vorkommen sollten.

Die Lösung des Eigenwertproblems ergibt 18 Eigenvektoren mit den dazugehörigen Eigenwerten λ_i (i = 1,..,18). Nur diese interessieren in diesem Zusammenhang. Nach Watanabe [4] werden durch Normierung die Werte

$$\varsigma_i = \frac{\lambda_i}{\sum_i \lambda_i} \qquad \text{gebildet}$$

und daraus ein Entropiemass

$$E = -\sum \varsigma_i \ln \varsigma_i \qquad \text{berechnet.}$$

Unter der Voraussetzung, dass die Grauwerte der 18 Voxel Zufallsvariab-
le sind, die statistisch unabhängig und identisch verteilt sind, ergibt
sich ein Maximum von 2.89; wenn dagegen alle Voxel überall den gleichen
Grauwert haben, ergibt sich der Minimalwert 0. Dazwischen bewegen sich
die realen Fälle. Wird der Zusammenhang zwischen zwei ursprünglich re-
gistrierten Schichten durch Verschieben gestört, so steigt die Entropie.

Um sich mit den Eigenschaften des Entropiemasses bezüglich des Regi-
strierungsproblems vertraut zu machen, wurde ein einfaches Modellsystem
aus zwei Zeilen untersucht. Der Messwertvektor besteht dann aus zwei
übereinander liegenden Nachbarschaften von 3 Pixeln, deren Kovarianzen
in einem Fenster von 480 Pixeln geschätzt wurden. Die Entropie wurde
dann eine Reihe von Verschie-
bungen der beiden Zeilen relativ zueinander berechnet. Es
wurde jeweils auch die Korrelation bestimmt.

Fig. 4 zeigt den Fall zweier
identischer, durch einen binären Zufallsprozess erzeugter
Zeilen. Die Korrelation zeigt
erwartungsgemäss angenähert
den Charakter einer δ-Funktion.
Das Entropiemass bemerkt die
Zusammengehörigkeit der beiden
Zeilen schon vor der Koinzidenz.

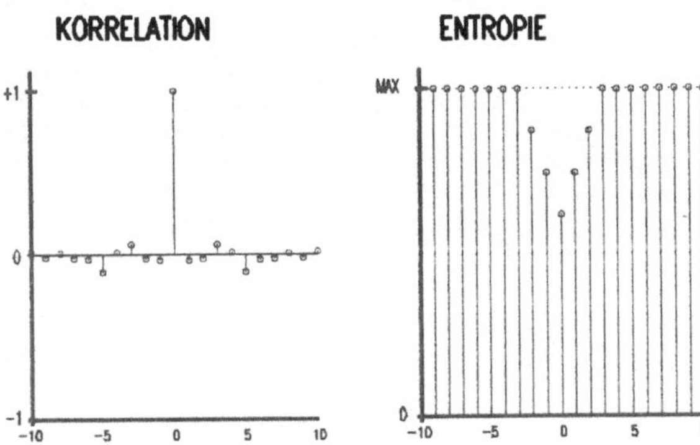

In dem Fall, den Fig. 5 zeigt,
wurden die Grauwerte in den
beiden Zeilen so erzeugt, dass
angenommen wurde, dass die
beiden Zeilen unter zufälligen,
einer Gleichverteilung entstam-
menden Winkeln durch schwarze
Balken der Breite 1 Pixel ge-
schnitten wurden. Der Grauwert
eines Pixels wurde dann durch
den Flächenanteil, mit dem der
Balken es belegte, bestimmt.
Auch hier hängt das Entropiemass
viel regelmässiger von der Verschiebung ab als die Korrelation.

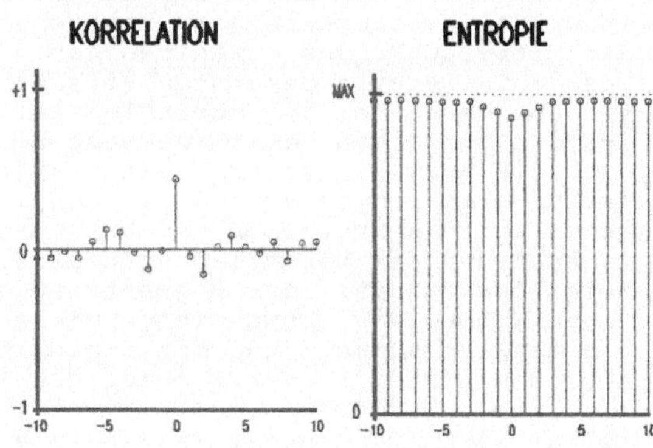

Fig. 5

Fig. 6A und 6B zeigen zwei Beispiele aus dem realen, zweidimensionalen Anwendungsfall, wo
ein Voxelpaket wie in Fig. 3 verwendet wurde. Das Makrofenster, für das
die Resultate von Fig. 6A erhalten wurde, ist in Fig. 1 und 2 mit "A"
gekennzeichnet, das für Fig. 6B mit "B". Der kleinere Rahmen zeigt die
Grösse des Makrofensters. Der grössere Rahmen zeigt die Grenzen für die
Verschiebung des Makrofensters in Fig. 2. Korrelation und Entropie sind
in Fig. 6 so skaliert, dass sie die gesamte Dynamik ausnützen. Sie sind
als Funktion der Verschiebung relativ zu einem Vorgabewert (Mitte des
jeweiligen Quadrats) aufgetragen. Im allgemeinen sind die mithilfe der
Korrelation erhaltenen Verschiebungsvektoren gleich oder nur wenig von
den mit der Entropie erhaltenen verschieden. Jedoch ist der Verlauf der
Entropiefunktion um ihr Minimum herum glatter als derjenige der Korre-
lationsfunktion um ihr Maximum, das oft von beträchtlichen Nebenmaxima
begleitet wird. Dieser Umstand kann bei einer automatischen Suche des
Extremums wichtig werden.

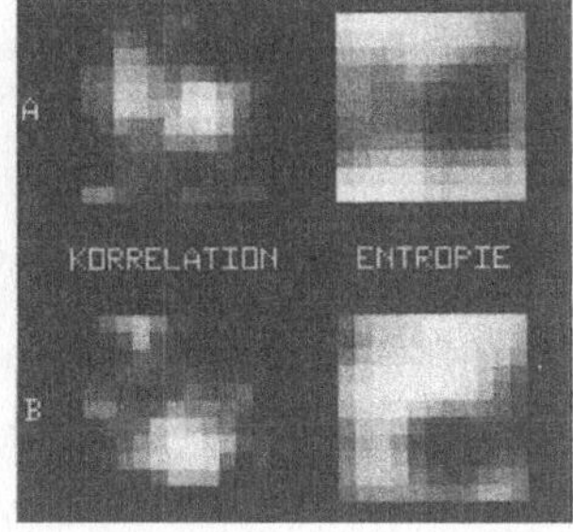

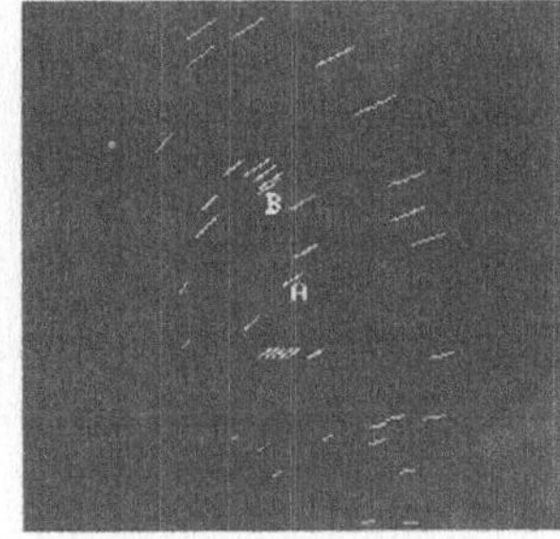

Fig. 6

Fig. 7

5. Durchführung der Registrierung und praktische Erfahrungen

Bild 2 wurde (im Bereich der Merkel-Zelle) auf Bild 1 registriert. Da
die Bestimmung der Verschiebungsvektoren über das Minimum der Entropie
sehr zeitaufwendig ist, bestimmt man als Erstes interaktiv einen Satz
von Verschiebungsvektoren mittels Korrelation der dunklen Körner im
Zytoplasma, wobei auf möglichst gleichmässige räumliche Verteilung ge-
achtet wird. Es ist vorgesehen, diesen Schritt zu automatisieren, wozu
es Möglichkeiten gibt, da die dunklen Körner sich gut vom Zytoplasma
abheben und auch ihr gruppenweises Auftreten benützt werden kann.

Wegen der lokalen Natur der Verzerrungen werden aber auch im Bereich
des Zellkerns Verschiebungsvektoren benötigt. Diese können mit der En-

tropiemethode berechnet werden. Dazu werden im Referenzbild (Fig. 1)
interaktiv Gebiete relativ homogener Textur ausgewählt. Für jeweils
den Mittelpunkt des gewählten Gebiets wird unter Berücksichtigung der
bis dahin bereits bekannten Verschiebungsvektoren eine Verschiebungs-
vorgabe berechnet und damit im zweiten Bild (Fig. 2) der Mittelpunkt
des dazugehörigen Verschiebungsgebiets bestimmt. (Wir werden versuchen,
auch die Auswahl homogen texturierter Gebiete unter Hinzuziehung von
Texturmerkmalen zu automatisieren). Nun werden in der schon beschriebenen Weise Korrelation und Entropie als Funktion der Verschiebung berechnet und die Verschiebungen am Ort der Extrema ermittelt. Fig. 7
zeigt für den Fall der Registrierung von Fig. 2 auf Fig. 1 die erhaltenen Ergebnisse. Etwa gleich viele Verschiebungsvektoren wurden mit
den dunklen Körnern und mit texturierten Gebieten bestimmt. Der Vergleich mit Fig. 1 oder 2 zeigt die Zuordnung zu diesen beiden Gruppen.

Es hat sich auch in der Praxis gezeigt, dass in beiden Bildern die Gebiete, in denen die Entropie berechnet wird, recht homogen texturiert
sein müssen, d.h. die Makrofenster dürfen keine Kanten enthalten und es
darf in ihnen (abgesehen von der eigentlichen Textur) keine Hellig-
keitsgradienten geben. Kleinere Makrofenster als 20 x 20 Pixel sollten
nicht verwendet werden. Bei Einhaltung dieser Bedingungen werden konsistente Resultate erzielt.

6. Schluss

Es wurde gezeigt, dass mithilfe eines geeignet definierten Entropiemasses lokale Registrierung homogen texturierter Umgebungen möglich
ist. Damit gibt es ein neues Werkzeug, das neben der Korrelation unter
bestimmten Umständen bei Registrierungsaufgaben eingesetzt werden kann.
Das verwendete Entropiemass ist konzeptuell von der Korrelation verschieden, da es primär nicht auf die Detektion von Ähnlichkeit ausgelegt ist, sondern auf das Auffinden des Zusammenpassens von Teilen zu
einer Gesamtstruktur.
Es ist aber zweifellos notwendig, mit anderen Bildklassen und in anderen Anwendungsbereichen mehr Erfahrungen mit diesem Mass zu sammeln.

Referenzen:

[1] Edelson, R.L., Fink, J.M., "The Immunologic Function of Skin",
    Scientific American 252(6), 34-41 (1985).

[2] Ade, F., "Characterization of Textures by Eigenfilters",
    Signal Processing 5, 451-457 (1983).

[3] Ade, F., "Application of Principal Component Analysis to the
    Inspection of Industrial Goods", Applications of Digital Image
    Processing, Andre Oosterlinck, Andrew G. Tescher, Editors,
    Proc. SPIE 397, 216-223 (1983).

[4] Watanabe, S., "Karhunen-Loève Expansion and Factor Analysis -
    Theoretical Remarks and Applications", Transactions of the 4th
    Prague Conference on Information Theory, Statistical Decision
    Functions and Random Processes 1965, Publ. House of the Czecho-
    slovak Academy of Sciences, Prague, 635-660 (1967).

[5] Watanabe, S., "Pattern Recognition as a Quest for Minimum Entropy",
    Pattern recognition 13, 381-387 (1981).

On the Use of Expert System Methology for Acoustic Phonetic Decoding and Speech Recognition

G. Mercier

CNET Lannion, Frankreich

Bei der Übersendung des Manuskripts an den Verlag lag dieser Beitrag nicht vor.

Sollte er rechtzeitig vor Drucklegung noch eingehen, wird er in den Anhang mit aufgenommen.

Der Einfluß von Sprachsignalstörungen auf rechnergestützte Verfahren
zur Sprechererkennung

Franz Broß, Bundeskriminalamt Wiesbaden

Zusammenfassung:
Es werden Verfahren für den textabhängigen und textunabhängigen Stimmvergleich vorgestellt, die den Einfluß linearer Verzerrungen kompensieren. Danach werden Untersuchungsergebnisse zur Sprecherverifikation
für störungsfreie und für gestörte Sprachproben diskutiert. Die Ergebnisse zeigen, daß lineare und nichtlineare Verzerrungen der Sprachproben beim Stimmvergleich mit den ausgewählten Verfahren vernachlässigbar sind. Dagegen verhalten sich die Methoden empfindlich gegen additive Störungen, sofern das Signal-Rauschverhältnis unter 20 dB liegt.
Deshalb wird über ein Verfahren zur Kompensation additiven Rauschens
berichtet und gezeigt, daß diese Störeinflüsse beim Stimmvergleich
weitgehend beseitigt werden können.

1. Einleitung

Bei einer Reihe von Straftaten wie Geiselnahme und Erpressung spielt
die menschliche Stimme eine entscheidende Rolle. Deshalb besteht in der
kriminaltechnischen Praxis ein dringender Bedarf, aus mitgeschnittenen
Sprachaufzeichnungen Informationen über den Sprecher zu erhalten. Im
Gegensatz zur kommerziellen Sprechererkennung ist beim forensischen
Stimmvergleich von immer wechselnden Randbedingungen wie z. B. Stimm-
verstellung, variierende Gesprächssituation, Hintergrundgeräusche und
gestörte Telefonübertragung auszugehen. Man muß deshalb im polizeili-
chen Bereich über eine Reihe unterschiedlicher Methoden verfügen, die
an die jeweilige Situation angepaßt sind.

2. Beschreibung der angewandten Verfahren für den Stimmvergleich

Bild 1 zeigt das Modell eines Sprachverarbeitungssystems für den rech-
nergestützten Stimmvergleich. Dieses besteht aus sechs Funktionsblöcken:
der Spracheingabe, der Sprachverbesserung, der Segmentierung, der Merk-
malableitung, der Merkmaltransformation und der Abstandsberechnung.

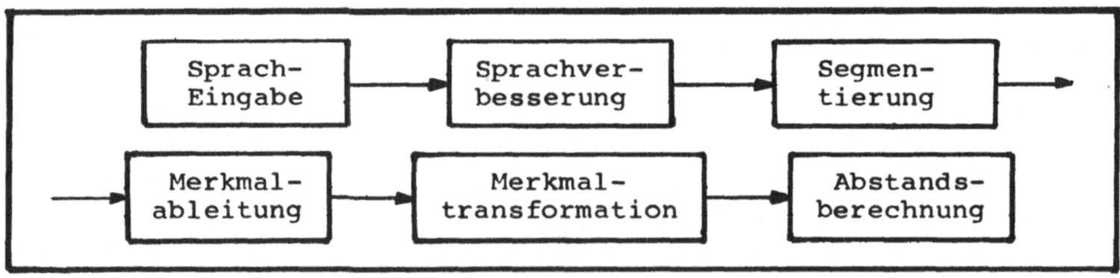

Bild 1: Modell des Sprachverarbeitungssystems für den Stimmvergleich

Als Rohmerkmale für den Stimmvergleich werden in diesem Beitrag die
FFT-Cepstren und LPC-Cepstren [1] verwendet.
Beim FFT-Cepstrum wird für Zeitsegmente konstanter Länge (z.B. 20 ms)
das Betragsspektrum bestimmt. Durch eine inverse Fouriertransformation

der logarithmierten Betragsspektren erhält man die FFT-Cepstren.

Für das LPC-Cepstrum wird der Vokaltrakt durch ein lineares, zeitvariantes Allpolfilter dargestellt. Die Reflexions-Koeffizienten des inversen Filters werden alle 10 msec neu bestimmt und mit einer Rekursionsgleichung in die LPC-Cepstrum-Koeffizienten umgewandelt.

Für jeden segmentierten Wortlaut erhält man somit eine Folge von Cepstrumvektoren (Cepstrumkontur). Diese Merkmale sind im allgemeinen beeinflußt durch eine Vielzahl störender Randbedingungen. Deshalb müssen diese Rohmerkmale normiert und transformiert werden. Das im folgenden beschriebene Stimmvergleichsverfahren ist

    a) für den textabhängigen und den textunabhängigen Vergleich geeignet,

    b) im Vergleich zu anderen Verfahren [1] weniger empfindlich gegen Stimmverstellungen und

    c) robust gegen lineare Signalverzerrungen.

Um den Einfluß linearer Verzerrungen zu eliminieren, wird das Mittelwertcepstrum eines Wortes von den Einzelcepstren desselben Wortes subtrahiert. Anschließend werden die diskreten Verteilungen für jede Cepstrumkomponente eines Wortes mit Hilfe der Gaußquadraturregel [2] ermittelt. Beim textunabhängigen Stimmvergleich werden diese Verteilungen über mehrere Worte gemittelt.

Zur Berechnung der Ähnlichkeiten zwischen Sprachaufnahmen werden die diskreten Verteilungen der Cepstrumkomponten eines Wortes (oder einer Wortgruppe beim textunabhängigen Stimmvergleich) miteinander verglichen. Die Mittelung der Abstände über die FFT-Cepstrumkomponenten 2 bis 18 bzw. über die LPC-Cepstrumkomponenten 2 bis 12 ergibt den sogenannten GQR-Abstand.

3. Untersuchungen zum Einfluß von Störungen auf den Stimmvergleich

Die Stimmvergleichsverfahren wurden an einer großen Sprachdatensammlung mit 150 Sprechern getestet. Über die Untersuchungsergebnisse unter Laborbedingungen und die Erfahrungen an echtem Fallmaterial wurde in [1] berichtet. Hierbei zeigte sich, daß Sprachsignalstörungen den Stimmvergleich u. U. erheblich beeinträchtigen. Im folgenden wird deshalb der Einfluß definierter Signalstörungen untersucht.

Zur Beurteilung der Stimmvergleichsverfahren werden die Verteilungen der Ähnlichkeitswerte zwischen Sprachproben derselben Sprecher und der Ähnlichkeiten zwischen Sprachproben verschiedener Sprecher verwendet (siehe Bild 2). Auf der Waagrechten dieses Bildes ist der Abstand zwischen den Sprachproben aufgetragen. Je kleiner dieser Abstand, desto größer ist die Ähnlichkeit zwischen den Sprachproben. Die durchgezogene Kurve gibt die Wahrscheinlichkeit dafür an, daß der Abstand zweier Sprachproben desselben Sprechers größer als der Wert D auf der Waag-

rechten ist. Die gestrichelte Kurve entspricht der Wahrscheinlichkeit
dafür, daß der Abstand zweier Sprachproben verschiedener Sprecher kleiner als der Wert D ist.

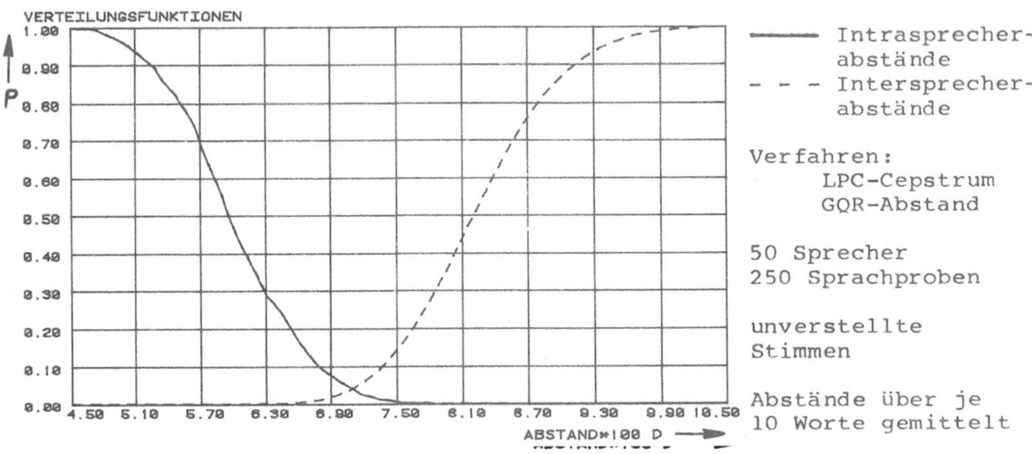

Bild 2: Summenhäufigkeitsverteilungskurven der Sprecherabstände

3.1 Einfluß linearer Verzerrungen

Um festzustellen, ob die Verfahren robust gegen lineare Verzerrungen
sind, wurden die Summenhäufigkeiten der Abstände für nicht entzerrte
Sprachproben und für entzerrte ermittelt. Während sich die Mittelwert-
spektren der nicht entzerrten Sprachproben um mehr als 20 dB voneinander unterschieden, wiesen die Sprachproben nach der Entzerrung stets
denselben Frequenzgang auf. Bild 3 zeigt, daß lineare Verzerrungen,
sofern sie nicht extrem groß sind, keinen nennenswerten Einfluß auf
die Intra- und Intersprecherabstände ausüben.

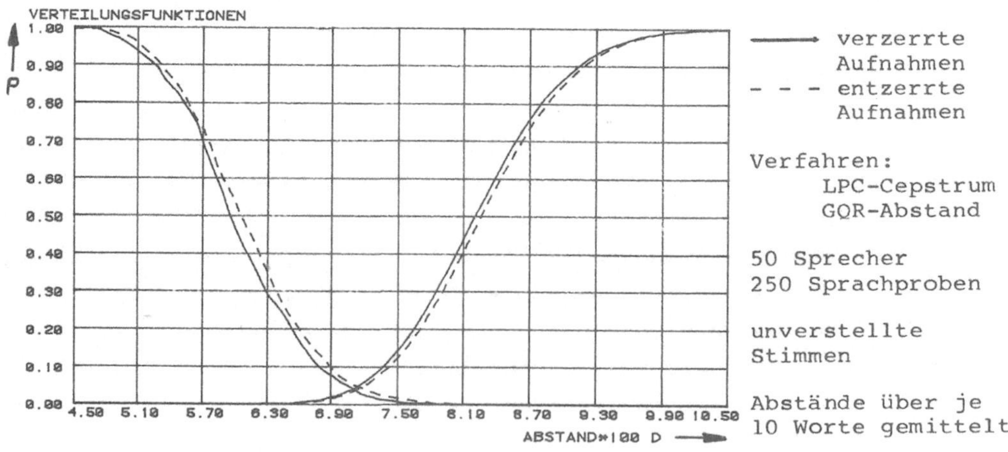

Bild 3: Summenhäufigkeitsverteilungskurven der Sprecherabstände für
        verzerrte Sprachaufnahmen und für entzerrte Sprachaufnahmen

3.2   Einfluß nichtlinearer Verzerrungen

Die Sprachproben wurden durch ein nichtlineares Filter mit der Kennli-
nie y(t)= x(t) + b·x(t)·x(t) + c·x(t)·x(t)·x(t) verzerrt. Die Untersuchungen wurden mit rein quadratischen Verzerrungen (b>0, c=0; Klirrfaktor 25% bei Vollaussteuerung) und mit rein kubischen Verzerrungen (b=0,
c>0 bzw. c<0; Klirrfaktor 25% bzw. 100%) durchgeführt. Aus Bild 4 sieht
man, daß der Einfluß nichtlinearer Verzerrungen relativ gering ist.

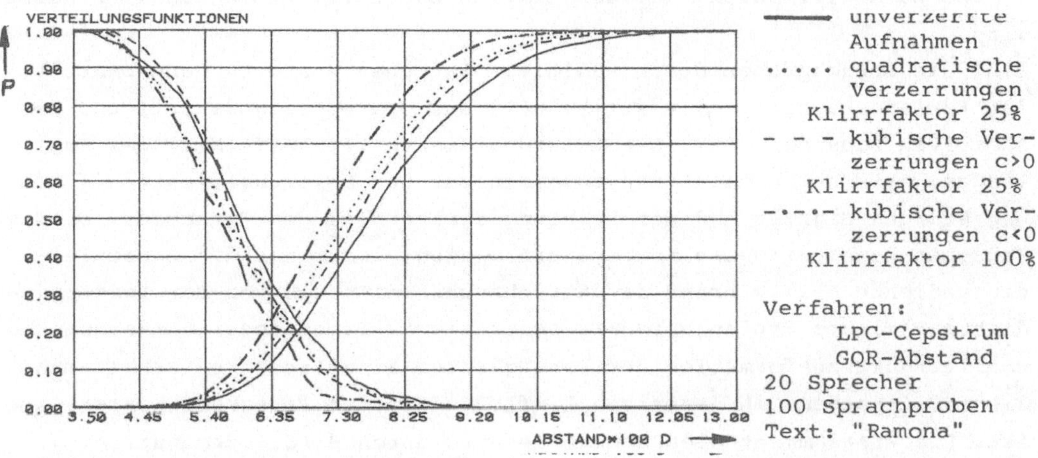

Bild 4: Summenhäufigkeitsverteilungskurven der Sprecherabstände für
unverzerrte und nichtlinear verzerrte Sprachaufnahmen

3.3   Einfluß additiver Störungen

Um den Einfluß additiver Störungen zu untersuchen, wurden die Sprachaufnahmen durch additives weißes Rauschen gestört. Bild 5 zeigt die
Summenhäufigkeitskurven für ungestörte Sprachproben (durchgezogene Kurven) und für gestörte Sprachproben. Man sieht hieraus, daß die Sprecherabstände durch (gleichartige) Störungen erheblich verkleinert werden.

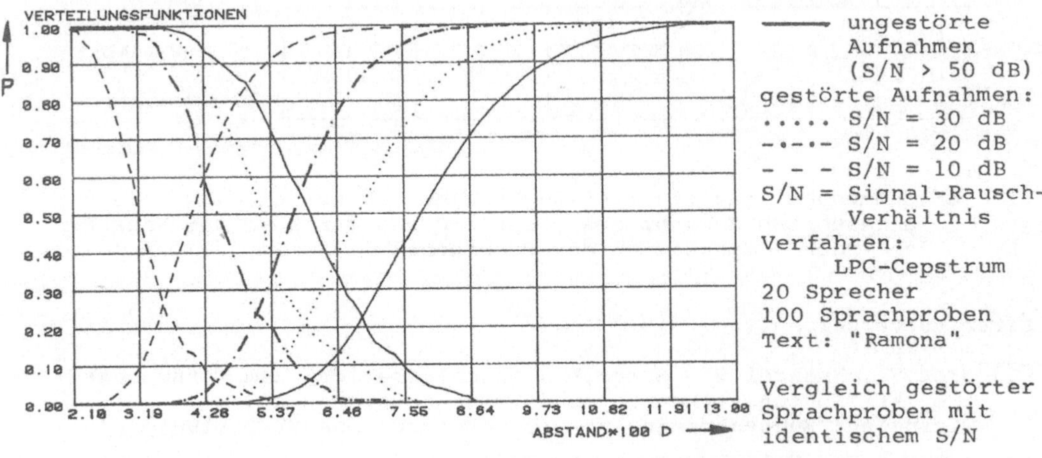

Bild 5: Summenhäufigkeitsverteilungskurven der Sprecherabstände bei
Störung der Sprachaufnahmen durch weißes Rauschen.

3.4 Kompensation additiver Störungen

Die Ergebnisse in Bild 5 zeigen, daß der Stimmvergleich durch additive
Störungen der Sprachaufnahmen erheblich verfälscht wird, wenn der Stör-
abstand unterhalb 30 dB (beim Vergleich mit ähnlich gestörten Sprachproben) bzw. unterhalb 20 dB (beim Vergleich gestörter mit ungestörten
Sprachproben) liegt. Es besteht deshalb die Notwendigkeit, die Verfahren so zu modifizieren, daß der Einfluß additiver Störungen verringert
wird.

Sind die Sprachproben durch additives Rauschen gestört, dann besteht
das Empfangssignal $y(t) = x(t) + n(t)$ aus dem Nutzsignal $x(t)$ und dem
additiven Rauschen $n(t)$. Die Leistungsdichte $Y(f)=X(f)+N(f)$ des Empfangssignals setzt sich dann zusammen aus der Leistungsdichte $X(f)$ des
ungestörten Signals und der Leistungsdichte $N(f)$ des Rauschens. Dieses
Rauschen kann teilweise kompensiert werden, indem man die Rauschlei-
stungsdichte $N(f)$ während der Sprachpausen mißt und von der Leistungsdichte $Y(f)$ des Empfangssignals subtrahiert. Durch Logarithmierung und
Fourierrücktransformation der korrigierten Einzelspektren erhält man
die FFT-Cepstren, in denen der Einfluß additiven Rauschens kompensiert
ist. Die Wirksamkeit dieser Methode wird durch Bild 6 demonstriert.

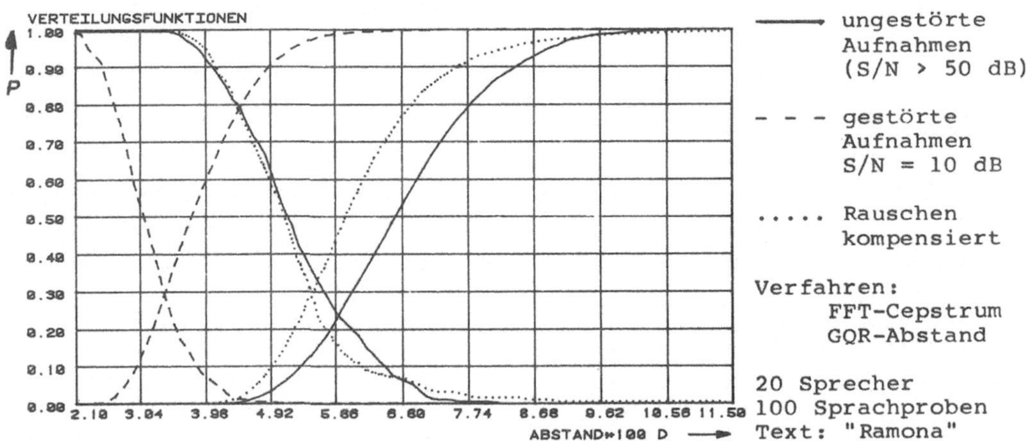

Bild 6: Summenhäufigkeitsverteilungskurven der Sprecherabstände bei
ungestörten Sprachproben, bei Störung durch weißes Rauschen
und nach Kompensation des Rauschens

Literaturverzeichnis:

[1] Broß,F., Kuenzel,H., Sauer,B.: Abschlußbericht zum Forschungs-
    projekt "Sprechererkennung und Tonbandauswertung".
    Wiesbaden: Bundeskriminalamt Forschungsgruppe KI 2 (1985).

[2] Golub,G.H., Welsch,J.H.: Calculation of Gauss Quadrature Rules.
    Mathematics of Computation, Vol. 23, S. 221, April 1969.

BILDUNG VON LAUTHYPOTHESEN MIT POLYNOMKLASSIFIKATOREN UND MARKOV-MODELLEN
IN EINEM SYSTEM ZUR ERKENNUNG KONTINUIERLICHER SPRACHE

Alfred Kaltenmeier und Fritz Class, AEG Forschungsinstitut, Ulm

Zusammenfassung

Unser Beitrag beschreibt den Modul 'Hypothesenbildung von Lautklassen' in einem
System zur Erkennung natürlicher, kontinuierlicher Sprache. Dieser Modul segmentiert das Sprachsignal in lautähnliche Bereiche und ordnet jedem Bereich eine von 6 Lautklassen zu, die alle in der Sprache vorkommenden Laute enthalten.
Der Modul liefert Schätzungen für die Grenzen und die Zugehörigkeit eines Segments zu einer der Lautklassen. Diese Hypothesen werden in weiteren Modulen des
Erkennungssystems ausgewertet, z.B. bei der Generierung von Phonem/Diphon-Hypo-
thesen und im Modul zur Generierung von Worthypothesen.
Das Verfahren arbeitet zweistufig und besteht aus einem Polynomklassifikator
für eine frame-by-frame Klassifikation und einem Segmentierer mit Hidden Markov Modellen (HMM), der die Schät vektoren des Klassifikators weiterverarbeitet
und an seinem Ausgang die Lautklassenhypothesen abgibt. Die Ergebnisse zeigen,
daß diese Kombination aus Polynomklassifikator und HMM-Segmentierer effizient
in unserem Spracherkennungssystem einsetzbar ist.

1. Einleitung

Im Rahmen eines ESPRIT-Pilotprojekts wird von mehreren europäischen Firmen gemeinsam ein Erkennungssytem für natürliche Sprache entwickelt, das in der ersten Stufe einen Modul zur Bildung von Lautklassen-Hypothesen enthält. Dieser
Modul besteht im wesentlichen aus den drei Funktionsblöcken (Bild 1):

- Spektralanalyse mit anschliessender Berechnung des mel-Cepstrums

- frame-by-frame Schätzung von Lautklassenzugehörigkeiten mit hierarchisch auf-
  gebauten Polynomklassifikatoren

- Segmentierung in Lautklassenbereiche mit Hidden Markov-Modellen

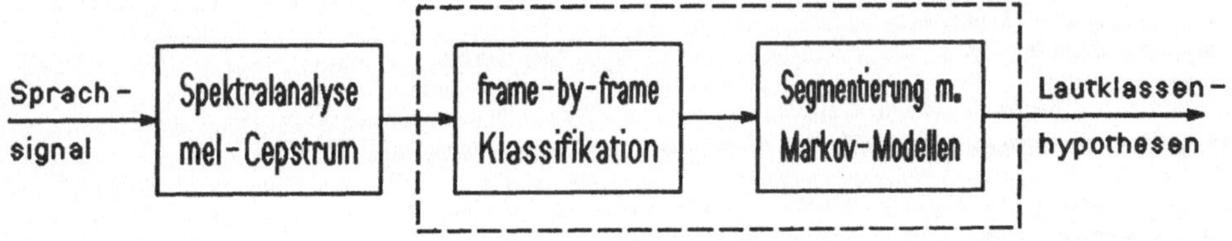

Bild 1. Blockschaltbild des Verfahrens zur 'Hypothesenbildung von Lautklassen'

Das Verfahren ist sehr flexibel, da es nur auf statistischen Schätzansätzen be-
beruht. Die Algorithmen sind sprachunabhängig und können leicht von jedem Pro-
jektpartner implementiert werden. Sprachspezifisch sind nur die Definitionen
von Lautklassen und die Parameter der Markov-Modelle. Vorteilhaft ist außerdem,
daß die Lernphase des Systems nahezu vollautomatisch ablaufen kann.

2. Spektralanalyse

Aus dem analogen Sprachsignal müssen in der ersten Systemstufe signifikante Parameter gewonnen werden. In der Spracherkennung haben sich allgemein spektrale Parameter als sehr geeignet erwiesen.

Die Parametergewinnung erfolgt in zwei Schritten. Zuerst wird alle 10 ms ein Kurzzeitspektrum berechnet, das dann zu 18 Spektralwerten entsprechend der mel-Skala zusammengefaßt wird. Im zweiten Schritt werden die Spektralwerte logarithmiert und mit der cos-Transformation in Cepstralvektoren transformiert /1/. Ein Sprachmuster liegt dann als zeitlich äquidistante Folge von Vektoren vor:

$$\underline{c}(i) = c_1(i),\ c_2(i),\ \ldots,\ c_{18}(i) \tag{1}$$

Die cos-Transformation hat die Eigenschaft, die Vektorkomponenten nach fallender Varianz, d.h. Wichtigkeit zu sortieren, daher tragen nur Koeffizienten mit niedriger Indexzahl wesentlich zur Signalbeschreibung bei. Die Cepstralwerte mit hohem Index besitzen nur eine geringe Varianz bei geringer zeitlicher Korrelation und können ohne merklichen Informationsverlust weggelassen werden. Die cepstrale Darstellung ermöglicht also eine sehr einfache Datenreduktion /1/.

3. Definition der Lautklassen

Die Lautklassenhypothesen werden im wesentlichen bei der Generierung von Worthypothesen, d.h. der Auswahl möglicher Worte aus dem Wortlexikon, verwendet. Die Lautklassen sollten daher so festgelegt sein, daß einerseits eine gute Selektionsfähigkeit hinsichtlich der Auswahl gegeben und andererseits eine hohe Erkennungssicherheit gewährleistet ist. Die Unterscheidbarkeit von Lautklassen wurde mit Hilfe der Clusteranalyse untersucht, wobei manuell markiertes Sprachmaterial verwendet wurde. Hierbei ergaben sich folgende sechs Lautklassen:

```
- pl  Plosivlaute, Knacklaut, Sprachpausen  (b, d, g, p, t, k, ...)
- fr  Frikative und Affrikative             (f, s, ts, ps, ...)
- ln  Liquide und Nasale                    (l, n, m, ...)
- vf  vordere  Vokale                       (e, i, ...)
- vm  mittlere    "                         (a, ...)
- vb  hintere     "                         (o, u, ...)
```

Mit einem Beispiel wird diese Klasseneinteilung veranschaulicht:

```
orthographisch: L  a  u  t  k  l  a  s  s  e  n
Lautschrift:    l  aU   t  k  l  a  s  3  n
Lautklassen:    ln vm vb   pl ln vm fr (vf) ln
```

Die obige phonetische Klasseneinteilung ist sehr selektiv bei der Wortauswahl, was an einem Wortlexikon mit etwa 13000 Nominalformen (Italienisch) untersucht wurde. Eine weitere Aufspaltung von Klassen würde die Selektionsfähigkeit nur noch geringfügig verbessern, die Erkennungsfähigkeit des Klassifikators jedoch beträchtlich verschlechtern.

4. Klassifikation der Cepstralvektoren

Für diese Klassifikation wird ein Polynomklassifikator verwendet, der auf einem statistischen Schätzansatz basiert /2/. Der Klassifikator wird realisiert durch einen Estimator $\mathcal{E}$ (Bild 2), der zu jedem Zeitpunkt für einen Parametervektor $\underline{x}$ am Eingang einen Schätzvektor $\underline{d}$ am Ausgang liefert. Im einfachsten Fall ist $\underline{x}$ identisch mit dem Cepstralvektor $\underline{c}(i)$ zum Zeitpunkt t=i. Die Komponenten von $\underline{d}$ können als Schätzung für die Zugehörigkeit zu einer der 6 Lautklassen interpretiert werden. Der ideale Ausgangsvektor von $\mathcal{E}$ ist ein Zielvektor $\underline{z}(i)$, dessen Komponenten alle null sind bis auf diejenige, die der Lautklasse entspricht, zu der ein gerade vorliegende Cepstralvektor $\underline{c}(i)$ gehört. Der Estimator wird so optimiert, daß der Schätzvektor $\underline{d}$ den Zielvektor $\underline{z}$ mit minimalem mittleren quadratischen Fehler approximiert:

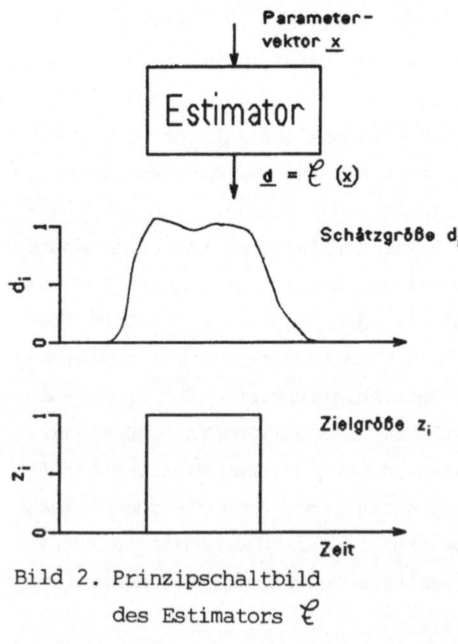

Bild 2. Prinzipschaltbild
des Estimators $\mathcal{E}$

$$\mathcal{E}\,(.) \text{ so, daß } E\left[(\underline{z} - \underline{d})^2\right] \text{ minimal} \tag{2}$$

$$\text{Mit} \quad \underline{d} = A^T \cdot \underline{x} \tag{3}$$

(A = Matrix der Schätzkoeffizienten) führt (2) auf die Lösung

$$A = M^{-1} \cdot S \tag{4}$$

wobei M die Momentenmatrix und S die Streumatrix sind

$$M = E\left[\underline{x} \cdot \underline{x}^T\right] \quad \text{und} \quad S = E\left[\underline{x} \cdot \underline{z}^T\right] \tag{5}$$

In einer "Lernphase" werden M und S an einer großen Zahl von Stichproben gemessen. Die Zielvektoren $\underline{z}$ sind dadurch vorgegeben, daß in den Lernstichproben jeder einzelne Lautbereich einer der 6 definierten Klassen zugeordnet und entsprechend markiert ist, falls er bei der Adaption verwendet werden soll. Das Markieren einer neuen Lernstichprobe wird dadurch vereinfacht, daß wir sie mit einem 'alten' Klassifikator/Segmentierer automatisch in einzelne Lautklassenbereiche vorsegmentieren, wobei dann die Segmentgrenzen noch manuell korrigiert werden können. Anschliessend werden Momenten- und Streumatrix aktualisiert und ein 'neuer' Klassifikator berechnet. Mit diesem iterativen Verfahren wird der Klassifikator ständig verbessert.

Um eine genügend hohe Schätzgenauigkeit zu erreichen, enthält der Parametervektor $\underline{x}$ nicht nur lineare Komponenten von $\underline{c}$, sondern auch quadratische und kubische Verknüpfungen dieser Komponenten. Da hierbei jedoch der Rechenaufwand beträchtlich steigt, ist es wichtig, von vornherein möglichst wenige Komponenten von $\underline{c}$ für die Bildung von $\underline{x}$ zu verwenden. In unserem System verwenden wir einen vollkubischen Ansatz, wobei als Primärkomponenten nur die ersten 10 Koeffizienten eines Cepstralvektors enthalten sind. Der Polynomklassifikator wird zweistufig in einer hierarchischen Struktur mit insgesamt 4 Klassifikatoren implementiert. Diese Realisierung hat eine höhere Erkennungsleistung bei geringerem Rechenaufwand als die einstufige Struktur, bei der alle 6 Klassenzugehörigkeiten gleichzeitig geschätzt werden. Der Rechenaufwand wird dadurch vermindert, daß Klassifikatoren in der unteren Hierarchiestufe nur dann aktiv sind, wenn die zugehörigen Schätzwerte in der übergeordneten Stufe einen gewissen Schwellwert überschreiten.

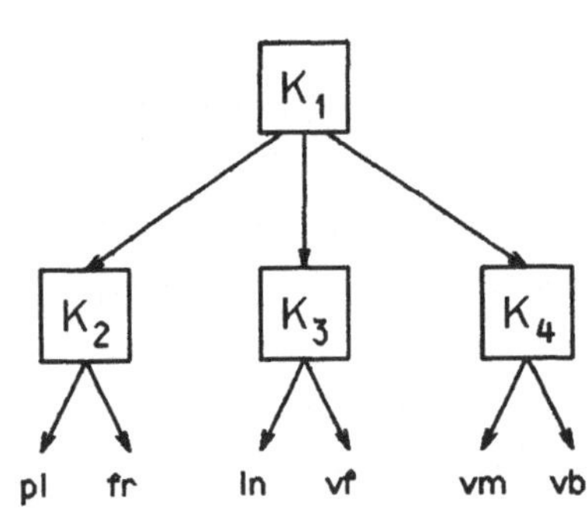

Bild 3. Hierarchische Realisierung
des Polynomklassifikators

In der nachfolgenden Entscheidungsstufe werden die Schätzvektoren quantisiert, d.h. den definierten Lautklassen zugeordnet, wobei eine solche Zuordnung entweder ein-, zwei- oder vieldeutig sein kann. Es gibt hierbei 22 Entscheidungsmöglichkeiten: 6 eindeutige für eine Lautklasse, 15 zweideutige für zwei Lautklassen, zwischen denen nicht weiter unterschieden wird, sowie die Rückweisung, falls überhaupt keine Entscheidung getroffen werden kann. Das Entscheidungsalphabet $V = \{v_1, v_2, \ldots, v_{22}\}$ besteht aus 22 Symbolen. Am Ausgang dieser Stufe liegt ein Sprachmuster dann als zeitlich äquidistante Folge solcher Symbole vor.

5. Segmentierung mit Markov Modellen

Aus diesen Symbolfolgen werden dann die einzelnen Lautklassen-Segmente mit ihren Segmentgrenzen und Schätzungen für die Lautklassenzugehörigkeit bestimmt. Hierfür kann beispielsweise ein heuristisch orientiertes Verfahren verwendet werden, bei dem die für die Segmentierung notwendigen phonetischen Kenntnisse in einem evt. umfangreichen Regelwerk implementiert sind. Wir verwenden jedoch ein statistisches Verfahren, basierend auf Hidden Markov Modellen (HMM), bei dem diese Kenntnisse implizit in statistischen Modellen enthalten sind.

Ein großer Vorteil des HMM-Verfahrens ist, daß die Lernphase, d.h. die Schätzung der Modellparameter, vollständig automatisch ablaufen kann /3/. Das ver-

wendete Trainingsmaterial muß hierfür nur eine genaue Beschreibung der zu erkennenden phonetischen Einheiten enthalten. Für die Segmentierung benötigen wir
insgesamt 36 Modelle, 6 für quasistationäre Segmente (pl, fr, ...) und 30 für
die Übergänge zwischen den Segmenten (pl vf, pl vm, pl vb, ...).

Prinzipiell könnte die Segmentierung mit HMM auch ohne den Klassifikator als
Vorstufe durchgeführt werden, wobei die Symbolfolgen am Eingang der Segmentier-
stufe direkt durch die Vektorquantisierung (VQ) der Cepstralkoeffizienten $\underline{c}(i)$
erzeugt würden. Ein Polynomklassifikator, der hier im Prinzip die Funktion eines Vektorquantisierers erfüllt, ist jedoch besser, da in ihm bereits phonetische Informationen über Lautklassenzugehörigkeiten verarbeitet werden. Verglichen mit VQ sind die Länge des Alphabets $\{V\}$ und damit der Speicheraufwand für
unsere 36 Modelle erheblich geringer, und die Segmentiergenauigkeit ist gleichzeitig höher. Diese Vorteile werden damit erkauft, daß die Lernphase des Systems nicht mehr vollautomatisch abläuft.

6. Ergebnisse

Tabelle 1 zeigt Fehler- und Rückweisungsraten für die frame-by-frame Klassifikation von 180 isoliert gesprochenen Worten eines Sprechers. Die Polynomklassifikatoren wurden aus dem Sprachmaterial von 2 männlichen und 2 weiblichen ita-
lienischen Sprechern berechnet (insgesamt 720 Worte). Die 4 Lernstichproben
wurden automatisch, d.h. ohne manuelle Korrektur der Segmentgrenzen, markiert.
Der Einfluß der HMM-Segmentierstufe auf Fehler- und Rückweisungsrate ist noch
nicht berücksichtigt; dieser Modul wird z.Z. noch verbessert, und Fehlerraten
für das Gesamtsystem werden auf der Tagung vorgestellt.

	pl	fr	ln	vf	vm	vb	Rückw.	Fehlerrate [%]
pl	84.8	2.4	5.2	2.0	0.4	5.1	0.1	15.1
fr	7.4	72.8	9.3	3.7	2.4	4.4	0.1	27.1
ln	1.3	2.2	80.2	5.3	5.7	5.3	0.1	19.6
vf	0.4	2.8	5.6	89.4	1.6	0.1	0.1	10.5
vm	0.2	0.6	0.6	1.6	95.7	1.2	0.2	4.1
vb	1.4	0.4	5.5	1.5	0.8	90.5	0.0	9.5

Tabelle 1. Fehler- und Rückweisungsrate (max. eine Enscheidung/frame möglich)

Literatur

/1/ Davis S. B. und Mermelstein P., Comparison of Parametric Representations
    for Monosyllabic Word Recognition in Continuously Spoken Sentences
    IEEE Trans. ASSP, Vol. 28, Nr. 4, S. 357 - 366, August 1980
/2/ Class F., Mandler E., Zelinski R.
    Explizite Segmentierung von kontinuierlicher Sprache mit Methoden der
    Regressionsanalyse, 5. Aachener Kolloquium über mathematische Methoden
    in der Signalverarbeitung, S. 101 - 104, Sept. 1984
/3/ Levinson S. E., Rabiner L. R., Sondhi M. M.
    An Introduction to the Application of the Theory of Probabilistic Functions
    of a Markov Process to Automatic Speech Recognition
    The Bell System Technical Journal, Vol. 62, Nr. 4, April 1983, S. 1035 ff.

EXPLIZITE SEGMENTIERUNG KONTINUIERLICHER SPRACHE

A. Noll

Philips GmbH Forschungslaboratorium Hamburg, Vogt-Kölln-Str. 30, D-2000 Hamburg 54

ZUSAMMENFASSUNG

In diesem Bericht soll ein Verfahren zur expliziten Segmentierung von Sprachsignalen vorgestellt werden, wobei die zu bestimmenden Segmente lediglich zur Datenreduktion und ohne phonetisches a priori-Wissen anhand der zur Verfügung stehenden Trainingsdaten bestimmt werden. Dieses Verfahren wird in erster Näherung aus einem informationstheoretischen Modell der expliziten Segmentierung abgeleitet. Das Modell gibt dabei Hinweise auf die Grenzen der Leistungsfähigkeit einer phonetisch orientierten Segmentierung. In ersten Experimenten wurden für die datenorientierte Segmentierung bei Erkennungstests mit gesprochenen Ziffernketten Fehlerraten von 1.5% bis 4% erreicht.

1. EINFÜHRUNG

Ein wesentliches Merkmal von Systemen zur Erkennung kontinuierlich gesprochener Sprache ist die Repräsentation der Wörter des zu erkennenden Vokabulars als Folgen von Wortuntereinheiten in einem Lexikon. Diese Wortuntereinheiten werden aus der phonetischen Transkription der Wörter des Vokabulars gewonnen und bestehen aus mehr oder weniger großen Elementen, wie zum Beispiel Phonemen, Diphonen oder auch Halbsilben. Der Vorteil einer solchen Repräsentation des Vokabulars ist dabei offensichtlich: die Trainingsphase des Systems beschränkt sich auf die Ermittlung der Merkmalssätze dieser Wortuntereinheiten und ist im wesentlichen unabhängig von der Größe des Vokabulars.

Als Konsequenz daraus ist in der Trainings- und in der Erkennungsphase des Systems eine Segmentierung der akustischen Sprachsignale in die zu erkennenden phonetischen Einheiten notwendig. Während in der Trainingsphase eines Systems die Segmentierung entweder manuell, teil- oder auch vollautomatisch durchgeführt wird [1,2,3], kann man bei der Segmentierung einer unbekannten Äußerung in der Erkennungsphase zwei wesentlich unterschiedliche Strategien angeben.

Als implizite Segmentierung bezeichnen wir dabei Verfahren, bei denen eine Entscheidung anhand eines globalen Kriteriums unter Berücksichtigung aller im System vorhandenen Wissensquellen erfolgt. Diese Art von Segmentierung ist damit vollständig in die Gesamterkennung integriert und liefert zweifellos die besten Ergebnisse. Der Nachteil der impliziten Segmentierung ist jedoch infolge der Betrachtung aller nur möglichen Segmentierungen bis zur vollständigen Erkennung einer Äußerung ein immenser Rechenzeitbedarf, der zur Zeit noch zu unverhältnismäßig hohen Antwortzeiten eines Systems führen wird.

Im Gegensatz dazu wird bei der expliziten Segmentierung die Zerlegung des aufgenommenen Sprachsignals allein anhand der Merkmalssätze der Wortuntereinheiten durchgeführt, die Sprachprobe steht also nur als Folge von Wortuntereinheiten für die weitere Verarbeitung zur Verfügung. Durch diese zum Teil recht erhebliche Datenreduktion wird der Suchraum für die weitere Erkennung und damit auch die Rechenzeit erheblich reduziert, Fehler auf der Segmentebene lassen sich aber nicht mehr korrigieren.

Allen diesen Verfahren gemeinsam ist dabei jedoch die Annahme, daß die für den Menschen zweifellos erkennbare Strukturierung der Sprache in phonetische Wortuntereinheiten auch von der jeweiligen akustischen Analyse, d.h. der Merkmalsextraktion, nachvollzogen werden kann.

Die in der Trainingsphase aufgeprägte, in den Sprachsignalen aber nicht immer auffindbare phonetische Struktur ist dabei Ursache für die besonders bei der explizi-

ten Segmentierung auftretenden Fehler. Dies sind vor allem Fehler bei der Segment-
längenbestimmung und bei der Zusammenfassung verschiedenster Merkmalssätze zu einer
Wortuntereinheit.

Für eine gegebene Merkmalsextraktion soll daher im folgenden untersucht werden, wie
die, von der Rechenzeit her attraktive, explizite Segmentierung der Sprache verbessert werden kann. Dazu soll zunächst in einem informationstheoretischen Modell
der Einfluß der phonetischen Struktur auf die Segmentierung untersucht und anschließend aus dem Modell ein Verfahren zur expliziten Segmentierung ohne phonetisches a priori-Wissen abgeleitet werden.

2. MODELLBILDUNG

Betrachtet man die explizite Segmentierung eines Sprachsignals als stochastischen
Prozeß, wobei wie in Bild 1 beschrieben die Eingangssymbole x die zunächst als bekannt angenommene phonetische Interpretation des Sprachsignals und die Ausgangssymbole y die aus der Segmentierung gewonnenen Wortunterheinheiten darstellen, so
läßt sich der als "Blackbox" dargestellte Segmentierungsprozeß als gestörter Übertragungskanal auffassen. Die Merkmalssätze der Ein- und Ausgangssymbole spielen bei
dieser Betrachtungsweise zunächst keine Rolle.

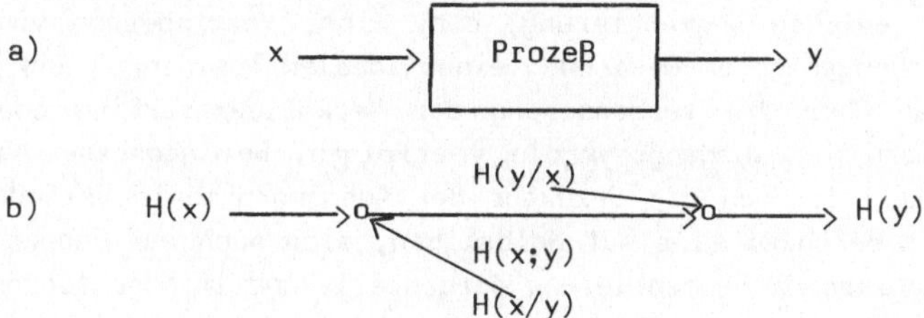

Bild 1: a) stochastischer Prozeß b) äquivalenter Übertragungskanal

In der schematischen Darstellung des Übertragungskanals steht H(x) bzw. H(y) für
den mittleren Informationsgehalt oder auch für die Entropie der Eingangs- bzw. Ausgangssymbole. H(x/y) steht für die Äquivokation oder auch für die bei der Übertragung verlorengegangene Quelleninformation und H(x;y) für den mittleren Transinfor-
mationsgehalt, d.h. den Informationsgehalt der tatsächlich übertragenen Information. Weiterhin bezeichnet H(y/x) die Irrelevanz oder auch den mittleren Informationsgehalt der empfangenen, jedoch nicht gesendeten Information. In unserem Fall,
der expliziten Segmentierung von phonetischen Einheiten, ist H(x) der mittlere Informationsgehalt der gesprochenen phonetischen Einheiten und H(y) der mittlere Informationsgehalt der erkannten Einheiten. H(x/y) läßt sich als Informationsverlust
beim Trainieren des Systems interpretieren, während H(y/x) ein Maß für die Unsicherheit bei der Erkennung der verbleibenden Information H(x;y) darstellt (siehe
Bild 2).

Bild 2: Interpretation a) für H(x/y) und b) H(y/x) als Unsicherheit bei der Zu-
       ordnung der Symbole x und y in der Trainings- bzw. Testphase

Im Idealfall sollten H(x), H(x;y) und H(y) identisch sein. Geht man davon aus, daß
durch das Trainings- und Erkennungsverfahren keine zusätzlichen Fehler entstehen
(z.B. durch ausreichende statistische Schätzung aller Parameter), so hängen H(x/y)

und H(y/x) und damit die Segmentierungsfehlerrate nur von der benutzten Merkmalsextraktion und der gewählten Struktur der Ausgangssymbole y ab. Für die folgende Beurteilung von unterschiedlichen Strukturen soll zur Abschätzung der Leistungsfähigkeit einer Segmentierung die mittlere Unsicherheit H(y/x) bei der Erkennung der Symbole y dienen. Da bei der reinen expliziten Segmentierung alle Segmente als voneinander statistisch unabhängig angesehen werden, ergibt sich dieses Maß aus der Gleichung (siehe [4])

$$H(y/x) = H(y) - H(x) + H(x/y) \quad . \tag{1}$$

Bei einer Segmentierung beispielsweise auf der Basis von Phonemen bedeutet dies, daß die im System folgende lexikalische Analyse einen mittleren Informationsgehalt der Ausgangssymbole erwartet, den diese nur haben können, wenn H(x/y) = 0 und H(y/x) = 0 ist.

Als Beispiel sei die für den Informationsgehalt maßgebende Auftrittswahrscheinlichkeit eines Phonems x in der Teststichprobe gegeben durch p(x). Das in diesem Fall äquivalente Ausgangssymbol y erhält nach der Übertragung die Auftrittswahrscheinlichkeit p(y). Bei einer fehlerfreien Segmentierung müssen p(x) und p(y) identisch sein.

Die Verbesserung einer solchen Segmentierung, d.h. einer Verminderung von H(x/y) und H(y/x), unter der obengenannten Bedingung eines idealen Trainings- und Testverfahrens kann damit nur über die Verbesserung der Merkmalsextraktion oder einer strukturellen Veränderung der Ausgangssymbole y erfolgen. Bei gegebener Merkmalsextraktion soll dazu im folgenden die Struktur der Ausgangssymbole verändert werden, wobei zunächst als Beispiel eine auf Halbsilben, also auch auf phonetisch abgeleiteten Einheiten basierende Segmentierung dargestellt und im anschließenden Abschnitt eine Segmentierung ohne phonetisches a priori-Wissen vorgestellt wird. Im Fall der Halbsilben-Segmentierung stehen die Ein- und Ausgangssymbole für definierte Folgen von Phonemen. Zum Vergleich mit der einfachen Phonemsegmentierung seien zunächst alle nur möglichen Phonemkombinationen als Segmente definiert, wobei die einzelnen Phoneme in einem Segment statistisch voneinander unabhängig seien. Die Fehlerrate bezogen auf ein einzelnes Phonem wäre danach identisch mit der Fehlerrate der Phonemsegmentierung. Bezogen auf ein Segment wäre die Fehlerrate in Abhängigkeit von der Anzahl von Phonemen pro Segment natürlich größer. Beschränkt sich die Anzahl der möglichen Phonemkombinationen nun auf die tatsächlich vorkommenden Halbsilben, so verringert sich der mittlere Informationsgehalt eines Symbols, d.h. die Elemente der Segmente sind nicht mehr statistisch voneinander unabhängig. Diese statistischen Abhängigkeiten verringern die Unsicherheiten bei der Zuordnung der Symbole x und y sowohl in der Trainings- als auch in der Testphase und verringern damit auch die Äquivokation und die Irrelevanz (siehe Bild 2).

Mit der Verringerung der Irrelevanz sollte sich auch die Segmentfehlerrate gegenüber dem statistisch unabhängigen Fall verringern und damit eine bessere Segmentierung der Sprache auf der Phonemebene ermöglichen. Die Erkennungssicherheit wächst also mit der Anzahl der statistisch abhängigen Elemente eines Segments. Diese auch aus der Praxis allgemein bekannte Tatsache bedeutet jedoch auch, daß mit steigender Erkennungssicherheit die Anzahl der zu erkennenden Segmente und damit auch die benötigte Rechenzeit für die Segmentierung ansteigt. Eine strukturelle Verbesserung der Segmente bzw. der Ausgangssymbole y erscheint daher unter der Beibehaltung einer phonetischen Struktur ohne erhebliche Vergrößerung der Rechenzeit nicht möglich.

3. DATENORIENTIERTE SEGMENTE

Die Randbedingungen für die im folgenden gesuchten, sich lediglich an den beobachteten Sprachdaten orientierenden Segmente sollen durch folgende Überlegung gegeben sein. Um eine möglichst geringe Rechenzeit zu erreichen, soll eine reine explizite Segmentierung durchgeführt werden, d.h. alle Segmente seien voneinander statistisch unabhängig. Aus Rechenzeitgründen sollte die Anzahl der Segmente möglichst gering sein.

Als Auswahlkriterium für die gesuchten Segmente soll die durch Gl. (1) gegebene Irrelevanz bei gegebener Merkmalsextraktion minimiert werden. Da die einzelnen Segmente voneinander statistisch unabhängig sein sollen, läßt sich Gl. (1) (siehe auch $\lfloor 4 \rfloor$) schreiben als

$$H(y/x) = - \sum_j p(y_j)\log_2 p(y_j) + \sum_i p(x_i)\log_2 p(x_i) - \sum_j p(y_j) \sum_i p(x_i/y_j)\log_2 p(x_i/y_j) \quad (2)$$

bzw.

$$H(y/x) = \sum_i p(x_i)\log_2 p(x_i) - \sum_j \left(p(y_j)\log_2 p(y_j) + p(y_j) \sum_i p(x_i/y_j)\log_2 p(x_i/y_j) \right) \quad (3)$$

Spaltet man den zweiten Summanden für jedes y_j in die jeweils zugehörigen Symbole x_i auf, wobei mit C_j die Menge der zugehörigen x_i bezeichnet wird, so folgt:

$$H(y/x) = \sum_i p(x_i)\log_2 p(x_i) - \sum_j \left(p(y_j)\log_2 p(y_j) + p(y_j) \sum_{i \in C_j} p(x_i/y_j)\log_2 p(x_i/y_j) \right.$$
$$\left. + p(y_j) \sum_{i \notin C_j} p(x_i/y_j)\log_2 p(x_i/y_j) \right) \quad (4)$$

Aus der Gl. (4) läßt sich zunächst kein direkter Lösungsansatz für die Bestimmung von Segmenten ableiten. Geht man jedoch von einer im allgemeinen üblichen Gauß-Verteilung der in der Sprache vorhandenen Segmente x aus, so lassen sich die beiden letzten Terme aus Gl. (4), die der Äquivokation entsprechen, als gewichtete Abstandssummen interpretieren. Die beiden ersten Terme stellen jeweils ein Maß für die Verteilung der Auftrittswahrscheinlichkeiten der Symbole dar. In erster Näherung soll daher die Minimierung der Irrelevanz durch eine Minimierung der Äquivokation ersetzt werden. Dies ist gleichbedeutend mit einer Optimierung der Trainingsphase der zu bestimmenden Segmente.

$$M = \text{Min}\left(- \sum_j \left(p(y_j) \sum_{i \in C_j} p(x_i/y_j)\log_2 p(x_i/y_j) + p(y_j) \sum_{i \notin C_j} p(x_i/y_j)\log_2 p(x_i/y_j) \right) \right) \quad (5)$$

Für die Gl. (5) läßt sich mit Hilfe eines Clusteranalyse-Verfahrens zumindest ein lokales Minimum finden, wobei die beiden Summanden als Abstandssummen innerhalb und außerhalb eines Cluster interpretiert werden. Im folgenden Abschnitt soll dazu anhand weiterer Bedingungen die Form des Cluster-Algorithmus spezifiziert werden.

4. EXPLIZITE SEGMENTIERUNG

Für den im folgenden zu beschreibenden Algorithmus müssen anhand der oben genannten Randbedingungen noch als freie Parameter die Anzahl der Segmente und die Form der Merkmalssätze für die einzelnen Segmente festgelegt werden. Die Anzahl der Segmente hängt im wesentlichen von ihrer weiteren Verarbeitung ab und sollte z.B. für eine spätere phonetische Analyse in etwa der Anzahl der unterschiedlichen phonetischen Einheiten im Lexikon entsprechen. Dabei ist zu erwarten, daß in Abhängigkeit von der Merkmalsextraktion eine Reihe von Segmenten mehreren phonetischen Einheiten zugeordnet werden können, während andere Segmente verschiedenen Varianten einer einzelnen phonetischen Einheit entsprechen werden. Für die Merkmalssätze soll im folgenden davon ausgegangen werden, daß alle Sprachäußerungen als Folgen von spektralen Vektoren dargestellt werden. Als günstige Form für die Merkmalssätze ergibt sich daraus die Modellierung eines einzelnen Segments als endlicher Automat mit definierter Anzahl von Zuständen, kontinuierlicher Modellierung der Emissionswahr-scheinlichkeiten und fest vorgegebenen Transitionswahrscheinlichkeiten ([5]). Zur effizienten Minimierung der Gl. (5) wurde daraus ein Algorithmus entwickelt, der im wesentlichen einer Kombination des sog. Viterbi-Trainings mit einem Kmeans-Algo-rithmus entspricht (s. [5]). Der wesentliche Unterschied zu bestehenden ähnlichen Algorithmen (z.B. [2]) ist dabei das Fehlen jeglicher phonetischer Einschränkungen.

Für die Durchführung des Viterbi-Trainings konnte auf den auch aus der Wortketten-erkennung bekannten 'one-stage'-Algorithmus ([6]) zurückgegriffen werden. Die Be-stimmung der Segmente kann damit wie folgt durchgeführt werden:

0. Bestimmung von Startparametern für die Merkmalssätze der Segmente
1. Segmentierung der Trainingsdaten mit Hilfe des 'one-stage'-Algorithmus
2. Neuberechnung der Segmentparameter aus der in Schritt 1 gefundenen Segmentierung
3. Wiederholung von Schritt 1 und 2 bis zur absoluten Konvergenz

Die Segmentierung in der Testphase erfolgt ebenfalls mit Hilfe des 'one-stage'-Algorithmus.

5. ERSTE ERGEBNISSE

Für Experimente mit dieser Segmentierung wurde auf eine auch für die Ziffernketten-erkennung benutzte Datenbasis zurückgegriffen. Diese besteht aus je 4 isoliert ge-sprochenen Wiederholungen der deutschen Ziffer (2 = "Zwo") und 100 Wortketten mit je 7 hintereinander gesprochenen Ziffern von jeweils 5 Sprechern. Die isoliert ge-sprochenen Ziffern wurden als Trainingsstichprobe sowohl für die Bestimmung der Segmente als auch als Referenzmuster benutzt, während die Zifffernketten nur zum Testen dienten. Bei den mit diesen Daten durchgeführten Experimenten ergab sich für eine reine explizite Segmentierung eine Wortfehlerrate von 4%, wobei sowohl die Re-ferenzmuster als auch die Testmuster nur noch durch ihre Segmentlabel repräsentiert wurden. Als Abstandsmaß zwischen den einzelnen Segmenten wurde dabei eine in der Trainingsphase berechnete Verwechslungsmatrix benutzt. Wurden lediglich die Refe-renzmuster segmentiert und damit in der Testphase eine implizite Segmentierung durchgeführt, ergab sich eine Fehlerrate von 1.5%. Demgegenüber steht eine Fehler-rate von 0.5% bei der Benutzung von Ganzwortreferenzen, d.h. bei einer Erkennung ohne Segmentierung.

Ausgehend von diesen ersten erfolgversprechenden Ergebnissen soll als nächstes die datenorientierte Segmentierung auf ein umfangreicheres Vokabular angewandt und zur Erstellung eines Phonemlexikons benutzt werden.

6. LITERATUR

[1] Klatt, D.H., "Review of the ARPA Speech Understanding Project", J. Acoust. Soc. Am., Vol. 62, No. 6, 1345-1368, (December 1977).

[2] Mergel, D., Ney, H., "phonetically guided Clustering for Isolated Word Recogni-tion", IEEE Int. Conf. on Acoustics, Speech and Signal Processing, Tampa,. 854-857, March 1985.

[3] Colla, A.M., Sciarra, D., "Automatic Diphone Bootstrapping for Speaker-Adaptive Continuous Speech Recognition", IEEE Int. Conf. on Acoustics, Speech and Signal Processing, San Diego 35.2, April 1984.

[4] Woschni, E.G., "Informationstechnik", Heidelberg, Dr. Alfred Huethig Verlag, 1974.

[5] Ney, H., Geppert, R., Mergel, D., Noll, A., Piotrowski, H., Schwartau, P., To-maschewski, H., "Statistical Modelling and Dynamic Programming in Speech Recog-nition", Sprache und Datenverarbeitung, Heft 1/2, 17-33, (1984).

[6] Ney, H., "The Use of a One-Stage Dynamic Programming Algorithm for Connected Digit Recognition", IEEE Trans. on Acoustics, Speech and Signal Processing, Vol. ASSP-32, No. 2, 263-271, (1984).

<u>Drehlage-Regelung eines Satelliten durch</u>
<u>Echtzeit-Bildfolgenverarbeitung</u>[+]

Dickmanns, E.D.; Wünsche, H.-J.

Universität der Bundeswehr München, LRT

<u>Zusammenfassung</u>

Es wird das Vorgehen zur Erkennung, Steuerung und Regelung der Drehlage
eines Satelliten um eine Achse in einem modellhaften Laboraufbau (Luft-
kissenlagerung und Reaktionsdüsenantrieb) mittels Sichtrückkopplung
dargestellt. Bildsensor (Fernsehkameras) und Bildvorverarbeitungshard-
ware waren als Echtbauteile in die Simulation integriert. Videofilmse-
quenzen aus der Kamera im Regelkreis demonstrieren die unter Echtzeitbedingungen erzielten Ergebnisse.

<u>Einleitung</u>

In der Unwirtlichkeit des Weltraums erfordern Lebenserhaltungssysteme
für den Menschen einen großen Aufwand. Aus diesem Grund ist man be-
strebt, möglichst viele Prozesse in der Weltraumtechnik zu automatisieren. Zur wissenschaftlichen und zunehmend auch wirtschaftlichen Nutzung
des Weltraums ist die Zusammenführung von zwei Satelliten ein wesentliches Element: Nachschubübermittlung, Bildung größerer Einheiten (z.B.
Antennen), Wartung in der Umlaufbahn. Diese Manöver werden deshalb sowohl von der amerikanischen wie auch der europäischen Raumfahrtbehörde
untersucht [1,2].

In der Endphase dieses Rendezvous- und Andockmanövers kommt es entscheidend darauf an, die Relativbewegung der beiden Körper in allen rotatorischen und translatorischen Freiheitsgraden genau zu erfassen und
zu steuern. Langfristig ist es wünschenswert, sich nicht auf die Funk-
tionsfähigkeit des Partners verlassen zu müssen, da bei Wartungsaufga-
ben ja möglicherweise gerade ein Funktionsausfall das Rendezvous gefordert hat. Dies bedingt ein über einige Entfernung messendes abbildendes
System, dessen Bildfrequenz hoch genug ist, um den zu erwartenden Dyna-
mikbereich genügend fein zu erfassen. Es wurde abgeschätzt, daß eine
Bildfrequenz von etwa 10 Hz den Anforderungen genügt.

[+]Diese Arbeit wurde vom BMFT unter dem Kennzeichen 08 IT 1511 3 gefördert. Die Bildvorverarbeitung wurde vom Institut für Meßtechnik
(Prof. Graefe, Dipl.-Ing. Kuhnert) zur Verfügung gestellt.

Das hier vorgesehene System soll in der Lage sein, die Relativposition und -winkelorientierung aus dem Erscheinungsbild des bekannten Satelliten anhand einiger markanter "natürlicher" Merkmale wie Ecken, Kanten, kreisförmige Elemente etc. sowie - im Andockbereich - von speziellen passiven Elementen wie Markierungen und Visierhilfen zu erkennen. Die bekannten NASA- und ESA-Vorhaben der ersten Generation mit Bildverarbeitung verlassen sich auf aktive Partnersatelliten [2,3]. Aus der zeitlichen Änderung der Merkmalpositionen im Bild und der Kenntnis der Eigenbewegung über dynamische Modelle für die eigenen Steuerungsbetätigungen soll die Bewegung des Partners erfaßt und die Relativbewegung zum Andockzeitpunkt auf nahe Null geregelt werden.

Es wird als wesentliches Element unseres Ansatzes angesehen, die dynamischen Modelle der modernen Regeltheorie integral zur Bildfolgendeutung mit perspektivischen Abbildungsmodellen mitzuverwenden. Zur Untersuchung dieses Problemkreises wurde eine 2D-Modellregelstrecke im Labor aufgebaut [4]. In der vorliegenden Arbeit wird über erste Ergebnisse bei Fixierung der beiden tanslatorischen und ausschließlicher Betätigung des rotatorischen Freiheitsgrades berichtet [5].

Aufbau der sichtgeregelten Modellstrecke

Bild 1 zeigt den prinzipiellen Aufbau: Der Satellit schwebt auf einem Luftkissen reibungsarm über dem Tisch (in x und y fixiert). Er kann durch Betätigung von Druckluft-Reaktionsdüsen rotatorisch beschleunigt werden und sich frei durchdrehen (ψ). Die Düsen können sowohl von Hand als auch vom Hauptrechner VAX 750 betätigt werden.

Es bestehen zwei Möglichkeiten der optischen Regelkreisschließung:
  A: Eine Halbleiterfernsehkamera ist auf dem Satelliten fixiert und
     dreht sich mit diesem; sie erfaßt dabei einen Ausschnitt α aus der
     Umgebung.
  B: Eine zweite Fernsehkamera (Hamamatsu C1004) steht auf einem Stativ
     in etwa 2 m Entfernung vom Satelliten und blickt von schräg oben
     auf diesen herab.
Das Videosignal *einer* Kamera kann einem Bildvorverarbeitungssystem (BVV) zugeführt werden, das dieses digitalisiert und mehreren Mikroprozessoren zur Merkmalerkennung, -vermessung und -verfolgung zugänglich macht [6]. Das BVV liefert die Meßdaten der Merkmale an den Hauptrechner VAX 750 und erhält von diesem Aufträge, welche Bildvorverarbeitungsroutinen in welchen Bildbereichen angewendet werden sollen. In einer In-

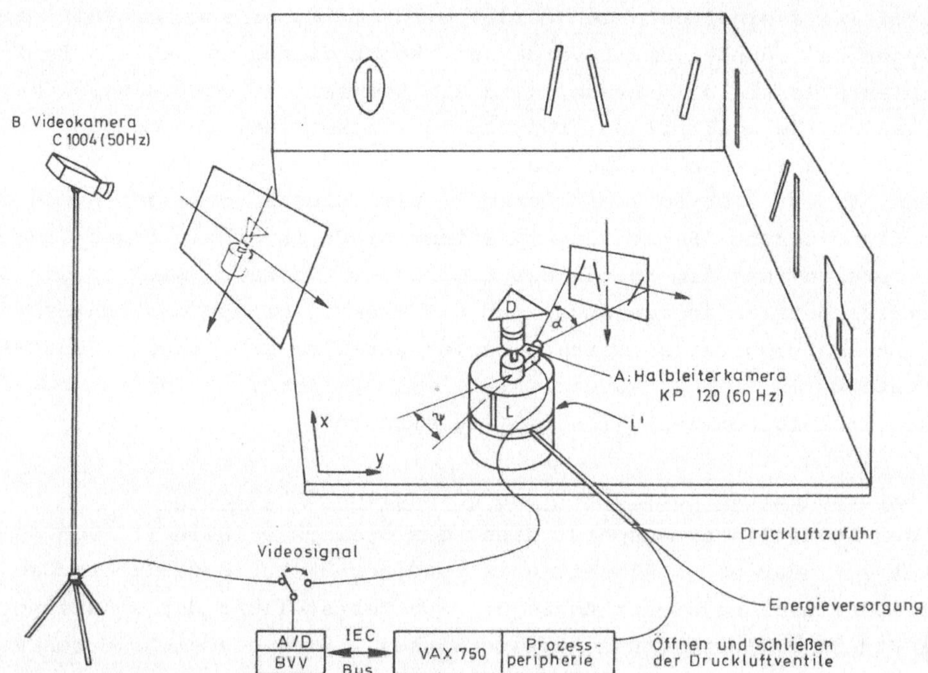

Bild 1: Versuchsaufbau

itialisierungsphase wird so in ständigem Informationsaustausch zwischen der Wissensbasis im Hauptrechner und dem BVV das Objekt anhand einer bekannten Merkmalkombination gesucht (s.u.). Ist es gefunden, werden einige Fenster des BVV auf markante Merkmale angesetzt mit dem Auftrag, diese stets in Fenstermitte zu halten und die erforderliche Fensterposition an den Hauptrechner als Meßwerte weiterzugeben. Dieser berechnet hieraus über ein stationäres Kalman Filter die Lage und Geschwindigkeit des Satelliten sowie die erforderlichen Steuerbetätigungen, um den Satelliten auf die Soll-Lage zu regeln und trotz Störungen dort zu halten.

A: Kamera auf geregeltem Satellit

Der Partner, auf den der Satellit ausgerichtet werden soll, sei durch eine Merkmalkombination entsprechend Bild 2 gekennzeichnet: zwei helle Streifen in bestimmter Relativposition zueinander vor dunklem Hintergrund. Zunächst wird jeder dunkel/hell-Übergang als möglicher Kandidat angesehen. Falls keiner auftritt, wird der Satellit um eine halbe Bildbreite gedreht und die Suche beginnt von

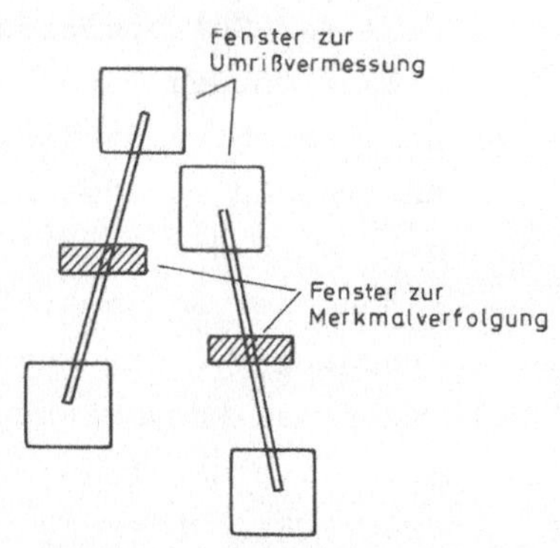

Bild 2: Komplexes Merkmal des Ausrichtpartners

neuem. Falls einer gefunden wurde, wird mit einer anderen Routine im BVV der hell/dunkel-Umriß vermessen. Kommt dieses Objekt als Teil des komplexen Merkmals in Frage, wird ein Suchfenster dort aufgesetzt, wo der andere Merkmalteil zu erwarten ist; ansonsten, und ebenso für den Fall, daß dort kein Teilmerkmal gefunden werden kann, wird weitergedreht. Ergibt sich dort ein Merkmal, wird dieses vermessen und die Kombination geprüft (Relativlage). Stimmt diese innerhalb eines Schwellwertbereichs mit dem Muster des Zielkörpers überein, wird in den Echtzeitregelbetrieb übergegangen und die Winkellage auf den Schwerpunkt der Merkmalkombination mittels zweier parallel arbeitender Fenster (Rechtecke in Bild 2) ausgerichtet [5]. Die Arbeitsweise ist aus dem in Echtzeit aufgenommenen Videofilm zu ersehen.

<u>B: Externe Kamera betrachtet den geregelten Satelliten</u>
In der Initialisierungsphase dient das Dreieck D (Bild 1), von dem bekannt ist, daß es gleichseitig ist und normal zur Satellitenachse steht, zur Lokalisierung dieser Achse und zur Feststellung der Relativposition der Kamera B (Abstand und Aufsichtwinkel). Dies geschieht durch Vermessung der Eckenpositionen mit einem entsprechenden Algorithmus im BVV. Aus den Eckenpositionen und den perspektivischen Abbildungsgesetzen wird im Hauptrechner die relative Achsenlage bestimmt.

Nun beginnt der Hauptrechner, nach markanten Linien auf dem zylindrischen Körper des Satelliten (L, L') zu suchen, um die Drehwinkellage zu erkennen. Die Soll-Lage ist dadurch gekennzeichnet, daß die Linie L auf der oberen Satellitenhälfte genau auf der Verbindungsachse Kamera-Satellitenachse liegt. In Abhängigkeit von der (zufälligen) Anfangsbedingung für ψ sind verschiedene Steuerstrategien zu wählen [5]:
a) L ist sichtbar und seine Lage im Satellitenumriß kann vermessen werden: der Satellit wird durch eine Steuerung soweit gedreht, daß L nahe der Sollposition ist. Nun kann auf die Echtzeitregelung übergegangen werden (s.u.).
b) L ist nicht sichtbar, jedoch die um 180° versetzte Linie L' auf der unteren Hälfte des Satelliten: Nach Vermessung der Lage dieses Merkmals wird der Satellit um den entsprechenden Winkel gedreht, so daß L nahe der Sollposition zu liegen kommt; dann erfolgt wieder der Übergang auf die Echtzeitregelung.
c) Weder das Merkmal L noch L' sind sichtbar: Der Satellit steht offensichtlich um etwa $\pm 90^{\circ}$ mit der Sollachse gegen die Sichtlinie verdreht. Eine Drehung um ca. 60° erzeugt den Fall a) oder b).
Wenn L innerhalb eines 30°-Winkelbereichs zur Sollachse zu liegen kommt, wird auf Regelbetrieb mit 100 ms Zykluszeit (5 Fernsehzyklen) übergegan-

gen. Zur Erhöhung der Meßgenauigkeit werden leicht versetzt 3 voneinander unabhängige Fenster des BVV auf das Merkmal L angesetzt mit dem Auftrag, es zu verfolgen. Durch Mittelung dieser Meßwerte konnte die Varianz erheblich verbessert werden. (Bei komplexeren Merkmalen gestattet das Konzept der unabhängigen Fenster und Prozessoren im BVV die Verwendung unterschiedlicher Algorithmen und damit eine funktionale Parallelität zur Erhöhung der Erkennungssicherheit.)

Der Videofilm zeigt die Arbeitsweise in der Initialisierungsphase und im Regelbetrieb bei großen Störungen von Hand; diese Echtzeitaufnahmen wurden mit der im Regelkreis verwendeten Fernsehkamera aufgenommen und lassen die vom BVV weiterverarbeiteten Fensterausschnitte erkennen (Hellertastung).

Zusammenfassung und Ausblick

Durch integrale Verwendung von dynamischen und geometrischen Modellen der Strecke gelang es, die Drehlageregelung eines Satelliten (Labormodell) mit echter Bildverarbeitungshardware in Echtzeit zunächst in einem Freiheitsgrad zu regeln. Zur Zeit laufen Untersuchungen, mit dieser Modellregelstrecke 2D-Rendezvous ausschließlich durch Sichtrückkopplung über Fernsehsignale in Echtzeit zu realisieren.

Literatur

[1] Dabney, R.: Automatic Rendezvous and Docking: A Parametric Study. Techn. paper, NASA-TP-2314, May 1984.

[2] Fehse, W.: Rendezvous and Docking. Presentation of ESA/ESTEC activities, Oberpfaffenhofen, May 8, 1985.

[3] Vinz, F.L. e.a.: Computer Vision for real-time orbital operations. Final Report, NASA-TM-86457, 1984.

[4] Dickmanns, E.D.; Otto, K.-D.; Kusch, J.: A Computer-Controlled Satellite Model Plant with 3 Degrees of Freedom. 8th IFAC Congress, Kyoto, 1981, Preprint, Vol. XIII, pp. 66-71.

[5] Wünsche, H.-J.: Rotatorische Lageregelung eines Satellitenmodells durch Auswertung monokularer Fernsehbildfolgen. HSBw M/LRT/WE 13a/ FB/84-2.

[6] Graefe, V.: Ein Bildvorverarbeitungssystem für die Bewegungssteuerung durch Rechnersehen. In Kazmierczak (Ed.): Mustererkennung 1983, NTG Fachberichte, VDE-Verlag (1983), pp. 203-208.

MODELLGESTEUERTE HYPOTHESENGENERIERUNG ZUR ERGEBNISAKKUMULATION BEI DER BILDANALYSE

R. Gabler

Forschungsinstitut für Informationsverarbeitung
und Mustererkennung (FIM)
Eisenstockstr. 12, D-7505 Ettlingen 6

Zusammenfassung

Bei der Komplexität von Luftbildern kann nicht davon ausgegangen werden,
daß ein Bildanalysesystem in einem einzigen Durchlauf vollständige und
fehlerfreie Ergebnisse liefert. Daher wird hier ein iteratives Vorgehen
eingeschlagen, wobei die verschiedenen Verarbeitungsstufen wie Segmentation, Gruppierung und Interpretation mehrfach zum Einsatz kommen. Es
wird durchgehend das Prinzip verfolgt, zunächst mit Hilfe einfacher und
schneller Verfahren erste Ergebnisse zu erzielen; später werden zusätzliche Verfahren gezielt eingesetzt, um die bisherigen Ergebnisse zu ergänzen, zu korrigieren oder zu verwerfen. Gezielter Einsatz bedeutet,
daß den dann zum Einsatz kommenden Verfahren Hypothesen über Ort, Eigenschaften und Beziehungen der zu erwartenden Objekte als zusätzliche Information zur Verfügung gestellt werden. Die Generierung dieser Hypothesen mit Hilfe des in einem Modell (Semantisches Netz) gespeicherten Wissens ist Schwerpunkt dieses Beitrags.

Einleitung

Die in diesem Beitrag beschriebene Vorgehensweise zur Ergebnisakkumulation ist Teil eines am FIM entwickelten Systems zur wissensgestützten
Bildanalyse /1/. Ein wichtiges Prinzip dieses Systems besteht darin,
verfrühte Entscheidungen zu vermeiden. Statt dessen wird ein konservatives Vorgehen bevorzugt, wobei relativ sichere Ergebnisse dazu dienen,
den weiteren Fortschritt der Verarbeitung so zu steuern, daß weniger sichere Ergebnisse überprüft bzw. weitere Ergebnisse hinzugewonnen werden.
Der hierbei angewandte Zyklus der Ergebnisverbesserung durch iterativen
Einsatz von Prädiktion und Verifikation ist in Bild 1 dargestellt.

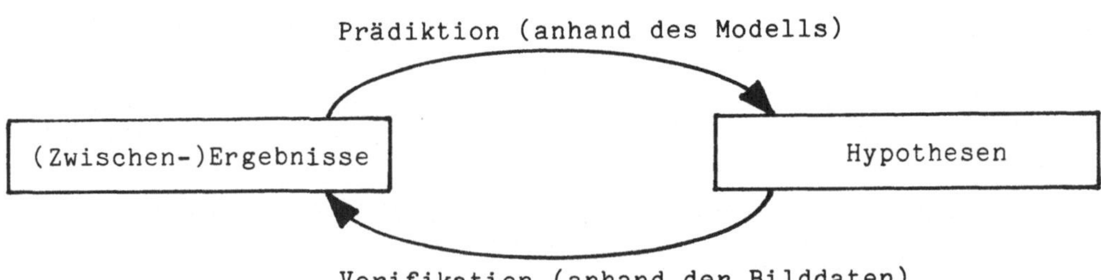

Bild 1: Zyklus der iterativen Ergebnisverbesserung

Die bereits erzielten Zwischenergebnisse bzw. Teile davon bilden die Voraussetzung für die Durchführung der Prädiktionsphase. Die Prädiktionsphase hat die Aufgabe, von den Zwischenergebnissen ausgehend, Hypothesen zu generieren. Das heißt, daß unter Zuhilfenahme des modellierten Wissens Aussagen über Ort, Eigenschaften und Beziehungen zu erwartender Objekte abgeleitet werden.

Diese Hypothesen sind Voraussetzung für die Durchführung der Verifikationsphase. Die Verifikationsphase hat die Aufgabe, von den Hypothesen ausgehend, den Stand der Zwischenergebnisse anhand der Bilddaten mit Hilfe der zur Verfügung stehenden Verarbeitungsverfahren zu aktualisieren. Bei dieser Ergebnisakkumulation können alte Zwischenergebnisse geändert oder gelöscht sowie neue Ergebnisse hinzugefügt werden. In diesem Beitrag wird überwiegend die Prädiktionsphase, d. h. die Generierung von Hypothesen mit Hilfe von Modellvorstellungen, behandelt.

Vorgehensweise bei der Ergebnisverbesserung

An der iterativen Verbesserung von Ergebnissen sind alle vier Grundkomponenten des Bildanalysesystems beteiligt: Strategie, Ergebnisspeicher, Modell und Verarbeitungsverfahren. Dabei werden folgende drei Schritte durchgeführt:

<u>1. Schritt:</u> Strategie stößt den Zyklus der Ergebnisverbesserung an

Der Strategie ist bekannt, in welchen Verarbeitungszuständen es sinnvoll ist, eine Verbesserung von Ergebnissen zu versuchen. Der Zustand ist abhängig vom Inhalt des Ergebnisspeichers, im besonderen vom Vertrauen in die erzielten Ergebnisse sowie von den bislang eingesetzten Verfahren. Entsprechend dem Zustand ruft die Strategie ein Verfahren zur Hypothesengenerierung auf und übergibt diesem das zu untersuchende Subjekt. Als Subjekt kann ein Einzelobjekt, eine Gruppe von Objekten oder eine komplexe Struktur ausgewählt werden.

<u>2. Schritt:</u> Hypothesengenerierung anhand des Modells (Prädiktionsphase)

Das von der Strategie aufgerufene Verfahren zur Hypothesengenerierung hat die Aufgabe, ausgehend von einem ihm zur Verfügung gestellten Subjekt, herauszufinden, mit welcher Sicherheit an welchen Stellen welche Objekte mit welchen Eigenschaften und Beziehungen zu erwarten sind. Diese Aufgabe wird mit Hilfe des Modells gelöst.

<u>3. Schritt:</u> Überprüfung der Hypothese anhand der Bilddaten
(Verifikationsphase)

Nachdem der Strategie eine Hypothese mitgeteilt worden ist, liegt die Entscheidung bei ihr, ob sie die Hypothese durch ein bestimmtes Verfahren anhand der Bilddaten verifizieren läßt, ob sie zunächst weitere Hypothesen sammelt oder einen anderen Weg einschlägt. Falls die Strategie sich zur Verifikation einer Hypothese entschließt, so ruft sie die entsprechenden Verfahren mit den geeigneten Parametern auf.

Hypothesengenerierung ohne semantischen Bezug

Bei der Hypothesengenerierung ohne semantischen Bezug gehen wir von einer noch nicht interpretierten Gruppe aus. Durch die Gruppierung werden ähnliche Objekte auf Grund ihrer besonderen geometrischen Anordnung zu Gruppen zusammengefaßt /2/. Das allgemeine Modell einer Gruppe enthält Aussagen darüber, an welchen Stellen es sinnvoll ist, eine Verbesserung der Gruppierungsergebnisse zu versuchen. Es kommen folgende Stellen in Betracht:

- Enden bzw. Ränder einer Gruppe (Extrapolation der Gruppe)
- Fehlstellen innerhalb einer Gruppe (Interpolation der Gruppe)
- bei Unregelmäßigkeiten in der örtlichen Anordnung
- bei nicht ausreichender Ähnlichkeit der Objekte
- Verzweigungsstellen innerhalb einer linearen Gruppe

In den Bildern 4 bis 9 wird beispielhaft die Vorgehensweise bei der Verbesserung nicht interpretierter Zwischenergebnisse demonstriert. In Bild 4 sind die von einem Segmentationsverfahren gelieferten flächenhaften hellen Objekte einer gewissen Größenordnung markiert. Durch Gruppierung dieser Objekte erhält man die in Bild 5 gezeigten Gruppen. Es entsteht unter anderem eine stark verzweigte Struktur. In den Bildern 6 und 7 sind Erwartungsbereiche dargestellt. Während es sich in Bild 6 um die Enden der Gruppen handelt, sind in Bild 7 die Verzweigungstellen betroffen. Innerhalb beider Typen von Erwartungsbereichen wird eine Nachsegmentation durchgeführt, deren Ergebnis in Bild 8 zu sehen ist. Es sind sowohl neue Objekte (durch Extrapolation) als auch verbesserte Objekte (an den Verzweigungsstellen) zu erkennen. Durch Nachgruppierung der jetzt vorhandenen Objekte erhält man das in Bild 9 dargestellte verbesserte Gruppierungsergebnis.

Semantikbezogene Hypothesengenerierung

Auch bei der semantikbezogenen Hypothesengenerierung werden bevorzugt
Gruppen als Basis verwendet. Liegt für das betrachtete Subjekt bereits
ein (vorläufiges) Interpretationsergebnis vor, so kann zur Generierung
von Hypothesen das im Modell gespeicherte semantische Wissen herangezogen werden. Hierzu wurde ein Semantisches Netz entwickelt und implementiert, das im folgenden kurz vorgestellt wird. Allgemeine Darstellungen
über Semantische Netze sind in /3/ enthalten.

In Bild 2 ist die Struktur des Semantischen Netzes dargestellt. Jedes
Entity (Knoten, Konzept) wird beschrieben durch seine Eigenschaften und
(evtl. attributierten) Beziehungen zu anderen Entities. Das Semantische
Netz wird durch zwei verschiedene Hierarchien, die speziellen transiti-
ven Beziehungen entsprechen, strukturiert. Die erste Hierarchie wird
durch die Generalisierungs- bzw. Spezialisierungsbeziehungen ("IST OBER-
MENGE VON" bzw. "IST EIN") gebildet. Mit Hilfe dieser Hierarchie wurde
ein Mechanismus zur Vererbung von Eigenschaften und Beziehungen implementiert. Die vererbten Aussagen gelten hierbei als Defaultaussagen (Annahmen) und können überschrieben werden. Bei der Hypothesengenerierung
werden diese Annahmen als Hypothesen aufgefaßt. Es bleibt der Verifikationsphase vorbehalten, diese Annahmen zu überprüfen. Die zweite Hierarchie wird durch die Zusammenfassungs- bzw. Zerlegungsbeziehungen ("ENT-
HÄLT DAS TEIL" bzw. "IST TEIL VON") gebildet.

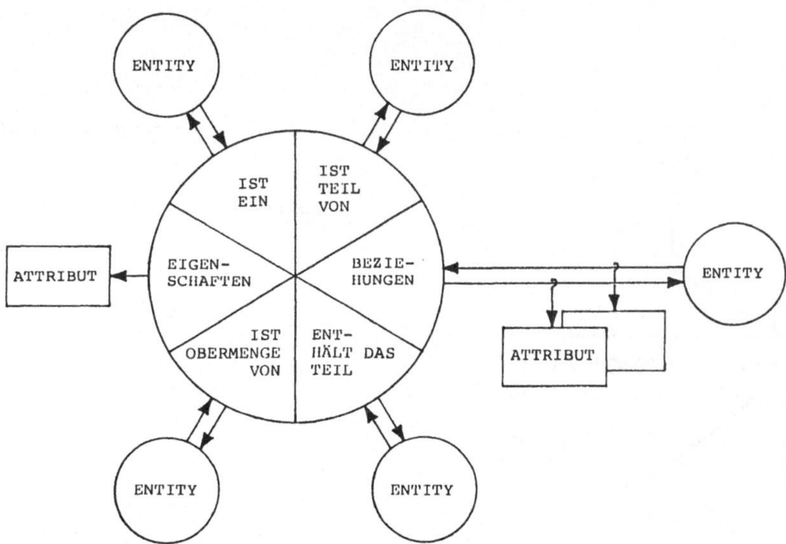

Bild 2: Struktur des Semantischen Netzes

Das Semantische Netz enthält Wissen über Luftbilder von Vorstadtszenen.
In Bild 3 ist ein Ausschnitt aus diesem Netz dargestellt, der dazu dienen soll, anhand eines Beipiels den Vorgang der Hypothesengenerierung zu
erläutern. Eigenschaften von Entities und Attribute von Beziehungen sind
hier nicht eingezeichnet. Es sei angenommen, daß Straßen und Häuser des
zu untersuchenden Luftbildes bereits vorläufig interpretiert sind. Aus
den im Netz eingetragenen Informationen wird die Hypothese abgeleitet,
daß zwischen den Häusern und Straßen mit hoher Sicherheit Einfahrten zu
erwarten sind. Dies ergibt sich zunächst aus der Beziehung "berührt".
Dies hat zur Folge, daß als Erwartungsbereich die Gebiete in Frage kommen, die sowohl zur Straße als auch zu den Häusern benachbart sind. Eine
weitere Einschränkung des Erwartungsgebietes ergibt sich aus der Tatsache, daß Einfahrten nicht innerhalb der Gebäude und Straßen liegen können. Insgesamt werden folgende Informationen zur weiteren Verwendung
(Verifikation) als Hypothese geliefert:

- Interpretation der zu erwartenden Objekte (hier: "EINFAHRT")
- Erwartungsbereich in Form einer Binärmaske
  (hier: Gebiet zwischen Häusern und Straßen)
- Eigenschaften der zu erwartenden Objekte
  (hier: bandartig, schmal)
- Beziehungen zu bereits bekannten Objekten
  (hier: berührt Straße und Haus oder Garage)
- Sicherheit der Hypothese

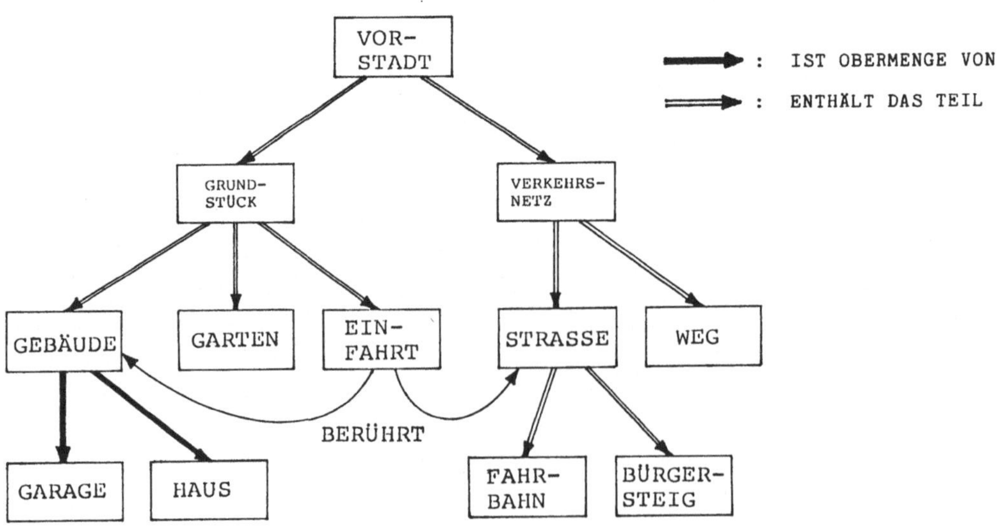

Bild 3: Teilansicht des Semantischen Netzes

Die in den Bildern 10 bis 12 gezeigten Ergebnisse beziehen sich auf dieses Beispiel. Bild 10 zeigt die Bereiche, in denen laut Hypothese Einfahrten zu erwarten sind. Die vom eingesetzten Segmentationsverfahren innerhalb der Erwartungsbereiche gelieferten Objekte sind in Bild 11 dargestellt. Die auf Grund der von der Hypothesengenerierung gelieferten Beschreibung (berührt Straße und Haus oder Garage) verifizierten Objekte sind in Bild 12 dargestellt.

Ausblick

Wie aus den Bildbeispielen ersichtlich ist, sind auch die durch einen Zyklus der modellgesteuerten Prädiktion und Verifikation erreichten Ergebnisse noch nicht vollständig und fehlerfrei. Beispielsweise sind in Bild 12 einige Objekte zuviel und etliche Einfahrten zuwenig gefunden worden. Es sind daher weitere Zyklen der Ergebnisverbesserung erforderlich, um optimale Ergebnisse zu erzielen. Es ist Aufgabe der Strategie, zu entscheiden, wann und wo Hypothesen generiert werden sollen, sowie aus den Hypothesen diejenige auszuwählen, die als nächste verifiziert werden soll. Um hierfür eine Entscheidungsgrundlage bereitzustellen, wird es notwendig sein, daß die Hypothesen nach Prioritäten gewichtet werden, wobei hier die Sicherheit der Hypothese, die Relevanz der zu erwartenden Objekte, sowie die Kosten und Erfolgsaussichten einer Verifikation eine Rolle spielen müssen.

Referenzen:

/1/: Gabler, R., Kestner, W., Nicolin, B.: Erkennung von Strukturen in Luftbildern, Informatik-Fachberichte, Nr. 87, Mustererkennung 1984, S. 99-105, 1984

/2/: Gabler, R., Kestner, W., Nicolin, B.: Objektgruppierung in Luftbildern, VDE-Fachberichte, Nr. 35, Mustererkennung 1983, S. 396-400, 1983

/3/: Findler, N. V. (ed.): Associative Networks, Academic Press, New York, 1979

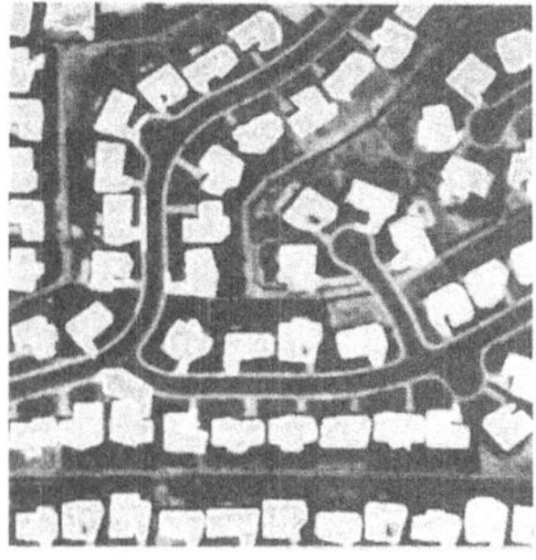

Bild 4:
Segmentierte Objekte

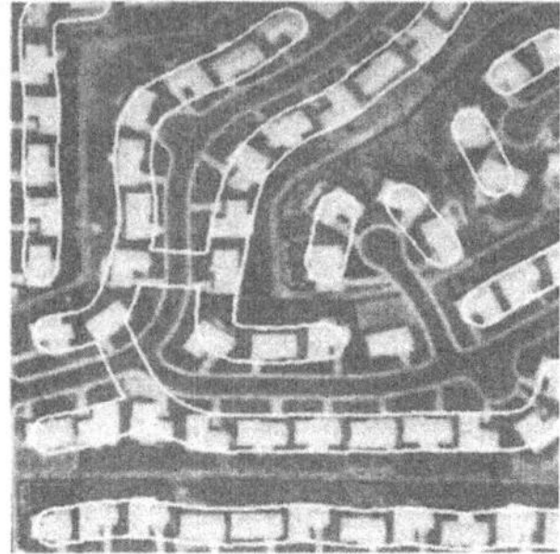

Bild 5:
Gruppierungsergebnis

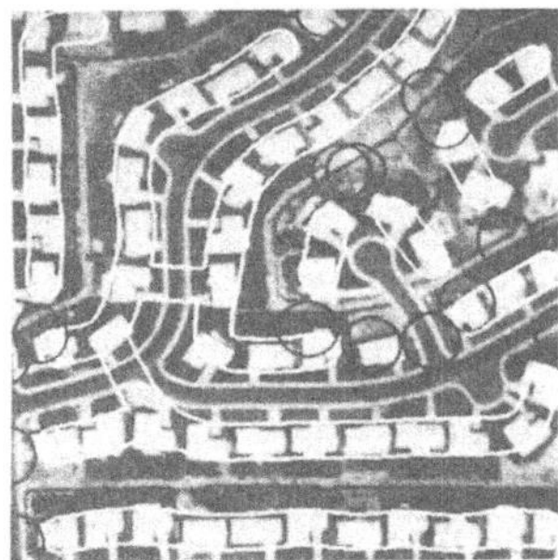

Bild 6:
Erwartungsbereiche
an den Gruppenenden

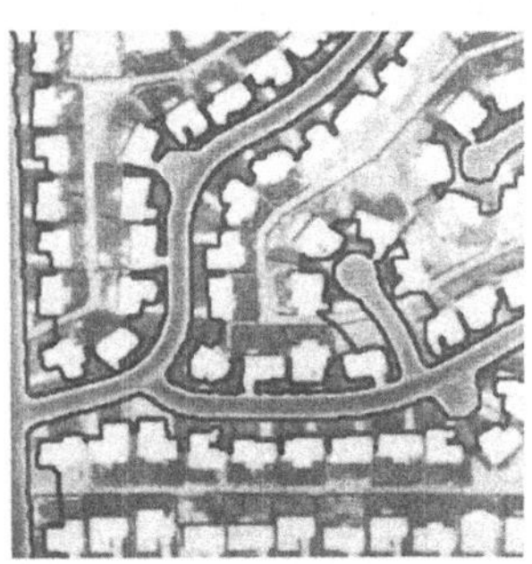

Bild 7:
Erwartungsbereiche
an den Verzweigungen

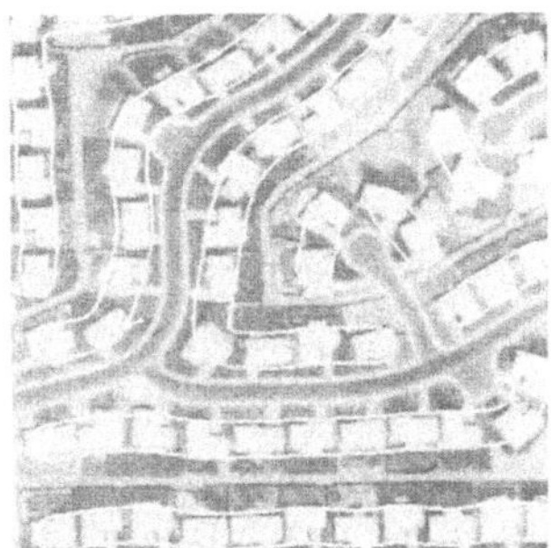

Bild 8:
Nachsegmentierte
Objekte

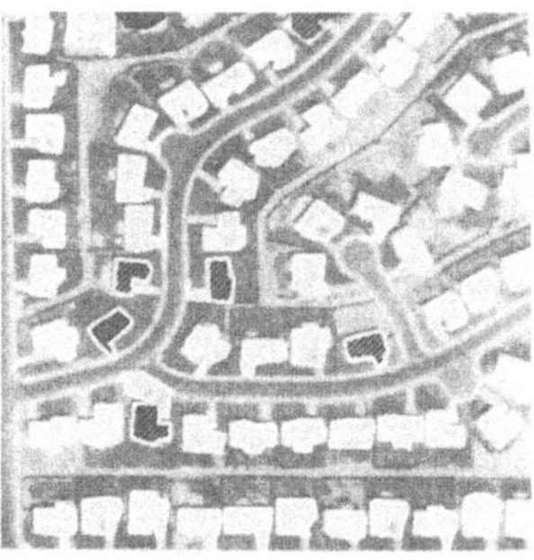

Bild 9:
Verbessertes
Gruppierungsergebnis

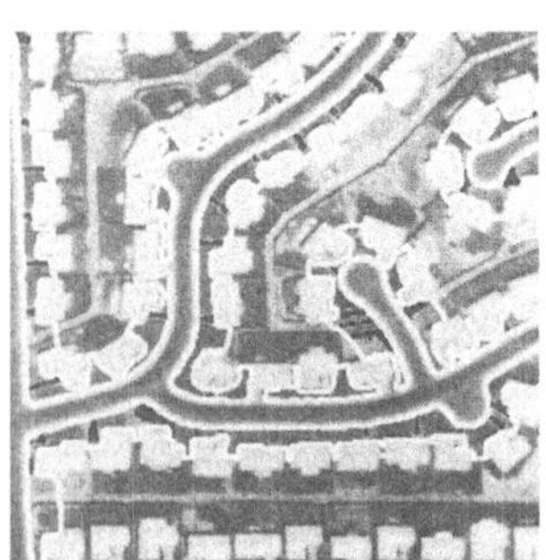

Bild 10:
Erwartungsbereiche
für Einfahrten

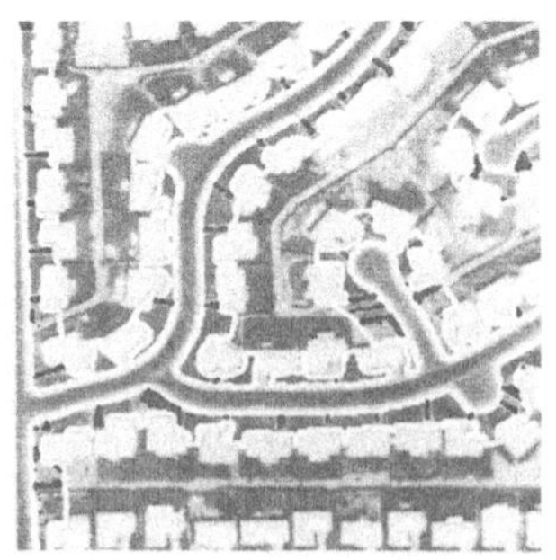

Bild 11:
Segmentierte Objekte

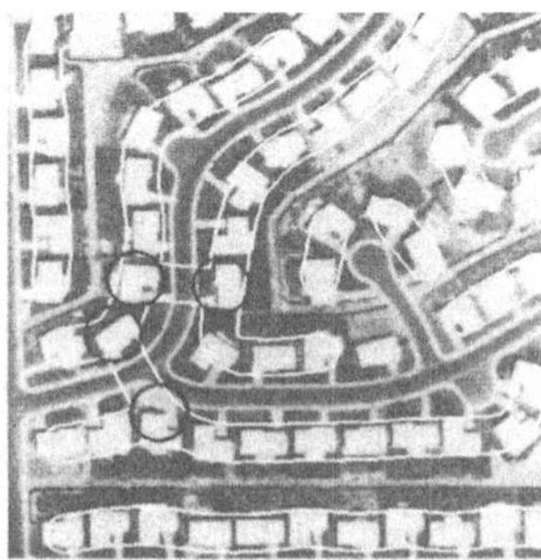

Bild 12:
Verifizierte
Einfahrten

Zur Modellierung von natürlichen Szenen für die Bildanalyse

Peter Heß, Michael Göbel
Lehrstuhl für Informatik 5 (Mustererkennung)
Universität Erlangen - Nürnberg
Martensstr. 3
8520 Erlangen

1. Einführung

Szenen, auf deren Aufnahmebedingungen der Entwickler eines Bildanalysesystems keinen Einfluß hat, wollen wir natürliche Szenen nennen. Der Problembereich, der einem Bildanalysesystem in einer solchen Umgebung zugrunde liegt, ist i.a. so komplex, daß die Analyse eines Bildes nicht mehr ohne ein Weltmodell durchzuführen ist. Um unabhängig vom Kamerastandpunkt zu sein, wird dieses dreidimensional erstellt. Der Aufbau eines solchen Modells kann in zwei Schritten erfolgen: die geometrische Modellierung der Objekte und die Darstellung der Modelle im Rechner.

2. Objektklassenbildung

Die bekannten Methoden des CAD (Oberflächenzerlegung, "constructive solid geometry" (CSG) usw. /1/) eignen sich sehr gut zur geometrischen Modellierung einzelner Objekte. Für das Bildverstehen ist das aber nicht ausreichend, da einerseits die benötigten "optischen" Attribute fehlen und andererseits nur in sehr wenigen Fällen das Objekt, das in einem Bild zu sehen ist, mit der zweidimensionalen Projektion des entsprechenden Modells übereinstimmen wird. Denn in natürlichen Szenen sollen auch unbekannte Ausprägungen eines Objekts einer bekannten Objektklasse zugewiesen werden können. Deshalb muß innerhalb einer Objektklasse eine ganze Reihe von Variationen zugelassen werden:

1. Variation der Objektausmaße (siehe Bild 1a):
Die konkreten Maße zweier Instanzen können erheblich differieren.

2. Begrenzte Variation der Objektstruktur (siehe Bild 1b):
Trotz der unterschiedlichen Dachform gehören alle zwei Objekte zur Klasse der Einfamilienhäuser.

3. Variation der räumlichen Beziehung zu anderen Objekten (siehe Bild 1c):
In natürlichen Szenen kommt es häufig vor, daß zwei oder mehrere Objekte sinnvollerweise zusammengehören. Dies muß zusammen mit ihren räumlichen

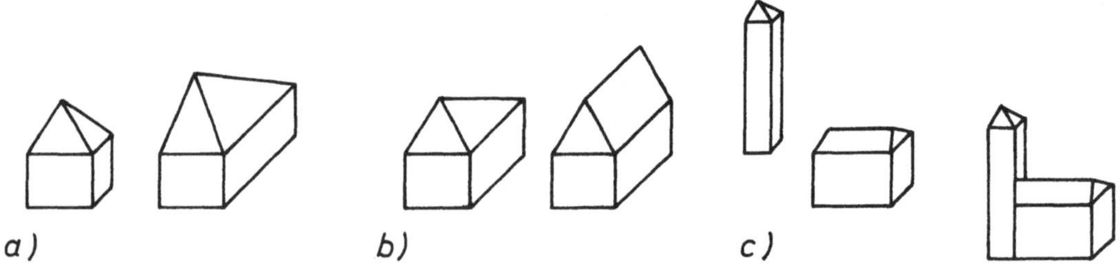

Bild 1 : Objektvariationen

Beziehungen im Modell niedergelegt werden. Dabei ist eine exakte Positionierung oft nicht anzugeben. So kann beispielsweise ein Kirchturm an den verschiedenen Ecken oder in einer anderen Position am bzw. im Kirchenschiff stehen. Es ist sogar möglich, daß keine direkte räumliche Beziehung mehr zwischen Turm und Kirchenschiff existiert. Die resultierenden Objekte sollen aber dennoch alle zur Klasse der Kirchen gehören.

Ein für die Erkennung von solchen Objekten geeignetes Repräsentationsschema muß die Möglichkeit bieten, diese Variationen in Form von a priori Wissen zusätzlich bereitzustellen. Ein Objektmodell repräsentiert somit nicht mehr einen einzigen festen Körper, sondern eine ganze Reihe von ähnlichen Objekten, eine Objektklasse.

3. Ein hybrides Repräsentationsschema für Objektklassen

Da die bekannten CAD-Methoden diese Klassenbildung nur unzureichend unterstützen, wird ein hybrides Repräsentationsschema /2/ vorgeschlagen. Dieses Verfahren kombiniert die Oberflächenzerlegung mit der CSG-Darstellung. Zur Bildanalyse ist ein flächenorientierter Ansatz besonders gut geeignet, da die Bildvorverarbeitung heute noch meist zweidimensionale Ergebnisse liefert. Der Nachweis der Plausibilität eines Objektmodells stellt jedoch bei der Oberflächenzerlegung eine äußerst komplexe Aufgabe dar, weshalb diese allein als Repräsentationsschema ungeeignet ist. Es werden deshalb einfache Basiskörper, deren Plausibilität offensichtlich ist, durch Zerlegung ihrer Oberflächen definiert. Die zu modellierenden Objekte werden dann mittels der regularisierten Vereinigungsoperation ($\cup^*$) aus diesen Primelementen aufgebaut (siehe Bild 2). Dabei werden die örtlichen Relationen der Primelemente zueinander durch sogenannte Bewegungsknoten ("motion nodes" (M)) definiert. Alle weiteren Operationen, die aus der "constructive solid geometry" bekannt sind (regularisierte Differenz und regularisierter Durchschnitt), können nicht angewendet werden, da über die Zugehörigkeit der von den begrenzenden Oberflächen eingeschlossenen Objektteile explizit nichts ausgesagt wird.

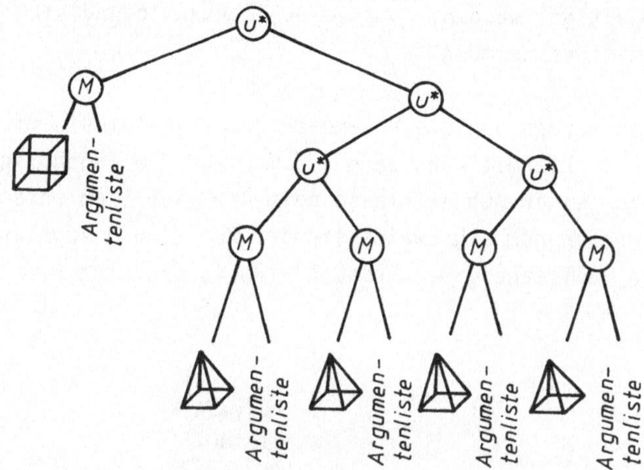

Bild 2 : CSG-Baum für ein Spitzdachhaus

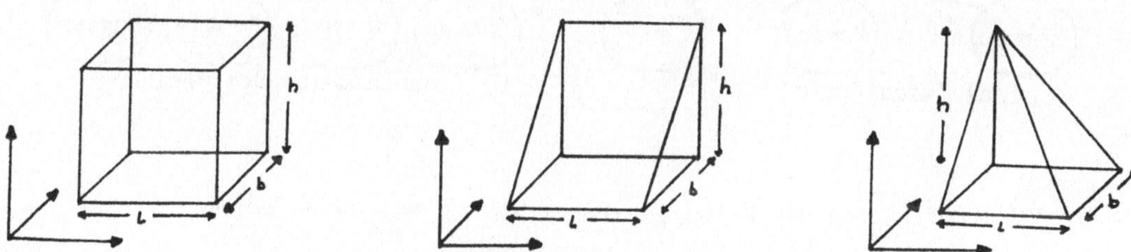

Bild 3 : Parametrisierung von Primelementen

Um einen möglichst einfachen CSG-Baum zu erhalten, werden parametrisierte Primelemente verwendet (siehe Bild 3). Für die primitiven Körper bedeutet dies, daß nur deren Topologie endgültig festgelegt ist. Die Geometrie richtet sich nach den Parameterwerten des zu modellierenden Objekts. Damit reduziert sich der Aufwand für das gesamte Modell.

Für die Bildanalyse ist es vorteilhaft, eine getrennte Repräsentation der strukturellen und der optischen Eigenschaften eines Objekts vorzunehmen. Aus diesem Grund wird eine Aufteilung des Modells in zwei sich ergänzende Netze vorgenommen. Das erste Netzwerk stellt die Geometrie des Primelements bereit (siehe Bild 4a), während mit dem zweiten Netz die optischen Eigenschaften (z. B. Intensität, Farbe, Textur) durch Attribute den Oberflächen des Primelements zugeordnet werden können (siehe Bild 4b). Um einheitlich strukturierte Flächen ("faces") zu erhalten, wird auf die Oberflächen eine Dreieckszerlegung ("triangulation" /3/) angewendet. Die so erhaltenen Dreiecke werden allerdings nicht durch ihre begrenzenden Kanten definiert, sondern anhand ihrer Eckpunkte (Knoten). Auf diese Weise wird gewährleistet, daß die Kantenmenge eines Primelements nur sichtbare und damit detektierbare Kanten aufweist; die

imaginären Kanten, die benötigt werden, um die Dreieckszerlegung sicherzu-
stellen, treten dabei nicht in Erscheinung.

Zur Bildung von Objektklassen werden nun die Parameter der Primelemente mittels
Fuzzyfunktionen /4/ definiert. Hiermit kann dann ein Maß für die Zugehörigkeit
einer konkreten Instanz zu einer Objektklasse beim Analyseprozeß errechnet
werden. Zur Vereinfachung werden nur stückweise lineare Funktionen zugelassen,
deren Verlauf durch 4 Punkte vollständig beschrieben wird (siehe Bild 5).

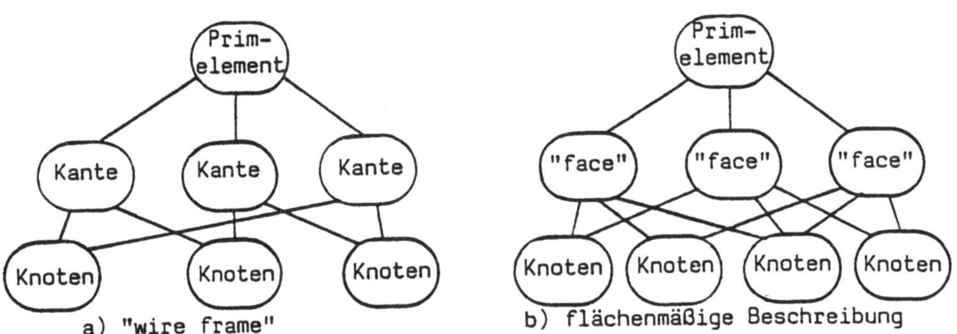

Bild 4 : Definition der Primelemente in 2 sich ergänzende Netzwerke

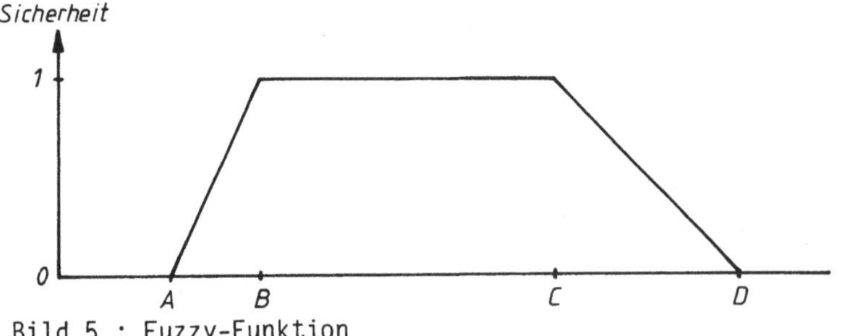

Bild 5 : Fuzzy-Funktion

4. Darstellung am Rechner

Die Darstellung des gesamten Modells erfolgt mittels Relationen. Dazu werden
für die Beschreibung der Topologie der dreidimensionalen Primelemente Relationen für Knoten, Kanten und "faces" benötigt. Eine Relation, welche die
Nebenbedingungen für die Vereinigung zweier Primelemente in Abhängigkeit der
Objektklasse enthält, gewährleistet eine regularisierte Verknüpfung. Weiterhin
werden die Struktur der Objektklassen sowie für die Mustererkennung wichtige
Attribute bereitgestellt. Die verwendeten Fuzzy-Funktionen stehen ebenfalls in

Form einer Relation zur Verfügung. Die genaue Spezifizierung geht aus /2/ hervor. Für die Instantiierung einer Objektklasse ist es nur nötig, zwei der genannten Relationen (Knoten und Nebenbedingung) anhand der Parameter zu modifizieren. Alle anderen stellen allgemeines Wissen zur Verfügung, welches sich unverändert auf die Instanzen vererbt.

Bild 6 zeigt das Modell eines Einfamilienhauses mit einem Satteldach. Deutlich sind die generierenden Primelemente QUADER, KEIL, KEIL, PYRAMIDE, PYRAMIDE, PYRAMIDE, PYRAMIDE zu erkennen. Die modifizierte Relation KNOTEN stellt den Zusammenhang von instanzspezifischen 3D-Koordinaten und den symbolischen Beschreibungen der Knoten der Primelemente her. Sie besitzt 6 Attribute (P-ELEMENT, ECKPUNKT, LFDNR, X-KOORD, Y-KOORD, Z-KOORD) und beinhaltet für das abgebildete (unvollständige) Haus 40 Tupel. Dazu wird das Wissen bzgl. Kanten und "faces" unverändert aus dem Modell auf die Instanz übertragen.

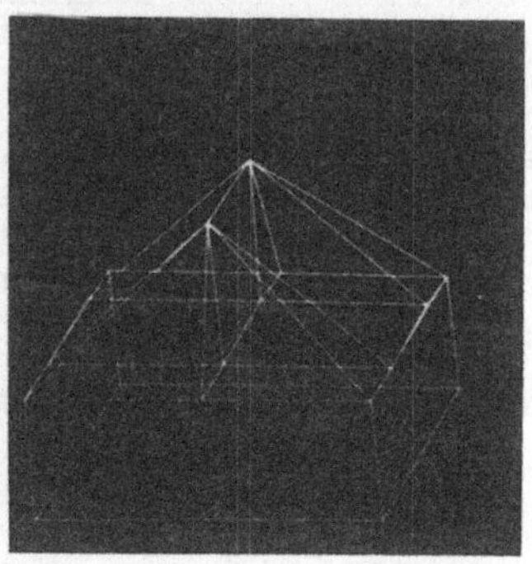

Bild 6 : Satteldachhaus ("wire-frame" Darstellung)

<u>Literatur</u>

/1/ Brown, C.
     Some Mathematical and Representational Aspects of Solid Modeling
     IEEE Trans. PAMI, vol. 3, no. 4, July 1981, pp. 444 - 453

/2/ Göbel, M.
     Definition von Ansätzen zur geometrischen Modellierung für die Bildanalyse
     Diplomarbeit, Lehrstuhl für Informatik 5 (Mustererkennung), Universität
          Erlangen - Nürnberg, 1985

/3/ Requicha, A. A. G.
     Representation for Rigid Solids: Theory, Methods, and Systems
     Computing Surveys 12, Dec. 1980, pp 437-464

/4/ Zadeh, L.
     A Theory of Approximate Reasoning
     From: Hayes, J., Michie, D., Mikulich, L. I. (eds.)
          Machine Intelligence 9, 1979

MODELLGESTEUERTE LOKALISIERUNG VON OBJEKTEN

R. Schärf

Forschungsinstitut für Informationsverarbeitung
und Mustererkennung, FIM (FGAN e.V.)
Eisenstockstr. 12, D-7505 Ettlingen 6

Zusammenfassung

Eine Aufgabenstellung bei der automatischen Analyse von Bildfolgen ist
die Bestimmung des Orts und der räumlichen Lageorientierung von bewegten Objekten in natürlicher Umgebung. In diesem Bericht werden Bausteine eines Simulationssystems zur Lösung dieses Problems beschrieben,
die auf dem Prinzip der Hypothesenbildung und ihrer Verifikation beruhen.

Die Verfahren werden durch eine Wissensbasis gesteuert, deren wesentlicher Teil aus 3D-Modellen zur Beschreibung der Objektgeometrie besteht. Vergleiche zwischen extrahierten Objektkomponenten und den Modellen führen zu Projektionen der Modelle in das Bild zur Steuerung
weiterer Bildverarbeitungsschritte. Der anfängliche Freiheitsgrad der
Modellprojektion wird dabei zunehmend eingeschränkt. Die Funktion der
untersuchten Systemkomponenten wird anhand eines Beispiels veranschaulicht.

Einleitung

Die Verifikation, Lokalisierung und Bestimmung der Orientierung von
dreidimensionalen Objekten in beliebigen zweidimensionalen Bilddar-
stellungen ist eine wichtige Grundaufgabe bei der automatischen Analyse von Bildern und Bildfolgen. Die Komplexität der Aufgabe wird dabei wesentlich durch die Vielfalt möglicher Objektprojektionen und die
Strukturierung des Hinter- und Vordergrundes bestimmt. So können bei
industriellen Anwendungen oft Vordergrundstörungen vermieden und auf
die Gestaltung des Hintergrundes kann Einfluß genommen werden, während
bei der Beobachtung von Fahrzeugen in natürlicher Umgebung komplexe Hin-
tergrund- und Vordergrundstrukturen auftreten können. Zur allgemeinen
Lösung der Beobachtung von Fahrzeugen in natürlicher Umgebung ist ein
Verarbeitungssystem erforderlich, das gespeichertes Wissen über die
Eigenschaften der Objekte in geeigneter Weise nutzbar macht. Es muß in
der Lage sein, extrahierte Bildinformationen durch Vergleich mit dem
gespeicherten Wissen zu interpretieren.

Segmentation und Klassifikation von Objektkomponenten

Komplexe Oberflächenstrukturen von Fahrzeugen können nur sehr schwer durch Detektion primitiver Strukturelemente (beispielsweise Ecken und Kanten) analysiert werden, da diese Elemente meist in großer Zahl detektiert werden und so die kombinatorische Vielfalt möglicher Zuordnungen sehr groß wird. Außerdem ist es nur selten möglich, bereits in der Detektionsphase zwischen Elementen der gesuchten Objekte und Elementen von Fremdobjekten zu unterscheiden. Deshalb werden in diesem Ansatz flächenhafte Objektkomponenten gesucht, die sich untereinander und gegenüber objektfremden Elementen durch Form- und Intensitätseigenschaften möglichst gut unterscheiden und in der Objektstruktur identifizieren lassen. Als geeignetes Verfahren zur Segmentation solcher Komponenten hat sich ein Mehrfachschwellenverfahren erwiesen. Es analysiert alle Intensitätsbereiche des Bildes und wird von den Eigenschaften der zu extrahierenden Segmente gesteuert. Im allgemeinen charakterisieren mehrere in verschiedenen Intensitätsintervallen an einem Ort extrahierte Flächen durch ihre Gestaltsmerkmale eine Objektkomponente. Sie werden mit einem Abstandsklassifikator klassifiziert.

Typische segmentierbare und klassifizierbare Fahrzeugkomponenten sind beispielsweise Fenster, Rad, Lampe usw.

Wissensbasis

Die genaue Lagebestimmung des Objekts mit Hilfe detektierter Komponenten ist durch Vergleich mit gespeichertem Wissen über ihren geometrischen Zusammenhang möglich. Es kann beispielsweise in Form eines dreidimensionalen Modells der Objektgeometrie zur Verfügung gestellt werden und enthält alle wesentlichen Informationen (Ecken, Kanten, Flächen) der Objektoberfläche und alle detektierbaren Objektkomponenten als Flächen oder Fragmente der Objektoberfläche. Das Wissen ist in mehreren hierarchisch angeordneten Ebenen strukturiert. Die 3D-Modelle stellen dabei den wesentlichen Teil der Wissensbasis dar. Die räumliche Lage des Objekts ist im Prinzip beliebig. Durch semantische Zusatzinformation über die mögliche Orientierung des Objekts im Raum läßt sich die Zahl möglicher Modellprojektionen stark reduzieren. Beispielsweise gibt es unzulässige Relationen der Komponenten, sich gegenseitig ausschließende Komponentenpaare oder sehr unwahrscheinliche Lagen des Objekts (z.B. Kopfstand). Schließlich kann die kombinatorische Zahl der Zuordnungsmöglichkeiten bei Klassen wie z.B. Rad oder Fenster durch

Präzisierung (z.B. Rad hinten rechts oder Heckfenster) reduziert werden.

Die Wissensbasis wird ergänzt durch fest vorgegebenes oder durch Vorauswertung gewonnenes a priori Wissen über Inhalt und Parameter der Bildszene.

Strategie des wissensgesteuerten Modell-Bild-Vergleichs

Die Verarbeitung basiert auf dem Prinzip der Erzeugung von Hypothesen und ihrer Verifikation und wird durch die bereits erläuterte Wissensbasis gesteuert. Das Konzept einer Verarbeitungsstrategie ist in Abb.1 dargestellt. Eine Starthypothese, die aus dem a priori Wissen gewonnen wird, enthält Annahmen über mögliche Objekttypen im auszuwertenden Bild und über die Entfernung zwischen Sensor und Objekt. Sie selektiert das Wissen, das zur Steuerung der Verarbeitung benötigt wird.

Die Verarbeitung beginnt mit der Segmentation auffälliger flächenhafter Bereiche im Gesamtbild. Eine Vorklassifikation ermittelt, mit welchem Vertrauen diese Segmente typischen Objektkomponenten zugeordnet werden können. Diese Vorklassifikation von Objektkomponenten bildet die Basis zur Generierung von Hypothesen über die Präsenz von Komponentenpaaren.

Ein Vergleich zwischen 3D-Modell und Bild wird durch Zuordnung eines bei der Hypothesengenerierung ausgewählten Paares von Objektkomponenten zu den entsprechenden Komponenten im Modell gestartet. Die Komponenten legen dabei die Projektion einer Achse des Modells fest, das um diese Achse mit einem Bewegungsfreiheitsgrad rotieren kann /1/. Zwei mögliche Projektionscharen des Modells definieren für jede weitere Objektkomponente Suchbereiche entlang von Ellipsenbahnen (Parallelprojektion vorausgesetzt), die durch die semantische Zusatzinformation eingeschränkt werden können. Die Suche nach einer dritten Objektkomponente erfolgt durch Vergleich von projizierten Prototypen aus dem Modell mit bereits detektierten oder durch eine modellgesteuerte Nachsegmentation generierten Segmenten. Die Detektion einer dritten Komponente fixiert dabei die Modellprojektion. Die verschiedenen Hypothesen werden in ihrer Güte durch ein Vertrauensmaß beschrieben, wobei zur Berechnung dieses Vertrauensmaßes u.a. weitere Objektkomponenten und die Zahl anderer Hypothesen, die zu gleichen Projektionsergebnissen führen, berücksichtigt werden. Die Lagehypothese mit dem größten Vertrauen wird als endgültige Objektlage und Orientierung ausgewählt. Durch Ausgleichsrech-

nung wird die Objektlokalisierung präzisiert, so daß schließlich Lage
und Orientierung des Objektes und jedes im Modell definierte Objektde-
tail sehr genau im Bild lokalisiert werden kann. Führt keine Hypothese
zum Erfolg, so ist die Starthypothese zu ändern.

Ergebnisse

Das Verfahren wurde bisher zur Verarbeitung von IR-Bildfolgen eingesetzt, da IR-Bilder bei bewegten Objekten meist bessere Kontraste liefern als TV-Bilder und so die Segmentation erleichtern. Abb. 2a zeigt
ein IR-Bild des Objekttyps VW-Bus. Es sind typische Objektkomponenten
als helle (warme) Segmente (Räder, offene Fenster, Auspuff usw) oder
als dunkle (kalte) Segmente (geschlossene Fenster) erkennbar. Mit dem
Mehrfachschwellenverfahren wurden hier nur helle Segmente detektiert
(Abb. 2b). Die hypothetische Zuordnung zweier Segmente zu Komponenten
des Modells (Fenster, Rad), die Definition einer Rotationsachse für
Projektionsscharen und eine zulässige Modellprojektion sind in Abb. 2c
dargestellt. Ein Teil einer Ellipsenbahn markiert in Abb. 2d den Suchbereich für die Komponente "Motor". Abb. 2e zeigt die Fixierung der
Modellprojektion durch die dritte Komponente.

Literatur

/1/   Tropf, H.   An ATN Model for 3-D Recognition of Solids
      Walter, I.   in Single Images
                   IJCAI Karlsruhe, 1983, pp. 1094-1098

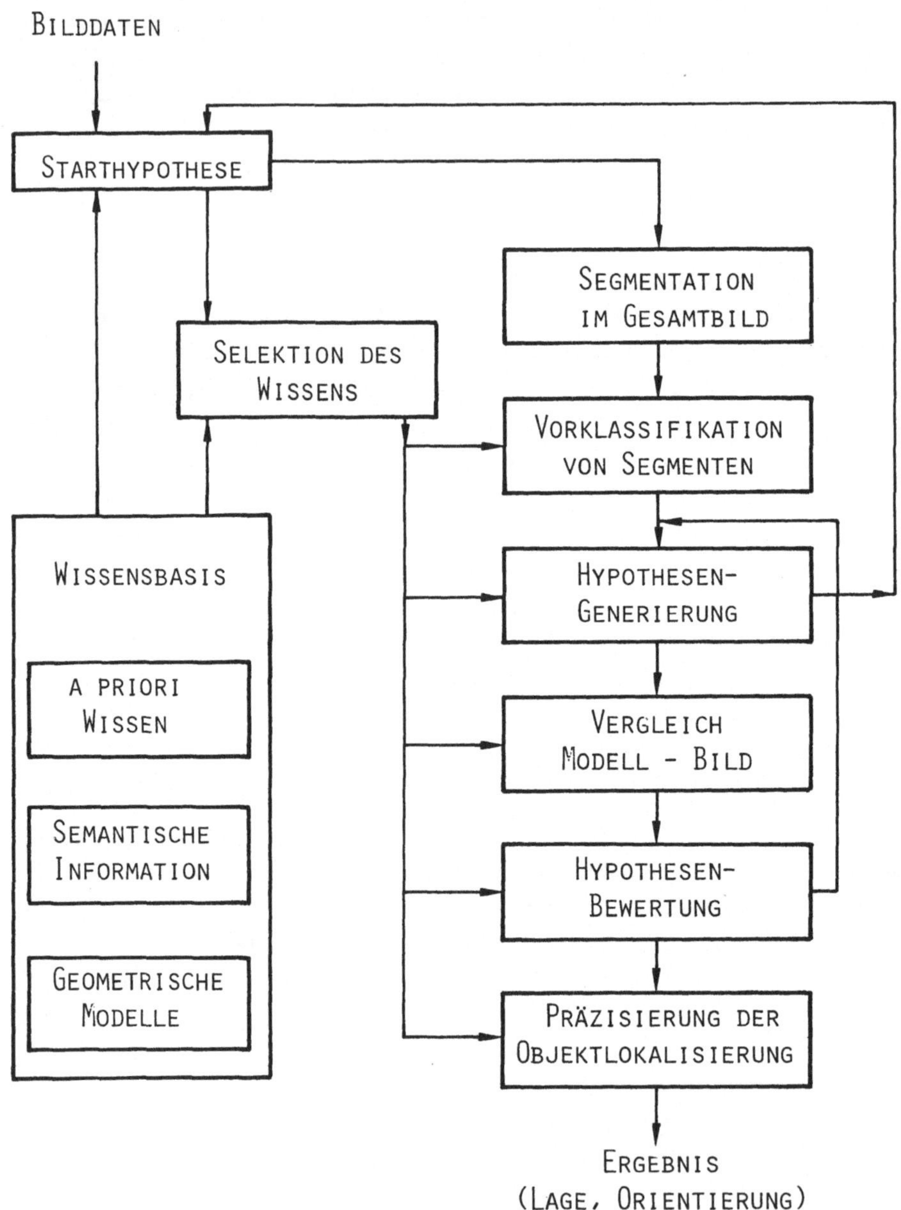

Abb. 1: Konzept der Verarbeitung

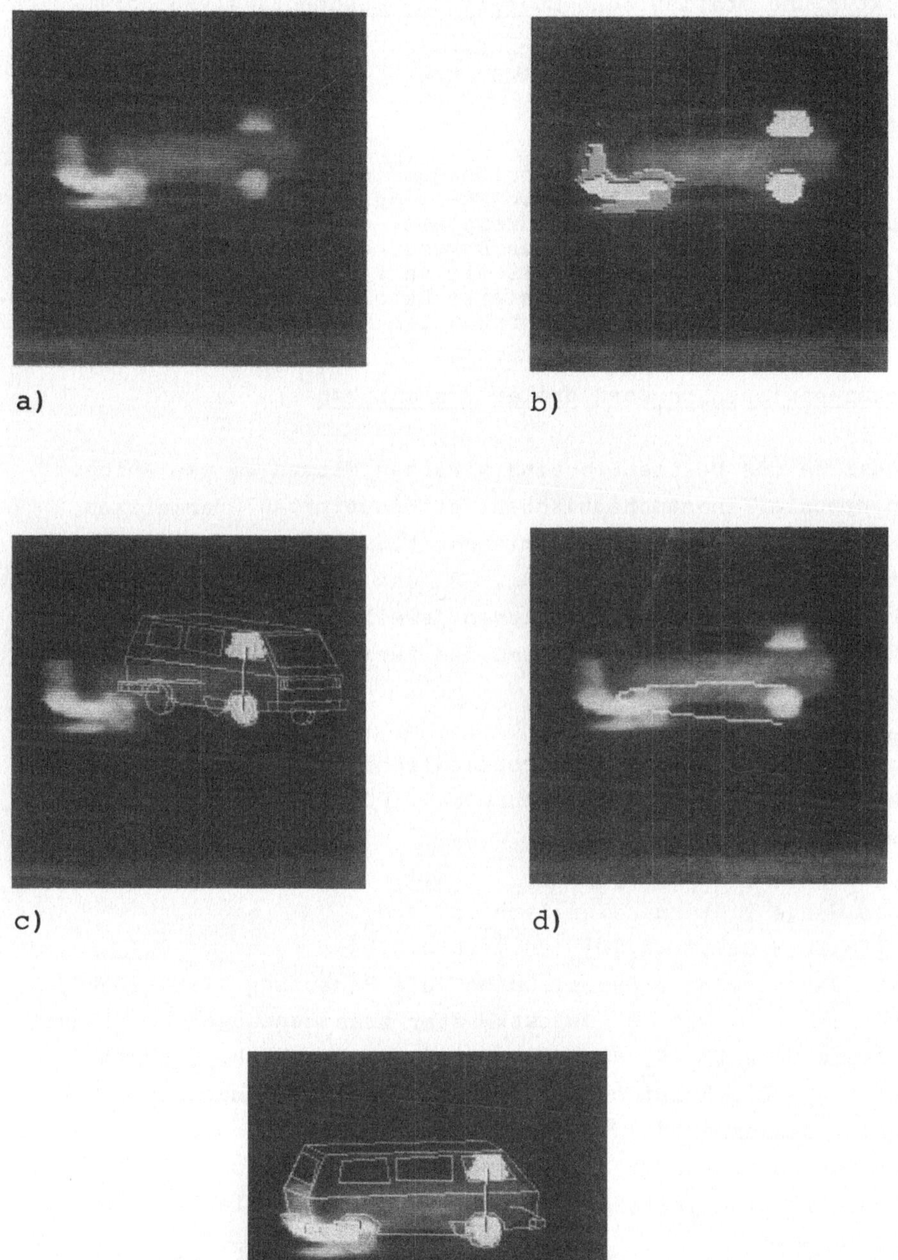

Abb. 2: Untersuchungsergebnisse

Datenstruktur und statistische Modelle zur Dokumentanalyse

Wolfgang Scherl
Siemens AG, München

Zusammenfassung

Der Beitrag zeigt praktische Ergebnisse und die Methode, um Druck-
vorlagen in eine einheitliche symbolische Beschreibung überzuführen
und daraus Text-, Grafik- und Bildkomponenten zu erkennen. Hierzu
wird das Wissen über den Aufbau der Dokumente in Grammatiken festgelegt. Gemäß ihrer Aussage wandelt ein Analyseverfahren die Dokumentmuster in hierarchisch organisierte Datenstrukturen um und klassifiziert diese durch Vergleich mit bekannten Modellen.

1. Das Dokumentwissen in Form dreier Grammatiken

Für die Analyse des Dokumentinhalts wird das Wissen um den Aufbau
der Dokumentmuster in stochastischen, attributierten Grammatiken
/1/ dargestellt. Für die Dokumentklassen "Text", "Grafik" und "Bild"
werden die drei Baumgrammatiken GR_T, GR_G und GR_B definiert. Ihre
Startsymbole S_T, S_G, S_B repräsentieren jeweils eine der obigen
Dokumentklassen. Die nichtterminalen und terminalen Symbolmengen
V_N und V_T der drei Grammatiken

$$GR_{T/B/G} = (V_N, V_T, R, S) \qquad \text{Gl.1}$$

sind so gewählt, daß sie die unterschiedlichsten Muster obiger Klassen in vereinheitlichter Form beschreiben. Für die Menge V_N nicht-
terminaler Symbole wurde

$$V_N = \{TX, WX, OX, IX, RA, RI\} \qquad \text{Gl.2}$$

und für die Menge V_T terminaler Symbole wurde

$$V_T = \{TB, TL, W, O, I, R_a, R_i, D\} \quad , \quad \{v, h, u, e, b\} \qquad \text{Gl.3}$$

festgelegt. Das terminale Symbol TB hat die Bedeutung "Textblock",
TL "Textzeile", W "Wort", O "Objekt=Muster zusammenhängender Fläche",
I "Innenfläche Objekt", R_a "Außenrand", R_i "Innenrand", D "Primi-
tivelement" /2/. Die Relation v bedeutet "vertikal benachbart",
h "horizontal benachbart", u "umschlossen", e "eingebettet" und
b "entlang des Musterrandes benachbart". Die Produktionen r_0 bis
r_6 des ebenfalls einheitlichen Produktionensystems R lauten:

r_0:

$$S_{T/G/B} \;-\!\!- \underset{TX \; v \; TX \; v \ldots TX}{TB}$$

$$\vec{q}_S = \vec{q}_{TB} = f_0(\vec{q}_{TX1}, \vec{q}_{v1}, \ldots, \vec{q}_{TXn})$$

$$p_{OT} = p(\vec{q}_{TB}/T); \; p_{OG} = p(\vec{q}_{TB}/G); \; p_{OB} = p(\vec{q}_{TB}/B)$$

r_1:

$$TX \;-\!\!- \underset{WX \; h \; WX \; h \ldots WX}{TL}$$

$$\vec{q}_{TX} = \vec{q}_{TL} = f_1(\vec{q}_{WX1}, \vec{q}_{h1}, \ldots, \vec{q}_{WXn})$$

$$p_1 = 1$$

r_2:

$$WX \;-\!\!- \underset{OX \; h \; OX \; h \ldots OX}{W}$$

$$\vec{q}_{WX} = \vec{q}_W = f_2(\vec{q}_{OX}, \vec{q}_{h1}, \ldots, \vec{q}_{OX})$$

$$p_2 = 1$$

$$r_3: \quad OX \longrightarrow \underset{RA \ u \ IX}{O} \qquad\qquad \vec{q}_{OX}=\vec{q}_O=f_3(\vec{q}_{RA},\vec{q}_{IX})$$
$$P_3=1$$

$$r_4: \quad IX \longrightarrow \underset{RI \ RI \ldots RI}{I_e} \qquad\qquad \vec{q}_{IX}=\vec{q}_I=f_4(\vec{q}_{Ri1},\ldots\vec{q}_{Rin})$$
$$P_4=1$$

$$r_5: \quad RA \longrightarrow \underset{D \ b \ D \ b \ldots b \ D}{Ra} \qquad\qquad \vec{q}_{RA}=\vec{q}_{Ra}=f_5(\vec{q}_{D1},\vec{q}_{b1},\ldots,\vec{q}_{Dn},\vec{q}_{bn})$$
$$P_5=1$$

$$r_6: \quad RI \longrightarrow \underset{D \ b \ D \ b \ldots b \ D}{Ri} \qquad\qquad \vec{q}_{RI}=\vec{q}_{Ri}=f_6(\vec{q}_{D1},\vec{q}_{b1},\ldots,\vec{q}_{Dn},\vec{q}_{bn})$$
$$P_6=1$$

$$P_T=P_{OT}\cdot P_1\cdot P_2\cdot P_3\cdot P_4\cdot P_5\cdot P_6=P_{OT}, \qquad P_G=P_{OG}, \qquad P_B=P_{OB}$$

Die drei Grammatiken stellen unterschiedlichste Dokumentmuster in
Form symbolischer Bäume dar. Die drei Grammatiken unterscheiden
sich lediglich durch die Gewichte, die der Baum eines bestimmten
Musters für die jeweilige Klasse besitzt. Diese werden durch die
Wahrscheinlichkeiten P_T, P_G und P_B ausgedrückt. Sie stellen das
eigentliche Klassifikationskriterium dar. Diese Wahrscheinlichkeiten
errechnen sich aus den Attributvektoren $\vec{q}$ der einzelnen Symbole.

2. Erkennen des Dokumentaufbaus durch syntaktische Analyse und statistischen Modellvergleich

Obige Bäume werden im Rechner als Datenstruktur realisiert. Ein Analyseverfahren prüft nun die Aussage der Produktionen im Dokument und
errechnet schrittweise die Datenstrukturen zu den einzelnen Mustern.
Bild 1a zeigt diese Datenstruktur am Beispiel eines Textblocks. Die
Bezeichnungen dieses Baumes stimmen mit der terminalen Symbolmenge
V_T überein. Die Bilder 1b-f veranschaulichen die Bereiche, welche
den einzelnen Symbolen zugeordnet sind. Jeder dieser Bereiche läßt
sich gemäß der hierarchischen Ordnung weiter untergliedern. Bild 2
zeigt ein Bildmuster als Satz der Grammatik GR_B. 2a zeigt das Original, 2b die Datenstruktur und 2c die Rekonstruktion der Musterränder
aus der Datenstruktur. Das Bildmuster wird durch die gleichen Symbole
und Relationen wie das Textmuster beschrieben. Der Datenstruktur jedes Musters ist dabei der charakterisierende Attributvektor $\vec{q}$ zugeordnet. Er wurde für die praktischen Versuche aus 13 Attributen aufgebaut.
Sie errechnen sich durch die Funktionen f_0 bis f_6 während des Ana-
lysevorgangs aus den Attributen der hierarchisch tieferstehenden Symbole. Durch Vergleich des Attributvektors $\vec{q}_{TB}$ mit gespeicherten Modellvektoren errechnet ein statistisches Klassifikationsverfahren

die Wahrscheinlichkeiten P_T, P_G und P_B für die Klassenzugehörigkeit
einer unbekannten Datenstruktur. Hierzu werden die Modellvektoren
aus vorklassifizierten Vertretern der Klassen "Text", "Grafik" und
"Bild" extrahiert und eintrainiert. Dieser statistische Vergleich
von Datenstrukturen mit Hilfe von Attributen ist notwendig um die
große Fülle unterschiedlicher Muster zu verarbeiten, die obige Klassen umfassen. Bild 3 zeigt hierzu die zweidimensionale Projektion
der Attributvektoren $\vec{q}_W$ klassifizierter Modelle aus einem 13 dimensionalen Raum. Datenstrukturen gleicher Klasse bilden jeweils ein
Cluster. Vertreter der Text-, Grafik- und Bildcluster sind mit "+",
"△" und "▣" gekennzeichnet. Als Beispiel für einzelne Attribute
ist auf der x-Achse die Fläche der Schwarzpixel (FL) relativ zu
Hüllfläche (FLEXT) des jeweiligen Musters aufgetragen. Die y-Achse
zeigt die Summe der jedem Symbol W untergeordneten Innenränder R_i.
Das Cluster der Klasse "Bild" erstreckt sich von ca. 20 bis 500
Innenränder.

3. Praktische Analyseergebnisse

Als Beispiel ist in Bild 4 das Analyseergebnis eines Zeitungsausschnitts gezeigt. Bild 4a zeigt das Schwarzweißbild des komplexen
Testmusters. Es verdeutlicht insbesondere die Zeichenfülle der Klasse
"Text", jedoch auch schwierige Analysebedingungen durch die unmittel-
bare Nachbarschaft unterschiedlichster Dokumentmuster zueinander.
Bild 4b verdeutlicht die Bereiche klassifizierter Textelemente, die
in der Datenstruktur den Symbolen W untergeordnet sind. Bild 4c
zeigt hierzu die untergeordneten Symbole D und die sie verbindenden
Zeiger b. Die Bilder sind aus der Datenstruktur rekonstruiert. Ebenso
zeigen Bild 4d und 4e die Rekonstruktionen der als "Grafik" bzw.
"Bild" klassifizierten Datenelemente. Die einzelenen Verfahrens-
schritte sowie die für die praktischen Versuche verwendeten Attribute sind in /2/ näher beschrieben.

4. Literatur

/1/ Niemann H.
     Klassifikation von Mustern, Springer-Verlag, 1983

/2/ Scherl, W.
     Unified Analysis of Complex Document Patterns, 4th Scand. Conf.
     on Image Analysis, Norwegen, Trondheim, 1985, pp. 873

/3/ Wong A., You M.
     Entropy and distance measure of random graphs, IEEE Comp. Soc.
     Conf. on Comp. Vision and Pat. Rec., Washington, 1983, pp. 371

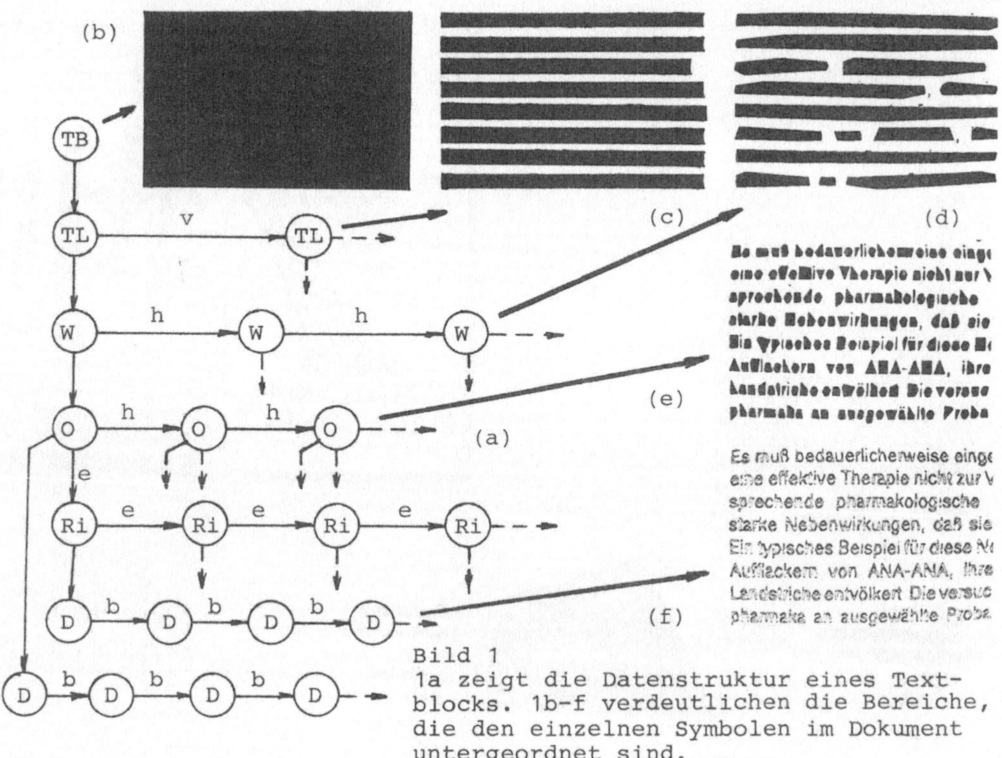

Bild 1
1a zeigt die Datenstruktur eines Textblocks. 1b-f verdeutlichen die Bereiche,
die den einzelnen Symbolen im Dokument
untergeordnet sind.

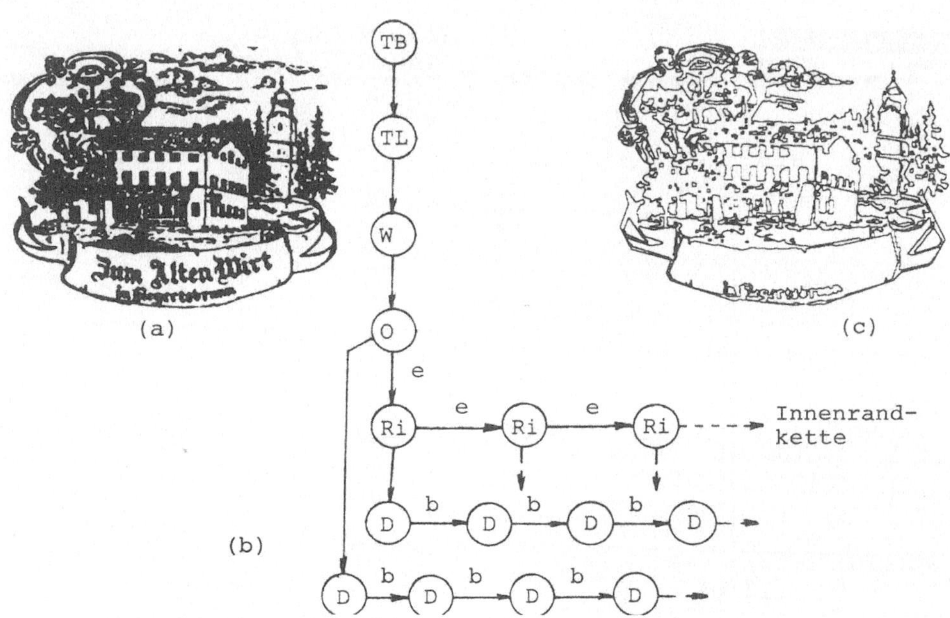

Bild 2
2b zeigt die Datenstruktur des Bildmusters 2a. Die Musterränder
sind in 2c aus den Symbolen D und b der Datenstruktur rekonstruiert.

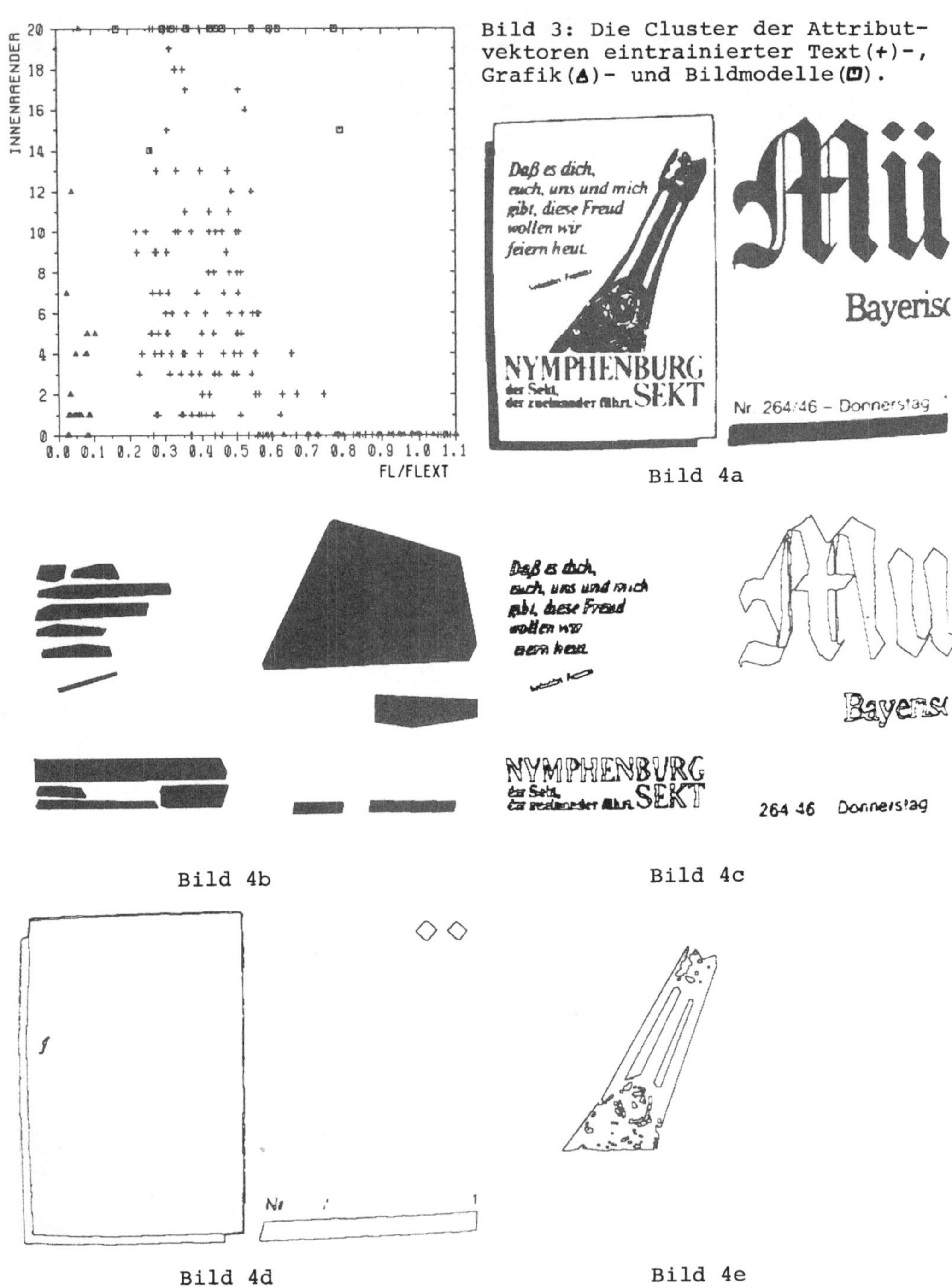

Bild 3: Die Cluster der Attributvektoren eintrainierter Text(+)-,
Grafik(▲)- und Bildmodelle(□).

Bild 4a

Bild 4b   Bild 4c

Bild 4d   Bild 4e

4a zeigt das komplexe Muster eines Zeitungsausschnitts. Als Analyseergebnis sind in 4b die Bereiche der als Text klassifizierten Symbole
W dargestellt. Die diesen untergeordneten Symbole D und b sind in 4c
rekonstruiert. 4d und 4e zeigen die als Grafik und Bild klassifizierten Datenelemente.

MODELLGESTUETZTE SYMBOLINSTANZIIERUNG AUS RELATIONAL VERKNUEPFTEN
BILDPRIMITIVEN

Eliane Egeli, Fernand Klein und Gerd Maderlechner
Institut für Kommunikationstechnik, ETH-Z, CH-8092 Zürich
Zentrale Forschung und Technik, Siemens AG, D-8000 München 83

1. Einleitung

Gezeichnete Dokumente automatisch zu analysieren und zu interpretieren,
stellt eine Teilaufgabe der Computer-Vision dar, die als prototypisch
für die modellgestützte Bildanalyse gelten kann. Vorlagen dieses Typus
gliedern sich in natürlicher Weise in Objekt und komplementären Hintergrund und lassen sich in der Regel mit bekannten Verfahren der Signalverarbeitung segmentieren. Die eindeutig definierten Bildkomponenten
und deren räumliche Beziehungen müssen erfasst und symbolisch beschrieben werden. Sie liefern den topologischen und geometrischen Kontext für
die Interpretation mit einem aufgabenspezifischen Modell. Dessen
Konstruktion basiert im wesentlichen auf den normierenden Vorschriften,
die beim Zeichnen einzuhalten sind.

Bislang erfolgreich eingesetzte Verfahren zur Erkennung von Symbolen in
Liniengraphiken wie Fluss-Diagrammen oder Schaltplänen sind vornehmlich graphentheoretischer Natur. Modell und segmentierte Vorlage
werden in ungerichtete, bewertete Graphen umgesetzt, auf denen Symbole
dann über den Nachweis von Teilgraphenisomorphismen detektiert werden
[1]. Strukturierte Linien aus Grundelementen verschiedener Lange und
Breite in charakteristischer relativer Raumlage ('Linientexturen')
erschweren die Analyse, da räumliche Beziehungen durch den Bildgraphen
nicht erfasst werden. Das Ziel ist, existierende Verfahren zu vervoll-
ständigen, indem die in gezeichneten Dokumenten vorhandenen Linientypen
in eine kompakte, CAD-ähnliche Beschreibung übertragen und die Kanten
im Bildgraphen durch das entsprechende Liniensymbol ersetzt werden.

2. Strukturelemente und ihre räumliche Beziehung

Die symbolische Beschreibung der Bildkomponenten und ihrer räumlichen
Beziehungen wird gewonnen aus verallgemeinerten Distanztransformatio-
nen von Objekt und Komplement [2]. Jedem Punkt wird dabei nicht nur
sein (euklidischer) Radius als fundamentale Grösse zugeordnet, sondern
es können zusätzliche Attribute beigefügt, modifiziert und weitergegeben werden. Aus dieser redundanten Darstellung wird eine komprimierte
Beschreibung abstrahiert, die in ihrer Struktur und primären Zugriffs-
schlüsseln an die Problemstellung angepasst ist.

Der linienhafte Charakter der Vorlage mit ihren 'Texturbestandteilen'
legt es nahe, Objektkomponenten über den topologischen Zusammenhang
(8-Nachbarschaft) zu definieren und als topologisch-geometrische
Beschreibung das Skelett mit den Radiuswerten als 'Dickeninformation'
zu verwenden. Der geometrisch-relationale Aspekt lässt sich mit dem
erweiterten (euklidischen) Exoskelett realisieren, wobei als Zusatz-
attribute Verweise auf die beiden nächstliegenden Objektkomponenten
(leftline,rightline) und deren Abstand (radius) mitgeführt werden. Die
einzelnen Zweige des erweiterten Exoskeletts grenzen so 'Einflussbereiche' des Objekts gegeneinander ab (Fig. 1). Wesentlich ist, dass
sich sowohl direktes wie duales Skelett mit den jeweiligen Zusatz-
Angaben durch ein einheitliches relational verknüpftes Primitiventri-
pel, nämlich Punkt, Linie und Knoten beschreiben lassen. Alle extrahierten Primitive erhalten als Identifikationsschlüssel eine Nummer
(pointnr,linenr,nodenr). Punkte haben Koordinaten (x,y) und Dicken-

bzw. Abstandsinformation (radius). Linien ergeben sich aus benachbarten Punkten, die so numeriert wurden, dass die Schlüssel (startpoint, endpoint) für Anfang und Ende der Linie bereits alle Punkte implizieren, die zu ihr gehören. Duale Linien als Grenzen der 'Einflussbereiche' haben zusätzlich die Information (leftline, rightline). Knoten ergeben sich an Stellen, wo sich das Skelett verzweigt. Sie gehören zu den Punkten und tragen ausser (pointnr) noch Information über die zuführende (linenr) und die nächste abführende Linie (nextlinenr), die durch Vorgabe eines Umlaufsinns definiert ist. Diese attributierten Primitive eignen sich unmittelbar als Terminalelemente für eine Bildgrammatik und werden bei deren Definition explizit aufgelistet.

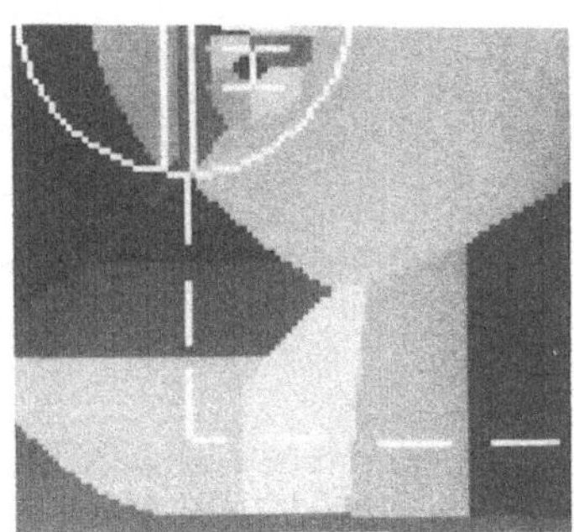 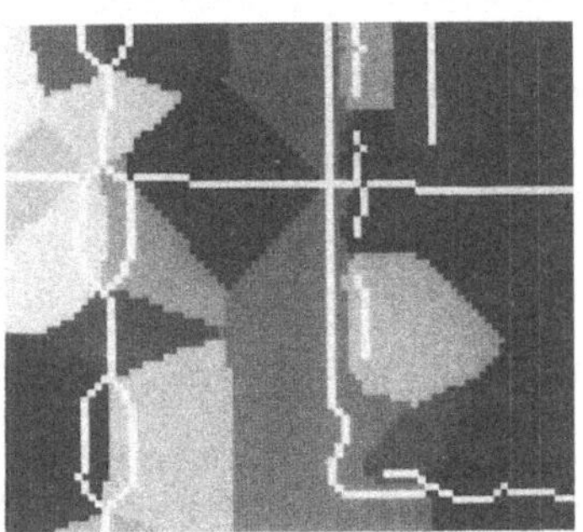

Fig. 1 Objektskelett (hell) und Einflusszonen (verschiedene Grau-
------ werte) im Bereich einer einfach strichlierten Linie (links)
       und komplizierterer Linientexturen (rechts)

3. Strukturelle Bildanalyse und Modelldefinition

Zur Erkennung von texturierten Linien bieten sich syntaktisch-semantische Methoden an, welche den lokalen Kontext durch Mitführen von Attributen einbeziehen. Die Strukturen der einzelnen Teile und ihre relative Lage werden durch Regeln beschrieben, welche die geometrischen Eigenschaften definieren. Bisherige strukturelle Verfahren in der Mustererkennung prüfen einen Satz, bestehend aus einer Sequenz von Primitiven, auf seine syntaktische und semantische Zulässigkeit innerhalb der vorgegebenen Grammatik. Dies bedingt aber eine vorangehende eindeutige Klassifikation der Primitive. Die Nachteile dieser Verfahren werden behoben durch eine Methode, welche anhand der Regeln aus einer Menge von Primitiven diejenigen aussucht, die einen zulässigen Satz bilden [3]. Die Grammatik dient damit sowohl als Modell für den Aufbau der zu beschreibenden Objekttypen, als auch für die rasche Einengung der Menge der objekt-konstituierenden Primitive [4].

Die Modellbeschreibung basiert auf einer kontextfreien Grammatik, die so erweitert wurde, dass sich semantische Zusatzinformation integrieren lässt. Konstruktion, Ueberprüfen und Verfeinern des Modells wird unterstützt, wenn die Regeln im Formalismus der Prädikatenlogik aufgestellt werden. Terminale, die Bestandteile eines Objekttypus sind, können dann mit mechanischen Beweisverfahren gefunden werden. Zur Implementation wird PROLOG verwendet, welches geeignet ist, die Objektmodelle aus den relational verknüpften Primitiven zu instanziieren.

Die Modellbeschreibung für einen gegebenen Linientyp besteht aus einem 5-Tupel
```
     D = (T,N,S,PS,PA)
wo   S  = Startsymbol
     T  = Terminale: Bildprimitive
     N  = Nichtterminale: Objekt, Objektteile, Verknüpfungsoperatoren
```

      PS = Strukturersetzungsregeln, Verknüpfungsregeln
      PA = 'Procedural Attachment'

Die einzelnen Teile haben folgende Struktur:
T ::= <Name> {al,..an}   ; al,..,an stehen für Attributwerte
      Die folgenden Terminalklassen sind definiert:
            <Point> {pointnr, x, y, radius)
            <Line> {linenr, startpoint, endpoint}
            <Node> {nodenr, linenr, pointnr, nextlinenr}
            <Dpoint>{dpointnr, x, y, radius}
            <Dline> {dlinenr, startdpoint, enddpoint, leftline, rightline}
            <Dnode> {dnodenr, dlinenr, dpointnr, nextdlinenr}
N ::= <Name> {p} (fl,..,fn) ; p ist ein Repräsentant der Klasse <Name>
        fl,..,fn sind Vorgabeparameter und entsprechen vererbten
                Eigenschaften

Die Regeln bestehen aus
- üblichem syntaktischen Ersetzungsteil einer kontextfreien Grammatik
- Bedingungsteil (CONSTR), der die strukturellen Eigenschaften
  mittels Prädikaten beschreibt
- Verknüpfungsteil (JOP), der zusammengehörige Elemente bestimmt
- Zuweisungsteil (ASSIG), der neue Attributwerte erzeugt

Der syntaktische Ersetzungsteil muss immer definiert sein, alle anderen
Teile können fehlen. Im 'Procedural Attachment' werden Funktionen
definiert, welche bestimmte Werte aus den Strukturen berechnen (z.B.
Anzahl Punkte auf einer Linie)

4. Erkennen einer 'einfach strichlierten Linie'

Dieser Linientyp ist aus kurzen Stücken aufgebaut, die in einem
bestimmten Abstand aufeinanderfolgen. Die charakteristische Nachbar-
schaftsbeziehung drückt sich als Tal im Radiusverlauf der dazwischen-
liegenden Dualen Linie aus (Figur 2).

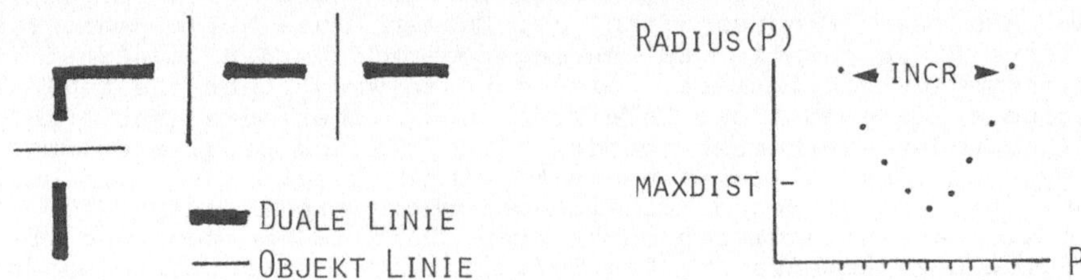

Fig. 2 Darstellung der Nachbarschaftsrelation und des Radiusverlaufs
------ für die 'einfach strichlierte Linie'. Die Werte 'maxdist'
        und 'incr' sind charakterisierende Strukturparameter.

Die Modellbeschreibung enthält als Nichtterminale nur drei Zeichen.
Diese sind 'Dotline', welches die Eigenschaften der teilnehmenden
Linienstücke definiert, 'Dotsym', welches die vollständig zusammen-
gesetzte Verbindungslinie repräsentiert und 'Joindot', welches die
Verknüpfungsbeziehung beschreibt.

Modellbeschreibung für 'einfach strichlierte Linie':

Notation: +   Platzhalter für den Verknüpfungsoperator (JOP)
               &, #   logisches UND bzw. ODER
               a.b   zusammengesetzte Strukturen aus Teilen a und b
               [a].b   zusammengesetzte Strukturen gleicher Hierarchie
               [a,b,c]   Menge aus Elementen a,b,c

```
Definition:  S  = Dotsym
             N  = Dotsym, Dotline(dotlinerange = 7..18),
                  Joindot(incr = 4, maxdist = 7)
PS =
1  <Dotsym> {a.b}      ::= <Dotline> {a} + <Dotline> {b}
   JOP:      <Joindot> {a, b} .
2  <Dotsym> {[a].b.c}  ::= <Dotsym> {[a].b} + <Dotline> {c}
   JOP:      <Joindot> {b, c} .
3  <Dotsym> {a.b.[c]}  ::= <Dotline> {a} + <Dotsym> {b.[c]}
   JOP:      <Joindot> {a, b} .
1  <Dotline> {a}       ::= <Line> {a}
   CONSTR: nrpoint(a) in dotlinerange
1  <Joindot> {a,b}     ::= <Dline> {dll}
   CONSTR: element( [dpl,dp2,dp3], <Dpoint>) &
           on( [dpl,dp2,dp3], dll) & radius( dpl) < maxdist &
           key(dp2) = (key(dpl)+incr) & key(dp3) = (key(dpl)-incr) &
           radius(dp3) > radius(dpl) &  radius(dp2) > radius(dpl)
   ASSIG:  (key(a) = left(dll) & key(b) = right(dll)) #
           (key(a) = right(dll) & key(b) = left(dll)) .
```

```
PA = (folgende Funktionen sind definiert)
   nrpoint(l)            : bestimmt die Anzahl Punkte auf der Linie l
   on(p,l)              : testet, ob der Punkt p auf der Linie l liegt
   key(p), radius(p),     extrahieren die entsprechenden
   left(l), right(l)    : Werte aus den Primitiven
   element(p, <Dpoint>) : fordert, dass p zu 'Dpoint' gehört
```

5. Weitere Linientypen

Als weitere Linientypen wurden definiert:
- strichlierte Linie parallel zu durchgezogener
- dreifach parallele durchgezogene Linien
- Fensterband ('Eisenbahn'-Symbol in Landkarten)

Wichtiges gemeinsames Strukturkriterium ist die Parallelität, die
wiederum aus den Eigenschaften der Dualen Linie hervorgeht. Für die
strichlierte Linie parallel zu durchgezogener werden zunächst kurze
Parallelelemente konstruiert, die dann entweder über die begleitende
durchgezogene Linie oder bei Ueberkreuzungen über die Knoteninforma-
tion miteinander verkettet werden. Die dreifach parallele Linie wird
aus längeren Parallelelementen mit einem gemeinsamen Linienanteil
bestimmt. Das Fensterband hat eine besonders stabil definierte Struktur, die sich aus alternierenden kurzen Parallelementen und breiten
Linienstummeln zusammensetzt. Die Definition der entsprechenden Modelle
erfordert jeweils genau ein Startsymbol (S) und ungefähr die dreifache
Menge an Nichtterminalen (N) und Regeln für Produktion (PN) und
Procedural Attachment (PA) wie die 'einfach strichlierte Linie'.

6. Resultate und Diskussion

In hierarchischem Einsatz der Modelle, wobei zuerst die stabilste
Struktur A (Fensterband) und zuletzt die 'einfach strichlierte Linie'
als Struktur D mit den schwächsten Randbedingungen gesucht wurden,
konnten alle Linientypen erfolgreich instanziiert werden (Fig. 3). Die
Verkettung von Linienstücken geht aus den markierten Enden hervor.
Gezeigt sind nur die Koordinaten der als konstituierende Objektbestand-
teile gefundenen Primitive. Sichtbar werden beim Typ B (strichliert-
parallel), dass die Bestandteile in der Zeichnung nicht immer getrennt
waren, wie auch im Original nachvollziehbar ist.

Die Konstruktion der Linienmodelle eignet sich gut zum weiteren Ausbau,
wie sich bereits bei Linientyp B gezeigt hat, wo die Mängel der Zeich-

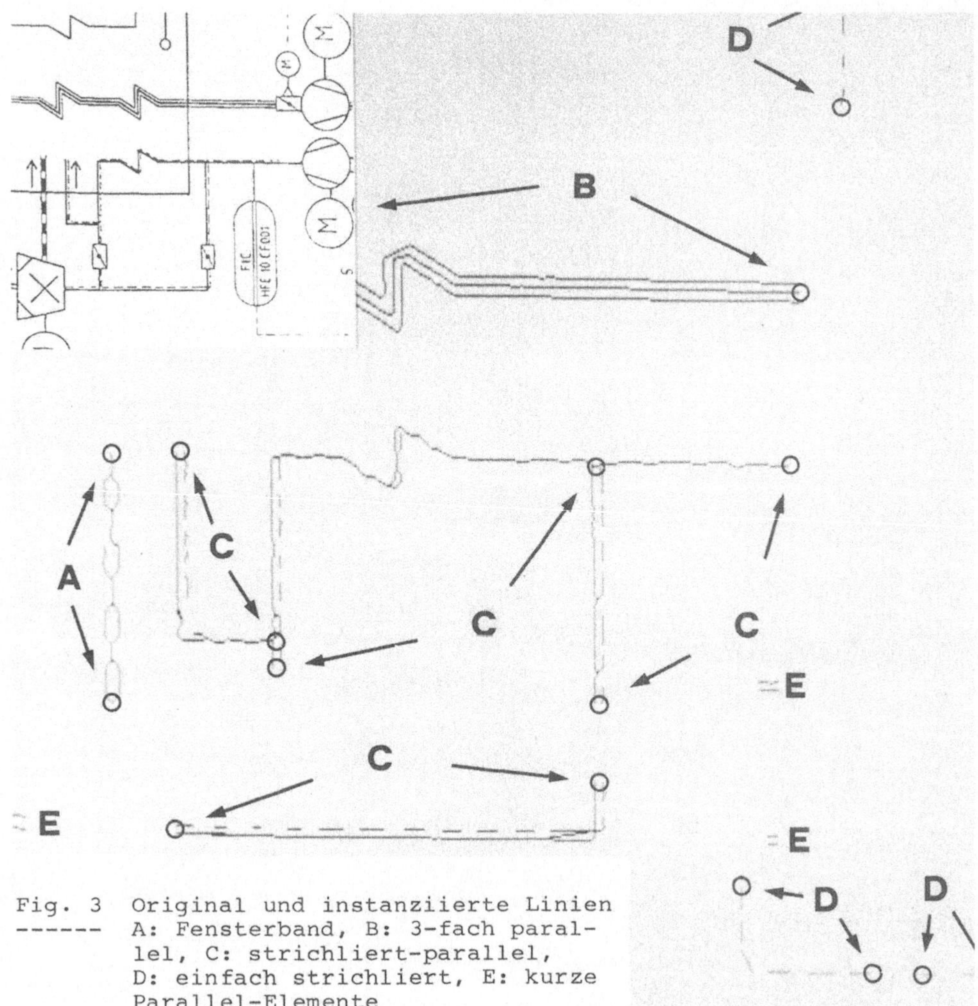

Fig. 3 Original und instanziierte Linien
------ A: Fensterband, B: 3-fach paral-
lel, C: strichliert-parallel,
D: einfach strichliert, E: kurze
Parallel-Elemente

nung durch ein Zusatz-Nichtterminal und - Regel kompensiert wurden. Die
Erkennung der definierten Strukturtypen ist robust, wie daraus ersichtlich ist, dass einfache glatte Linien keinerlei störenden Einfluss aus-
übten und auch eine beliebige Reihenfolge dieselben Resultate lieferte.
Zudem wird dies durch die erfolgreiche Anwendung der gleichen Modelle
auf Strassenkarten bestätigt. PROLOG unterstützt die Implementierung
der Modelle wirksam, während im Vergleich zu einer PASCAL-Implementie-
rung 1Ø-fach schlechteres Laufzeitverhalten festgestellt wurde.

Referenzen:
----

[1] Bartenstein, O., Maderlechner,G.,"Die Methode der diskriminierenden
    Graphen zur fehlertoleranten Mustererkennung", " Mustererkennung
    1984, DAGM/OeAGM Symposium", Springer Verlag 1984, 222-228
[2] Klein, F., Kübler, O., "Applications of Distance Transforms - Model
    Guided Interpretation", submitted to Pattern Recognition
[3] Tang, G.Y., Huang, T.S.,"A Syntactic-Semantic Approach to Image
    Understanding and Creation", IEEE-PAMI Vol. 1 (1979) 135-144
[4] Davis, L.S., Henderson, T.C.,"Hierarchical Constraint Processes for
    Shape Analysis", IEEE-PAMI Vol. 3 (1981) 265-277

POSTER

ZUR BILDANALYSE EINFACHER UND KOMPLEXER DOKUMENTE

Norbert Bartneck, Wolfgang Doster, Matthias Oberländer
AEG Aktiengesellschaft, Forschungsinstitut Ulm

Eine im Zeitalter fortschreitender Ausstattung mit Rechnern und deren Vernet-
zung noch nicht zufriedenstellend oder teilweise gar nicht gelöste Aufgabe ist
die der Wandlung von Papierdokumenten in elektronische Dokumente. Unter
Papierdokumenten verstehen wir Papiervorlagen z.B. im DIN A4 Format mit beliebiger Mischung von Text und Graphik, wie sie in jedem Büro vorkommen. Diese
sollen nun auf elektronische Datenträger gebracht werden. Das bedeutet, Text-
und Graphikbereiche müssen unterschieden und in einer solchen Form codiert
werden (Texte im ASCII-Code, Graphiken faksimile oder vektorisiert), daß sie
mit den im Rechner vorhandenen Editoren bearbeitet werden können.

Dieses Poster befaßt sich mit dem Bereich der Bildanalyse.

Nach der Abtastung liegt das Bild der Vorlage als Rasterbild vor. Mit dem
RLC-Verfahren werden für alle schwarzen und weißen Zusammenhangsgebiete (RLC-
Objekte) konturbeschreibende Strings erzeugt und form- und lagebeschreibende
Parameter ermittelt (z.B. Fläche, Umfang, Formfaktor, Koordinaten des um-
schreibenden Rechtecks). Weiterhin wird bestimmt, wie die RLC-Objekte inein-
ander verschachtelt liegen.

Mittels der oben genannten Merkmale ist es bereits an dieser Stelle möglich,
den Großteil der Gebiete durch einen parametrisierten Zugriff auf die Datenbank in potentielle Text- bzw. Nichttextbereiche zu unterteilen. Das Poster
illustriert den Mechanismus an einigen Beispielen. Die Festlegung der Parameterwerte soll später durch intelligente Zugriffe auf die Wissensdatenbank des
Dokumentanalysesystems realisiert werden.

Literatur:

N. Bartneck
Image Analysis Based on Image Description Graphs with Contour Coded Objects
Proc. 7th ICPR, Montreal, July 30 - Aug. 2, 1984, Vol.2, pp.1108-1110

W. Doster
Different States of a Document's Content on its Way from the Gutenbergian
World to the Electronic World
Proc. 7th ICPR, Montreal, July 30 - Aug. 2, 1984, Vol.2, pp.872-874

Automatische Bildanalyse im industriellen Bereich: Entwurfskonzept und

Demonstration an Anwendungsbeispielen.

Norbert Bartneck, Klaus Grebner, Reinhard Janssen, Rainer Ott

AEG Aktiengesellschaft, Forschungsinstitut Ulm

Die automatische Bildanalyse zielt darauf ab, Objekte in einer Bildszene zu beschreiben, zu erkennen, ihre gegenseitige Lage aufzuzeigen und schließlich eine Deutung der Szene vorzunehmen. Das Aufgabenspektrum reicht von Anforderungen, die mit technischen Systemen schnell und ohne großen Aufwand gelöst werden können bis zu Aufgabenstellungen, bei denen eine technische Lösung noch kaum in Sicht ist.

Vorgestellt wird ein allgemeines Systemkonzept zur Lösung von komplexen Bildanalyseaufgaben. Die Einsatzmöglichkeiten werden am Beispiel der Auswertung industrieller Szenen aufgezeigt. Kernpunkt der Aufgabenstellung ist dabei das Erkennnen von Werkstücken, das Ermitteln von Position und Drehlage sowie das Bestimmen von Bereichen am Werkstück, an denen ein Roboter angreifen kann.

Im Mittelpunkt steht die Analyse von Bildern flacher metallischer Stanzteile mit Falzen und Löchern, die ungeordnet und sich einander überdeckend vorliegen. Es werden die verschiedenen Bildverarbeitungsprozesse erläutert und mit den jeweiligen Prozedurergebnissen illustriert. Das Spektrum der in dem Systemkonzept eingesetzten Verfahren reicht vom ikonischen Bereich, in dem es um eine geeignete Verarbeitung der bildhaften Information geht, die mit linearen und nichtlinearen Filtern durchgeführt wird, bis zum rein symbolischen Bereich, in dem die verschiedenen Objekte oder Teilobjekte mit Symbolen und Attributen beschrieben werden und in dem Methoden der künstlichen Intelligenz, wie etwa Graphsuchverfahren zur Lösungsfindung eingesetzt werden.

Schließlich wird ein am Forschungsinstitut aufgebautes Demonstrationssystem beschrieben. Es handelt sich um ein Robotersystem, das mit einem automatischen Sichtsystem gesteuert wird und in dem ein vollautomatisch arbeitendes Spracheingabe- und Sprachausgabesystem integriert ist.

Eine <u>kontextgesteuerte</u> <u>Methode</u> <u>zur</u> <u>Erkennung</u> <u>und</u> <u>Analyse</u> <u>fehlerhafter</u> <u>Muster</u>

F. Belli, Hochschule Bremerhaven

Die Methoden der syntaktischen (oder strukturellen) Mustererkennung (ME) werden, meist in Verbindung mit anderen Methoden (z.B. mit statistischen), seit langem in der Praxis eingesetzt (s. z.B. /FU, THO/). Die theoretischen Grundlagen der syntaktischen Methoden der ME, z.B. die Theorie der Formalen Sprachen und der abstrakten Automaten, ist ein intensiv erforschtes Gebiet. In Verbindung mit "traditionelleren" Mitteln der ME, wie picture description languages (PDL), ist dieser Methodengruppe gelungen, kompliziertere Strukturen als die der Zeichenketten zu untersuchen. Dabei wird zuerst durch Kombinationen von Elementarmustern (pattern primitives oder subpatterns) die Struktur der erwünschten Musterklassen gebildet. Hierfür werden vielfach Nicht-Linguistische Methoden zu Hilfe genommen. Den Elementarmustern werden dann Symbole eines Alphabets als Namen zugewiesen, um die Muster als Symbol- oder Zeichenketten darzustellen. Die Menge dieser Zeichenketten bildet eine Sprache, deren Grammatik durch Inferenz-Techniken konstruiert werden kann.

In diesem Beitrag wird, in Anlehnung an /BEL/, eine Methode vorgestellt, die gegebene Muster syntaktisch analysiert, ggf. Fehler erkannt und Korrektursvorschläge liefert.

Zur Durchführung der syntaktischen Analyse benutzt die Methode nur Informationen der direkten Umgebung, d.h. des unmittelbar rechten und linken Kontextes des betrachteten Symbols (oder des Elementarmusters) der Zeichenkette. Die notwendige Information wird durch vorherige Analyse der Struktur der Muster-Klasse global gewonnen.

Zur Erkennung fehlerhafter, gestörter etc. Muster werden die üblichen Hypothesen herangezogen: Die Fehlerhafte Zeichenkette läßt sich durch Ändern, Löschen oder Hinzufügen eines ihrer Symbole korrigieren. Diese Hypothesen werden dann auf n Symbole erweitert, mit deren Hilfe Fehler allgemein behandelt (d.h. erkannt, lokalisiert und korrigiert) werden können.

Die Methode unterscheidet sich von den anderen Methoden durch ihre Effizienz bei der Analyse und durch die Vollständigkeit der gelieferten Analyse-Ergebnisse bei fehlerhaften, nicht-perfekten Mustern.

Trotz der Einschränkung der vorgestellten Methode auf die regulären (Typ-3) Sprachen ist ein vielfältiger Einsatz möglich, denn z.B. in /MAU/ wird gezeigt, daß viele PDL-Subklassen reguläre Sprachen darstellen. Durch Kombination der Methode mit statistischen und entscheidungstheoretischen Verfahren können wirkungsvolle hybride Methoden für ME gebildet werden.

Literaturhinweise

/BEL/ Belli, F., "Erweiterung regulärer Sprachen zur Erkennung und Korrektur von syntaktischen Fehlern", Oldenbourg-Verlag, München etc. (1979)
/FU / Fu, K.S., "Hybrid Approaches to Pattern Recognition", Proc. "Pattern Recognition - Theory and Applications", Kittler, J., Fu, K.S., Pau, L. F. (eds.), D. Reidel Publ. Co., Dordrecht etc. (1982), pp. 139-155
/MAU/ Maurer, H.A., Rozenberg, G., Welzl, E., "Using String Languages to Describe Picture Languages", Inf. & Control 54 (1982), pp. 155-185
/THO/ Thomason, M. G., "Syntactic/Semantic Techniques in Pattern Recognition: A Survey", Intern'l. J. Comp. & Inf. Scie. 11/2 (1982), pp. 75-100

<u>Bemerkung</u>: Dieser Arbeit liegen Zwischenergebnisse der Forschungsprojekten zugrunde, die von der Deutschen Forschungsgemeinschaft und von dem Senator für Bildung, Wissenschaft und Kunst der Freien Hansestadt Bremen teilweise gefördert werden.

Merkmalsextraktion
bei einem System zur handschriftlichen Texteingabe

H. von Borstel, V. Märgner
Institut für Nachrichtentechnik, TU Braunschweig

Mit einem Mikroprozessorsystem wird während des Schreibens auf einem Digitalisierungs-Tablett eine Erkennung der handgeschriebenen Zeichen durchgeführt. Hierbei wird zunächst der vom Tablett gesendete Datenstrom in einem Vorverarbeitungsprozeß reduziert. Aus dem so gewonnenen Muster werden dann die Merkmale extrahiert. Hierzu werden die in sechzehn Stufen quantisierten Steigungen der Verbindungslinien zwischen den Punkten sowie dynamisch normierte Abmessungen eines Zeichens verwendet. Außerdem wird das Abheben des Stiftes von der Tablettoberfläche (Penlift) vermerkt.

Da die Zeichenerkennung sowohl weitgehend unabhängig von der Größe der geschriebenen Zeichen als auch in Echtzeit - also schon während das Zeichen noch entsteht - durchgeführt werden soll, mußte ein spezielles Verfahren gefunden werden, das die Normierung der Zeichenabmessungen dynamisch vollzieht.

Seien w_1, w_2, w_3... aufeinanderfolgende Abtastwerte eines Signals (z.B. x-Koordinaten eines Zeichens, wobei w_1 zum Anfang des Zeichens gehört) so ist

$$w_{di} = \min\left(\text{MALD}, \max\left(0, \frac{(\text{MALD}+1) \cdot (w_i - g_1(w_{i-1}))}{g_2(w_{i-1}) - g_1(w_{i-1})}\right)\right)$$

mit

$$g_1(w_n) = m_1(w_n) - \text{RAND}(w_n)$$
$$g_2(w_n) = m_2(w_n) + \text{RAND}(w_n)$$
$$\text{RAND}(w_n) = (m_1(w_n) - m_2(w_n)) \cdot \text{RB}$$
$$m_1(w_n) = \min(w_1, w_2, w_3, \ldots, w_n)$$
$$m_2(w_n) = \max(w_1, w_2, w_3, \ldots, w_n)$$

der dynamisch normierte Wert des Wertes w_i.
Verschiedene Parameter bestimmen die Eigenschaften der Normierungsfunktion (in Klammern sind die in den Abbildungen verwendeten Werte angegeben). MALD (4) gibt den maximal möglichen Wert der Funktion an. RB (1/3) bestimmt die relative Randbreite.

Der Merkmalvektor eines Zeichens besteht aus (zeitlich geordneten) Komponenten, die ihrerseits selbst Vektoren sind. Diese Komponenten bestehen normalerweise aus der Steigung und dynamisch normierten Abmessungen für jeweils einen Zeichenpunkt. Penlifts werden durch ein spezielles Komponentenpaar dargestellt.

Das Handschrifterkennungssystem wurde vom Institut für Nachrichtentechnik, TU Braunschweig, für die Firma MECOM, Hannover, entwickelt.

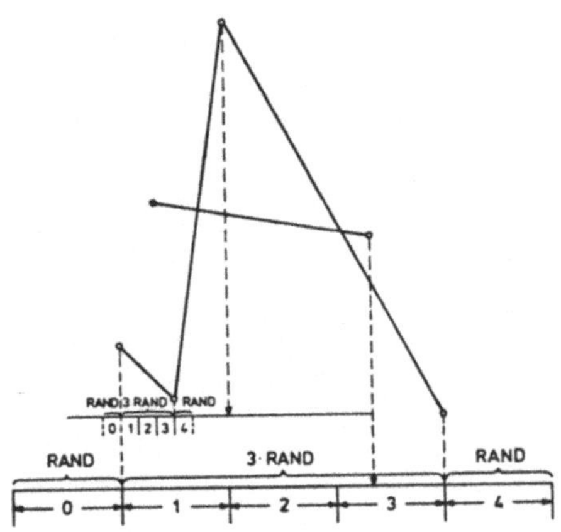

Abb. 1
Merkmalsextraktion normierte x-Werte

Das durch die Extremwerte des bisher gezeichneten Zeichens begrenzte x-Intervall wird nach links und nach rechts jeweils um einen RAND vergrößert und in fünf gleichgroße Zonen unterteilt. Die Lage des aktuellen Punktes innerhalb dieser Zonenskala bestimmt den normierten x-Wert.

<u>Bewegungsvektorschätzung aus Bildfolgen</u>
<u>mittels Oktavbandzerlegung</u>

A.v.Brandt, W. Tengler, E. Hundt
Siemens AG, ZT ZTI INF 121
Otto-Hahn-Ring 6, 8000 München 83

<u>Zusammenfassung</u>

Ein Verfahren zur Ermittlung von Bewegungsvektorfeldern aus Bildsequenzen wird vorgestellt, bei dem die einzelnen Bilder durch Anwendung einer zweidimensionalen Filterbank in oktav gestufte Ortsfre-
quenzbereiche, sog. Teilbänder, aufgespalten werden. Die Filterbank
wird mittels Quadratur-Spiegel-Filtern realisiert, wodurch eine fehlerfreie Rekonstruktion der Bilder aus den Teilsignalen bei größt-
möglicher Unterabtastung der Teilsignale möglich ist. Zur Bewegungs-
vektorschätzung werden die Teilsignale in Blöcken zu 8x8 oder 16x16
Pixeln zusammengefaßt. Für jeden dieser Blöcke wird ein Bewegungsvektor
durch Korrelation mit dem vorhergehenden Bild bestimmt. Dabei sind
für die großen Verschiebungen die niederfrequenten Teilsignale und
für die kleinen Verschiebungen bzw. für die Feinjustierung der Vektoren
die höherfrequenten Teilsignale maßgebend. Das Verfahren ist für die
Bewegungskompensation bei der Bewegtbildcodierung mit niedrigen Über-
tragungsraten vorgesehen.

<u>Kurzfassung</u>

Ein wesentlicher Teil der Analyse von Bewegtbildszenen ist die Ermittlung von Bewegungsvektoren. Diese werden u.a. für die bewegungskompen-
sierte Vorhersage in DPCM-Schleifen oder die zeitliche Interpolation
von Bildern benötigt. Es wird unterschieden zwischen pixelrekursiven
Verfahren, Block-Matching und merkmalsorientierter Bewegungsschätzung.
Bei den blockweise arbeitenden Verfahren wird das Bild gitterförmig
in Blöcke unterteilt, für die jeweils ein Bewegungsvektor ermittelt
wird. Dies geschieht durch Verschiebung der Blöcke gegenüber dem zeitlich vorhergehenden Bild mit dem Ziel der Minimierung eines geeigneten
Fehlermaßes. Hierbei kann die Anzahl der Suchschritte reduziert werden
durch ortsfrequenzmäßige Aufspaltung der Bilder /1/. Weiterhin kann
die Anzahl der Abtastwerte nach der Aufspaltung reduziert werden bei
Verwendung von Quadratur-Spiegel-Filtern /2/. Die Bewegungsvektorschät-
zung unter diesen Bedingungen und ihre Anwendung bei der Bildcodierung
wird zusammen mit Ergebnissen im Poster dargestellt.

/1/   P.J. Burt: Fast algorithms for estimating local image properties.
Computer Vision, Graphics and Image Processing 21 (1983),
pp. 368-382

/2/   A.v. Brandt: Sub-band coding of videoconference signals using
Quadrature Mirror Filters. IASTED Int. Symp. on Applied Signal
Processing and Digital Filtering, Paris, 19.-21. Juni 1985

TALISMAN: Eine Softwareumgebung für die interaktive Verarbeitung
medizinischer Bildserien
R. Brennecke, D. Jung, W. Clas, R. Erbel, J. Meyer
2. Medizinische Klinik, Johannes Gutenberg Universität Mainz

Für die kardiologische Diagnostik eröffnen sich durch die interaktive Auswertung
digitalisierter Bildserien zahlreiche neue Möglichkeiten. Die entstehenden Hardware-
und Softwaresysteme sind interaktiv zu erproben und unterliegen einer schnellen Entwicklung und Veränderung der Algorithmen und der Benutzeroberflächen. Die TALISMAN-
Softwareumgebung erleichtert diese Vorgänge durch folgende Eigenschaften:
1. Unterstützung eines modularen Aufbaus der Anwendungsprogramme durch Bereitstellung eines Botschaftensystems (vgl. objektorientierte Umgebungen wie z. B. Smalltalk).
2. Standardisierung der Struktur der bildverarbeitenden Programm-Module (z.B. Datenstruktur und visuelle Darstellung der Botschaften) durch Bereitstellung eines Pro-
gramm-Rahmens (PR) im Sinne eines Programm-"Templates" für diese Elementarprogramme
(EP).
3. Konzentrierung sämtlicher Interaktionen zwischen den EP sowie aller Interaktionen
zwischen dem Benutzer und den EP in Shell-Programmen.
4. Bereitstellung einer speziellen Interpretersprache und eines Editors zur interaktiven Gestaltung von Shell-Programmen.

Hardwareseitig besteht das System aus dem eigentlichen Bildrechner (VTE Picturecom
mit Host-Rechner DEC PDP 11/73, BS: RSX11M) und einem steuernden Personalcomputer
(IBM PC XT, BS:MS-DOS). Der Host-residente Teil der Software besteht im Kern aus
den EP für Aufgaben der Bildaufnahme, -Verarbeitung und -Darstellung (compilierte
FORTRAN-Hauptprogramme ohne Dialogteile). Die EP entstehen durch Editieren des
standardisierten PR. Dadurch werden Entwicklung, Test und Pflege der EP wesentlich
erleichtert, und sie erhalten eine standardisierte Schnittstelle zum Host-Shellprogramm. Dieses aktiviert die einzelnen EP und vermittelt ihnen Botschaften (z.Z.
vor allem Parametersätze). Es besitzt eine zum Programm-Monitoring visuell darstell-
bare tabellenartige Oberfläche, die im wesentlichen die aktuell verwendeten Parametersätze sowie Statusinformation enthält (vgl. "blackboard" in AI-Anwendungen).

Der auf dem PC-System implementierte Teil von TALISMAN (Table-oriented Language for
Image Sequence Management) erlaubt das Zusammenfügen der EP zu Anwendungsprogrammen
einschließlich der Gestaltung der Benutzeroberfläche. Das entstehende PC-Shell-
Programm kommuniziert mit dem Host-Shellprogramm ebenfalls durch das standardisierte
Botschaftensystem. Funktionen sind:
1. Strukturierte Programmierung des Botschaftenaustausch zwischen den EP mit Hilfe
einer speziellen Interpretersprache.
2. Unterstützung der Programmierung durch einen speziellen Editor. Programmiert wird
hier im wesentlichen durch interaktives Aneinanderfügen von in einer Datenbank
gespeicherten tabellenartigen Mustern (templates) von Standard- (default-) Para-
metersätzen (Botschaften) der EP sowie durch die Verknüpfung von Elementen dieser
Sätze. Dieser Vorgang wird durch "cursor pointing" erleichtert (z. B. Verringerung
der Ansprüche an das Erinnungsvermögen, Ausschluß von Schreibfehlern). Die Form
der visuellen Darstellung und die Benennung der Parametersätze ("Metaphern")
unterstützen eine intuitive Orientierung des Programmierers. Der beschriebene Editor
erlaubt auch die Generierung der eigentlichen Benutzeroberfläche in Form von Masken
(engl.: input forms/output forms). Die Plausibilitätsprüfung der Parametereingaben
wird durch Prozeduren vorgenommen, die automatisch aus der erwähnten Datenbank der
Parametertemplates übernommen werden. Editor und PC-Shellprogrammiersprache sind
in der Sprache FRAMEWORK/FRED (Ashton-Tate) geschrieben.

Das Botschaftensystem mit seiner zentralen Tabellenstruktur (in der Host-Shell)
sollte zukünftige Erweiterungen einschließlich einer adaptiven wissensgesteuerten
Konfigurierung von Anwendungsprogrammen aus den EP wesentlich unterstützen.

AUTOMATIC FOCUSSING AND CORRECTION OF ASTIGMATISM IN SCANNING-ELECTRON-MICROSCOPES

Ingwer C. Carlsen

Philips GmbH Forschungslaboratorium Hamburg, Vogt-Koelln-Str. 30, D-2000 Hamburg 54

Finding the optimal focus and correcting the astigmatism in scanning-electron-microscopes is a tedious and time-consuming operation which has to be done many times by the operator during a microscopy session. In the following a simple and robust algorithm is proposed which allows this job to be done automatically.

To estimate the sharpness of on-line digitized micrographs the local contrast is calculated as the absolute difference of the greyvalues of adjacent picture elements. Local texture and the anisotropic nature of the astigmatism demand the local contrast to be determined in at least two independent directions which should be orthogonal. The global contrast is then determined as the sum over the local contrasts of those picture elements located in a small quadratic region of interest which may be interactively positioned in the digitized micrographs.

Locating the focus and correcting the astigmatism is then done in the following way

- determine the global contrasts for various focus positions and locate the maximum in the SAVITZKY-GOLAY-smoothed [1] data (fig. 1)
- successively determine the position of the stigmators leading to maximum contrast in an analogous way
- iterate the last two steps until the optimal image is found

This algorithm which meanwhile is available as an option to PHILIPS-SEMs converges normally after two to three iterations unless the quality of the images is too poor or the specimen shows too few details.

Reference:

[1] J. Steiner, Y. Termonia, J. Deltour: Analytical chemistry, 44, 11, 1906 (1972)

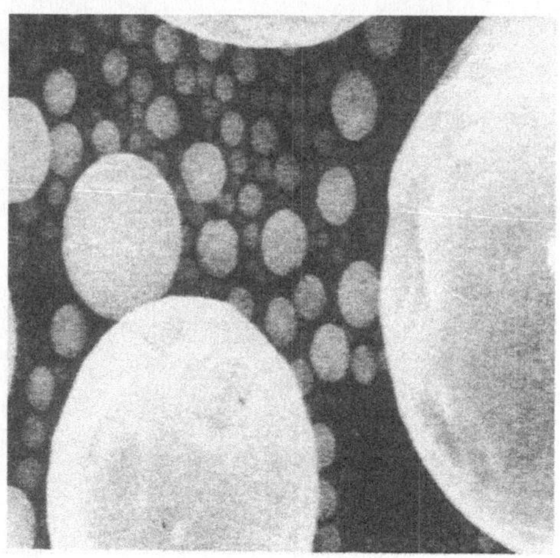
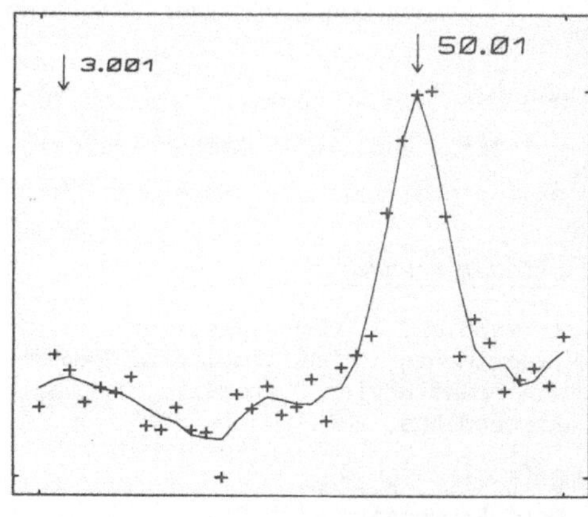

Fig. 1: Example of the 1. focus-cycle in the above algorithm showing the variation of the global contrast with the focus-position and the micrograph corresponding to the maximum

EXPERIMENTE ZUR HANDSCHRIFTLICHEN DIREKTEINGABE

Wolfgang Doster, Eberhard Mandler, Richard Oed
AEG Aktiengesellschaft, Forschungsinstitut Ulm

Die handschriftliche Direkteingabe ermöglicht ohne Benutzung einer Tastatur oder einer Maus mit ein- und demselben Schreibwerkzeug sowohl Text- und Kommandoeingabe als auch jegliche Selektier- und Zeigeoperation durchzuführen. Verwendet wird dazu ein handelsübliches Graphiktablett mit dazugehörendem Stift.

Vorgestellt wird ein jederzeit einfach modifizierbarer, benutzerspezifischer Ansatz zur Erkennung von frei definierbaren, isolierten Symbolen.

Das Poster beschreibt einige Vorverarbeitungsschritte, die Merkmalsgewinnung und Ergebnisse, die wir mit Experimenten -basierend auf 12 verschiedenen Schreibern mit jeweils 20 Zeichensätzen des Alphabets, der Umlaute und der Ziffern- gewonnen haben.

Als Merkmale werden der normierte Winkel über Weglängeverlauf sowie die umschreibenden Rechtecke der einzelnen Linienabschnitte verwendet.

Experimente wurden durchgeführt mit unterschiedlicher Anzahl von gelernten Referenzsymbolen, (1, 2, 3, 4, 7) pro Klasse. Die Ergebnisse, die mit einem einfachen abstandsmessenden Klassifikator erzielt wurden, werden mit den Ergebnissen eines Dynamic Pattern Matching Algorithmus verglichen.

Außerdem wurden zusätzlich alle 9360 Symbole in Rasterbilder umgewandelt, einheitlich auf 16*16 Rasterbildformat normiert, und am Beispiel dieser Rasterbilder ebenfalls Abstandsklassifikatoren realisert.

Literaturhinweise:

E. Mandler, R. Oed, W. Doster
Experiments in On-line Script Recognition
4th Scandinavian Conference on Image Analysis
Proceedings, Vol.1, June 1985, pp. 75-86

W. Doster, R. Oed
Word Processing with On-line Script Recognition
IEEE Micro, Vol.4, No.5, October 1984, pp. 36-43

W. Doster, R. Oed
Zur Bildanalyse bei der handschriftlichen Direkteingabe
Mustererkennung 1983, 5. DAGM-Symposium
VDE Fachberichte 35, S.161-166

Föhr, R.; Schneider, K.; Kempken, E.; Ameling, W.

Implementierung eines modularen Bildverarbeitungssystems
in UNIX-Umgebung

Das Rogowski-Institut der Technischen Hochschule Aachen beschäftigt
sich u.a. mit Aspekten medizinischer und industrieller Bildverarbeitung. Primär für den Entwurf von Bildverarbeitungsalgorithmen zur Führung von Handhabungsgeräten mit Hilfe von CCD-Kameras entstand das
hier beschriebene System.

Heute verfügbare Mikrocomputersysteme mit Minicomputerleistung stellen
eine geeignete Grundlage für die Entwicklung von Bildverarbeitungsalgorithmen dar. Ein offenes System, hier auf VME-Bus-Basis, das zudem
auf einem eingeführten Betriebssystem wie UNIX aufsetzt, erfüllt die
für die vorgestellte Entwicklungsumgebung geforderten Merkmale.

Ein wichtiger Punkt ist die Modularität des Programmsystems. Große
Programmpakete sind bei Erweiterungen wegen der langen Übersetzungs-
und Bindezeiten relativ unhandlich. Außerdem wird der Arbeitsspeicher
des Systems durch eine menügesteuerte Ausführung für den interaktiven
Betrieb und die in der Regel großen Unterprogrammbibliotheken unnötig
belastet. Arbeitet man dagegen mit einzelnen, voneinander unabhängigen
Programmen, die sich nur global angelegter Datenstrukturen bedienen,
so ist das Hinzufügen eines neuen Moduls ein das Gesamtsystem nicht
berührender Vorgang. Durch den alleinigen Zugriff auf diese globalen,
auch komplexeren, Datenstrukturen zwischen den Programmen wird eine
Programmiersprachunabhängigkeit erreicht. Damit können Bilder variab-
ler Größe, strukturierte Ergebnisdaten wie z.B. bei der Merkmalsextraktion und Datensätze für die Parametrierung der Module über die im
Betriebssystem verfügbaren Wege (Files, Ein-/Ausgabegeräte, Pipes)
transportiert werden.

Die unter UNIX mögliche Verwendung von ablaufstrukturierten Kommando-
dateien ist ein durchaus geeignetes Verfahren zur Erstellung von komplexeren Bildverarbeitungsprogrammen. Die hier enthaltenen Kommandos
sind identisch mit den im interaktiven Betrieb aufrufbaren Programmen.

Aus Gründen der Portabilität werden nur sehr wenige hardwareabhängige
Gerätetreiberprogramme für die Bildverarbeitungs-Hardware verwendet,
so daß der Gebrauch von Deskriptoren für die einzelnen angeschlossenen
Geräte eine Anpassung bei der Installierung erlaubt. Der modulare Aufbau erleichtert darüberhinaus die Austauschbarkeit gleichwertiger Verfahren. Dieser Austausch kann insbesondere durch den Einsatz spezieller Hardwarerealisierungen vorgenommen werden. Deshalb wird besonders
die Simulation von typischen Bildverarbeitungsrechnerarchitekturen
(Pipeline- und Arrayprozessoren) berücksichtigt.

Bestimmend für die Rechenzeit der Module ist die Auswahl des Speicher-
mediums. Ein Zweiportspeicher im Adreßbereich der Zentraleinheit mit
direktem Zugriff durch die Bildverarbeitungsperipherie ist für eine
schnelle Reaktion des Systems beim interaktiven Arbeiten unerläßlich.
Die hierfür durchgeführte dynamische Verwaltung eines solchen Bild-
speichers befähigt das System auch für den Time-Sharing-Betrieb durch
mehrere Prozesse oder Benutzer. Die Abbildung der Bilder in Bild- oder
Massenspeicher über Deskriptoren mit logischen Namen macht den Anwender auf oberste Ebene frei von überflüssigem Zahlenballast.

Insgesamt steht nun mit der vorgestellten Entwicklungsumgebung ein
mächtiges und erweiterbares Werkzeug zur Verfügung, das durch die Ein-
fügung angepaßter käuflicher Standardroutinen und durch eigene neue
Algorithmen verschiedenster Zielsetzung laufend ergänzt wird.

ÜBER DIE ERWEITERUNG EINES KLASSIFIKATIONSMODELLS FÜR FUNKSIGNALE

Friedrich Jondral und Anton Mohr
AEG Aktiengesellschaft, Geschäftsbereich Hochfrequenztechnik
Sedanstraße 10, 7900 Ulm (Donau)

In /1/ wurde über die Rechnersimulation der automatischen Klassifikation binär modulierter Kurzwellensignale berichtet. Das dort vorgestellte Modell unterliegt wesentlichen Einschränkungen: Es wurde mit simulierten und nicht mit echten Signalen gearbeitet, das Modell umfaßte nur wenige spezielle Signalklassen, zur Klassifikation wurde nur ein linearer Klassifikator verwendet.

Das ausgestellte Poster zeigt eine Erweiterung des Klassifikationsmodells auf zusätzliche Modulationsarten. Die Untersuchungen bauen auf Stichproben realer Hochfrequenzsignale auf.

Die Signalvorverarbeitung besteht aus einem handelsüblichen Kurzwellenempfänger, der mit einem digitalen Zwischenfrequenzausgang versehen wurde. An diesem Ausgang werden die Signale unter Einhaltung des Abtasttheorems in einer der am Empfänger gewählten Bandbreite angepaßten Abtastrate zur Verfügung gestellt.

Die Merkmalsextraktion geht davon aus, daß von einem Signal mit Sinusträger Informationen nur über gezielte Veränderungen von Amplitude, Momentanfrequenz oder relativer Nullphasenlage übertragen werden können. Der Merkmalsvektor gibt die Häufigkeitsverteilungen **dieser drei** Parameter für den untersuchten Signalausschnitt in Form von Histogrammen wieder.

Das Ergebnis der Klassifikation einer von der Lernstichprobe unabhängigen Teststichprobe wird dargestellt und es wird gezeigt, wie sich die Erkennungssicherheit ändert, wenn anstelle eines vollständig linearen ein (eingeschränkt) quadratischer Polynomklassifikator zum Einsatz kommt.

Der für die Klassifikation von Hochfrequenzsignalen bezüglich ihrer Modulationsart entwickelte Algorithmus wurde als Labormuster auf einem Bit-Slice-Rechner realisiert.

/1/ F. Jondral und A. Mohr: "Ein Simulationsmodell zur Klassifikation
    binär modulierter Signale", Informatik-Fachberichte, Band 49,
    Berlin 1981, S.41 - S.47

<u>Abstract:</u> Gewebeklassifikation in der NMR-Tomographie

M. Jungke, G. Bielke, S. Meindl, W. von Seelen*
Deutsche Klinik für Diagnostik, Wiesbaden
* Institut für Biophysik, Universität Mainz

Die NMR-Tomographie zeichnet sich gegenüber anderen bildgebenden
Verfahren (z.B. Ultraschall) dadurch aus, daß die Modellgleichungen
für die verschiedenen Experimente die gemessenen Werte relativ gut
beschreiben. Hierdurch lassen sich auch die Merkmale eindeutig im
Parameterraum definieren, so daß eine intuitive Bestimmung entfällt.

Die Grauwerte der Bilder werden im wesentlichen durch die beiden
Relaxationszeiten T_1, T_2 und die Protonendichte ρ bestimmt. Die
verschiedenen Gewebetypen, deren Zuordnung aus medinzinischer Sicht
interessiert, lassen sich in einem durch T_1, T_2, ρ aufgespannten
Merkmalsraum darstellen. Es wird ein statistischer Klassifikator
eingesetzt. Im ersten Schritt wurde eine gaußsche Verteilung angenommen;
die exakte Schätzung parameterspezifischer Verteilungsdichten erfolgt
im weiteren Ablauf des Projekts. Zur Verbesserung der Klassifikation
kann die Dimension des Merkmalsraumes durch Parameter von Verteilungsdichten örtlich separierbarer Bereiche (Nekrose, Tumor, Ödem) erweitert
werden.

Infolge der Konstruktionsgleichung für das Bild und damit des
Merkmalsraumes können Teile dieses Raumes in das Bild rechnerisch
rückprojeziert werden. So lassen sich beispielsweise T_1-T_2-ρ-Bereiche
im Merkmalsraum, die einen Tumor charakterisieren, farbcodiert im
Bild darstellen. Damit stehen dem Arzt eine visuelle Kontrolle der
Abläufe im Merkmalsraum und eine bedeutende Erleichterung der Diagnose
zur Verfügung.

<u>Analyse bis zur Wortebene im Erlanger Spracherkennungs-
und Dialogsystem EVAR</u>

R.Mühlfeld, P.Regel, E.G.Schukat-Talamazzini
Lehrstuhl für Informatik 5 (Mustererkennung)
Universität Erlangen-Nürnberg
Martensstr. 3, 8520 Erlangen

Ziel des Projekts ist ein automatisches System zum Führen von Auskunftsdialogen über einen vorgegebenen Anwendungsbereich (hier: Intercity-Auskunft). Die kommunikativen Leistungen des Dialogsystems lassen sich grob in die Fähigkeiten des <u>E</u>rkennens, <u>V</u>erstehens, <u>A</u>ntwortens und <u>R</u>ückfragens gliedern. Um dem Benutzer das Führen eines natürlichen Dialogs zu ermöglichen, ist es notwendig, Satzbau und Lautung der deutschen Umgangssprache zuzulassen, sowie einen großen Wortschatz vorzusehen /1/.

Beim Analysevorgang werden für die gesprochenen Sätze mutmaßliche Interpretationen auf verschiedenen Abstraktionsebenen angelegt; für die Übergänge zwischen den Repräsentationen wird Wissen benutzt, das von linguistischen Disziplinen wie Akustik-Phonetik, Phonologie bis hin zur Dialogforschung bereitgestellt wird.

Die Verarbeitung eines Testsatzes bis einschließlich zur Wortebene umfaßt die Merkmalextraktion, die phonetische Klassifikation und Segmentierung, sowie die Wortsuche und Verifikation. Als Merkmale werden die Lautstärke und 10 an der mel-Skala orientierte Cepstralkoeffizienten verwendet. Die phonetische Klasssifikation erfolgt für feste Zeitabschnitte von rund 10 msec durch einen Normalverteilungsklassifikator in ein phonetisches Alphabet. Die Ergebnisse der Klassifikation werden mittels eines syntaktischen Verfahrens zu Lautsegmenten zusammengefaßt, die maximal fünf bewertete Alternativen enthalten.

In diesem Segmentverband werden lautlich gut passende Wörter gesucht, die zusammen mit den geschätzten zeitlichen Positionen als Hypothesen weitergegeben werden. Phonetische Fehlklassifikationen und -segmentierungen werden dabei berücksichtigt. Die generierten Hypothesen werden anschließend einer Verifikation unterzogen, welche anhand eines phonologischen Regelkorpus alternative Aussprachemöglichkeiten erzeugt und diese mit einer parametrischen Darstellung des Signals vergleicht.

/1/ Niemann,H.; Brietzmann,A.; Hein,H.-W.; Mühlfeld,R.; Regel,P.; Schukat,G.:
    A System for Understanding Continuous German Speech,
    in: Information Sciences,Vol.33,No.1 u.2,July,August 1984,pp.87-113

<u>Abstract:</u> Methoden der Mustererkennung in der Ultraschalldiagnostik

P. Nauth, E.-G. Loch, P. Pfannenstiel, W. v. Seelen
(Deutsche Klinik für Diagnostik, Wiesbaden)

Ultraschallverfahren nehmen einen immer bedeutenderen Stellenwert in der medizinischen Diagnostik ein. In der Regel erfolgt die Auswertung von Schallbildern nur auf qualitative Weise durch den jeweiligen Arzt. Diese Auswertung ist schwierig, da wegen der Struktur der Signale und der abzubildenden Gewebe die Information in statistischen Parametern und lokalen Grauwerten liegt. Für beide Größen ist die Diskriminationsfähigkeit menschlicher Betrachter begrenzt. An der Deutschen Klinik für Diagnostik wurde daher ein Bildverarbeitungssystem entwickelt, mit der Zielsetzung, die Diagnose zu quantifizieren und eine Verlaufskontrolle zu ermöglichen.

Im ersten Schritt der Mustererkennung wird das Schallbild normiert und im Bedarfsfall von Störungen mittels Filteralgorithmen befreit. Anschließend werden verschiedene Merkmale aus dem Bildmuster berechnet. Der Merkmalssatz umfaßt geometrische Maße, statistische Parameter erster und zweiter Ordnung und spezielle, die Bildtexturen beschreibende Merkmale. Aus diesem Merkmalssatz wird, abhängig von dem zu analysierenden Organ ein Merkmalsvektor ausgewählt und mit einer Lernstichprobe geschätzt. Er repräsentiert die organspezifische Wissensbasis. Zur Klassifikation nutzten wir ein lineares, geometrisches Verfahren, das in einer Lernphase an die jeweilige Problemstellung adaptiert und dessen Referenzwissen permanent aktualisiert werden kann.

Das Verfahren wurde bisher an Schallbildern von 601 Prostata- und 128 Schilddrüsenpatienten angewendet. Bei der Prostatadiagnostik stand die Differenzierung zwischen Adenom, Karzinom und Normalbefund im Vordergrund, die bei einer visuellen Bildanalyse nur mit einer Erkennungssicherheit von 74% möglich ist. Mit Hilfe unseres Mustererkennungsverfahrens konnte in 94% der Fälle eine richtige Zuordnung erreicht werden. Als Referenz diente dabei der als zuverlässig geltende histologische Befund. Eine 90%ige Erkennungssicherheit konnten wir bei Schilddrüsenerkrankungen, die visuell nicht zu unterscheiden waren, erreichen. Auch der Verlauf von Therapien ist mit Hilfe der aus dem Schallbild gewonnnenen Merkmalen gut zu kontrollieren.

Bildlokalisierung mit adaptiver Vorverarbeitung

Udo Peters

Messerschmitt-Bölkow-Blohm GmbH
Unternehmensbereich Apparate

Das Auffinden eines Bildausschnittes in einem größeren Bild ist ein wichtiges Problem
der Bildsignalverarbeitung. Diese als Bildlokalisierung bezeichnete Aufgabe läßt sich
auf verschiedene Arten lösen. Bei stark gestörten Bildern liefern bekanntlicherweise
Bildvergleiche durch Auswertung einer mehrdimensionalen Kreuzkorrelationsfunktion die
besten Ergebnisse, falls keine a-priori-Wahrscheinlichkeiten über die möglichen Verschiebungen der Bilder bekannt sind. Eine Bildlokalisierung läßt sich mittels direkter Kreuzkorrelation jedoch nur unter gewissen, strengen Bedingungen bezüglich der
Wahrscheinlichkeitsdichtefunktionen und der Autokorrelationsfunktionen sowohl vom
Bild als auch von den Störungen in optimaler Weise durchführen. Die Forderung nach
Optimalität setzt zum Beispiel voraus, daß die Störungen unkorreliert sind; eine Bedingung, die in der Regel nicht erfüllt ist. Durch Verwendung von Vorverarbeitungs-
filtern, die eine teilweise Dekorrelation der Störungen bewirken, läßt sich die Wahrscheinlichkeit einer richtigen Lokalisierung erhöhen.

Fordert man eine möglichst geringe Wahrscheinlichkeit für eine falsche Lokalisierung,
so ist es erforderlich, in Abhängigkeit vom Bildinhalt und von den Störungen verschiedene Vorverarbeitungsfilter zu verwenden. Für den wichtigen Fall, daß sich die beiden
Bilder nur um Translationen unterscheiden, ist dazu ein Näherungsmodell für die Störungen entwickelt worden, das sowohl Störungen in den Aufnahmeeinheiten als auch störende Unterschiede in den Bildinhalten mit berücksichtigt. Mit Hilfe dieses Modells
werden direkt aus den Bildern Schätzungen für die normierte Autokorrelationsfunktion
der Störungen ermittelt, und mit Hilfe dieser Werte die Koeffizienten eines ortsdis-
kreten Vorverarbeitungsfilters bestimmt. In mehreren aufeinanderfolgenden Schritten
werden nun diese Filterkoeffizienten je nach Suchbereich adaptiv verändert, bis eine
zuverlässige Lokalisierung erfolgt ist.

In Simulationen wurde ein Vergleich dieser adaptiven Methoden mit verschiedenen Vor-
verarbeitungsfiltern mit festen Koeffizienten durchgeführt. Es zeigte sich, daß mit
dieser Methode eine genauere Lokalisierung mit geringerer Wahrscheinlichkeit für eine
falsche Lokalisierung möglich ist. Der störende Einfluß von Rotationen und geringen
Maßstabsunterschieden in der Rasterung wurde dabei mit berücksichtigt.

Ein Anwendungsfall ist die Achsharmonisierung zweier Kameras mit unterschiedlichen
Gesichtsfeldern. Das vorgestellte Konzept ermöglicht es, den horizontalen und vertikalen Winkelfehler zwischen den optischen Achsen der Kameras in Videoechtzeit, auch
bei stark gestörten Bildern, zu bestimmen.

An Algorithm for Classification of Waveforms

Wolfram Schiffmann

EWH Rheinland-Pfalz, Abt. Koblenz

- Seminar für Physik -

For many applications the classification of structural similar sections within waveforms raises a lot of difficulties. Such sections, called 'structur-units', could represent typical signal shapes (e.g. the PQRST sequence in normal ECG) or some transient events (e.g. the K-complex in EEG during sleep). To recognize such structur-units one often uses syntactic techniques, which are sometimes combined with decision-theoretic methods for primitive assembly. Unfortunately the performance of this approach depends on the selection of meaningful primitives and often difficult grammars are required to master problems due to noise or distortion [1].

The proposed algorithm avoids the necessity of primitive selection by an knowledge-controlled numerical classification procedure, which is briefly reviewed in the following:

The input data to the algorithm consist of a sequence of vectors, which represent the incoming patterns by line segments. This representation calls for piecewise linear approximation of the input-sample-sequence, which can archieved by the so-called 'split-and-merge' - algorithm [2].

Structural similarity between two patterns A and B, suited to this representation, requires that: 1. they have the same number of segments and   2. one can find transformation coefficients, which copy the pattern A to B while minimizing an error norm. Simultaneously this error norm must be lower than a predefined threshold, which is determined during a learning procedure (e.g. using 'near miss examples').

Based on this idea, it is easy to develop an appropriate algorithm using standardized prototypes for each pattern class (structure-unit). The classification procedure starts on comparing the first two segments of the incoming pattern with the corresponding segments of all possible prototypes. While the number of considered prototypes is reduced by the threshold values, the number of segments increases. If there no prototypes remain for comparison, the algorithm terminates.

Now a high-level description of the input waveform in terms of structur-units is pending at the output stage and the algorithm restarts. For a large scale of applications this description could suffice. Furthermore it is obvious, that the use of structur-units as primitives for an more sophisticated syntactical waveform analysis simplifies the necessary grammar.

References

[1]   K.S.FU : Syntactic Pattern Recognition and Applications, Prentice-Hall, 1982

[2]   T.PAVLIDIS : Structural Pattern Recognition, Springer, 1977

The LASA System[†]
as tool for automatic generation of utilities for
testing pattern recognition methods

Alois Schütte Seminar für
Informatik EWH Koblenz
D-5400 Koblenz

If you have to solve a pattern recognition problem you must realize the solution
by implementing the solving procedure. It would be desirable to have a tool generating this procedure by analysing the specification of the solving method.
The LASA system can be used as such a tool. The specification has to be done as
node- and edge-attributed context-free graph-grammar (abbr.: acfgg, see /1/) in
the language LASA (see /2/). The LASA system needs as input a LASA program and
then generates an analyser. The pattern to be analysed must be a graph. This graph
serves as input to the generated analyser, which then starts the recognising
process. The result can be a classification together with statements about the
input pattern.
The advatage of this concept is to get easily and rapidly a prototype analyser and
to be able to use complex structures as primitives.
In this way the problem solving method can be tested without implementing efforts.
The specification in form of acfgg consists of a context-free graph-grammar together with attributes associated with each grammas symbol and semantic functions
associated with each production of the grammar.
The following example demonstrates the concept of aclgg:
it shows how to solve the problem of recognizing circuits of parallely and sequen-
tialy connec   f such
circuits.

It is planed to extend the LASA system with additional features, like a tool for
interactiv input graphs and incremental specification of acfgg. This would have
the advantage of changing the acfgg efficiently, if the problem solving method has
been erroneous.
References /1/ A.Schütte,LASA-manual A language for specification of node- and
edge-attributed context-free graph-grammars, Bericht 3/84 EWH-Koblenz
/2/ A.Schütte, Einführung in Theorie und Konzepte von attributierten
Zeichenketten- und Graphgrammatiken, Bericht 1/85 EWH-Koblenz

---

† Work supported by the DFG

ANHANG

EXPERT SYSTEMS APPROACH TO ACOUSTIC-PHONETIC
DECODING AND WORD RECOGNITION

G. MERCIER, CNET, Centre Lannion A
Division TSS/RCP, Route de Trégastel, 22301 LANNION, France

SUMMARY

Advanced Speech Recognition Systems have to integrate a great deal of
linguistic and non-linguistic knowledges to be successful. Powerful tools, like
Knowledge-Based and Expert Systems developed in the field of Artificial
Intelligence Techniques seem to be very promising for dealing with a large quantity
of information.

A step towards achieving this goal has been obtained on one hand by the
development of special architectures for Speech Understanding Systems and on the
other hand by the development of expert phonetic recognizers, expert speech
spectrograms reading modules and word recognizers.

Some of these systems are reviewed in this paper together with the
underlying basic principles. Special attention is paid to the SERAC-IROISE system
developed at C.N.E.T.

INTRODUCTION

Important achievements have been obtained in Automatic Speech Recognition during the last decade. A number of different systems have been recently developed which are able to recognize a limited number of words or phrases spoken in a quiet environment.

Most systems rely on a classical pattern recognition approach based on comparisons between the input utterance and a set of labeled prototypes. When the recognition task involves simple and limited vocabularies, prototypes of the size of the word are used. These techniques have been successfully applied to isolated word recognition and extended to the case of connected words of small vocabularies. Global pattern matching methods have a computational complexity that is proportional to the number of prototypes. The number of prototypes necessary grows with the number of speakers and with the vocabulary size.

Prototype clustering has proved useful for reducing the number of prototypes in multi-speaker recognition.

For more complicated tasks, centisecond prototypes are used.

Comparison between data and prototypes allows to assign a label to segments or frames of speech having a fixed duration (usually 10 ms). Methods based on vector-quantization are applied for reducing the number of different labels and prototypes. The label of an unknown speech frame (feature vector) is one of the prototype that best matches that vector.

An effective way for processing sequences of vector quantization labels is to use a Hidden Markov Model as a source of symbols to represent phonemes, words or allowed sentences of the language. This model consists in a sequence of states characterized by a probability density function which gives the probability that, being in that state, a particular acoustic vector is produced. Transitions from one state to the others are also driven by a set of transition probabilities. The Viterbi algorithm can be used for finding the path of a Markov model that most likely corresponds to the generation of an observed speech signal. The parameters of the model, that is, the probabilities, are learned with an appropriate training procedure.

The main advantage of these approaches is that the corresponding algorithms are well defined and easy to implement. In the Markov Model, the statistical nature of speech is also taken into account allowing to capture statistical properties of speech signal produced by many speakers.

In order to extend these systems to larger vocabularies and to continuous speech, and to make them capable of achieving the speaker-independence requirement, one approach is to make them more "intelligent", that is knowledge-based. Results obtained by expert phoneticians [29] reading continuous speech

spectrograms have shown that human experts are able to recognize 80 % of the
phonemes contained in various sentences uttered by different speakers. Recent
experiments have also shown that it is possible to extract some of the knowledge
sources, rules and strategies used by these experts and to introduce them into
expert systems [4], as explained below.

II - KNOWLEDGE BASED APPROACH

Basic Principles

In this new approach, the basic idea is to build the relevant relations
between the acoustic properties of the speech signal and the phonetic features of
the speech utterance using Artificial Intelligence techniques such as inductive
inference. These relations will form the knowledge basis of an expert system for
the interpretation of speech signals. The three main problems of such a methodology
are the definition of the relevant knowledge, its acquisition and its formal
representation.

Knowledge Sources

Knowledge sources used in a knowledge-based speech recognition system
contains at least acoustic-phonetic, prosodic, phonological, lexical, syntactic,
semantic and pragmatic knowledges.

In order to restrict the scope of this paper, we shall concentrate more on
the lower linguistic levels of knowledge that is the acoustic-phonetic, prosodic,
phonological and lexical levels. It is necessary to introduce for instance the
following knowledge sources into the system :

1. The list of the phonemes for the language, their description in terms of
   distinctive features and the phonotactic constraints on phoneme sequences
   (phonological rules).
2. Spectral and temporal acoustic correlates of the distinctive features such as
   vocalic, consonantal, front, back, high, low, interrupted, constrictive,
   compact, diffuse, etc...(acoustic-phonetic rules).
3. A description of the articulatory constraints of the phonemes in sequences
   (anticipatory and assimilatory phenomena such as carry-over phenomena).
4. The different allophonic realisations of each single phoneme as a function of
   the context.
5. Information about stress and junctural phenomena, word and phrase boundaries
   (prosodic rules).

Knowledge acquisition

This is not an easy problem because the knowledge to be acquired is large, incomplete, fuzzy and shared by different and many specialists. Two directions are needed :

1. It is very useful to collect large acoustic-phonetic data bases from many speakers, to represent the acoustic signals with various signal representation and to observe this large collection of data in order to find the "best" invariant acoustic properties. Making statistics for getting mean values, thresholds, probabilities are very useful.
   This work is now facilitated by the use of computer facilities like automatic segmentation, automatic alignment of speech with a phonetic transcription, digital spectrograms display etc...

2. It is also useful to extract and to formalize knowledge from human phonetician and linguistic experts, through, for instance, spectrogram reading experiments. It is then necessary to create general rules in order to manipulate this knowledge and the definition of strategies for applying these rules.

Knowledge Representation

It is difficult to separate the problem of knowledge representation from the problem of knowledge use. In a usual expert system knowledge is memorized in a knowledge base. This knowledge base is then handled by a special algorithm, called the inference engine, which models the way of reasoning of an expert.

There exists different methods for representing knowledge ; the following ones are currently used :

1. First order logic where the data consist of logical formulas generated from predicates and operators.
2. Production Rules of the form "IF condition THEN action" which make it possible to split a complex knowledge into a large number of small pieces of knowledge.
3. Frames which are structured entities representing states, concepts...
4. Semantic Networks which are graphs where concepts are represented by nodes and relations between concepts by arc.
5. Objects, similar to frames, which are entities with attributes, local data and procedures shared by a class of objects.

Knowledge Manipulation

The knowledge base is handled by an Inference Engine. It first looks for a set of applicable rules by using for instance pattern-matching or filtering techniques ; it selects a rule ; it modifies the knowledge base by triggering this selected rule. This basic cycle is reactivated until the current problem is completely solved.

In order to solve complex problems like signal interpretation and speech recognition, sophisticated control structures are necessary to speed up the search.

The classical following techniques are often used :

- State-space research including backtracking, planning and the use of heuristics for reducing the solution space.
- Problem reduction which consists of decomposing a complex problem into several subproblems that can be solved separately.

III - EXPERT SYSTEMS IN AUTOMATIC SPEECH RECOGNITION -

Several knowledge based and expert systems have been successfully used during the past few years in Automatic Speech Recognition. It is possible to classify them into two categories :

1. Knowledge-based systems which provide a good model for implementing Automatic Speech Recognition Architectures.
2. Knowledge-based systems which help solving specific problems when it is difficult to capture and to formalize an important human expertise.

III-1 - Knowledge-based architectures for Speech Recognition

The HEARSAY II Speech understanding system [7] is one of the most well-known architectures. The original concept of knowledge sources was introduced in this system. A knowledge source is an independent process able to make hypotheses about a sentence at its own level (phonemes, syllables, words, etc...). These hypotheses are put into a complex blackboard which constitutes the only link between the different knowledge sources. The activities of the competitive knowledge sources are monitored by a mechanism of selection called "focus of attention" depending upon heuristics taking into account the plausibility of each hypothesis, the priority of each task and so on... A partial version of this system has also been written in the OPS rule production language [8] [15].

The EVAR speech understanding is another system where the blackboard model is used for having multiple knowledge sources cooperation [22].

Another interesting approach consists in integrating all available knowledge sources into a single structure. This is the case of the HARPY system where the allowed sentences of the task are represented into a large precompiled network obtained by applying grammars for generating sentences and phonological rules for describing words and word junctures [14]. In this case dynamic programming algorithm together with a beam search heuristics are used for recognizing an unknown sentence. The same approach is also used in Hidden Markov models where probabilities learned during a training phase are assigned to each node of the network. These models were first developed in the IBM system [1] and in DRAGON system [2].

The last category of systems are hierarchical systems like HWIM where processing of knowledge sources is hierarchically scheduled by a centralized monitor [28]. A very interesting system belonging to this category is the planning system designed by DE MORI for interpreting connectedly spoken letters [5] [6]. Let us finally mention the expert system developed by MELONI for analytic word identification in continuous Speech where the rules of interpretation are written in Prolog and where intra-rules are used for handling knowledge sources [16].

III-2 - <u>Knowledge-based approach in phonetic decoding</u>

SYSTEXP [4] is an expert system developed at Nancy for automatic reading of speech spectrograms. This system is based on a production rules approach with a forward chaining inference enquire with a complex mechanism for selecting the applicable rules. JOHNSON et al have developed a similar system where the rules are written in Prolog for automatically reading spectrograms [12].

For solving the same problem, MENNI et al have designed the SONEX system where the inference engine (written in Prolog) uses a forward chaining mechanism for finding the applicable rules [18]. An interesting contribution for interpreting speech signal has been proposed by MINAULT et al which have designed a development system decomposed into two subsystems, and expert system for adjusting the rules and a procedural system for using the system in real time [19]. An interactive system between the two sub-systems allows to translate the rules in the procedural system.

A knowledge-based approach has also been choosed by OSHIKA for capturing and using phonological rules in a speech recognition system [23].

In the following sections, we shall describe the SERAC-IROISE expert system developed at CNET.

IV - ACOUSTIC-PHONETIC DECODING AND WORD RECOGNITION, USING THE SERAC-IROISE EXPERT SYSTEM

The SERAC-IROISE system was designed to structure the knowledge acquired with previous experience with the KEAL systems [17] and to provide a flexible tool for maintaining, improving and extending this knowledge, to integrate new knowledge sources such as prosodic knowledge and to develop a new speech recognition model.

The first task was to define a representation language for expressing the experts's knowledge of speech signal interpretation. An object-oriented problem-driven rule-based language of the class of the OPS family [8] appeared to be most appropriate for this purpose. The production rule formalism was chosen for its ability to express domain expertise in a declarative way. A problem-driven forward chaining inference engine was introduced for encoding the problem resolution strategy into the language.

IV-1 - General Organization

The system (Fig.1) is composed of three main components : a data base, an inference engine and an user's interface.

Data Base

a. The Rules that encode domain knowledge are stored in a data base called Rule Memory, which is partitioned into sub-bases corresponding to each particular problem.
b. A Problem Memory contains the interpretation problems whose solutions will generate phonetic hypotheses such as a segment boundaries detection, feature hypotheses, a pseudo-syllable segmentation, a vocalic nucleus detection, and so on...
c. Objects that represent facts or event hypotheses are stored in an object Memory which is divided into sub-memories corresponding to the different classes of objects (syllables, phonemes, words, acoustic samples...).
d. Remaining entities like functions, parameters and acoustic data are encoded respectively under the form of Lisp functions, Lisp special variables (parameters) and files.

Inference Engine

The Inference Engine matches rules against problems and objects and decides which rules have to be triggered in a given circumstance.

The dialogue between the user and the system is managed by an Interactive Editor. Explanations about the behaviour of the system, edition of partial or complete results and triggering traces are handled by a special module.

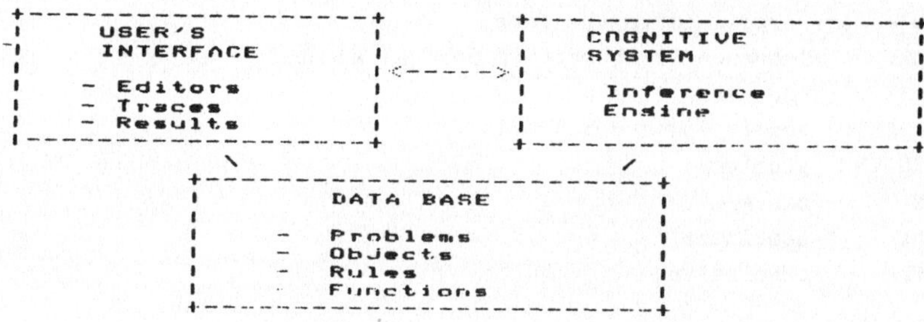

Fig. 1 : SERAC-IROISE Architecture

IV-2 - <u>The language for expressing knowledge</u>

<u>The Objects</u>

The objects are representative or instance of structures in the form of a list of attributes :

(CLASS attribute 1... attribute n)

Here is an example for the syllable object
(SYLLABLE number beginning end beginning-of-vocalic-nucleus end-of-vocalic-nucleus...).

<u>The Functions</u>

Some expert knowledge corresponds to a purely procedural basic know-how of the domain which can easily be expressed in the form of Lisp functions, such as the computation of energy in a given frequency band.

This computation is made by the Lisp evaluation of :
(energy-in-the-band f_1 f_h v)
where f_1 and f_h denote the lower and higher frequencies v the vector of spectral energies in a 10 ms acoustic sample, respectively.
Here are some other examples of functions :
(maximum-of-energy-in-the-frequency-band f_1 f_nv)
(frequency-of-the-maximum of-energy-in-the-frequency-band f_1 f_h v)
(frequency-center-of-gravity-in-the-frequency-band f_1 f_h v)
(address-of-the-maximum-of-energy-of-the-syllable s)
and so on.

<u>The Rules</u>

Rules are expressed in the form

NAME	Sequence of characters used as mnemonic name for the rule in question
EXPERT	expert (or module)
PROBLEM	problem
IF	context
AND	condition
THEN	conclusion.

IV-2-1 - <u>The Expert or module</u>

Each rule expresses that, for a data base situation (object memory and list of problems) which are described by the fields : expert, problem, context and condition, the data base can be updated in compliance with conclusion directives. The knowledge base is divided into sub-bases or <u>modules</u> made up of rules having the same <u>expert</u> name.

For our Speech Recognition task, three independent modules have been developed until now : The phonetic analyzer module, the prosodic module and the word spotter module.

Each of these modules (experts) can be activated in parallel with the other experts and it can exchange information with them through the object memory.

<u>The problem</u>

- Within a module, rules able to solve a specific problem are <u>gathered</u> together and at a given instant of time, only those rules for which the problem is in the stack can be activated.

- Each Expert possesses a list of current problems and each of these problems can be processed by one of the expert's subsets of rules.

Examples of problems for the phonetic analyzer expert are :

- Detection of the beginning of the sentence
- noise detection
- vowel-consonant detection
- centisecond sample labeling
- syllable-segmentation
- phase-segmentation
- rough phonetic identification
- place of articulation identification.

IV-2-2 - <u>The Context</u>

The context field is needed to test the presence in the data base of objects described by patterns. This context is an ordered set of rules. A data base situation can be described by the context part if :

- for each of the patterns, there exists an object in the data base which can be described by it
- for each of the negative patterns, there exists no object in the data base which can be described by it
- in these cases, the variables contained in the context part are related to the values of the objects or attributes which they describe (cf. Fig. 2).

IV-2-3 - <u>The condition part</u>

When the presence of certain objects in the data base has been tested by the context part, all of the pattern variables marked by a ? in a rule (Fig. 2) are linked.

The condition part, a logical conjunction of conditions, verifies then certain relationships between these variables.

Il for example, there exists a centisecond frame for which the low-frequency energy is represented by the variable ?EB and if the condition part is :
(?EB 12) that is the low-frequency energy must be higher than 12 dB, then if the value of the ?EB is 20 the condition is verified and the rule is applicable.

IV-2-4 - <u>The conclusion part or directives</u>

When a rule is triggered, it carries out a certain number of actions (modifications in the object memory, list of problems, edition of results, computation of the values of some attributes etc...). These are expressed in the form of directives using the instanciations of variables realized in the context part : the main directives are : ADD, REMOVE, MODIFY objects ; DO procedures ; PRINT patterns ; STOP ; ADD, NEW or REMOVE problems ; ACTIVATE modules.

There is another very useful directive which allows to search for one or more objects within the data base by "pattern matching". This directive is the directive "FIND". It is possible for instance to find all the samples with the attribute "Fricative time" within the data base.

An example of rule for the detection of "nasality" is given in Fig. 2.

(DEFRULE R1-NASALITY
     SAMPLE
     LABELLING
	name of the rule
	name of the module
	current problem

IF (SAMPLE ? ECH (ENERGIES ? EN) (ENERGY-LOW-FREQUENCY ? EB) (CENTER-OF-GRAVITY ? CDG)	CONTEXT PART OF THE RULE If there exists a sample represented by the variable ?ech, with spectral energies represented by the vector ?en, with the low frequency energie (250-450 Hz) represented by ?EB and with a spectral center of gravity represented by ?CDG

AND
  ((- ?EB (MAX-ENERGY 450
     1600 ?EN)) 1)
 	
  (= (- ?EB (ENERGY 650 850
     ? EN)) 3)
  (= (- ?EB (MAX-ENERGY
     1600 4200 ?EN)) 2)
  (= (+ (- (ENERGY 450 650
     ?EN)
        (ENERGY 650 850
     ?EN)) 1) 0)
  (OR
 	
  (= (= ?EB (ENERGY 850
     1050 ?EN)) 2)
 	
  (= (- ?EB (ENERGY 1050
     1300 ?EN)) 2)))
	CONDITIONS :
	1. The difference between the energy in the frequency range 250-450 Hz and the energy in the frequency range 450-1600 Hz must be higher than 1 (that is higher than 4 dB because the unit step of coding the energies is 4 dB)
	
	2. $E_{250-450HZ} - E_{650-850HZ} \geqslant = 3 \times 4DB$
	
	3. $E_{250-450HZ} - MAX(E_{1600-4200HZ}) \geqslant 2 \times 4db$
	
	4. $E_{450-650HZ} - E_{650-850HZ} \geqslant -4db$
	
	5. one of the 2 following conditions must be satisfied :
	
	$E_{250-450HZ} - E_{850-1050HZ} \geqslant 8db$
	OR
	$E_{250-450HZ} - E_{1050-1300HZ} \geqslant 8db$

Then
  (MODIFY (SAMPLE ?ECH
  (NASAL1 TRUE)))
  (NEWPB (LABELLING-
          CONTINUE)))
	Conclusion part
	The attribute NASAL 1 of the sample ?ECH becomes "TRUE"
	The new problem to be considered is LABELLING-CONTINUE

Fig. 2 - AN EXAMPLE OF RULE DETECTION OF NASALITY

IV-3 - <u>The Rule Activation</u>

The Inference Engine is the part of the system which decides upon and carries out the activation of certain rules.

The Basic Inference cycle is :

```
PROC INFERENCE-CYCLE
     For PB in the Problem-Stack DO
     For R in list of rules (PB) DO
     IF Applicable (R)
     THEN TRIGGER (R)
          Inference-cycle
     END IF
     END FOR
     END FOR
END PROC
```

A rule is applicable if the problem that it deals with belong to the current list of problems of the expert concerned and if the facts memory can be described by its context and conclusion parts.

IV-4 - <u>The user's Interface</u>

This system is completed by programming tools composed of mechanisms of traces, step by step inferences, debugging, edition of rules and explanations. The SERAC-IROISE system is able to explain its results by providing a representation of the corresponding reasoning step. An example of reasoning is given in Fig. 3 as an answer to the following question : (Why (phone (beginning 88)) mode). What is the value of the attribute "<u>mode</u> of articulation" of the <u>phone</u> <u>beginning</u> at the <u>88</u>th centisecond frame and why it is given this value ?

At cycle 100 the value of the attribute MODE of the object PHONE was "STOP" because :

[1] the rule R1-MODE triggered at cycle 30 says
[2] the running module is PHONETIC
[3] the problem to solve is MODE-OF-ARTICULATION

- There exists a PHONE ? PH
  with an attribute PROFIC ?PF[4] equal to 0.
  with an attribute PROPLOSIVE ?PP[5] equal to 0.8
  with an attribute PRONASAL ?PN[6] equal to 0.1
  with an attribute PROLIQUID ?PL[7] equal to 0.

  with the conditions
     ?PP (that is 0.8) $>$ PF (0.)
and ?PP(0.8) $>$? PN (0.1)
and ?PP(0.8) $>$? PL (0.)

  then
  Modify PHONE ?PH with a new MODE attribute equal to STOP

Remove the MODE-OF-ARTICULATION problem

Fig. 3 - AN EXAMPLE OF EXPLANATION

V - IMPLEMENTATION OF ACOUSTIC-PHONETIC DECODING IN THE SERAC-IROISE SYSTEM

Acoustic-phonetic decoding is the step in automatic speech processing which endeavors to transform the continuous Speech Signal into a serie of discrete linguistic units.

The units (that is the objects) taken into account by the SERAC phonetic analyzer are the sentence, the syllable, the vocalic and consonantal segments and the centisecond acoustic sample or frame.

The current state of the phonetic analysis expert which includes about 400 rules is shown on Figure 4.

This phonetic recognition proceeds sequentially by steps which will be detailed now. These steps correspond to the sequence of problems.

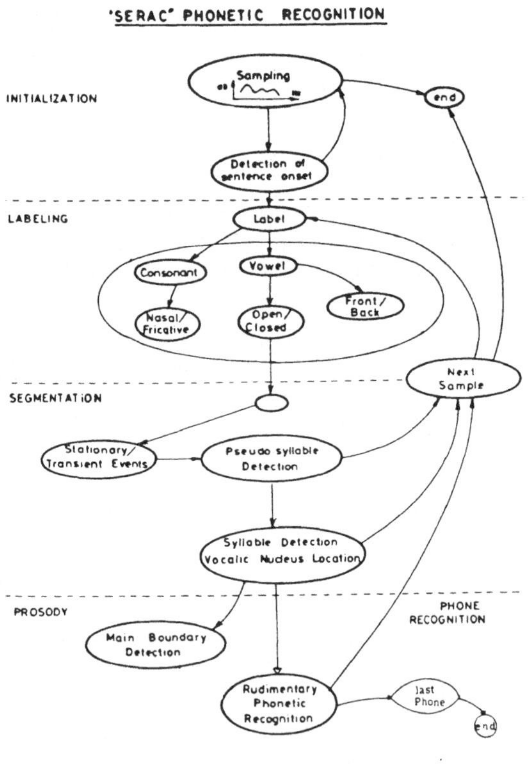

Fig. 4 - PHONETIC ANALYSIS EXPERT

V-1 - Preprocessing and feature extraction

A spectral analysis of the digitized signal is made every 13.3 ms using a simulated channel vocoder (n filter banks). This analysis results in a serie of vectors with n components (usually n = 14) called samples or frames. In parallel a few additional parameters are associated with each 13.3 ms frame, namely signal amplitude, pitch and zero-crossing's densities.

Until now this series of vectors is computed off-line and registered in files. This set of vectors constitutes the input of the phonetic analysis itself which reads each spectral sample and computes new attributes or parameters like spectral centers of gravity, low and high frequencies energies and maxima, and spectral derivatives with respect to time. These parameters are computed by using special Lisp functions. Then the following problems are activated sequentially.

V-2 - Sentence onset detection

This problem is solved by triggering rules comparing the energy levels in some frequency band to normalized thresholds and to the maximum of energy of the following syllable.

V-3 - Centisencond frame labelling

Based on a set of rules and of acoustic cues derived from the basic parameters a set of phonetic features such as vowel, consonant, silence, fricative, open, closed, front, back, voised, unvoiced, buzz-bar is assigned to each centisecond frame.

V-4 - Segmentation into pseudo-syllables

The basic principle behind is the search for the syllable's vowel nucleus this is done in three steps :

- First, the energy curve is split into consecutive segments each containing an energy maximum. Consecutive segments for which there is not a significant maximum of energy in low frequency (250-850 Hz) are concatenated.

- These segments or pseudo-syllables are than investigated in order to see whether or not they contain a vocalic nucleus. This detection is based on the number of "vowel" frames in the segment and on the relative values of low frequency energies measured at the pseudo-syllable center and boundaries. If a pseudo-syllable does not contain a vocalic nucleus or if it is too short or too similar to the neighborning vocalic nuclei it is merged with these neighborning segments.

- At the end of this process, the boundaries of the pseudo-syllables are determined. This is done by taking the stationary position between two vocalic nuclei which contains the least energy and designating its first frame as the boundary.

V-5 - <u>Segmentation into phones</u>

Vowels are first located within the stationary zone around the maximum of energy of each syllable with the additional conditions that the energy is not too low compared to the energy maximum.

Then sequences of stationary and transient events are located between each vocalic nucleus. These segments form the new framework within which the main phonetic features will be identified.

V-6 - <u>Vowel Recognition</u>

An algorithm proposed by ROSSI and a set of rules and procedures written in the Serac system by A. BONNEAU and based on the notion of distinctive vowel features allows a hierarchical recognition of vowels [3]. The algorithm is represented by a binary tree with 47 hierarchized cues. The rules for recognition are based on polycontextual non-formantic cues.

Two examples of rules are given in the following :

1. IF ($E_{250-450Hz} \geqslant E_{650-1050Hz}$) for more
    than 50 % of the frames included in the segment
    THEN this segment is not "OPEN"

    IF ($MAX\text{-}E_{1600-3400Hz} \geqslant MAX\text{-}E_{650-1600Hz}$)   for more then 50 % of the frames
    included in the segment
    THEN this segment is FRONT
    E_{i-j} = the energy measured in the frequency band i to j

    $MAXE_{i-j}$ = maximum of energy in the frequency band [i j].

V-7 - <u>Consonant Recognition</u>

The following procedure is used for recognizing consonant segments.

- Voiced consonants are separated from voiceless consonants using Fo measurement and the energies in the 250-650 Hz band. This is done for each frame of the segment and then the proposition of "voiced" and unvoiced frames is measured.

- The feature "stop" is detected when a zone of silence or weak low-frequency energy (buzz-bar) is included in the stationary segment and followed by a strong burst and a sudden variation of the spectral parameters.

- A constrictive will be detected if the segment contains a sufficient proposition of samples having spectral center of gravity and zero-crossings higher than some fixed thresholds and relatively low energies in the low frequency-band compared to the energy of the neighboring vowels.

- A stationary segment will be labeled "nasal" if it is composed of enough "potentially nasal spectral frames" and if some contextual and temporal criteria hold for each frame [10].
A frame will be "potentially nasal" if the difference between the low-frequency energy (250-450 Hz) and other frequency band energies is higher than some fixed thresholds.

A segment will be classified liquid if it is composed of enough frames with the label "liquid", and a frame will be labelled "liquid" if the energy in the middle of the spectrum is greater than the energy in the low frequency itself greater than the energy in the high frequency and if the frequency of the maximum energy of the spectrum in the frequency band 450-4300 Hz is less than 1900 Hz.

Rules for recognizing the places of articulation of voiced and unvoiced fricatives and of unvoiced steps have also been written. They are based on the frequency of the maximum of energy in the frequency band 1000-4000 Hz which must be the highest for dental and the lowest for labials. Contextual conditions are added to improve this recognition.

Refinement of all these rules and implementation of rules for recognizing the place of articulation of nasals and unvoiced plosives is under way.

These different steps and problems are interacted sequentially each time it is possible until the sentence offset is detected and until the directive stop is given by one of the rule.

The rules used for this primary labelling based on spectral information are speaker-independent and relatively simple. An example of simple rule for detecting the fricative feature is shown on fig. 5.

(DEFRULE R3 - FEATURE
              PHONETIC
              FRICATIVE
	name of the rule
	name of the expert
	current problem

IF
  (SAMPLE ?ECH (ENERGIES ?EN)
  (SPECTRAL-CENTER-OF-GRAVITY ?CDG)
  (NBZERO ?NZ))
	CONTEXT FIELD OF THE RULE
	If there exists a sample represented by the variable ?ECH, with spectral energies represented by the vector ?EN, with a spectral center of gravity represented by ?CDG and with a number of zero crossings represented by ?NZ

AND
  (?CDG 9)
  (?NZ THFRIC)
	CONDITIONS
	the spectral center of gravity is higher than the value 9
	and the number of zero crossings is higher than the threshold THFRIC

THEN
  (MODIFY (SAMPLE ?ECH
 	
   (FRICATIVE TRUE)))
  (REMOVEPB (FRICATIVE))
  (ADDPB (LIQUID)))
	CONCLUSION
	The attribute "Fricative" of the sample ?ECH becomes "PRUE"
	The "FRICATIVE" problem is removed
	The LIQUID problem is added to the stack of problems.

Fig. 5 : An Example of rule detection of "friction"

At the end of this process one of the two following module can be activated : the prosodic module and the word recognition module which try to give an upper linguistic interpretation to the sequence of the phonetic objects hypothesized by the phonetic module.

Part of the phonetic lattice given by SERAC-IROISE after processing the sentence is represented on Fig. 6.

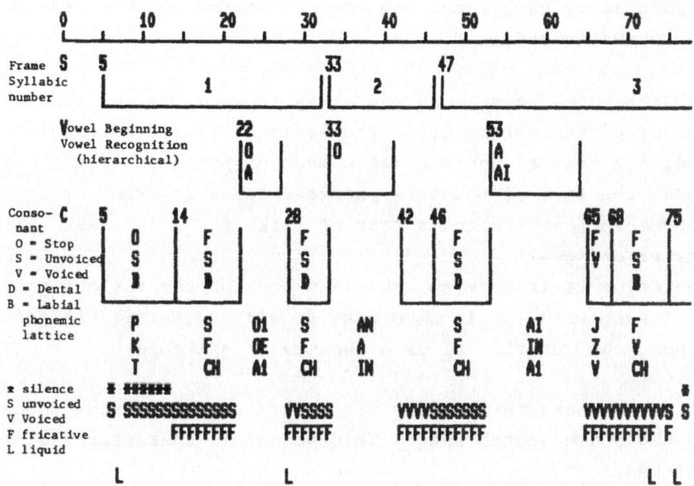

Fig. 6 : Phonemic lattice produced by SERAC
For the number 76 (S W a S aN S E Z)

VI - THE PROSODIC MODULE

About fifty prosodic rules for detecting within a sentence the maxima and the minima of the vocalic durations, the peaks and the valleys of Fo, for ranking these attributes by decreasing order and for detecting the type of the sentence and its main boundary has been written in the expert system (VAISSIERE 84).

VII - RECOGNITION OF WORDS

The role of this module is to match each word of the task vocabulary against the phonetic lattice that is against the sequence of phonetic segments hypothesized by the phonetic expert, in order to detect the sequence of words in the sentence.

For achieving this goal an optimal dynamic comparison is usually applied [VINTSUK, 1971 ; SAKOE et al, 1978 ; NEY, 1984 ; VIVES, 1985]. This technique is essentially algorithmic. However in order to improve the results, a number of heuristics has to be introduced. These heuristics concern for instance the local constraints and the allowable transitions for obtaining the optimal path. They become more important for the detction of words in continuously spoken sentences and also when the technique is applied to a sequence of phonetic segments instead of a sequence of acoustic frames. In this latter case, the system has to deal with deletions, insertions, merging, speading and confusions of phonemes and syllables. This is the main reason for which we have tried to perform this matching with the help of an expert production rules system.

For this purpose we have added new objects to the objects already used and instanciated by the phonetic module :

1. The <u>reference</u> object which represents the class of words having the following attributes : number of the reference in the lexicon, the orthographic transcription of the word, the maximal and minimal number of phonemic frames for representing this word, the list of possible phonemes for each frame, the list of the corresponding phonetic features and a list of marks for each frame taking the value obligatory or optional.
   By this representation it is easy to take into account the various phonological pronunciations of each word. It is also easy to add new attributes for representing, for instance, the duration of each phoneme or syllable.

2. The <u>Path</u> object which characterizes the properties of the running point of the optimal path in the state search space. This object is characterized by the following attributes :

   - three coordinates of the point : the number of the phonetic frame of the phonetic lattice ; the number of the phonetic frame of the reference and the number of the reference
   - two attributes allowing to keep in the best sequences of words.
   - The length of the path in the Super-Reference.
   - two attributes of local and cumulative similarities.
   - The transition attribute representing the type of the transition ending to the running point of the optimal path.

3. The <u>loop control</u> object for controlling the dynamic comparison algorithm.

For solving the general problem of word detection, six main subproblems have been designed : (1)the <u>Initialization</u> problem, (2)the <u>loop control</u> problem, (3)a problem for processing <u>standard</u> transitions between phonemes and <u>non-standard transitions</u> at the end of a reference, (4)a special problem for processing the <u>optional phonemes</u>, (5)a problem for <u>switching</u> the researchwhen it is impossible to carry on a path and (6)two last problems for <u>evaluating</u> and <u>confirming</u> the paths.

Each of this problem includes a set of rules setting up a framework very easy to implement and to modify in order to test different strategies of word detection.

VIII - EVALUATION OF THIS EXPERT SYSTEM APPROACH : ADVANTAGES AND DISADVANTAGES

The three modules written in the SERAC-IROISE expert system are implemented in the CMS system of a VAX780 in the NIL language. The IROISE language is compilable. This facility makes an execution of the program faster : the phonetic recognition of a sentence of a length of 2 seconds takes about 1'30s CPU. This takes a too long time, but the future use of specialized symbolic machines may perhaps reduce this time.

The recognition performance of the system has not yet been seriously measured because the set of rules is still incomplete. We hope to obtain results similar to those obtained with the former KEAL system since the knowledge introduced in the expert system is at least similar to that used by the former system and preliminary results already obtained with small sentences uttered by few speakers are encouraging.

A great advantage of this approach is the explanation component which proves to be very useful for understanding the errors of recognition and consequently for improving the rules and the cues.

Another advantage of the expert methodology is that it provides a very flexible tool for structuring, formalizing, integrating various and different knowledge sources and then for perfecting and evaluating them.

Consistence and completeness of knowledge bases remain however an unsolved problem and disadvantage of this system is probably the lack of an automatic learning module. Techniques of automatic learning will be very helpful for learning relevant rules for speaker-independent speech recognition.

ACKNOWLEDGMENTS

We would like to thank Prof. R. DE MORI for helpful discussions and criticisms on this work, F. CHARPENTIER and J. VAISSIERE for revising the English version of this paper.

We are very grateful to M. GILLOUX, C. TARRIDEC and M.A. SIMON for providing us with the IROISE expert system and for their sustained help during the last two years.

We thank also M. GERARD, X. MARIE, A. BONNEAU, J. VAISSIERE, D. GILLET for having written important modules in SERAC and M. ROSSI and R. VIVES for their contribution in the design of the phonetic and lexical modules.

Many thanks to J. MONNE, L. LE GUENNEC, M. QUERRE for their assistance in providing us a large set of spectral recordings.

We are also grateful to M.N. LE GALL for typing and printing this paper and to J. DENMAT for her help along the year.

REFERENCES

[1]   BAHL L.R. and al. : "A maximum likelihood approach to continuous speech recognition". IEEE Trans, PAHI, 5, n° 2 p 179-190, 1983.

[2]   BAKER J. : "The DRAGON system : An Overview", IEEE Trans. ASSP, 23, p 24-29, 1975.

[3]   BONNEAU A., ROSSI M., MERCIER G. : "Hierarchical Recognition of French Vowels by expert system SERAC-IROISE", Actes du Séminaire Franco-Suédois, Grenoble, 1985.

[4]   CARBONELL N., FOHR D., HATON J.P., LONCHAMP F., PIERREL J. : "An Expert System for the Automatic Reading of French Spectrograms", Proc. IEEE-ICASSP, San Diego, 1984.

[5]   DE MORI R., PROBST D. : "Knowledge-based Computer Recognition of Continuous Speech", Fundamentals in Computer Understanding : Speech, Vision and Natural Language, INRIA, Versailles, 1985.

[6]   DE MORI R., LAM L. : "Learning and Subgoaling in an Expert System for Automatic Speech Recognition", CAIA, 1985.

[7]   ERMAN L.D. et al. : "The HEARSAY II Speech Understanding System-Integrating Knowledge to Resolve Uncertainty", Computing Surveys, 12, n° 2, p 213-253, 1980.

[8]   FORGY C.L., Mc DERMOTT J. "O.P.S. : A Domain-Independent Production System", Proc. of 5th IJCAI, p 933-939, 1977.

[9]   GILLOUX M., MERCIER C., TARRIDEC C. : "Un Système Expert pour la Reconnaissance de la parole". Actes du Congrès AFCET I.A. et R.F. p. 99-111, Paris 1984.

[10] GUBRYNOWICZ R. : "La détection des consonnes nasales dans le système de reconnaissance de la parole continue KEAL" : R.A. CNET, Vol II, p 91-107, 1983.

[11] HATON J.P. : "Knowledge-Based and Expert Systems in Automatic Speech Recognition", Fundamentals in Computer Understanding : Speech, Vision and Natural Language, INRIA, Versailles 1985.

[12] JOHNSON S.R., CONNOLLY J.H., EDMONDS E.A., "Spectrogram Analysis : A Knowledge-Based Approach to Automatic Speech Recognition", Report n° 1, Leicester Polytechnic, 1985.

[13] JOUVET D. "Système de Reconnaissance de Mots Connectés en Temps Réel", CNET, Rapport NT/LAA/TSS/212, 1984.

[14] LOWERRE B.T., REDDY R. : "The HARPY Speech Understanding System", in Trends in Speech Recognition", W.A. Lea ed. Prentice-Hall N.J., 1980.

[15] Mc CRACKEN D.L., "A Production System Version of the HEARSAY II Speech Understanding System". UMI Research Press, Arm Arbor Michigan, 1981.

[16] MELONI H., GISPERT J., GUIZOL J. : "An Expert System for Analytic Word Identification in Continuous Speech". 5èmes J.I. : Les Systèmes Experts et leurs applications, Avignon, mai 1985.

[17] MERCIER G., GILLOUX M., TARRIDEC C., VAISSIERE J. : "From KEAL to SERAC a new rule-based expert system for Speech Recognition". Nato/ASI. On new Systems and architectures for Automatic Speech Recognition and Synthesis, Bonas, July 1984.

[18] MEMMI D., ESKENAZI M., MARIANI J., STERN P.E. :"Sonex : système expert en lecture de sonagrammes". Rapport final pour l'A.T.P. Intelligence Artificielle. Octobre 1984.

[19] MINAULT S., INVERNIZZI M., DUPEYRAT B. :"Système Expert pour la Reconnaissance de la Parole par Segmentation du Signal". 5ème J.I. Les Systèmes Experts et leurs applications, Avignon 1985.

[20] NEY H. : "The use of a One-Stage Dynamic Programming Algorithm for Connected Word Recognition". IEEE Trans. on ASSP 32, n° 2, April 1984.

[21] NICOLAS J. : "Machine Learning and Expert Systems Application in Speech Recognition". Congrès A.F.C.E.T. Matériels et Logiciels pour la 5ème génération, Paris, Mars 1985.

[22] NIEMAN H., BRIETZMANN A., MUHLFELD R., REGEL P., SCHUKAT G. : "The Speech Understanding and Dialog System Evar", NATO, ASI : "New Systems and Architectures for Automatic Speech Recognition and Synthesis", Bonas 1984.

[23] OSHIKA B. : "Phonological Rules for Continuous Speech Recognition", in Towards Robustness in Speech Recognition, W. Lea Editor, Prentice Hall, 1984.

[24] SAKOE H., SHIBA S. : "Dynamic Programming Algorithm Optimization for Spoken Word Recognition", IEEE trans. on ASSP 26, n° 1, Féb. 1978.

[25] VAISSIERE J., "Proseidon : Détection automatique des indices prosodiques contenus dans la parole continue", 13èmes Journées d'Etude sur la parole, Bruxelles, 1984.

[26] VINTSYUK T.K. : "Element-wire Recognition of continuous Speech composed of words from a specified dictionary". Kibernetika, Vol. 7, p 133-143, March-April 1971.

[27] VIVES R. : "Mise en correspondance temporelle de descriptions phonologique et prosodique de mots dans le système de reconnaissance de la parole KEAL". 14èmes J.E.P. Paris 1985.

[28] WOODS W.A. et al. : "Speech Understanding Systems", Final Report, Report n° 3438, Vol IV, B.B.N. 1976.

[29] ZUE V. and COLE R. : "Experiments in Spectrogram Reading, proc. IEEE. Int. Conf. ASSP. Washington, 1979.

Die Dynamische Pyramide zur 3D-Rekonstruktion von Bildpaaren

J. Dengler und H.P. Meinzer
Abteilung Biologische und Medizinische Informatik
Institut für Dokumentation, Information und Statistik
Deutsches Krebsforschungszentrum, D-6900 Heidelberg

Zusammenfassung

Eine Methode zur teilweisen 3-D-Rekonstruktion aus 2 Ansichten wird vorgestellt. Das dabei zu lösende Korrespondenzproblem wird in dem Mehrebenenzuordnungsprozeß der Dynamischen Pyramide vorgenommen. Bei der Pyramidenebene grober Auflösung sind die zu erwartenden relativen Verschiebungen so klein, daß sie in die Reichweite lokaler Zuordnungsoperatoren fallen. Diese vorläufigen Zuordnungsergebnisse ergeben gute Startwerte für die Zuordnung der nächstfeineren Ebene.

Für den Zuordnungsprozeß kommt ein kooperatives Modell ähnlich der elastischen Membran zur Anwendung. Die internen 'elastischen' Kräfte erzwingen innerhalb zusammengehöriger Regionen die Stetigkeit des Verschiebungsvektorfeldes. Die lokalen 'Spannungskräfte' sind aus einer Ähnlichkeitsfunktion aufgrund lokaler Operatoren abgeleitet. Die optimale Zuordnung ergibt sich als konsistentes Kräftegleichgewicht interner und externer Kräfte. Die dazugehörige Differentialgleichung ist linear und kann mit der Methode finiter Elemente als ein großes dünn besetztes lineares Gleichungssystem dargestellt werden, das mit iterativen Algorithmen gelöst wird. Die vorläufigen Ergebnisse gröberer Auflösung lassen sich als Startwerte ebenso in das System einbauen wie zusätzliches Wissen, etwa über verdeckende Kanten, Schattenwurf, etc. Das Ergebnis ist eine beobachterorientierte Oberfläche. Die dynamische Pyramide eignet sich demnach als Repräsentation der $2^1/_2$-dimensionalen Skizze im Sinne von Marr.

Einleitung

Das Stereosehen beim Menschen zeigt, daß aus zwei Ansichten Tiefeninformation gewonnen werden kann, sogar bei ganz unstrukturierten Bildern. Dies wird beim stereoskopischen Betrachten der Zufallsstereogramme von Abb. 1 deutlich.
Wenn die Lösung des Korrespondenzproblems gelingt, d.h. die Zuordnung lokaler Bildinformation mit hinreichender Genauigkeit, wird die 3D-Rekonstruktion korrespondierender Oberflächenelemente zu einem lösbaren Problem der Trigonometrie. Außerdem wird die Segmentation einzelner Bildbereiche stark durch die gewonnene Tiefeninformation erleichtert. Zwei zur Deckung zu bringende Teilbilder einer Serie lassen sich im allgemeinen nicht durch starre, globale Transformationen ineinander überführen. Ein System, das Realweltbildern angemessen ist, muß ermöglichen, daß im Prinzip jeder Bildpunkt seinen eigenen Transformationsvektor hat. Ein Verfahren, das das Verschiebungsvektorfeld berechnet, sollte maximalen Gebrauch von der in den Bildern enthaltenen Information machen:

- Markante Punkte liefern bei richtiger Abbildung den lokalen Verschiebungsvektor.

- In Bereichen gleichmäßiger Textur (insbesondere gleichen Grauwerts) soll durch geeignete Interpolation die Information aus dem Vektorfeld der Umgebung genutzt werden. Dabei sollte explizit oder implizit berücksichtigt werden, daß an verdeckenden Kanten Unstetigkeiten des Vektorfeldes auftreten können.

Es gibt eine große Fülle von möglichen Realisierungen zur Lösung des Korrespondenzproblems (Zur Übersicht siehe z.B. [3]). Viele Ansätze berechnen nur die Verschiebungen an markanten Punkten oder Kanten [4,7,9,10] bzw. nehmen die Interpolation in einem separaten Prozeß vor [6]. Die meisten Verfahren beschränken sich auf die Bearbeitung einer einzigen Auflösungsebene. Andererseits hat sich das Pyramidenkonzept in der statischen Bildanalyse sehr gut bewährt [2]. Es wird dabei berücksichtigt, daß Objekte und Muster unterschiedlichster Größen in einem Bild existieren, deren Verarbeitung auf einem angemessenen Auflösungsniveau zu erfolgen hat.

Der vorgestellte Ansatz beschreibt eine dynamische Anwendung der Pyramidenstruktur in dem Sinne, daß der Zuordnungsprozeß auf mehreren Auflösungsniveaus mit vertikalem und horizontalem Informationsfluß erfolgt. Dabei werden Suchbereiche und somit Rechenzeitbedarf minimiert.

Das Verfahren der Elastischen Zuordnung

Das Grundmodell der elastischen Zuordnung ist das der elastischen 2-dimensionalen Membran. Es wurde erstmals an der University of Pennsylvania in zur Zuordnung von CT-Schnitten angewandt [1]. Das Ziel ist die Berechnung des Verschiebungsvektorfeldes $U(x,y)$. Dies geschieht durch Minimierung einer globalen Kostenfunktion, die sich aus der lokalen Deformation des Vektorfeldes und der lokalen Merkmalsähnlichkeit zusammensetzt:

$$\text{Kosten} = \text{Deformationsenergie} - \text{Ähnlichkeitsenergie}$$

Bildlich gesprochen denkt man sich eines der beiden zur Deckung zu bringenden Bilder auf einer elastischen Membran aufgemalt. Diese wird gedehnt und gezerrt, bis beide Bilder zueinander passen. Die Deformationsenergie kommt durch die Dehnungen und Verzerrungen der Membran zustande, während die Ähnlichkeitsenergie durch die Integration aller lokalen Ähnlichkeiten gebildet wird.

Wenn die Ähnlichkeitsenergie eine Potentialfunktion V ist, gilt das "Kräftegleichgewicht"

$$\text{Deformationskraft} + \text{"äußere Kraft"} = 0$$

Im Modell der elastischen homogenen Membran ist das so formuliert [5]:

$$C_1 \Delta U + C_2 \nabla(\nabla \bullet U) - \nabla V = 0$$

C_1 und C_2 sind dabei die elastischen Konstanten. Das sich ergebende Verschiebungsvektorfeld U hängt demnach von den lokalen Kräften $F = -\nabla V$ und der Wahl der elastischen Konstanten C_1 und C_2 ab. Ist F hinreichend präzise bekannt, ist die Lösung U determiniert. Von daher ist zur Bestimmung von F größte Sorgfalt notwendig.

Die externen Kräfte auf die Membran

Bei einer realen Membran wirken die äußeren Kräfte meist nur am Rande oder sie wirken global gleichmäßig. In dem hier vorliegenden Fall jedoch ist an jeder Stelle der Membran das Auftreten einer externen Kraft möglich, und die dazugehörige Potentialfunktion $V(x,y)$ ist an jedem Punkt $X=(x,y)^T$ verschieden, sie hat rein lokalen Charakter.

$$F_{ij}(U) = F(X-X_{ij}) = -\nabla V(X-X_{ij})$$

Das Potential $V(X-X_{ij})$ wird aufgrund von Korrelationen lokaler Bildmerkmale in einer Umgebung von X_{ij}, die die maximal zu erwartende Verschiebung enthält, ermittelt. Als besonders geeignetes Merkmal erweist sich S, das Signum des laplacegefilterten Bildes. Grauwertkorrelationen sind insofern konzeptionell ungeeignet, weil es beim Zuordnungsprozeß darum geht, Punkte auf Oberflächen realer physikalischer Objekte aufeinander zu beziehen. Diese spiegeln sich aber nur implizit und nicht explizit in den Grauwertintensitäten wider [8,S. 75+105]. Bei der Signumskorrelation findet ein Vergleich von abgeleiteten Merkmalen statt und nicht von Grauwerten.

Für das Kreuzkorrelationssignal C zwischen S_1 und S_2 ergibt sich

$$C_{12}(X-X_{ij}) = \frac{1}{|G|} \bullet \sum_{X' \in G} S_1(X+X') \bullet S_2(X_{ij}+X')$$

Da G ein zweidimensionales (i.d.R. quadratisches) Gebiet ist, sind X, X', X_{ij} vektorielle Größen. Vorteilhaft im Hinblick auf Rechenzeit und Speicherplatz ist, daß S_1 und S_2 praktisch binäre Daten sind, denn die Wahrscheinlichkeit, daß S irgendwo den Wert 0 annimmt, ist beliebig gering. Diese eventuell möglichen Punkte können vernachlässigt werden. Rechnerisch günstig ist auch, daß der Nenner gerade die Summe der Elemente der Umgebung G ist und er somit nie verschwindet, wie das bei der Grauwertkorrelation ebener Flächen der Fall ist.

Für die Zuordnung ist wichtig, daß der Bereich des Korrelationspeaks direkt proportional zur Breite des zentralen Peaks vom verwendeten Laplace-Operators ist, daher läßt sich der Suchbereich leicht einstellen. Dies ist bei der Grauwertkorrelation so nicht möglich.

Zur Anpassung des Korrelationssignal der binären Signumsmatrizen wird eine Polynomapproximation gewählt, die theoretisch begründet ist [10] und dem scharfen Peak Rechnung trägt. Das Autokorrelationssignal wird mit folgender Funktion angepaßt:

$$C_{11}(U) = 1 - \sqrt{a} \cdot |U|$$

$(C_{11}(U)-1)^2$ läßt sich deshalb sehr genau durch eine Parabel approximieren:

$$V_{Auto}(U) = (C_{11}(U) - 1)^2 = a \cdot U^2$$

Zu beachten ist, daß diese Parabel nach oben geöffnet ist und so der Krümmungskoeffizient positiv ist, d.h. mit $V_{xx}=-a$ hat das ermittelte Potential V ein Maximum.

Die ermittelte Krümmung gibt auch den erwarteten Verlauf des Kreuzkorrelationssignals wieder, zumal davon ausgegangen wird, daß die beiden zur Deckung zu bringenden Bilder sich nur wenig unterscheiden. Aus dem Residuum zwischen dem Autokorrelationssignal und seiner Polynomanpassung innerhalb des infrage kommenden Suchraums wird ein Auswahlkriterium gewonnen, das nur die Stellen im Bild berücksichtigt, wo das Autokorrelationssignal hinreichend gut approximiert wird und wo die Krümmung hinreichend von 0 verschieden ist.

Aus dem Kreuzkorrelationssignal, das mit

$$V(U) = V_0 + V_x \cdot U + {}^1\!/_2 V_{xx} \cdot U^2$$

approximiert wird, bleibt also noch V_x zu ermitteln. Vorausgesetzt, das Zentralpixel $U=0$ liegt noch im hinreichend gut approximierten Bereich um das Korrelationsmaximum, dann ist

$$V_x = - \frac{\partial V}{\partial U}(0)$$

Für die lokalen Kräfte $F(U) = F(X-X_{ij})$ ergibt sich demnach

$$F(U) = - \nabla V(U)$$

$$= - V_x - V_{xx} \cdot U$$

Die Konstanten der Membrangleichung

Die Konstanten C_1 und C_2 steuern die Art der Verformung der Membran bei gegebenem Kraftfeld F.

Wenn C_1, $C_2 \ll F$, dann findet eine plastische Verformung statt. Das Vektorfeld U richtet sich dann nur nach den äußeren Kräften $F = -\nabla V$.
Wenn C_1, $C_2 \gg F$, sind praktisch nur noch rigide Transformationen wie Translationen oder Rotationen möglich. Dieser Fall entspricht einer globalen Korrelation.

C_1 wirkt nur auf richtungsunabhängige Inhomogenitäten, während C_2 auch Scherungen berücksichtigt. Diese sind im vorliegenden Problem nicht relevant. Darum kann $C_2=0$ gesetzt werden. Es ergibt sich also die vereinfachte Gleichung

$$C_1 \Delta U + F = 0 \quad bzw. \quad C_1 \Delta U - \nabla V = 0$$

bzw. in der diskreten Formulierung, die formal mit der Methode der finiten Elemente hergeleitet werden kann:

$$C_1 \bullet \begin{pmatrix} & 1 & \\ 1 & -4 & 1 \\ & 1 & \end{pmatrix} * U - V_{xx} \bullet U = V_x$$

Falschen Zuordnungen kann entgegengewirkt werden, indem bei den ersten Iterationen große Konstanten gewählt werden, die dann zur Verfeinerung der Ergebnisse nach und nach reduziert werden.

Die Dynamische Pyramide

Die Anwendung des Membranmodells führt in der Praxis zu zwei Schwierigkeiten, die eine Erweiterung dieses Modells notwendig machen.

Zum einen ist die Konvergenz der iterativen Algorithmen zur Lösung des dünnbesetzten linearen Gleichungssystems bei großen Bildmatrizen sehr langsam, besonders wenn es große Flächen ohne externe lokale Kräfte gibt.

Zum anderen beschränkt das Verfahren zur Ermittlung korrespondierender Punkte den Suchraum für diese auf den konvexen Bereich des lokalen Korrelationssignals.

Beide Probleme legen nahe, die Möglichkeiten des Pyramidenkonzeptes auszunutzen.
Terzopoulos konnte zeigen, daß der Oberflächeninterpolationsalgorithmus nach Grimson [6] durch Anwendung eines Mehrebenenverfahrens um Größenordnungen beschleunigt werden konnte [11].
Hinzu kommt, daß sich mit jeder Vergröberung der Auflösungsebene die Distanzen im Bild um den Faktor 2 verringern. Durch Wahl einer hinreichend groben Auflösungsebene ist es also immer möglich, die lokalen Verschiebungen zwischen zwei Bildern einer Folge in den Bereich lokaler Operatoren zu bringen.

Bei dem Konzept der Dynamischen Pyramide wird auf einer hinreichend groben Ebene mit dem Zuordnungsprozeß begonnen. Da sich einerseits bei dieser Auflösung die Verschiebungsvektoren noch wenig von 0 unterscheiden und auch insgesamt nicht viele Bildpunkte vorhanden sind, ist die Konvergenz der Membrangleichung schnell erreicht.

Die Ergebnisse dieser Zuordnung werden mit einem geeigneten Interpolationsverfahren zur nächsten Ebene der Pyramide transformiert und geben dort Startwerte, die sich weniger als 1 Pixel vom endgültigen Wert dieser Auflösungsebene unterscheiden. Demzufolge ist auch auf dieser Ebene die Konvergenz schnell erreicht und der Suchraum von ±1 Pixel in beiden Dimensionen wird leicht von lokalen Operatoren der Größe 5x5 erfaßt.

Dieser Prozeß wird bis zur feinsten Auflösungsebene fortgesetzt.

Die gesamte Dynamische Pyramide ist symbolisch in Abb. 2 dargestellt. Die Kreise repräsentieren den Zuordnungsalgorithmus mit dem Modell der elastischen Membran, die vertikalen Pfeile bedeuten die Übertragung der Zwischenergebnisse von einer Ebene zur nächsten.

Voraussetzung für das Funktionieren dieses Prozesses ist die richtige Zuordnung eines jeden Bildpunktes auf jeder Auflösungsebene. Es ist eine offene Frage, ob es nötig ist, nachträgliche Fehlerkorrekturmöglichkeiten in Form eines "Backtracking" anzuwenden. Sollte es sich als wesentlich herausstellen, kann dies durch Informationsübertragung in beiden Richtungen der Pyramide erreicht werden. Dabei übertragen sich die Randbedingungen und lokalen Kraftfelder der feinen Auflösungsebenen auf die groben Ebenen.
Die praktische Realisierung hier beschränkt sich auf die eine Richtung der Informationsübertragung von "grob" nach "fein".

Ergebnisse und Diskussion

Im momentanen Stadium der Entwicklung wird der Algorithmus auf Zufallsstereogramme wie in Abb. 1 angewandt. Im Zentrum des rechten Teilbildes ist ein Quadrat gegenüber dem linken um 3 Pixel verschoben. Jedes Teilbild hat eine Auflösung von 128*128 Pixel. Die Rohbilder werden als Laplacepyramide repräsentiert [2], deren Signum zur Bestimmung der Kräftefelder herangezogen wird. Abb. 3 zeigt das Zuordnungsergebnis der gröbsten Ebene mit der Auflösung 32*32, das nach 23 Iterationen erreicht wurde. Abb. 4 zeigt das endgültige Zuordnungsergebnis der Dynamischen Pyramide bei der Auflösung 128*128.
Die Zuordnung ist weitgehend richtig. Probleme macht das "Verschmieren" des Verschiebungsvektorfeldes an verdeckenden Kanten, das vor allem von dem Glättungsterm der Laplacegleichung herrührt. Bei Objekten mit erkennbarer Oberflächenstruktur läßt sich eine regionorientierte Kontinuitätsbeschränkung in das Modell integrieren [3], bei strukturlosen Objekten wie hier ist denkbar, an Stellen großer "Spannung" die Membran "reißen" zu lassen. Zusätzliches Wissen läßt sich über das Kräftefeld oder über lokal veränderliche elastische Konstanten in das Modell integrieren. Die Dynamische Pyramide eignet sich demnach als beobachterorientierte Repräsentation räumlicher Oberflächen, was Marr die $2^1/_2$-dimensionale Skizze nannte [8].
Die Anwendung der Dynamischen Pyramide wird in der 3D-Rekonstruktion von Nukleosomen aus stark verrauschten Elektronenmikroskopaufnahmen liegen.

Literatur

1) Broit,Ch.; Optimal Registrations of Deformed Images; Dissertation, Univ. of Pennsylvania, USA (1981)

2) Burt,P.J.; The Pyramid as a Structure for Efficient Computation; aus Rosenfeld, A.(ed.), Multiresolution Image Processing and Analysis; Springer Verlag Berlin (1984)

3) Dengler,J.; Methoden und Algorithmen zur Analyse bewegter Realweltszenen im Hinblick auf ein Blindenhilfesystem; Dissertation am Institut für Angewandte Physik I, Universität Heidelberg (1985)

4) Dreschler-Fischer,L.S.; Haarslev,V.; Konzeption für ein Bildverarbeitungssystem zur Lösung des Korrespondenzproblems bei Stereo-Bildfolgen im Rahmen einer komfortablen ADA-Programmierumgebung; Robotersysteme 1, 29-34, Springer Verlag Berlin (1985)

5) Feynman,R.; The Feynman Lectures on Physics; Vol. II, Kap. 39.29, Addison-Wesley, Reading, Mass., USA (1964)

6) Grimson,W.E.L.; Surface Consistency Constraints in Vision; Comp. Vis., Graph. and Im.Proc.Vol.24,pp. 28-51 (1983)

7) Kass,M.; A Computational Framework for the Visual Correspondence Problem; Proc. IJCAI 83, pp. 1043-1045 (1983)

8) Marr,D.; Vision; W.H. Freeman and Co., San Francisco (1982)

9) Marr,D.; Poggio,T.; A Computational Theory of Human Stereo Vision; Proc. R. Soc. London B.204, pp. 301-328 (1979)

10) Nishihara,H.K.; PRISM: A Practical Real-Time Imaging Stereo Matcher; MIT A.I. Memo No. 780, Cambridge, Mass., USA (1984)

11) Terzopoulos,D.; Multilevel Computational Processes for Visual Surface Reconstruction; Comp. Vision, Graph.,and Im.Proc. 24; pp. 52-96 (1983)

Abbildungen

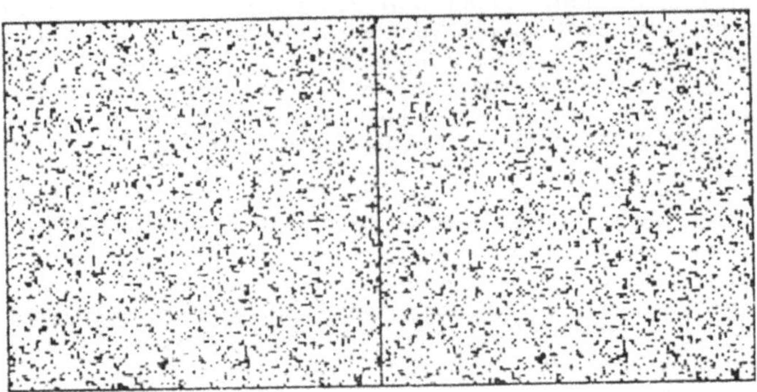

Abb. 1
Zufallsstereogramm

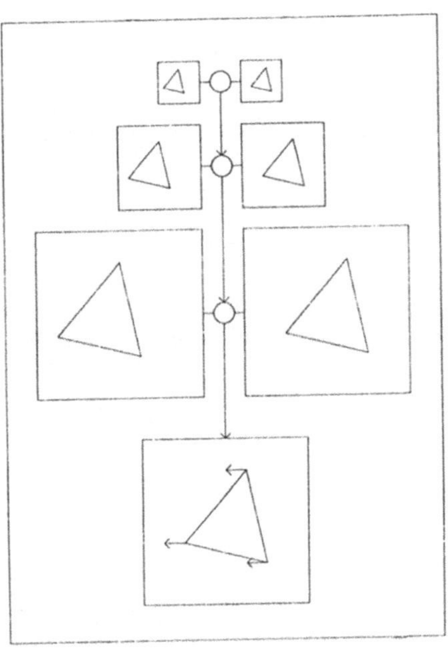

Abb. 2
Die Dynamische Pyramide

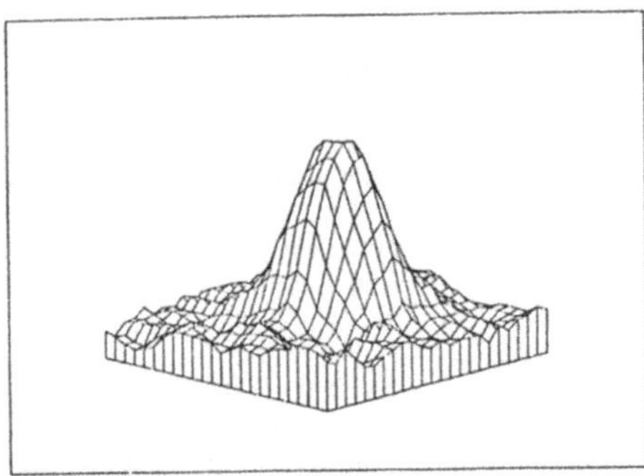

Abb. 3
Zuordnungsergebnis der groben Ebene

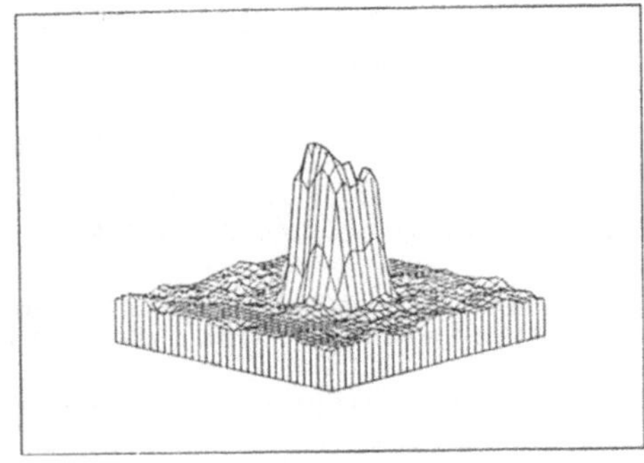

Abb. 4
Endergebnis der Zuordnung

DREIDIMENSIONALE ABTASTUNG INDUSTRIELLER SZENEN MIT OPTISCHER LOTUNG

Abtastverfahren, Signalverarbeitung und Einsatzmöglichkeiten

R. Grabowski

Fraunhofer-Institut für Physikalische Meßtechnik,
Freiburg

P. Wurll

Siemens AG, Karlsruhe

Zusammenfassung

Es wird ein optisches Lotungssystem (optisches Radar) vorgestellt,
das als sensorisches System bei der adaptiven Steuerung und Regelung
von Automaten eingesetzt werden soll. Das System nimmt **dreidimensionale** Bilder in Form von Höhenrasterbildern auf. Die als relevant
vorgegebenen Parameter oder Merkmale können mit einem Mustererkennungsverfahren in drei Dimensionen extrahiert werden.

Abtastverfahren

Unter einer lotenden Bildaufnahme wird hier - entsprechend dem
herkömmlichen Lotungsbegriff - ein Verfahren verstanden, bei dem
näherungsweise punktförmig Oberflächen bestrahlt und die reflektierte Strahlung, das Echo, registriert wird. Aus dem Echo wird
dann die gesuchte Bildinformation, hier die Höhe des bestrahlten
Oberflächenelementes bestimmt.

Für ein Höhenrasterbild müssen nicht absolute Entfernungen, sondern
nur Höhendifferenzen aufgenommen werden. Die Bestimmung von Höhendifferenzen läßt sich auf die Messung von Laufwegdifferenzen zurückführen. Laufwegdifferenzen sind vergleichsweise einfach meßbar,
wenn man über die Meßlotungsstrecke und über eine feste Referenz-
lotungsstrecke kontinuierlich gleichphasige harmonische Wellen
gleicher Frequenz aussendet und die Phassendifferenz zwischen Meß-
echo und Referenzecho mißt. Zwei Wellen gleicher Frequenz ν_o werden
am Meßort als harmonische Schwingungen

$$S_1(t) = A_1 \cdot \cos(2\pi\nu_o t + \varphi_1)$$

$$S_2(t) = A_2 \cdot \cos(2\pi\nu_o t + \varphi_2)$$

registriert. Die Amplitudenmaxima erscheinen am Meßort mit dem Zeitunterschied

$$\Delta t = \frac{1}{\nu_O} \cdot \frac{\Delta \varphi}{2\pi} \quad ; \quad \Delta \varphi = \varphi_2 - \varphi_1$$

und mit dem Laufwegunterschied

$$\Delta s = c \cdot \Delta t = \frac{c}{\nu_O} \cdot \frac{\Delta \varphi}{2\pi} = \lambda_O \frac{\Delta \varphi}{2\pi}$$

Die Konstante c ist die Ausbreitungsgeschwindigkeit der Welle, λ_O ist die Wellenlänge. Für die Höhendifferenz gilt dann

$$\Delta h = \frac{1}{2} \cdot \Delta s = \frac{1}{2} \lambda_O \cdot \frac{\Delta \varphi}{2\pi}$$

Weil die Phasendifferenz nur modulo 2π meßbar ist, können Höhendifferenzen ohne zusätzliche Maßnahmen nur in einem Höhenbereich einer halben Wellenlänge bestimmt werden. Für die Lotung kleinräumiger Szenen mit Objekten, deren Abmessungen von der Größenordnung 1 Dezimeter sind, eignen sich daher Wellenlängen von der Größenordnung 1 Meter. Hier stellt sich eine grundsätzliche Schwierigkeit ein: Wellen mit Wellenlängen der genannten Größenordnung lassen sich am Objektort nicht so stark bündeln, daß - im Vergleich mit den Objektabmessungen - nur ein kleines Oberflächenelement bestrahlt und somit eine nahezu punktförmige Abtastung erreicht wird. Die Lösung liegt in einem Kompromiß: Einem kurzwelligen Strahl werden langwellige Intensitäts-Schwankungen aufmoduliert. Der kurzwellige Trägerstrahl ermöglicht eine für kleinräumige Szenen hinreichende Bündelung, die Phasendifferenz wird durch Vergleich der Phasenlage der langwelligen Modulation bestimmt. Als kurzwellige Trägerwelle eignet sich Licht. Mit Hilfe von Halbleiter-Lasern läßt sich dem Licht eine Intensitätsmodulation aufprägen. Um Modulations-Wellenlängen von der Größenordnung 1 Meter zu erhalten, muß mit einer Frequenz von der Größenordnung 100 Megahertz moduliert werden.

Für den Phasenvergleich werden das Lotungsecho und das Referenzsignal mit Fotolawinendioden demoduliert. Die Frequenz der resultierenden harmonische elektrischen Signale, nämlich die Modulationsfrequenz, ist für die bekannten Phasenvergleichstechniken noch zu hoch. Sie werden deshalb phasenstarr in Signale niederer Frequenz umgesetzt und deren Phasendifferenz nach dem Prinzip des Synchrongleichrichters ermittelt.

Das den Phasendifferenzen und damit den Höhen proportionale analoge Ausgangssignal wird über einen Analog-Digital-Wandler als Höhenrasterbild gespeichert, das dann zwecks Merkmalsextraktion abgerufen werden kann.

Eine Strahlumlenkvorrichtung führt den Lotungsstrahl zeilenweise über die Objektszene, so daß ein zeilenstrukturiertes Bild aufgenommen wird (Bild 1).

Ein nach den vorgenannten Überlegungen realisiertes Abtastverfahren ermöglicht die Aufnahme der dreidimensionalen Bildinformation mit den folgenden verfahrenstypischen Werten:
- Bildaufnahmezeit: 1 Sekunde
- Anzahl Bildrasterpunkte: 256x256
- Abstand Objektszene/Lotungseinheit : 2 Meter
- Areal Objektszene: 0,4x0,4 Meter.

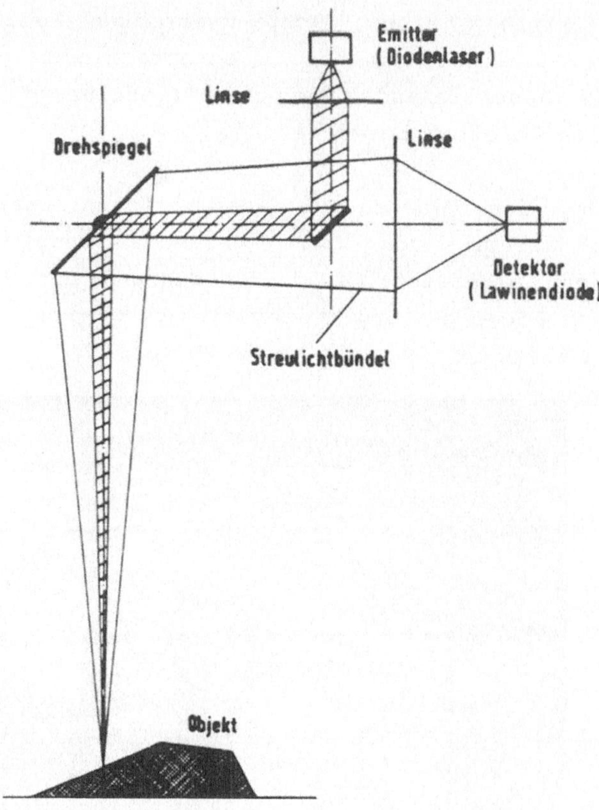

<u>Bild 1:</u> Strahlengang bei der optischen Lotung

Signalverarbeitung

Das zeilenorientierte Höhenrasterbild wird in einem quadratischen Bildpunktspeicher hinterlegt. Jeder Bildpunkt enthält die Höheninformation des bestrahlten Oberflächenelementes aus der Szene. Nach einer Bildreinigung und Umrechnung des Höhenrasterbildes in das kartesische Koordinatensystem setzt die Bildanalyse ein.

Bei dem Verfahren zur Werkstückerkennung geht man davon aus, daß sich technische Objekte in der Regel durch ihre Kanten und diese wiederum durch Merkmale wie Geraden, Kreise, Kreisbögen und Ecken beschreiben lassen.

Aus dem Höhenrasterbild wird durch Berechnung der Höhenwert-Gradienten ein Gradientenbild der Szene erzeugt. Das Bild enthält die Kanten der zu erkennenden Objekte. Die Kanten werden durch einen speziellen Operator verfolgt und als Linienlisten dargestellt. Die Linien werden als Folge von Geraden, Ecken und Kreisbögen interpretiert und in diese Kurvenarten unterteilt. Die Parameter dieser Kurvenstücke stellen die Merkmale für die modellgestützte Szenenanalyse dar. Mittels eines Suchbaumverfahrens wird der aktuelle Merkmalsvorrat zu einem zum Modell entsprechenden Muster zusammengesetzt, sowie anschließend Lage und Orientierung des Werkstückes bezogen auf eine Referenz berechnet.

Die Darstellung des Höhenrasterbildes erfolgt auf einem Graphikmonitor. Dazu wird die von "oben" gesehene Szene in eine perspektivische Ansicht umgesetzt (Bild 2). Während des Bildaufbaus sind im Hintergrund liegende Objektmerkmale sichtbar, die evtl. durch im Vordergrund liegende Merkmale verdeckt werden.

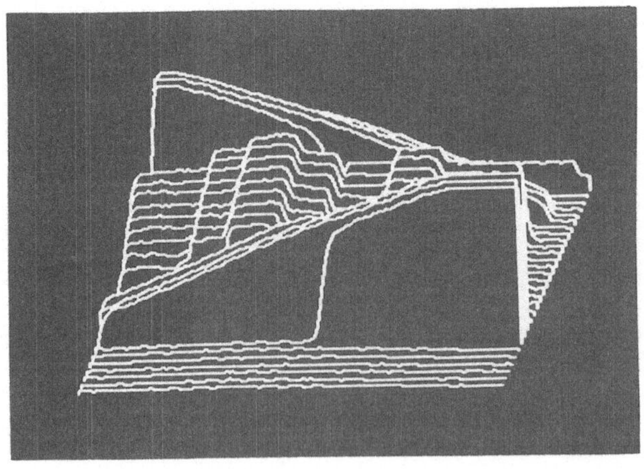

<u>Bild 2:</u> Darstellung der Szene auf einem Graphikmonitor

Einsatzmöglicheiten

Leistungsfähige Objekterkennungssysteme sind besonders für den Einsatz von Industrierobotern in der Teilevorfertigung gefragt. Rohprodukte liegen häufig als Schüttgut in Containern. Es besteht die Forderung, die Werkstücke mittels Industrieroboter zu greifen und einer Werkzeugmaschine zuzuführen. Eine andere Aufgabe ist z.B. die Entnahme von grobpositionierten Blechbaugruppen aus einer Gitterbox. Eine mechanische Vereinzelung ist in vielen Fällen nicht möglich.

Hier ist der Einsatz eines Bildverarbeitungssystems zur dreidimensionalen Szenenanalyse unter Berücksichtigung einsatzspezifischer Meßnahmen notwendig.

Literatur

[1] Grabowski, R.; Molnar,J.; Schweizer,W.; Unger,L. :
    Optische Lotung für dreidimensionale Werkstückerkennung
    Techn.Messen 51, 227, 1984.
[2] Rummel, P: A Model-Based Visual Sensor System for Complex
    Industrial Scenes.
    Siemens Forsch.-u. Entwickl.-Ber. Bd. 13 (1984) Nr.3,
    Springer-Verlag.
[3] Günzel, K.; Weber,U.; Wurll,P. : Visual Sensor System for
    Industry.
    Siemens Forsch.-u.Entwickl.-Ber. Bd.13 (1984) Nr.3
    Springer-Verlag.

Messung von Faserorientierungen in faserverstärkten Kunststoffen

K. Borgschulte, H. Cherek

Institut für Kunststoffverarbeitung in Industrie und Handwerk (IKV)

Rheinisch - Westfälische Technische Hochschule Aachen

Pontstraße 49   5100 Aachen

Zusammenfassung : Die besonderen Festigkeitseigenschaften von faserverstärkten Kunststoffen werden durch die im Kunststoff eingelagerten Fasern bestimmt.
Da bislang die Orientierungen der Fasern nicht vorhersagbar sind, müssen
Methoden zur Überprüfung von Bauteilen entwickelt werden. Durch die Röntgenprüftechnik können die Verstärkungsfasern sichtbar gemacht und analysiert
werden. Darauf aufbauend sind mehrere Verfahren zur automatischen Auswertung
der Röntgenaufnahmen entwickelt worden. Ein erstes Verfahren ermittelt mit
Hilfe einer speziellen Maskenstruktur das Signal eines Bild-Masken-Vergleichs
für bestimmte Winkelrichtungen. Das zweite Verfahren erzeugt eine Skelettdar-
stellung der Faserobjekte und untersucht die entstandenen Linienstrukturen.
Die Ergebnisse beider Verfahren ermöglichen Aussagen über die Faserorientierung.

1. Einleitung :

Faserverstärkte Werkstoffe gewinnen in der kunststoffverarbeitenden Industrie
immer größere Bedeutung. Der Grund liegt in ihren besonderen Festigkeitseigenschaften, welche entscheidend durch die im Kunststoff eingelagerten Fasern
bestimmt werden. Da die Fasern nur in Einlagerungsrichtung, nicht aber quer
dazu, Zugkräfte aufzunehmen vermögen, ist es wichtig, Lage, Länge und Anzahl
der Fasern im Bauteil zu kennen. Im Gegensatz zu den im Wickelverfahren herge-
stellten Bauteilen ist bei Bauteilen, die aus Halbzeugen mit regelloser Faser-
verteilung gefertigt werden, z.B. beim Faserspritzen oder beim Pressen von
SMC-Matten, bis heute die Orientierung der Fasern nicht vorhersagbar. Zusätzlich sind bei verschiedenen Verfahren aufgrund nicht reproduzierbarer Ferti-
gungsbedingungen die Orientierungen in verschiedenen Bauteilen nicht identisch. Deshalb ist eine Überprüfung jedes einzelnen Bauteils unumgänglich.
Durch die Röntgenprüftechnik, einem wichtigen Verfahren der zerstörungsfreien
Werkstoffprüfung, sind die Voraussetzungen zur Verwirklichung der Ziele geschaffen. Sie ist in der Lage, die Verstärkungsfasern von Bauteilen sichtbar
zu machen, ohne das Bauteil selbst zu beschädigen. Die dabei entstehenden
Röntgenaufnahmen sind der Ausgangspunkt für mögliche Verfahren. Ein Ziel für
den Einsatz solcher Verfahren ist die Realisierung einer Prüfung dieser Teile

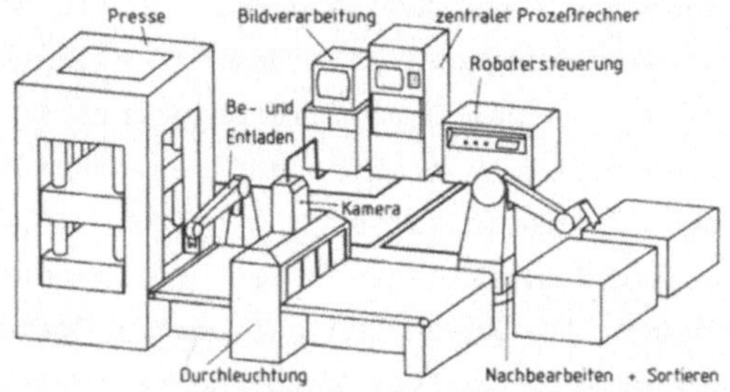

nach dem Pressen, wie dies in Bild 1 dargestellt ist. Dabei führt das Erkennen von fehlerhaften Bauteilen zur Veränderung der beeinflußbaren Verfahrensparameter im Fertigungsprozeß.

Bild 1 : Vollautomatischer Fertigungsprozeß

2. Auswahl möglicher Ansätze :

Bei der Beurteilung und Auswahl möglicher Ansätze stehen Forderungen nach gesicherten Aussagen für die Faserorientierung im Vordergrund. Von Bedeutung ist dabei die Frage, ob die einzelnen Faserobjekte explizit extrahiert werden müssen, oder ob ein spezielles Maß für die Orientierung existiert, welches durch eine globale Operation auf dem gesamten Bild berechnet werden kann.

Einer der ausgewählten Ansätze basiert auf dem Konzept des Schablonenvergleichs ("template matching") /2/. Bei genauer Untersuchung weist dieser Ansatz bezüglich obiger Fragestellung als einziger einen dualen Charakter auf. Einerseits kann eine Schablone oder Maske in ihrer Eigenschaft als Merkmalsfilter angewandt werden. Eine geeignet gewählte Maske "filtert" schwache Signale eines Masken-Bild-Vergleichs heraus und verstärkt nur die bei einem sehr guten Vergleich erzielten Signale. Für Aussagen über die Faserorientierung wird kein expliziter Erkennungsprozeß durchgeführt. Eine zweite Möglichkeit besteht darin, aus der Signalgröße des Masken-Bild-Vergleichs zu entscheiden, ob in der aktuellen Maskenposition ein Faserobjekt liegt oder nicht. Dazu müssen aber noch weitere Bedingungen erfüllt sein, um eine höhere Entscheidungssicherheit zu erreichen. In beiden Fällen hängt die dem Faserobjekt zugeordnete Lage von der Position der Maske ab, d.h. die Schrittweite der Maskenwinkel beeinflußt die Aussagen über die Orientierung. Außerdem ist die Zuverlässigkeit entsprechender Verfahren bei komplexeren Faserbildern bezüglich Faseranzahl und Auflösungsgrad zu untersuchen. Bei Faserbildern mit geringem Kontrast ist eine Vorverarbeitung etwa durch eine LAPLACE-Filterung oder eine Histogramm-Modifikation sinnvoll.

Der zweite Ansatz arbeitet auf einer Skelettierung der Faserobjekte und führt eine explizite Faserextraktion durch /3/. Da fast alle bekannten Skelettierungsverfahren nicht auf Grauwertbildern operieren, ist zuerst ein Binärisierungsschritt notwendig. Nach erfolgter Skelettierung ist die entstandene Linienstruktur zu verfolgen. Dabei kann die Lage und Länge der Linienstruktur genau ermittelt werden, sodaß sehr exakte Aussagen über die Orientierung der zugehörigen Faserobjekte möglich sind. In dem Binärisierungsschritt müssen aber die wichtigen Bildinformationen erhalten bleiben und es dürfen z.B. kontrastschwächere Fasern oder Faserteile nicht gelöscht werden. Zusätzlich muß der Skelettierungsschritt die Zusammenhangseigenschaften des Bildes erhalten und zerrissene Linienzüge vermeiden. Die Anwendung geeigneter Operationen in diesen Schritten ermöglicht dann auch die Analyse komplexerer Faserstrukturen.

3. Realisierung der Verfahren :

Auf der Basis des Schablonenvergleichs sind zwei Verfahren realisiert worden :
- Die Homogenitätsanalyse als globales Analyseverfahren zur Messung von Faserorientierungen
- Die Faserextraktion zur lokalen Untersuchung einzelner Bildbereiche /4/.

Für die Durchführung beider Verfahren ist eine geeignete Maskenform wichtig. Bestimmt durch die Form der Faserobjekte ergaben sich Masken mit unterschiedlich breiter und starker Wichtung. Außerdem muß die Breite der Maske so ausgerichtet sein, daß eine hohe Deckung von Maske und Faserobjekten erreicht wird. Die Darstellung der verschiedenen Winkelrichtungen erfolgt in Abhängigkeit von der Maskenlänge durch Angabe bestimmter Steigungskoeffizienten für die Maskenelemente. Um einen notwendigen 180-Grad Winkel zu erfassen, erfolgt nach Bearbeitung eines 90-Grad Winkels eine Spiegelung des Faserbildes. Die erreichte Winkelschrittweite liegt bei 3.9 Grad.

Die Homogenitätsanalyse ermittelt für jede Winkelrichtung über dem gesamten Bild eine Maskenresponse für den Bild-Masken-Vergleich und liefert als Ergebnis eine Verteilung dieser Responsen. Sie ermöglicht Aussagen über eine vorliegende Orientierung und deren Stärke.

Bei der Faserextraktion wird die berechnete Maskenresponse weiter analysiert. Durch die Festlegung eines Maskenschwellwertes (interaktiv durch den Benutzer oder automatisch nach erfolgter Bildvorverarbeitung) wird eine Maskenresponse vorselektiert. Um eine hohe Flexibilität der Maske zu erreichen, ist ihre Länge auf zwanzig Elemente festgelegt. Da sie bei einem Vergleich nur ein Fasersegment erkennen kann, sind mehrere, direkt aufeinander folgende, positive Vergleiche notwendig. Als zusätzliche Bedingung muß eine Gleichmäßigkeit der Responsen jedes einzelnen Maskenelementes vorliegen. Damit bei Nichterfüllung einer dieser Bedingungen mögliche Informationen noch ausgewertet werden, ist die Maske in zwei logische Hälften unterteilt. Für jede von ihnen gelten ähnliche Bedingungen wie für die gesamte Maske. Damit bleiben die Informationen von Maskenteilen, die ein Faseranfang oder -ende kennzeichnen, erhalten, obwohl die gesamte Maske einen negativen Vergleich liefert. Dieses Verfahren liefert eine Verteilung der erkannten Fasern und Fasersegmente, die auch quantitative Aussagen über die Faseranzahl ermöglicht.

Das Verfahren auf der Basis einer Bildskelettierung besteht aus den drei Schritten : Binärisierung, Skelettierung und Linienverfolgung.

Der Binärisierungsschritt ermöglicht durch eine automatische Schwellwertfestlegung für einzelne Bildbereiche eine sehr gute Differenzierung von Faserobjekten und Bildhintergrund. Der Skelettierungsschritt wird durch eine topologische Bildoperation durchgeführt, damit die Zusammenhangseigenschaften der Faserobjekte erhalten bleiben. Grundlage ist das Skelettierungsverfahren durch Nachbarschaftsbildung /5/. Aufbauend auf den bekannten Algorithmen zur Linienverfolgung /6/ wird der dritte Schritt durchgeführt. Um die Linearitätsbedingungen der Faserobjekte zu erfüllen, müssen aber verschiedene Modifikationen eingeführt werden. Beim Auftreten von Linienknoten muß eine optimale Fortsetzung der bisher verfolgten Struktur erreicht werden. Nach Beendigung der Linienverfolgung sind sehr exakte Aussagen über Lage, Länge und Anzahl der Linienstrukturen (und damit der Faserobjekte) möglich.

4. Ergebnisse :

Die entwickelten Verfahren sind durch mehrere Meßreihen auf ihre Korrektheit überprüft worden. Dabei wurden insbesondere die Ergebnisse der Verfahren bei Drehung gleicher Faserbilder und bei Erhöhung der Faseranzahl analysiert.

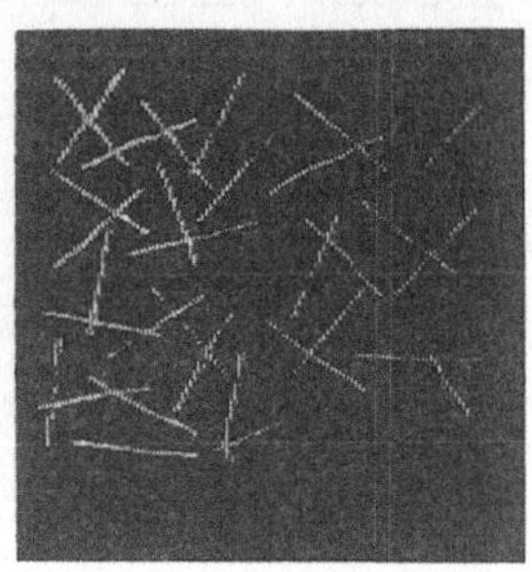

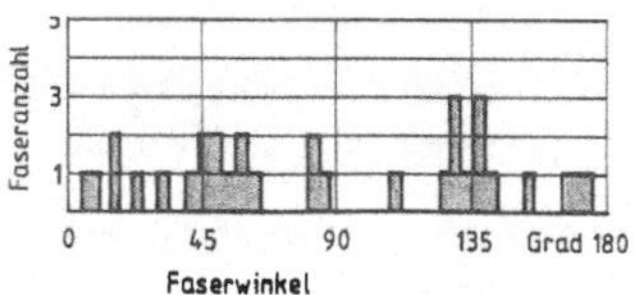

Für die Untersuchung der Verfahren hinsichtlich ihrer Drehungsstabilität ist in Bild 2 ein Faserbild mit zugehöriger Verteilung der Fasern im Ausgangszustand dargestellt. Eine Linksdrehung des Faserbildes liefert für die drei Verfahren die Ergebnisse in Bild 3 bis 5. Folgende vier Zustände sind abgebildet :

    a) Ausgangszustand

    b) Drehung um 30-Grad

    c) Drehung um 60-Grad

    d) Drehung um 90-Grad

Bild 2 : Ausgangszustand

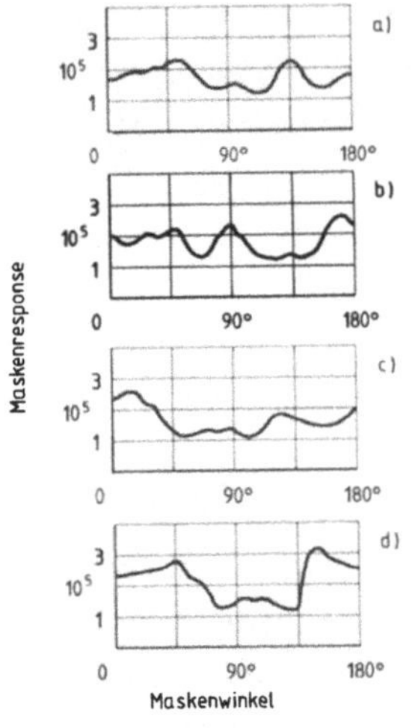

Bild 3: Homogenitäts-
analyse

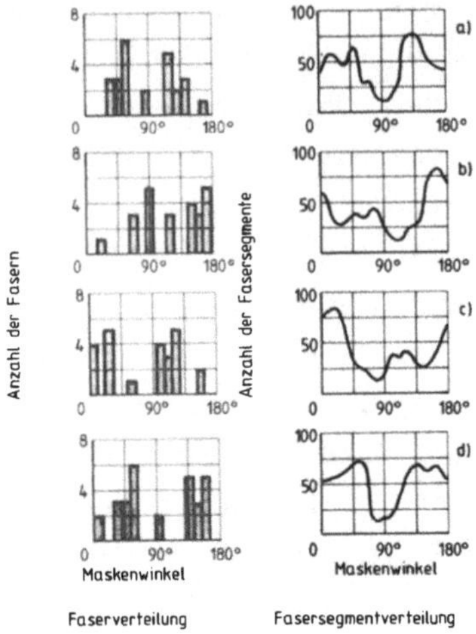

Bild 4: Faserextraktion

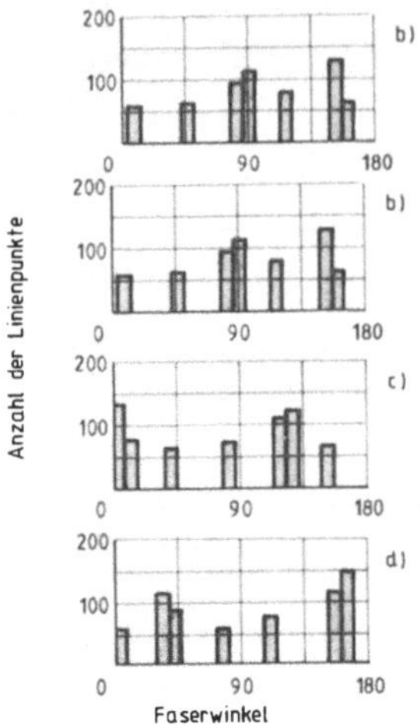

Bild 5: Skelettierung

Alle Verfahren lieferten für die Meßreihen übereinstimmend richtige Ergebnisse. Durch die Faserextraktion und besonders das Skelettierungsverfahren konnten sehr genaue Aussagen über die verschiedenen Orientierungen gemacht werden, auch wenn diese weniger deutlich ausgeprägt waren und höher strukturierte Faserbilder vorlagen. Die Homogenitätsanalyse konnte gut angewandt werden, wenn die Orientierungen gleicher Bauteile auf Veränderungen untersucht werden sollten. Für eine weitergehende Analyse hochstrukturierter Faserbilder, insbesondere mit reiner Glasfasereinlage, lassen sich bei Verbesserung der Auflösungsmöglichkeiten des vorhandenen Prüfsystems mit den Verfahren gute Ergebnisse erzielen.

Literaturverzeichnis :
/1/ Menges,G.:
Einführung in die Kunststoffverarbeitung, 2. Auflage, Hanser Verlag, München (1979)
/2/ Niemann,H.:
Pattern Analysis, Springer Verlag, Berlin Heidelberg (1981)
/3/ Kazmierzcak,H.:
Erfassung und maschinelle Verarbeitung von Bilddaten , Springer Verlag, Wien New York (1980)
/4/ Borgschulte,K.:
Bestimmung von Faserorientierungen in GFK-Bauteilen mit digitaler Bilddatenverarbeitung, Diplomarbeit am IKV (1985), Betreuer : H. Cherek
/5/ Kreifelts,T.:
Skelettierung und Linienverfolgung in rasterdigitalisierten Linienstrukturen, in : Digitale Bildverarbeitung (Hrsg. H.H. Nagel),
Informatik Fachberichte Bd. 8, Springer Verlag, Berlin Heidelberg (1977)
/6/ Rosenfeld,A.;Kak,A.C.:
Digital Picture Processing, 2. Auflage, Band 1 und 2, Academic Press, London New York (1982)

Konturverfolgung zur Vollständigkeitsprüfung am Beispiel von Blechbaugruppen

Dr. Ulrich Weber
Siemens AG, Karlsruhe

Zusammenfassung

Für ein Graubildverarbeitungssystem mit SIEMENS-Prozeßrechner wurden
Programme zur Konturverfolgung von Helligkeitskanten und -linien
entwickelt. Die Programme gestalten die Anwendung des Systems zur
Identifikation und Vollständigkeitsprüfung bei metallisch glänzenden
Baugruppen, insbesondere PKW-Blechbaugruppen.

Einleitung

Im Bereich des menschlichen Sehens spielen Konturen als Linien
oder Grenzen zwischen unterschiedlichen Bereichen eine besondere
Rolle. Zur Wahrnehmung sind im menschlichen Gehirn erstaunliche
Fähigkeiten entwickelt. Selbst feinere Konturen lassen sich scheinbar mühelos über große Bildbereiche verfolgen.
Die Bedeutung der Bildverarbeitung zur Erfassung von Konturen ist
seit längerer Zeit erkannt. Beispiele sind:

- die automatische Erfassung von Linien in Landkarten zur Dateinein-
  gabe in den Rechner;
- Verfolgung und Vermessung von Straßen aus Luftaufnahmen;
- neuerdings die Versuche zur Erfassung von Liniengrafik in technischen Zeichnungen und Handskizzen zur Eingabe und Verarbeitung
  durch den Rechner.

Voraussetzung für erfolgreiche Ergebnisse ist ein ausreichender
lokaler Kontrast zwischen Kontur und Umgebung.

Im Bereich der Fertigungstechnik, speziell im Fahrzeugbau, besteht
ein erheblicher Bedarf an automatischen Verfahren zur Identifikation
und Qualitätsprüfung.

Im Falle metallisch glänzender Bauteile, z.B. Blechbaugruppen, versagen übliche Bildverarbeitungsmethoden, wegen der Glanzprobleme häufig. Die Zusammenhänge zwischen Objekthelligkeit, ihrer Form, Lage und Richtung sind hier besonders kompliziert. Andererseits enthalten solche Baugruppen durch Kanten, Biegekanten, Sicken, Ausnehmungen deutlich sichtbare Konturinformation. Diese steht häufig mit der grafischen Information, die zur Beschreibung in technischen Zeichnungen verwendet wird, in direktem Zusammenhang. Im folgenden wird über Arbeiten berichtet, derartige Konturinformation für Identifikationsaufgaben im Rahmen der Vollständigkeitsprüfung heranzuziehen. Gegenüber den genannten Beispielen zur Konturverfolgung mit Bildverarbeitung kommt zunächst erschwerend hinzu, daß sich die Konturen von dunklen bis in hell glänzende Bereiche erstrecken können (Bild 1).

Prüfaufgabe

Das Prüfobjekt in unserem Beispiel ist eine PKW-Bodenbaugruppe. Die Prüfung soll sicherstellen, daß alle erforderlichen Teile vorhanden, d.h. angeschweißt sind. In Bild 1 ist ein Ausschnitt aus der Bodenbaugruppe dargestellt.

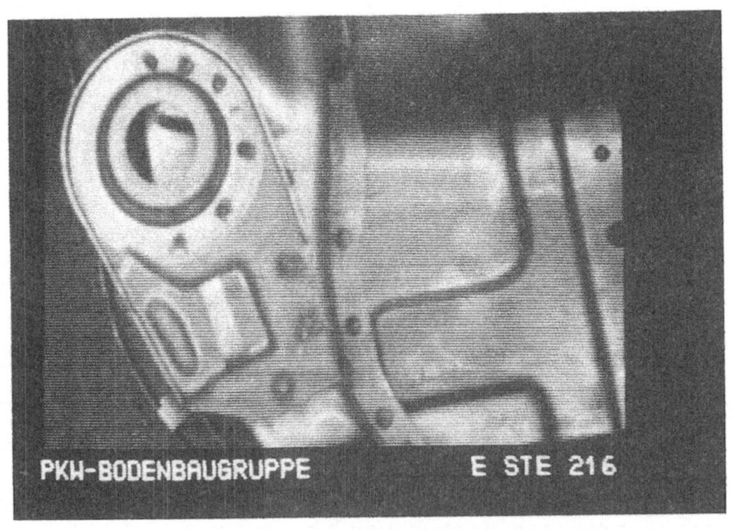

Bild 1: Ausschnitt aus einer PKW-Bodenbaugruppe

Im linken Bildausschnitt befindet sich ein Bauteil mit kreisförmiger Begrenzung. Hier wird später bei der Montage ein Stoßdämpfer befestigt. Im Bild erscheinen Biegekanten als Hell/Dunkel-Übergänge. Kanten von Blechbereichen, die flächenbündig auf die Unterlage geschweißt sind, erscheinen dagegen als Schattenlinien oder helle Linien. Die Aufgabe der Konturverfolgung besteht deshalb in Verfolgung von Linien und Kanten im Helligkeitsbild, mit anschließender Zerlegung der Merkmale in grafische Primitive.

Bilderkennungssystem

Als Bildaufnahmesensor dient die Fernsehkamere K30. Die Verarbeitungsroutinen wurden für das Graubildverarbeitungssystem mit Prozeßrechner implementiert [1], [2].

Methode der Konturverfolgung

Die Aufgabe besteht darin, jedes Spurelement in Lage und Richtung optimal an die Kontur anzupassen. Der Algorithmus bewertet zur Abtastung der Kontur für das Spurelement i aus mehreren zusammenhängenden Bildpunkten definierter Länge l, Richtung α_i; und Lage x_i; die Gesamtintensität der Bildpunkte: $s_n(x_i, \alpha_i, l)$.

Nach Festlegung oder Suche von Anfangspunkt und -richtung in einem definierten Bildausschnitt wird jedes folgende Spurelement zunächst in der Richtung des vorhergehenden fortgesetzt. Durch Vergleich mit unmittelbar benachbarten Spurelementen s_{x+1} gleicher Richtung, die sich durch Parallelverschiebung ergeben, läßt sich in einem ersten Schritt die Lage optimieren. Nach Veränderung der Richtung α_i mit definierter Schrittweite und Vergleich mit benachbarten Spurelementen kann die optimale Richtung und Lage bestimmt werden.

Dabei verfolgt

$$\max. \ s_n \qquad : \text{helle Linien}$$
$$\min. \ s_n \qquad : \text{dunkle Linien}$$
$$\max. \ (s_{n+1} - s_n) \qquad : \text{Helligkeitskanten}$$
$$\text{(Übergänge von dunkel hell).}$$

Als direktes Ergebnis der Konturverfolgung erhält man eine Liste der einzelnen Spurelemente und ihrer Merkmale: x_i, α_i, s_n, l.

Klassifizierung der Spurmerkmale

Den vorliegenden Anwendungsfall liegt die Modellvorstellung zugrunde, daß sich die Konturen im wesentlichen durch Geraden- und Kreisbogenabschnitte beschreiben lassen.

Wegen der Verwendung diskreter Richtungen α_i ist eine Glättung durch Mittelwertbildung über die α mehrerer aufeinanderfolgender Spurelemente erforderlich. Nach der Glättung lassen sich die Konturen durch Bewertung der Richtungsdifferenzen aufeinanderfolgender Spurelemente $\Delta\alpha = \alpha_{i+1} - \alpha_i$ in einzelne Abschnitte zerlegen. Dabei bedeuten:

$$|\Delta\alpha| = 0 \qquad \text{Geradenabschnitt}$$
$$|\Delta\alpha| = \text{const} = 1/R \qquad \text{Kreisabschnitt mit Radius R.}$$

Die Lagekoordinaten der Geraden- und Kreisabschnitte sind aus den x_i direkt bestimmbar. Die Geradenrichtung ist durch den Mittelwert $\overline{\alpha_i}$ gegeben.

Erfassung der Referenzdaten

Vor Anwendung der Bildverarbeitung bei der Prüfaufgabe ist es zunächst erforderlich, dem System Referenzdaten für die zu prüfenden Konturen bereitzustellen. Für die Eingabe der Referenzdaten der zu prüfenden Konturabschnitte bestehen verschiedene Wege:

- Eingabe der Konturparameter über ein Bedienfeld oder Transfer von CAD-Daten,
- Erfassung sämtlicher Konturdaten des Prüfobjekts durch Bildverarbeitung,
- interaktive Erfassung ausgewählter Konturen durch Bildverarbeitung in einem Lernvorgang.

Der eben genannte Weg der interaktiven Erfassung wurde im Rahmen dieser Arbeit weiterverfolgt. Dafür sprechen:
- der reduzierte Aufwand bei der Bildverarbeitung,
- die Auswahl der optimalen Strategie durch den Benutzer.

Im **Lernvorgang** 'zeigt' der Benutzer dem System Anfangspunkte und -richtungen von besonders charakteristischen Konturen durch Bewegung einer Cursor-Marke über das Bildfeld. Die Positionierung der Cursor-Marke erfolgt durch Bewegung einer 'Maus' auf einer Tischebene. Nach Auswahl eines geeigneten Algorithmus startet der Benutzer einen entsprechenden Testlauf zur Konturfindung. Am Ende erhält er - u.a. durch Einblenden der gefundenen Kontur in das Originalbild - eine Darstellung der Ergebnisse.

Ablauf der Prüfaufgabe

Bei Prüfaufgaben kann im allgemeinen davon ausgegangen werden, daß die Objekte in definierter Position angeboten sind. Das bedeutet, daß der Suchbereich für charakteristische Merkmale sich nur über einen kleinen Bildausschnitt erstreckt. Im ersten Schritt der Prüfaufgabe ist es deshalb erforderlich, den Anfangswert der Kontur in einem solchen Ausschnitt oder relativ zu weiteren charakteristischen Merkmalen zu suchen.
Im nächsten Schritt läuft das im Lernvorgang parametrisierte Konturprogramm ab. Das Ergebnis enthält die in Geraden- und Kreisbögenabschnitte zerlegten Konturdaten. Anschließend müssen diese Daten auf Übereinstimmung mit den Daten des Referenzmodells verglichen werden.

Ergebnisse

Die Konturverfolgung wurde am Beispiel einer PKW-Bodenbaugruppe erprobt. Zur Vollständigkeitsprüfung müssen die charakteristischen Konturen der einzelnen Bauteile gefunden werden.

Bild 2: Konturverfolgung bei PKW-Bodenbaugruppe

Der in Bild 1 dargestellte Ausschnitt aus der Baugruppe enthält kreisförmige Konturen an einem Bauteil zur Befestigung eines Stoßdämpfers. Die Ergebnisse der Konturverfolgung (Kanten) sind in Bild 2 dargestellt. Hier wurde auch eine Blechkante verfolgt, wobei der Blechrand flächenbündig auf die Unterlage gepunktet ist (Kontur durch Mitte von Bild 1). Lokale Helligkeitsstörungen in unmittelbarer Nähe der Kontur - durch Korrosion, Schmutzflecken oder Schweißpunkte -können dazu führen, daß die Spurelemente die zu prüfende Kontur verlassen und beispielsweise den Rändern der Flecken folgen. Zur Sicherstellung der Ergebnisse ist es deshalb erforderlich, den berechneten Konturverlauf mit dem Modell zu überprüfen. Abweichungen müssen in ihrer Bildfeldlage erkannt, und ausgehend von diesen Bereichen mögliche Fortsetzungsbereiche der Kontur untersucht werden. Voraussetzung für die Anwendung von bildverarbeitenden Methoden der Konturverfolgung zur Identifikation und Vollständigkeitsprüfung sind ausreichend gegliederte Oberflächen mit charakteristischen Kanten- oder Linienkonturen bei den Objekten.

[1] Günzel, K., Weber, U., Wurll, P.:
    Siemens Forsch.-u.Entw.Ber. Bd.13(1984)Nr.3,S.143

[2] Weber, U.: VDI-Berichte 541(1984) S.119-126

SEGMENTATION UND INTERPRETATION VON
BILDERN MIT HILFE ATTRIBUTIERTER GRAPHEN

W. Eckstein, S. Haenel

Institut für Medizinische Informatik und Systemforschung der GSF,
Ingolstädter Landstraße 1, D-8042 Neuherberg/München

Bei der Entwicklung von Software für die Bildauswertung ist es notwendig, Programmierhilfen zu haben, die es erlauben, schnell und fehlerfrei Programme zu erstellen. Das Programmiersystem PSIWAG (picture
segmentation and interpretation with attributated graphs), wurde zu
diesem Zweck entwickelt und erlaubt die Formulierung von Programmen
auf einem hohen Abstraktionsniveau.

Grundlage für den modularen Aufbau des Systems ist eine einheitliche
Datenstruktur und ein einfaches mathematisches Modell: Alle Operationen in der Bildverarbeitung lassen sich als Relationen auf Bilddaten
(Bildfelder, Konturlisten o.ä.) beschreiben. Stellt man die Bilddaten
durch einen einheitlichen Datentyp (Bildobjekt) dar, so erhält man
ein einfach zu beschreibendes mathematisches Modell (Menge mit Relationen). Zur Strukturierung der Menge der Bildobjekte zerlegt man
diese in Äquivalenzklassen (die Zerlegung ergibt sich aus den Relationen). Das Ergebnis der Zerlegung läßt sich gut durch einen Graphen
darstellen, bei dem den Knoten die Äquivalenzklassen und den Kanten
die Relationen zugeordnet werden.

Auf der obersten Sprachschicht in PSIWAG läßt sich die Zerlegung eines Bildes aufgrund der Eigenschaften der gesuchten Bildobjekte beschreiben. Solche Eigenschaften können z.B. Farbe, Textur, Form, Größe, Beziehung zu anderen Objekten, Helligkeit usw. sein. Durch den
Graphen beschreibt man die Beziehungen, die diese Eigenschaften untereinander und in Bezug auf die Bildinformation haben. Die Sprache,
in der diese Graphen formuliert werden, enthält keine Kontrollstruk-
turen und ist von ihrem Konzept den Datenstrommaschinen oder Petri-
netzen ähnlich.

Mit Hilfe eines Übersetzers wird der Graph in ein Pascal-Programm
übersetzt (Transportabilität!). Bei der Übersetzung wird eine Fehler-
kontrolle vorgenommen, so daß die Ablauffähigkeit des Programmgraphen
garantiert werden kann (unter Laufzeit werden zusätzliche Kontrollen
über die Korrektheit der aktuell verwendeten Daten vorgenommen). Dem
erzeugten Programm werden ein Kommandosystem und die nötigen Bildver-
arbeitungsroutinen angebunden. Dadurch wird es dialogfähig und ermöglicht dem Benutzer, jeden Verarbeitungschritt zu überwachen und Zwischenergebnisse zu protokollieren. Außerdem wird das gesamte I/O
(Bildeingabe und Parameterbereitstellung) mit generiert. Das Komando-
system übernimmt auch die Ablaufsteuerung und die Verwaltung der dynamischen Bilddaten.

Neben der obersten Sprachschicht wird auch eine prozedurale Schnittstelle zur Verfügung gestellt, die es erlaubt, neue Relationen zu definieren. Dies wird durch eine Reihe von Hilfs- und Kontrollprozedu-
ren erleichtert.

Trotz des hohen Abstraktionsniveaus der obersten Sprachschicht sind
die generierten Programme recht effizient.
Nach den ersten Erfahrungen, die bei der Segmentierung von Luftbildern gesammelt wurden, hat sich gezeigt, daß PSIWAG recht universell
bei der Analyse von Bilder einsetzbar ist.